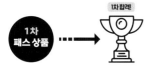

해커스
세법엔딩

1 | 부가가치세법·소득세법·
상속세 및 증여세법

해커스

▌이 책의 저자

원재훈

학력

서강대학교 경제학과 졸업

경력

2019 국회의장, 국세청장 표창

현 | 해커스 경영아카데미 교수
해커스금융 교수
국회 입법 자문위원(조세)
이촌회계법인 파트너

전 | 안진회계법인
신우회계법인

자격증

한국공인회계사, 세무사, 미국공인회계사

저서

해커스 세법 비기닝
해커스 세법엔딩 1/2
해커스 세무사 세법학개론 실전동형모의고사
해커스 회계사 세법개론 실전동형모의고사
해커스 세법 FINAL
해커스 세무회계연습 1/2
해커스 세무회계 기출문제집
해커스 세무사 세법학 기출문제집
해커스 판례세법
해커스 신용분석사 2부 이론 + 적중문제 + 모의고사
세법학 1/2/3
객관식 세법 1/2
세법플러스
월급전쟁

머리말

1. 기초체력

세법엔딩은 객관식 세법과 세무회계 학습을 위한 세법 요약서이다. 세법엔딩을 제대로 활용하기 위해서는 세법개론서를 어느 정도 숙지한 후 학습하는 것이 효과적이다. 많은 수험생이 세법 요약서를 찾는 이유는 간단하다. 분량이 방대한 세법개론서로는 단시간에 내용을 정리하는 것이 어려우므로 요약서로 공부하는 것이 효율적이기 때문이다. 그러나 아무런 기초지식이 없는 수험생에게까지 효과적인 학습방법인지는 반문하고 싶다. 세법 요약서를 읽을 수 있는 기초체력이 부족한 수험생이라면 조금 더디게 보일지라도 세법개론서로 세법용어에 대한 기초지식, 기본서의 목차내용 정도는 확실하게 숙지한 후 요약서로 정리하는 것이 좋겠다.

2. 사용법

단시간에 최대의 효율을 올리기 위해서는 가독성이 좋아야 한다. 세법엔딩은 〈표〉 형태로 내용을 체계적으로 정리하였다. 우선 〈표〉의 제목을 순서대로 읽어보기 바란다. 제목을 읽으면서 스스로 어떤 내용이 쓰여 있는지를 상상해 본 후, 다시 그 내용을 확인하는 것이 가장 효율적이다. 〈표〉 안의 제목과 그 순서를 배열하는데 많은 시간을 할애하였는데, 세법을 체계적으로 이해하고 암기하는 데 큰 도움이 될 것이라 확신한다. 처음부터 끝까지 〈표〉 형태로만 공부하는 것은 지루하기 때문에 그림이나 사례를 함께 제시하여 이해하기 쉽게 구성하였다. 그림으로 어떤 주제를 한 눈에 정리하고 쉽게 연상할 수 있으며, 사례의 숫자를 통해 관련 세법규정의 내용을 정확하게 적용하는 데 도움이 될 것이다.

3. 세무회계

세무회계는 회계학인 동시에 세법이므로 숫자에 대한 기본적인 통찰이 필요하다. 단순히 공식을 암기하는 것에 그치지 않고, 그러한 공식이 왜 만들어졌으며 어떤 상황에서 어떻게 활용되는지에 대한 이해가 필요하다. 세법엔딩은 그러한 고민에 대한 해결방법을 체계적으로 담고 있다. 손에 잡히는 익숙한 책으로 계속 공부할 수 있도록 객관식부터 세무회계까지 필요한 핵심 내용을 [해커스 세법엔딩]에 모두 담았다. 본 교재를 통해 세법 공식이 어떻게 적용되는지를 한 눈에 보고 이해할 수 있기 바란다. 다만, 세무회계를 공부할 때는 절차 규정은 과감히 생략해도 좋다.

4. 마치며

이 책 교정에 도움을 준 아래 제자들(권서윤/권송희/김도윤/김정민/백승수/염다솔/이경인/이영지/임용균/정성준/최유진/최주희/홍예지/황다영 세무사, 권지훈, 김한경, 박은성, 배소정)에게 감사의 뜻을 전한다. 세법 특성상 개정세법을 학습하기가 쉽지 않은데, 본 책은 2024년 11월 10일 발표된 정부 개정안까지 반영하였고 출간 후 개정된 사항은 정오표로 제공할 것이다.

원재훈

목차

목차

목차

제3편 | 상속세 및 증여세법

공인회계사 · 세무사 시험의 최근 7개년(2024년 ~ 2018년) 세법과목별 출제 비중을 정리한 표를 통해 최신 출제경향을 확인하고, 중요도가 높은 주제부터 집중 학습하는 등 전략적으로 시험에 대비할 수 있습니다.

1. 공인회계사 시험 출제경향

(1) 1차 시험

구분	2024		2023		2022		2021		2020		2019		2018		합계	
	이론	계산	이론	계산	이론	계산	이론	계산	이론	계산	이론	계산	이론	계산	이론	계산
법인세법	6	8	6	8	6	8	6	8	6	8	6	8	6	8	42	56
소득세법	4	6	4	6	4	6	5	5	4	6	4	6	4	6	29	41
부가가치세법	4	4	4	4	4	4	5	3	3	5	4	4	5	3	29	27
국세기본법	5	0	5	0	5	0	5	0	5	0	5	0	4	1	34	1
상속세 및 증여세법	1	1	1	1	2	0	1	1	1	1	1	1	1	1	8	6
지방세법 · 종합부동산세법	1	0	1	0	1	0	1	0	1	0	1	0	1	0	7	0
합계	21	19	21	19	22	18	23	17	20	20	21	19	21	19	149	131

(2) 2차 시험

구분	2024	2023	2022	2021	2020	2019	2018	합계
법인세법	40	40	40	40	40	40	40	280
소득세법	30	30	30	30	30	30	30	210
부가가치세법	20	20	20	20	20	20	20	140
국세기본법	0	0	0	0	0	0	0	0
상속세 및 증여세법	10	10	10	10	10	10	10	70
합계	100	100	100	100	100	100	100	700

2. 세무사 시험 출제경향

(1) 1차 시험

구분	2024		2023		2022		2021		2020		2019		2018		합계	
	이론	계산	이론	계산	이론	계산	이론	계산	이론	계산	이론	계산	이론	계산	이론	계산
법인세법	6	4	5	5	5	5	5	5	5	5	6	4.5	5	5	37	33.5
소득세법	6	4	6.5	4	5	5	6	4	5	5	5	4.5	5	5	38.5	31.5
부가가치세법	5	3	4	4	4	4	4	4	4	4	5	3	4	4	30	26
국세기본법	4	0	3.5	0	4	0	4	0	4	0	4	0	4	0	27.5	0
국세징수법	4	0	4	0	4	0	4	0	4	0	4	0	4	0	28	0
국제조세조정에 관한 법률	2	0	2	0	2	0	2	0	2	0	2	0	2	0	14	0
조세범 처벌법	2	0	2	0	2	0	2	0	2	0	2	0	2	0	14	0
합계	29	11	27	13	26	14	27	13	26	14	28	12	26	14	189	91

(2) 2차 시험
① 회계학 2부

구분	2024	2023	2022	2021	2020	2019	2018	합계
법인세법	50	50	50	50	50	50	50	350
소득세법	30	30	30	30	30	30	30	210
부가가치세법	20	20	20	20	20	20	20	140
합계	100	100	100	100	100	100	100	700

② 세법학 1부

구분	2024	2023	2022	2021	2020	2019	2018	합계
국세기본법	20	20	20	20	20	20	20	140
법인세법	30	30	30	30	30	30	30	210
소득세법	30	30	30	30	30	30	30	210
상속세 및 증여세법	20	20	20	20	20	20	20	140
합계	100	100	100	100	100	100	100	700

③ 세법학 2부

구분	2024	2023	2022	2021	2020	2019	2018	합계
부가가치세법	35	35	35	35	35	35	35	245
개별소비세법	20	20	20	20	20	20	20	140
조세특례제한법	25	25	25	25	25	25	25	175
지방세법	20	20	20	20	20	20	20	140
합계	100	100	100	100	100	100	100	700

제1편

부가가치세법

제 1 장

부가가치세 총설

1 부가가치세 총설

01 부가가치세 과세요건 및 용어의 정의

1. 과세요건

구분	내용
납세의무자	개인, 법인(국가, 지방자치단체, 지방자치단체조합 포함), 그 밖의 단체로서 다음 중 어느 하나에 해당하는 자 ① 사업자 ② 재화를 수입하는 자
과세대상	부가가치세는 다음의 거래에 대하여 과세함 ① 사업자가 행하는 재화 또는 용역의 공급 ② 재화의 수입 → 용역 등의 수입에 대해서는 대리납부의무를 별도로 규정
과세표준	① 재화 또는 용역의 공급에 대한 부가가치세의 과세표준은 해당 과세기간에 공급한 재화 또는 용역의 공급가액을 합한 금액으로 함 → 해당 거래단계에서 창출된 부가가치가 아닌 전체 거래단계에서 창출된 부가가치의 합(전단계세액공제법의 특징) ② 재화의 수입에 대한 부가가치세의 과세표준은 그 재화에 대한 관세의 과세가격과 관세, 개별소비세, 주세, 교육세, 농어촌특별세 및 교통·에너지·환경세를 합한 금액으로 함
세율	10%(단, 영세율 거래는 0%)

2. 용어의 정의

구분		내용
재화	정의	재화란 재산 가치가 있는 물건 및 권리를 말함 <table><tr><td>구분</td><td>내용</td></tr><tr><td>물건</td><td>① 상품, 제품, 원료, 기계, 건물 등 모든 유체물 ② 전기, 가스, 열 등 관리할 수 있는 자연력</td></tr><tr><td>권리</td><td>광업권, 특허권, 저작권 등 물건 외에 재산적 가치가 있는 모든 것 → 창고증권·선하증권은 임치물의 반환을 수반하는 경우 재화에 해당함</td></tr></table>
	비교 개념	① 화폐·어음·수표는 지급결제수단이므로 재화가 아님 　→ 가상자산도 지급결제수단에 불과하므로 재화로 보지 않음 ② 주식·회사채도 재화가 아님 ┌ 현물출자(재화인도): 재화의 공급 ○ ├ 출자지분(주식)의 양도: 재화 × └ 출자지분의 반환 ┌ 현금: 재화 × 　　　　　　　　　└ 현물: 재화의 공급 ○ ③ 상품결제수단에 불과한 상품권은 재화가 아님 　[비교] 상품권과 재화를 교환하는 경우 재화의 공급에 해당

용역	정의	용역이란 재화 외에 재산 가치가 있는 모든 역무와 그 밖의 행위로서 다음 사업에 해당하는 것을 말함

<table>
<tr><th>구분</th><th>내용</th></tr>
<tr><td>건설업</td><td>건설업과 부동산업 중 재화를 공급하는 것으로 보는 사업
① 부동산매매(주거용 또는 비거주용 건축물 및 그 밖의 건축물을 자영건설하여 분양·판매하는 경우를 포함) 또는 그 중개를 사업목적으로 나타내어 부동산을 판매하는 사업
② 사업상 목적으로 1과세기간 중에 1회 이상 부동산을 취득하고 2회 이상 판매하는 사업</td></tr>
<tr><td>부동산업</td><td>다음 사업은 제외함 → 비과세사업
① 전·답·과수원·목장용지·임야 또는 염전 임대업
② 「공익사업을 위한 토지 등의 취득 및 보상에 관한 법률」에 따른 공익사업과 관련해 지역권·지상권(지하 또는 공중에 설정된 권리를 포함)을 설정하거나 대여하는 사업</td></tr>
<tr><td>기타</td><td>숙박 및 음식점업, 정보통신업, 금융 및 보험업, 전문·과학 및 기술서비스업과 사업시설관리 및 사업지원 및 임대서비스업, 공공행정, 국방 및 사회보장 행정, 교육서비스업, 보건업 및 사회복지서비스업, 예술, 스포츠 및 여가 관련 서비스업, 협회 및 단체, 수리 및 기타 개인서비스업, 가구 내 고용활동 및 달리 분류되지 않은 자가소비 생산활동, 국제 및 외국기관의 사업</td></tr>
</table>

사업의 구분	① 재화나 용역을 공급하는 사업의 구분은 「부가가치세법」에 특별한 규정이 있는 경우를 제외하고는 통계청장이 고시하는 해당 과세기간 개시일 현재의 한국표준산업분류에 따름 ② 용역을 공급하는 경우 「부가가치세법」에 규정된 사업과 유사한 사업은 한국표준산업분류에도 불구하고 용역공급사업에 포함되는 것으로 봄

02 부가가치세 계산방법

1. 이론적 방법

구분	내용
가산법	납부세액 = (임금 + 이자 + 지대 + 이윤) × 세율 납세의무자가 부담한 부가가치세가 최종소비자에게 전가되는지 여부가 불분명하여 소비형 부가가치세에는 적합하지 않음

구분		내용
공제법	전단계거래액 공제방식	납부세액 = (매출액 − 매입액) × 세율
	전단계세액 공제방식	납부세액 = (매출액 − 매입액) × 세율 = 매출액(과세표준) × 세율 − 매입세액 ㄴ, 누적 부가가치　　　　ㄴ, 누적효과 제거 ① 매입세액공제를 통해 다단계판매세의 단점인 중복과세를 피할 수 있음 ② 다단계판매세의 단점인 특정 단계의 집중부과를 방지하고 탈세위험을 낮춤 ③ 매입세액공제를 통해 수출재화에 대한 영세율 적용이 가능함 ④ 세금계산서 교부를 통한 납세자 상호 감시기능을 가지게 됨 ⑤ 자본재 매입에 관한 세액이 전액 공제되어 투자를 유인함

2. 우리나라 부가가치세 과세구조

매출	(차) 현금 110 (대) 매출 100 VAT예수금 10	(차) 현금 330 (대) 매출 300 VAT예수금 30	–	
매입	–	(차) 상품 100 VAT대급금 10 (대) 현금 110	(차) 상품 330 (대) 현금 330	
부가 가치 창출	100	200	–	
징수 세액	과세표준 100 세율 10% 매출세액 10 매입세액 – 납부세액 10(①)	과세표준 300 세율 10% 매출세액 30 매입세액 △10 납부세액 20(②)	VAT 실질 부담 ① + ② = 30	

03 납세의무자

구분	내용
납세의무자	사업자와 재화를 수입하는 자로서 개인, 법인(국가·지방자치단체와 지방자치단체조합을 포함), 법인격 없는 사단·재단 또는 그 밖의 단체는 부가가치세를 납부할 의무가 있음

사업자		사업자란 사업목적이 영리이든 비영리이든 관계없이 사업상 독립적으로 (과세대상) 재화 또는 용역을 공급하는 자를 말함 ① 부가가치를 창출해낼 수 있는 정도의 사업형태를 갖추고 계속적이고 반복적인 의사로 재화 또는 용역을 공급하는 자는 사업자로 봄 ② 「부가가치세법」상 사업자는 사업자등록 여부 및 실제 거래징수하였는지에 관계없이 부가가치세 납세의무를 짐 ③ 농가부업: 소득세가 과세되지 않는 농가부업은 독립된 사업으로 보지 않으므로 해당 사업을 영위하는 농·어민은 부가가치세 납세의무 없음. 다만, 민박, 음식물 판매, 특산물 제조, 전통차 제조 및 그 밖에 이와 유사한 활동은 부가가치세 납세의무 있음 ※ 과세·면세 겸영사업자도 「부가가치세법」상 사업자에 포함 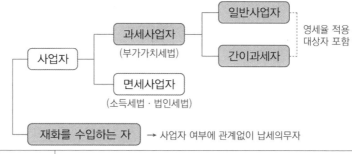	
신탁의 납세 의무자	본래의 납세 의무	원칙	신탁재산과 관련된 재화 또는 용역을 공급하는 때에는 「신탁법」에 따른 수탁자가 신탁재산별로 각각 별도의 납세의무자로서 부가가치세를 납부할 의무가 있음
		예외	다음의 경우는 경제적 실질을 반영하여 위탁자를 신탁재산의 처분이나 임대에 관한 납세의무자로 함. 한편, 위탁자의 지위를 이전하는 경우에도 기존 위탁자를 납세의무자로 함 ① 신탁재산과 관련된 재화나 용역을 위탁자 명의로 공급하는 경우 ② 위탁자가 신탁재산을 실질적으로 지배·통제하는 경우로서 ㉠ 부동산개발사업을 목적으로 하는 신탁에서 수탁자가 사업비 조달의무를 부담하지 않는 경우 ㉡ 수탁자가 재개발사업·재건축사업 등의 사업대행자인 경우 ㉢ 수탁자가 위탁자의 지시로 위탁자와 특수관계인에게 신탁재산 관련 재화나 용역을 공급하는 경우 ㉣ 「자본시장과 금융투자업에 관한 법률」에 따른 투자신탁의 경우
	보충적 납세 의무	제2차 납세의무 (수탁자 체납)	수탁자가 납부하여야 하는 부가가치세 또는 강제징수비를 신탁재산으로 충당하여도 부족한 경우에는 그 신탁의 수익자는 지급받은 수익과 귀속될 재산의 가액을 합한 금액을 한도로 제2차 납세의무를 짐
		물적 납세의무 (위탁자 체납)	위탁자가 부가가치세 및 강제징수비를 체납한 경우로서 그 위탁자의 다른 재산에 대하여 강제징수를 하여도 징수할 금액에 미치지 못하는 때에는 해당 신탁재산의 수탁자는 그 신탁재산으로써 위탁자의 부가가치세 등을 납부할 의무가 있음

04 과세기간

1. 일반과세자

구분	과세기간
계속사업자	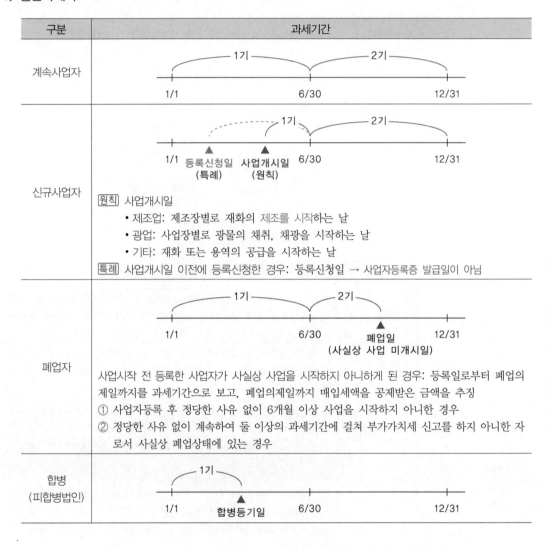
신규사업자	**원칙** 사업개시일 • 제조업: 제조장별로 재화의 제조를 시작하는 날 • 광업: 사업장별로 광물의 채취, 채광을 시작하는 날 • 기타: 재화 또는 용역의 공급을 시작하는 날 **특례** 사업개시일 이전에 등록신청한 경우: 등록신청일 → 사업자등록증 발급일이 아님
폐업자	사업시작 전 등록한 사업자가 사실상 사업을 시작하지 아니하게 된 경우: 등록일로부터 폐업의제일까지를 과세기간으로 보고, 폐업의제일까지 매입세액을 공제받은 금액을 추징 ① 사업자등록 후 정당한 사유 없이 6개월 이상 사업을 시작하지 아니한 경우 ② 정당한 사유 없이 계속하여 둘 이상의 과세기간에 걸쳐 부가가치세 신고를 하지 아니한 자로서 사실상 폐업상태에 있는 경우
합병 (피합병법인)	

2. 간이과세자

구분	과세기간
계속사업자	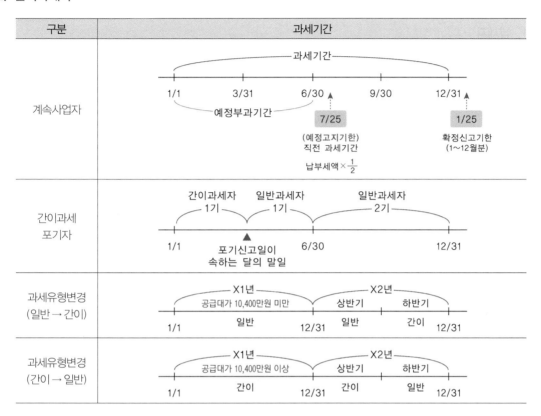
간이과세 포기자	
과세유형변경 (일반 → 간이)	
과세유형변경 (간이 → 일반)	

05 납세지

1. 납세지

구분	내용
사업자	① 원칙: 각 사업장 소재지 　→ 주사업장총괄납부사업자도 동일함(∵ 납부만 총괄) 　→ 사업자가 비거주자 또는 외국법인인 경우는 국내사업장 ② 사업자단위과세사업자: 본점 또는 주사무소 소재지 ③ 사업장이 없는 경우: 사업자의 주소 또는 거소 　→ 사업장을 설치하지 아니하고 사업자등록도 하지 아니한 경우에는 과세표준 및 세액을 결정하거나 경정할 당시의 사업자의 주소 또는 거소
재화를 수입하는 자	「관세법」에 따라 수입신고를 하는 세관의 소재지 → 과세권자: 세관장

2. 사업장

구분	내용
정의	사업자가 사업을 하기 위하여 거래의 전부 또는 일부를 하는 고정된 장소
사업장 추가	사업장 이외의 장소도 사업자의 신청에 의해 추가로 사업장으로 등록 가능(단, 무인자동판매기에 의한 사업은 불가)
제조업	최종 제품을 완성하는 장소 → 따로 제품의 포장만을 하거나 용기에 충전만을 하는 장소와 석유제품의 단순보관을 위한 저유소는 제외함
건설업·운수업 ·부동산매매업	① 법인: 해당 법인의 등기부상 소재지(등기부상 지점소재지 포함) ② 개인: 업무를 총괄하는 장소
부동산임대업	해당 부동산의 등기부상 소재지 → 단, 부동산상의 권리만을 대여하거나 한국자산관리공사·예금보험공사 및 정리금융기관·한국토지공사 등이 부동산을 임대하는 경우에는 그 사업에 관한 업무를 총괄하는 장소를 사업장으로 함
무인자동판매기	그 사업에 관한 업무를 총괄하는 장소 → 자판기 설치 장소가 아님
사업장 미설치	사업장을 설치하지 아니하고 사업자등록도 하지 아니한 경우에는 과세표준 및 세액을 결정하거나 경정할 당시의 사업자의 주소 또는 거소를 사업장으로 함
신탁재산	① 수탁자는 해당 신탁재산을 사업장으로 보아 사업자등록을 신청하여야 함 ② 수탁자가 사업자등록을 신청하는 경우에는 해당 신탁재산의 등기부상 소재지, 등록부상 등록지 또는 신탁사업에 관한 업무를 총괄하는 장소를 사업장으로 함
특수한 경우	① 국가·지방자치단체 또는 지방자치단체조합이 공급하는 과세사업(부동산임대업, 도·소매업, 음식·숙박업, 골프장·스키장운영업, 기타 운동시설 운영업): 사업에 관한 업무를 총괄하는 장소(다만, 위임·위탁 또는 대리에 의한 경우에는 수임자·수탁자 또는 대리인의 업무총괄장소) ② 다단계판매원이 재화 또는 용역을 공급하는 사업: 다단계판매업자의 주된 사업장 소재지(다만, 다단계판매원이 상시 주재하여 거래의 전부 또는 일부를 행하는 별도의 장소가 있는 경우에는 그 장소) ③ 사업자가 비거주자·외국법인인 경우: 국내사업장을 사업장으로 함

3. 직매장과 하치장 및 임시사업장

구분	직매장	하치장	임시사업장
개념	재화를 직접 판매하기 위하여 특별히 판매시설을 갖춘 장소	재화를 보관하고 관리할 수 있는 시설만 갖춘 장소	경기대회·박람회·국제회의, 기타 이와 유사한 행사가 개최되는 장소
사업장 여부	별도의 사업장에 해당	사업장 아님	기존 사업장에 포함
등록·신고	별도의 사업자등록	하치장 설치신고(하치장을 둔 날로부터 10일 이내)	임시사업장 개설신고(임시사업장의 사업개시일로부터 10일 이내) → 설치기간이 10일 이내인 경우는 신고의무 면제

비교 제품의 판매목적이나 보관·관리를 위한 별도의 시설을 갖추지 아니하고 단순히 견본품만을 전시할 목적으로 진열시설을 갖춘 장소는 사업장으로 보지 않음

4. 사업자단위과세와 주사업장총괄납부

(1) 사업자단위과세제도

구분	내용
개념	사업장별로 사업자등록을 하는 것이 원칙이나, 사업장이 둘 이상인 사업자(사업장이 하나이나 추가로 사업장을 개설하려는 사업자를 포함)는 사업자단위로 해당 사업자의 본점 또는 주사무소 관할 세무서장에게 등록을 신청할 수 있음. 이 경우 등록한 사업자를 사업자단위과세사업자라 함 → 승인 불요, 지점 또는 분사무소에 등록 불가
사업자등록증	본점 또는 주사무소 한 곳에만 사업자등록증을 발급. 일반과세자뿐만 아니라 간이과세자도 사업자단위과세사업자로 등록 가능함
신청 및 포기	① 계속사업자 　㉠ 일괄적용: 신청·포기는 적용 과세기간 개시 20일 전까지 신청·포기신고 　　→ 다음 과세기간부터 변경됨 　㉡ 최초로 사업장이 2개: 사업장이 하나이나 추가로 사업장을 개설하는 경우에는 추가 사업장의 사업개시일(사업자등록일 ×)부터 20일 이내 신청(단, 추가 사업장의 사업개시일이 속하는 과세기간 이내로 한정) → 신청일이 속하는 과세기간부터 변경 ② 신규사업자: 사업개시일로부터 20일 이내 신청 　→ 신청일이 속하는 과세기간부터 사업자단위과세 적용
적용효과	① 판매목적 타사업장 반출: 자기의 다른 사업장에 반출하는 경우 과세거래 아님 ② 부가가치세 신고·납부: 본점 또는 주사무소에서 부가가치세를 총괄하여 신고·납부할 수 있음 ③ 세금계산서 발급·수취: 본점(주사무소)에서만 세금계산서를 발급·수취함
포기효과	사업자단위과세를 포기한 경우에는 그 포기한 날이 속하는 과세기간의 다음 과세기간부터 사업자단위과세 포기신고서에 적은 내용에 따라 각 사업장별로 신고·납부하거나 주사업장총괄납부하여야 함

(2) 주사업장총괄납부

구분	내용
개념	사업장이 둘 이상인 사업자(사업장이 하나이나 추가로 사업장을 개설하려는 사업자를 포함)가 주사업장 관할 세무서장에게 주사업장총괄납부를 신청한 때에는 부가가치세 납부세액 또는 환급세액을 각 사업장마다 납부하거나 환급받지 아니하고 주사업장에서 각 사업장의 납부세액 또는 환급세액을 총괄하여 납부하거나 환급받을 수 있음 → 신고는 각 사업장별로, 납부만 주된 사업장, 승인요건 아님
취지	납부세액이 있는 사업장에서는 신고 시 즉시 납부하고, 환급세액이 발생한 사업장에서는 30일(조기환급은 15일) 후에 환급받게 됨에 따라 사업자의 자금부담이 발생할 수 있음. 이에 납부세액과 환급세액을 상계한 후 납부하는 총괄납부를 통해 사업자의 자금부담을 경감할 수 있음
적용효과	① 총괄납부 → 납부에 한하므로 신고와 경정 등은 사업장을 기준으로 함 ② 재화의 공급의제 규정의 적용배제 　　→ 다만, 세금계산서를 발급하고 이를 신고한 경우에는 재화를 공급하는 것으로 봄
주된 사업장	① 법인: 본점 또는 주사무소(다만, 지점을 주된 사업장으로 할 수 있음) ② 개인: 주사무소
신청 및 포기	① 계속사업자 　㉠ 일괄적용: 신청·포기는 적용 과세기간 개시 20일 전까지 신청·포기신고 　　　→ 다음 과세기간부터 총괄납부 　㉡ 최초로 사업장이 2개: 사업장이 하나이나 추가로 사업장을 개설하는 경우에는 추가 사업장의 사업개시일부터 20일 이내 신청(단, 추가 사업장의 사업개시일이 속하는 과세기간 이내로 한정) → 신청일이 속하는 과세기간부터 총괄납부 ② 신규사업자: 주된 사업장의 사업자등록증을 받은 날부터 20일 이내 신청 　　→ 신청일이 속하는 과세기간부터 총괄납부
변경신청서 제출	<table><tr><th>변경사유</th><th>변경신청서 제출</th></tr><tr><td>종된 사업장 신설</td><td>신설하는 종된 사업장 관할 세무서장</td></tr><tr><td>종된 사업장을 주된 사업장으로 변경</td><td>주된 사업장으로 변경하려는 사업장 관할 세무서장</td></tr><tr><td>일부 사업장 제외</td><td>주된 사업장 관할 세무서장</td></tr><tr><td>기존 사업장 추가</td><td>주된 사업장 관할 세무서장</td></tr></table>→ 종된 사업장을 신설하는 경우에는 종된 사업장 관할 세무서장에게 변경신청서를 제출하고, 다른 경우에는 모두 주된 사업장 관할 세무서장에게 변경신청서를 제출
적용제외	다음 중 어느 하나에 해당하는 경우에는 주사업장총괄납부를 적용하지 않음 ① 사업내용의 변경으로 총괄납부가 부적당하다고 인정되는 경우 ② 주된 사업장의 이동이 빈번한 경우 ③ 그 밖의 사정변경으로 인하여 총괄납부가 적당하지 아니하게 된 경우

06 사업자등록

1. 의의

「부가가치세법」상 사업자의 요건을 충족한 사업자는 사업자등록을 하여야 한다. 사업자의 요건에 해당하는 이상 사업자등록을 하지 않더라도 부가가치세 납세의무자이다.

구분	내용
과세사업자	「부가가치세법」상 사업자등록을 하여야 함. 이 경우 「소득세법」 및 「법인세법」에 따른 사업자등록을 별도로 하지 않음
겸영사업자	
면세사업자	「소득세법」 및 「법인세법」에 따른 사업자등록을 하여야 함 → 추가로 과세사업을 경영하는 경우 정정신고서를 제출하면 「부가가치세법」에 따른 등록신청을 한 것으로 봄

2. 등록절차

(1) 등록신청

구분	내용
사업장단위 등록	① 사업자는 사업장마다 사업개시일부터 20일 이내에 사업장 관할 세무서장에게 사업자등록을 신청하여야 함 ② 다만, 신규로 사업을 시작하려는 자는 사업개시일 이전이라도 사업자등록을 신청할 수 있음 ③ 사업자등록의 신청을 사업장 관할 세무서장이 아닌 다른 세무서장에게도 할 수 있음. 이 경우 사업장 관할 세무서장에게 사업자등록을 신청한 것으로 봄
사업자단위 특례	① 신규사업자: 사업자단위로 본점(주사무소) 관할 세무서장에 등록 가능 ② 계속사업자 ┌ 사업자단위로 변경: 적용 과세기간 개시일 20일 전까지 변경등록신청 └ 사업장이 하나인 사업자가 추가로 사업장 개설: 사업장 개설일로부터 20일 이내 변경등록신청 → 신청한 과세기간부터 적용
신탁재산 특례	① 수탁자가 납세의무자인 경우 신탁재산을 사업장으로 보아 사업자등록을 신청함 → 신탁재산별로 사업자등록. 다만, 담보신탁의 경우 수탁자별 대표 사업자등록을 허용함 ② 공동수탁자가 있는 경우 대표수탁자 명의로 사업자등록을 신청하여야 하며, 수탁자 구성원의 변경 시 사업자등록정정을 신고하여야 함
고유번호 발급	관할 세무서장은 과세자료를 효율적으로 처리하기 위하여 다음의 자에게도 등록번호에 준하는 고유번호를 부여할 수 있음 ① 수입세금계산서를 발급한 세관장 ② 국가, 지방자치단체, 지방자치단체조합 등

(2) 등록증 발급

구분	내용
발급기한	신청일로부터 2일 이내 발급(사업장 시설이나 사업현황의 확인이 필요한 경우 5일 이내 연장 가능)
보정요구	10일 이내의 기간을 정하여 보정요구 가능
직권등록	사업자등록을 하지 아니하는 경우에는 사업장 관할 세무서장이 조사하여 등록할 수 있음
등록거부	사업개시 전 사업자등록의 신청을 받은 사업장 관할 세무서장은 신청자가 사업을 사실상 시작하지 아니할 것이라고 인정될 때에는 등록을 거부할 수 있음

(3) 등록정정 및 말소

구분	내용
정정	등록정정 사유가 발생한 사업자는 세무서장에게 지체 없이 정정신고하고, 정정신고를 받은 세무서장은 신청일로부터 2일 내 재발급하되, 상호변경(통신판매업자의 인터넷 도메인변경 포함)의 경우에는 신청일 당일에 재발급함
신고의무	사업자가 휴업·폐업, 사업개시일 전 등록 후 사실상 사업을 개시하지 아니하게 되는 때에는 지체 없이 신고하여야 함

말소	사업장 관할 세무서장은 사업자등록된 사업자가 다음 중 어느 하나에 해당하면 지체 없이 사업자등록을 말소하여야 함
	① 폐업한 경우(사실상 폐업한 경우를 포함)
	② 사업개시 전에 사업자등록신청을 하고 다음에 해당하여 사실상 사업을 시작하지 아니하게 되는 경우
	   ③ 사업자등록을 한 후 정당한 사유 없이 6개월 이상 사업 미개시
	   ⑥ 부도발생, 고액체납 등으로 도산하여 소재 불명
	   ⑥ 인가·허가 취소 또는 그 밖의 사유로 사업을 수행할 수 없어 사실상 폐업상태
	   ⑥ 정당한 사유 없이 계속하여 둘 이상의 과세기간에 걸쳐 부가가치세 미신고

3. 미등록에 대한 불이익

구분		내용
등록 전 매입세액 불공제	원칙	사업자등록신청 전의 매입세액은 공제하지 않음
	예외	공급시기가 속하는 과세기간이 끝난 후 20일 이내에 등록을 신청한 경우에는 등록신청일부터 공급시기가 속하는 과세기간 기산일까지 역산한 것은 공제함
미등록 가산세		사업개시일로부터 20일 이내에 등록을 신청하지 않은 경우에는 사업개시일부터 등록신청일까지의 공급가액의 1%를 가산세로 부과함
사례	Case 1	1기 매입세액공제 1/1 2/1 5/1 6/30 사업개시일 등록신청일 미등록가산세 1% (2/1 ~ 4/30)
	Case 2	1기 매입세액공제 1/1 2/1 6/30 7/19 사업개시일 등록신청일 미등록가산세 1% (2/1 ~ 7/18)
	Case 3	1기 매입세액 공제 불가 2기 매입세액 공제 가능 1/1 2/1 6/30 7/21 사업개시일 등록신청일 미등록가산세 1% (2/1 ~ 7/20)
타인명의 사업자등록 [개정]		타인명의로 사업자등록을 하는 경우 매입세액은 공제할 수 있으나, 그 타인명의의 사업개시일부터 실제 사업을 하는 것으로 확인되는 날의 직전일까지의 공급가액의 합계액에 대해 허위등록 가산세(2%)를 부과함

1. 부가가치세 총설 **1-13**

회계사·세무사·경영지도사 단번에 합격!
해커스 경영아카데미 cpa.Hackers.com

제 **2** 장

과세거래

01 과세대상

1. 과세대상

부가가치세는 다음의 거래에 대하여 과세한다.

> ① 사업자가 행하는 재화 또는 용역의 공급
> ② 재화의 수입

2. 과세대상 판정 사례 → 부가가치세 집행기준

과세대상에 해당되는 것	과세대상에 해당되지 아니하는 것
① 사업자가 과세사업에 사용하다 매각하는 「개별소비세법」 과세대상 자동차 ② 골프장·테니스장 경영자가 동 장소 이용자로부터 받는 입회금으로서 일정기간이 지난 후 반환하지 아니하는 입회금 ③ 학원(면세사업)을 운영하는 자가 독립된 사업으로 다른 학원운영자에게 자기의 상호, 상표 등을 사용하게 하거나 자체개발한 교육프로그램, 학원경영 노하우를 제공하고 받는 대가 ④ 부동산임대업자가 임대차기간 만료 후 명도소송을 통하여 임차인으로부터 실질적인 임대용역의 대가로 받는 손해배상금 또는 부당이득금 ⑤ 재산적 가치가 있는 물건으로 거래되는 화폐, 물, 흙, 퇴비, 원석 ⑥ 공동사업자 구성원이 각각 독립적으로 사업을 영위하기 위하여 공동사업용 건물의 분할등기(출자지분의 현물반환)로 소유권이 이전되는 건축물 ⑦ 과세사업에 사용하던 건축물을 양도하고 받는 대가 ⑧ 온라인 게임에 필요한 사이버 화폐인 게임머니를 계속적·반복적으로 판매하는 것	① 소유재화의 파손·훼손·도난 등으로 인하여 가해자로부터 받는 손해배상금 ② 도급공사 및 납품계약서상 납품기일의 지연으로 인하여 발주자가 받는 지체상금 ③ 공급받을 자의 해약으로 인하여 공급자가 재화 또는 용역의 공급 없이 받는 위약금 또는 이와 유사한 손해배상금 ④ 협회 등 단체가 재화의 공급 또는 용역의 제공에 따른 대가에 관계없이 회원으로부터 받는 협회비·찬조비 및 특별회비 ⑤ 수표·어음 등의 화폐대용증권, 유가증권 및 상품권 ⑥ 재화 또는 용역에 대한 대가에 관계없이 받는 이주보상비 및 영업손실보상금 ⑦ 외상매출채권의 양도 ⑧ 공동사업에 출자한 후 받게 되는 투자원금과 이익금 ⑨ 화주가 선주로부터 받는 조출료 → 선주가 화주에게 용역을 공급하는 것임

02 재화의 공급

1. 의의

재화의 공급은 계약상 또는 법률상의 모든 원인에 따라 재화를 인도하거나 양도하는 것으로 한다.

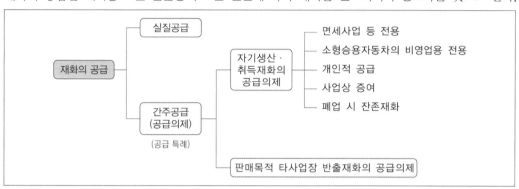

2. 재화 공급의 범위

구분	내용
매매	당사자 일방(매도인)이 어떤 재산권을 상대방에게 이전할 것을 약정하고 상대방(매수인)이 이에 대하여 그 대금을 지급할 것을 약정함으로써 성립되는 계약. 현금판매·외상판매·할부판매·장기할부판매·조건부 및 기한부판매·위탁판매·기타 매매계약에 의하여 재화를 인도 또는 양도하는 것
가공	자기가 주요자재의 전부 또는 일부를 부담하고 거래 상대방으로부터 인도받은 재화에 공작을 가하여 새로운 재화를 만들어 공급하는 계약 가공거래 ┌ 주요자재의 일부라도 부담 → 재화의 공급 　　　　 └ 주요자재를 전혀 부담하지 않음 → 용역의 공급
교환 (대물변제 포함)	사업자가 자기의 사업과 관련하여 생산·취득한 재화를 거래 상대방의 재화와 교환하는 것 → 금전 외 대가 수령(과세표준: 자기가 공급한 재화 또는 용역의 시가) → p.1-53 참고
소비대차	사업자 간에 재화를 차용하여 사용·소비하고 동종 또는 이종의 재화로 반환하는 것 → 반환 시 시가로 과세(차용 시는 거래 상대방에게 과세)
현물출자	법인 또는 공동사업체에 자본금 또는 출자금을 금전 외의 재산으로 출자하는 것 → 금전 이외의 대가 수령(과세표준: 자기가 공급한 재화의 시가)

구분	내용	
기부채납	기부채납	기부채납은 국가 또는 지방자치단체가 부동산 등의 소유권을 무상으로 받아들이는 것을 말함
		┌ 무상사용권을 얻는 경우: 국가에 유상공급(과세거래) └ 사업자가 수행하는 사업을 위한 인허가조건에 의하여 기부채납하는 경우: 국가에 무상 공급(면세)
경매		① 법률에 따른 경매(공매): 재화의 공급으로 보지 않음 ② 그 외 경매: 재화의 공급
「신탁법」상 위탁자의 지위이전	원칙	위탁자의 지위이전 시 재화의 공급이 있는 것으로 봄
	예외	실질적 소유권 변동이 없는 경우로서 다음의 예는 재화의 공급으로 보지 않음 예 부동산집합투자업자가 다른 집합투자업자에게 위탁자 지위를 이전하는 경우 등

3. 재화의 공급으로 보지 않는 것

구분	내용
담보제공	질권·저당권 또는 양도담보의 목적으로 동산·부동산 또는 부동산상의 권리를 제공하는 것 → 실질적 소유권 이전 ×
사업양도	사업의 포괄양도 ┌ 원칙 재화의 공급으로 보지 않음 └ 예외 포괄양수인이 대리납부하는 경우에는 재화의 공급으로 봄 사업장별로 그 사업에 관한 모든 권리와 의무를 포괄적으로 승계(사업의 동질성이 유지되면서 경영주체만 변경)시키는 사업의 양도는 포괄양수자가 대리납부하는 경우를 제외하고는 재화의 공급으로 보지 않음 → 양수한 사업의 종류 변경도 포함 **사업의 포괄양도 시 대리납부** ┌────────┐ 토지·건물 등 포괄양도(2월 10일) ┌────────┐ │ 사업양도인 │ ──────────────────────────→ │ 사업양수인 │ └────────┘ └────────┘ 매출세액 10 2월 10일 (차) 토지 100 (대) 현금 200 → 양도인 매입세액 0 건물 100 납부세액 10 3월 25일 (차) 부가가치세 10 (대) 현금 10 → 관할세무서 기납부세액 (10) 차감납부세액 0 ※ 대가를 지급하는 날이 속하는 달의 다음 달 25일까지 납부 사업양수인은 7/25 매입세액공제 신고
물납	법률에 따라 조세를 물납하는 것은 재화의 공급으로 보지 않음
수용	① 「도시 및 주거환경정비법」, 「공익사업을 위한 토지 등의 취득 및 보상에 관한 법률」 등에 따른 수용절차에서 수용대상 재화의 소유자가 수용된 재화에 대한 대가를 받는 경우 → 철거 여부에 무관 ② 「도시 및 주거환경정비법」에 따른 사업시행자의 매도청구에 따라 재화를 인도하거나 양도하는 것
신탁설정	신탁재산의 소유권 이전으로서 ① 위탁자로부터 수탁자에게 신탁재산을 이전하거나, ② 신탁의 종료로 수탁자로부터 위탁자에게 신탁재산을 이전하거나, ③ 수탁자가 변경되어 새로운 수탁자에게 신탁재산을 이전하는 경우에는 재화의 공급으로 보지 않음 → 실질적 소유권 이전이 없음
기타	① 사업자가 위탁가공을 위하여 원자재를 국외의 수탁가공 사업자에게 대가 없이 반출하는 것 (다만, 가공된 재화를 양도하는 경우 그 원료의 반출은 영세율 적용대상임) ② 공동사업을 영위하는 구성원이 다른 동업예정자에게 양도하는 공동사업 출자지분 ③ 폐업하는 때에 남아 있는 재화로 부가가치세가 과세된 후에 실제로 처분하는 재화

03 재화의 공급 특례(간주공급)

1. 자기생산·취득재화의 공급의제

구분		내용
면세사업 등 전용	자기생산·취득재화	① 매입세액이 공제된 재화 ② 재화의 공급으로 보지 않는 사업양도로 취득한 재화로서 사업양도자가 매입세액을 공제받은 재화 ※ 매입 / 매입세액공제 ○ → [양도자] —과세 ×→ [양수자] → 면세전용 자기생산·취득재화 ③ 내국신용장 또는 구매확인서에 의하여 재화를 공급하는 것 등으로서 재화의 수출에 해당하여 영세율을 적용받은 재화 ※ 매입 / 매입세액공제 ○ → [사업자 A] —내국신용장 영세율→ [사업자 B] → 면세전용 자기생산·취득재화
	면세전용	사업자가 자기의 과세사업을 위한 자기생산·취득재화를 자기의 면세사업 및 부가가치세가 과세되지 아니하는 재화 또는 용역을 공급하는 사업(면세사업 등)을 위하여 직접 사용하거나 소비하는 것은 재화의 공급으로 봄 ※ 자기생산·취득재화 →(취득목적) [과세사업용] 매입세액공제 —사용→ [면세사업] ─ 재고자산 / 감가상각자산(일부전용, 완전전용) → 과세형평 유지 / 공급의제 ※ 매입세액불공제 →(취득목적) [면세사업] [용어의 정의] 비과세 사업: 부가가치세가 과세되지 아니하는 재화 또는 용역을 공급하는 사업
	과세사업에 사용	사업자가 자기의 사업과 관련하여 생산하거나 취득한 재화를 자기의 과세사업을 위하여 다음과 같이 사용하거나 소비하는 경우에는 재화의 공급으로 보지 아니함 ① 자기의 다른 사업장에서 원료·자재 등으로 사용하거나 소비하기 위하여 반출하는 경우 ② 자기사업상의 기술개발을 위하여 시험용으로 사용하거나 소비하는 경우 ③ 수선비 등에 대체하여 사용하거나 소비하는 경우 ④ 사후무료서비스 제공을 위하여 사용하거나 소비하는 경우 ⑤ 불량품 교환 또는 광고선전을 위한 상품진열 등의 목적으로 자기의 다른 사업장으로 반출하는 경우

구분		내용
소형 승용차의 비영업용 전용	소형승용차	개별소비세 과세대상 자동차는 다음 중 어느 하나의 자동차를 말함 ① 승용자동차(정원 8명 이하의 자동차로 한정하되, 배기량이 1,000cc 이하의 것으로서 길이가 3.6m 이하이고 폭이 1.6m 이하인 것은 제외) ② 이륜자동차(125cc를 초과하는 것으로 한정하며, 최고정격출력이 12kw를 초과하는 것으로 한정) ③ 캠핑용자동차(캠핑용트레일러를 포함) ④ 전기자동차 또는 수소전기자동차(정원 8명 이하의 자동차로 한정하되, 길이가 3.6m 이하이고 폭이 1.6m 이하인 것은 제외)
	적용대상	다음 중 어느 하나에 해당하는 자기생산·취득재화의 사용 또는 소비는 재화의 공급으로 봄 ① 사업자가 자기생산·취득재화를 매입세액이 공제되지 아니하는 비영업용 소형자동차로 사용 또는 소비하거나 그 자동차의 유지를 위하여 사용 또는 소비하는 것 [예] 주유소에서 업무용 승용차에 사용한 석유류 ② 운수업, 자동차 판매업, 자동차 임대업, 운전학원 등을 경영하는 사업자가 자기생산·취득재화 중 자동차와 그 자동차의 유지를 위한 재화를 해당 업종에 직접 영업으로 사용하지 아니하고 다른 용도로 사용하는 것 [예] 자동차 판매업자가 출장용으로 사용
개인적 공급	원칙	사업자가 자기생산·취득재화를 사업과 직접적인 관계없이 자기의 개인적인 목적이나 그 밖의 다른 목적을 위하여 사용·소비하거나 그 사용인 또는 그 밖의 자가 사용·소비하는 것으로서 사업자가 그 대가를 받지 아니하거나 시가보다 낮은 대가를 받는 경우는 재화의 공급으로 봄
	예외	사업자가 실비변상적이거나 복리후생적인 목적으로 그 사용인에게 대가를 받지 아니하거나 시가보다 낮은 대가를 받고 제공하는 것으로서 다음에 해당하는 것은 재화의 공급으로 보지 아니함 ① 사업을 위해 착용하는 작업복, 작업모 및 작업화를 제공하는 경우 ② 직장 연예 및 직장 문화와 관련된 재화를 제공하는 경우 ③ 다음 중 어느 하나에 해당하는 재화를 제공하는 경우. 각 경우(㉠ 또는 ㉡)별로 각각 사용인 1명당 연간 10만원을 한도로 하며, 10만원을 초과하는 경우 해당 초과액에 대해서는 재화의 공급으로 봄 ㉠ 경조사와 관련된 재화 ㉡ 설날·추석, 창립기념일 및 생일 등과 관련된 재화
	사례	① 체육대회를 개최하고 추첨에 의해 당첨된 종업원에게 무상으로 재화를 공급하는 경우 부가가치세가 과세됨 ② 사내 체육대회에서 체육복 무상공급 시 매입세액을 공제하고 사업상 증여로 보지 않음

사업상 증여	원칙		사업자가 자기생산·취득재화를 자기의 고객이나 불특정 다수에게 증여하는 경우(증여하는 재화의 대가가 주된 거래인 재화의 공급에 대한 대가에 포함되는 경우는 제외한다)는 재화의 공급으로 봄
	예외		사업자가 증여하는 것으로서 다음의 것은 재화의 공급으로 보지 않음 ① 사업을 위하여 대가를 받지 아니하고 다른 사업자에게 인도하거나 양도하는 견본품 ②「재난 및 안전관리 기본법」의 적용을 받아 특별재난지역에 공급하는 물품 ③ 자기적립마일리지 등으로만 전부를 결제받고 공급하는 재화
	사례	판매장려금	금전으로 지급하는 장려금은 과세표준에서 공제하지 않지만, 재화(매입세액공제됨)로 공급하는 경우에는 사업상 증여에 해당됨
		경품	① 사업자가 자기의 고객 중 추첨을 통하여 당첨된 자에게 재화(매입세액공제됨)를 경품으로 제공하는 경우에는 사업상 증여에 해당됨 ② 고객 중 이용실적에 따라 김치냉장고, 침대, 청소기 등 물품(매입세액공제 받음)을 무상으로 제공한 것은 사업상 증여에 해당됨
		광고선전비	사업자가 자기의 사업과 관련하여 생산하거나 취득한 재화를 자기사업의 광고선전목적으로 불특정 다수인에게 광고선전용 재화로서 무상으로 배포하는 경우(직매장·대리점을 통하여 배포하는 경우를 포함)에는 재화의 공급으로 보지 아니함
폐업 시 잔존재화	원칙		사업자가 폐업할 때 자기생산·취득재화 중 남아 있는 재화는 자기에게 공급하는 것으로 봄. 사업개시일 이전에 사업자등록을 신청한 자가 사실상 사업을 시작하지 아니하게 되는 경우 또한 같음
	예외		다음의 경우에는 폐업할 때 남아 있는 재화라고 하더라도 과세하지 않음 ① 동일사업장 내에서 2 이상의 사업을 겸영하는 사업자가 그 중 일부 사업을 폐지하는 경우 ② 사업자가 사업의 종류를 변경한 경우 변경 전 사업과 관련된 재고재화

2. 판매목적 타사업장 반출 → 세금계산서 발급대상(미발급 가산세 2%)

구분	내용
원칙	사업장이 둘 이상인 사업자가 자기의 사업과 관련하여 생산 또는 취득한 재화(자기생산·취득재화가 아님)를 판매할 목적으로 자기의 다른 사업장에 반출하는 것은 재화의 공급으로 봄 → 사업자의 자금부담 완화목적 [사례] A사업장에서 매입세액공제받지 못한 재화를 판매목적으로 다른 사업장에 반출한 경우에도 과세대상임 → 매입세액공제를 받았는지 여부에 관계없이 재화의 공급으로 봄 [사례] 광고선전목적 또는 상품진열목적으로 판매장에 반출한 경우는 재화의 공급으로 보지 않음
예외	다음 중 어느 하나에 해당하는 경우는 재화의 공급으로 보지 아니함 ① 사업자가 사업자단위과세사업자로 적용을 받는 과세기간에 자기의 다른 사업장에 반출하는 경우 ② 사업자가 주사업장총괄납부의 적용을 받는 과세기간에 자기의 다른 사업장에 반출하는 경우. 다만, 세금계산서를 발급하고 부가가치세를 관할 세무서장에게 신고한 경우는 제외함

과세표준	원칙	「법인세법」 또는 「소득세법」상 취득가액(취득가액에 일정액을 더하여 자기의 다른 사업장에 반출하는 경우에는 그 취득가액에 일정액을 더한 금액)
	예외	개별소비세, 주세 및 교통·에너지·환경세가 부과되는 재화에 대해서는 개별소비세, 주세 및 교통·에너지·환경세의 과세표준에 해당 개별소비세, 주세, 교육세, 농어촌특별세 및 교통·에너지·환경세 상당액을 합계한 금액

직매장 반출 시 세금계산서 발급 여부	사업자		세금계산서 발급 여부	근거
	① 사업장 단위(일반)		○	공급의제(자금부담 해소)
	② 사업자단위과세사업자		×	자금부담 ×
	③ 총괄납부사업자	원칙	×	자금부담 ×
		예외	○	가산세 등 문제 해소

04 용역의 공급

구분	내용
용역의 공급	용역의 공급은 계약상 또는 법률상의 모든 원인에 따른 것으로서 다음 중 어느 하나에 해당하는 것으로 함 ① 역무를 제공하는 것 ② 시설물, 권리 등 재화를 사용하게 하는 것

구분			
사례	**구분**	**재화·용역의 구분**	**사례**
	재화·시설물의 대여	용역의 공급	부동산임대업
	권리의 대여	용역의 공급	특허권·상표권 등의 대여
	권리의 양도	재화의 공급	상표권·골프회원권의 양도

구분		내용
용역공급 범위에 포함	건설업	건설업에 있어서는 건설사업자가 건설자재의 전부 또는 일부를 부담하는 경우에도 용역의 공급으로 봄
	단순가공	사업자가 주요자재를 전혀 부담하지 아니하고 거래 상대방으로부터 인도받은 재화를 단순히 가공만 하여 주는 것은 용역의 공급으로 봄
	Know-how	산업상·상업상 또는 과학상의 지식·경험 또는 숙련에 관한 정보 등 소위 Know-how를 제공하는 것도 용역의 공급으로 봄
용역공급 의 특례	자가공급	사업자가 자신의 용역을 자기의 사업을 위하여 대가를 받지 아니하고 공급함으로써 다른 사업자와의 과세형평이 침해되는 경우에는 자기에게 용역을 공급하는 것으로 봄. 이 경우 그 용역의 범위는 대통령령으로 정함 → 현재 대통령령에 열거된 것이 없음 [예] 사업자가 자기의 사업과 관련하여 사업장 내에서 그 사용인에게 음식용역을 무상으로 제공하는 경우에는 과세하지 않음
	무상공급	┌ [원칙] 용역의 공급으로 보지 않음 └ [예외] 특수관계인에게 부동산임대용역을 무상으로 공급하는 것은 용역의 공급으로 봄 　└ [예외] 다음에 해당하는 자 사이의 부동산 무상임대는 용역의 공급으로 보지 않음 　　① 대학교와 산학협력단 　　② 「공공주택 특별법」에 따른 공공주택사업자와 부동산투자회사
근로의 제공		고용관계에 따라 근로를 제공하는 것은 용역의 공급으로 보지 않음

05 재화의 수입

구분	내용
재화의 수입	재화의 수입은 다음 중 어느 하나에 해당하는 물품을 국내에 반입하는 것(보세구역을 거치는 것은 보세구역에서 반입하는 것)으로 함 ① 외국으로부터 국내에 도착한 물품(외국 선박에 의하여 공해에서 채집되거나 잡힌 수산물을 포함)으로서 수입신고가 수리되기 전의 것 ② 수출신고가 수리된 물품(수출신고가 수리된 물품으로서 선적되지 아니한 물품을 보세구역에서 반입하는 경우는 제외) → 수출신고가 수리되고 선적까지 마쳐진 물품
보세구역 거래	

06 부수재화·용역

1. 주된 거래에 부수되는 재화 또는 용역

구분	내용
관련 규정	주된 재화 또는 용역의 공급에 부수되어 공급되는 것으로서 다음 중 어느 하나에 해당하는 재화 또는 용역의 공급은 주된 재화 또는 용역의 공급에 포함되는 것으로 봄 ① 해당 대가가 주된 재화 또는 용역의 공급에 대한 대가에 통상적으로 포함되어 공급되는 재화 또는 용역 [예] 무료배송비 ② 거래의 관행으로 보아 통상적으로 주된 재화 또는 용역의 공급에 부수하여 공급되는 것으로 인정되는 재화 또는 용역 [예] 쌀을 판매하면서 별도 배송비 수령
적용효과	주된 거래인 재화의 공급을 기준으로 하여 부수재화의 과세대상 여부, 공급시기, 공급장소 등을 결정함
사례	① 사업자가 자기의 사업과 관련하여 생산하거나 취득한 재화를 품질보증기간 내에 사후무료서비스 제공을 위하여 사용·소비하는 경우에는 부가가치세가 과세되지 않음 ② 병원 장례식장을 임차 운영하면서 장의용역과 함께 상주 및 문상객에게 음식물을 제공하고 상주로부터 받는 대가는 장의용역에 포함되어 면세됨 ③ 부가가치세가 과세되는 재화와 면세되는 재화를 각각 본래의 성질을 유지한 상태로 하나의 거래단위로 판매하는 경우에는, 혼합 판매하는 재화 중 주된 재화의 과세 여부에 따라 전체 재화의 과세 또는 면세가 결정되는 것임

2. 주된 사업에 부수되는 재화 또는 용역

구분	내용
관련 규정	주된 사업에 부수되는 다음 중 어느 하나에 해당하는 재화 또는 용역의 공급은 별도의 공급으로 보되, 과세 및 면세 여부 등은 주된 사업의 과세 및 면세 여부 등을 따름 ① 주된 사업과 관련하여 우연히 또는 일시적으로 공급되는 재화 또는 용역 ② 주된 사업과 관련하여 주된 재화의 생산 과정이나 용역의 제공 과정에서 필연적으로 생기는 재화
적용효과	주된 사업에 부수하여 공급되는 재화 또는 용역은 별도의 공급으로 보되, 부가가치세 면세 여부는 주된 사업에 따름
사례	① 면세사업자인 금융업자가 면세사업에 사용하던 건축물을 양도하는 경우 해당 건축물의 공급은 면세임 ② 우연히 일시적으로 공급하는 부동산 ┌ 토지의 공급: 토지는 그 재화가 면세대상이므로 면세함 │　(토지와 건물을 함께 공급하는 경우 감정가액, 기준시가, 장부가액 순서로 안분) │　　　　　　　┌ 과세사업자가 매각하는 경우에는 과세 └ 건물의 공급 ─┼ 면세사업자가 매각하는 경우에는 면세 　　　　　　　└ 겸영사업자가 매각하는 경우에는 안분계산 　　　　　　　　(건물분에 대해 직전 과세기간 공급가액 비율 또는 사용면적 비율)

07 공급시기

1. 재화의 공급시기

(1) 일반적인 재화의 공급시기

구분	공급시기
① 재화의 이동이 필요한 경우	재화가 인도되는 때
② 재화의 이동이 필요하지 아니한 경우	재화가 이용 가능하게 되는 때 → 소유권 이전 등기일을 말하나, 소유권 이전 등기 전에 사용·수익하는 경우에는 사용·수익일
③ 위의 기준을 적용할 수 없는 경우	재화의 공급이 확정되는 때

(2) 거래형태별 공급시기

구분	공급시기
① 현금판매, 외상판매 또는 할부판매의 경우	재화가 인도되거나 이용 가능하게 되는 때
② 상품권 등을 현금 또는 외상으로 판매하고 그 후 그 상품권 등이 현물과 교환되는 경우	재화가 실제로 인도되는 때 → 상품권을 판매하는 때(×)
③ 재화의 공급으로 보는 가공의 경우	가공된 재화를 인도하는 때 → 가공이 완료되는 때(×)
④ 재화를 현물출자한 경우	현물출자의 이행이 완료되는 때
⑤ 금전등록기를 설치한 경우	현금 수입시기를 공급시기로 할 수 있음
⑥ 반환조건부판매, 동의조건부 판매, 그 밖의 조건부판매 및 기한부판매	그 조건이 성취되거나 기한이 지나 판매가 확정되는 때 예 검수조건부판매(검수조건이 완료되는 때, 이 경우에도 수출은 선적일)
⑦ 장기할부판매	┌ 공급시기: 대가의 각 부분을 받기로 한 때 ├ 요건: ㉠ 2회 이상으로 분할하여 대가를 받는 것 (and) ㉡ 해당 재화의 인도일의 다음 날부터 최종 할부금 지급기일까지의 기간이 1년 이상인 것 └ 특례: 대가 수령에 관계없이 세금계산서 또는 영수증을 발급하는 때를 공급시기로 함(선발급세금계산서 특례) 비교
⑧ 완성도기준지급조건부	┌ 공급시기: 대가의 각 부분을 받기로 한 때 ├ 요건: 재화가 인도되거나 사용되기 전에 그 생산이 완성되어가는 정도에 따라 대가를 지급받는 것 　　　→ 6개월 이내 인도하는 경우 포함 └ 특례: 재화가 인도되거나 이용 가능하게 되는 날 이후에 받기로 한 대가의 부분에 대해서는 재화가 인도되거나 이용 가능하게 되는 날을 그 재화의 공급시기로 봄

⑨ 중간지급조건부	┌ 공급시기: 대가의 각 부분을 받기로 한 때
	┌ 요건: ㉠ 계약금을 받기로 한 날의 다음 날부터 재화를 인도하는 날
	(or)　　또는 재화를 이용 가능하게 하는 날까지의 기간이 6개월 이상
	인 경우로서 그 기간 이내에 계약금 외의 대가를 분할하여
	받는 경우
	㉡ 「국고금 관리법」 제26조에 따라 경비를 미리 지급받는 경우
	㉢ 「지방회계법」 제35조에 따라 선금급을 지급받는 경우
	┌ 특례: 재화가 인도되거나 이용 가능하게 되는 날 이후에 받기로 한 대
	가의 부분에 대해서는 재화가 인도되거나 이용 가능하게 되는
	날을 그 재화의 공급시기로 봄
	→ 장기할부판매와 달리 선발급세금계산서 특례 없음
	└ 계약변경: 계약변경 전의 조건에 따라 중간지급조건에 해당하는지를
	판단하고, 계약변경 후 조건에 따라 새롭게 중간지급조건
	에 해당하는지를 판단함(소급하여 판단하지 않음)

[사례 1] 지급일자 변경

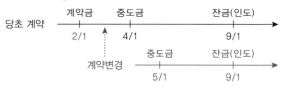

→ 공급시기는 2/1, 5/1, 9/1(∵계약변경 전후로 모두 중간지급조건
부에 해당하고, 계약변경일 이후 대가를 받기로 한 날을 공급시
기로 봄)

[사례 2] 계약상 인도일 전에 실제 인도

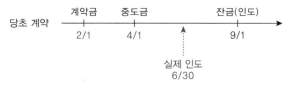

→ 공급시기는 2/1, 4/1, 6/30(∵계약변경 전에는 중간지급조건부 계약에
해당하나, 계약변경 후에는 중간지급조건부 조건에 해당하지 아니함)

[사례 3] 계약변경으로 중간지급조건부계약이 된 경우

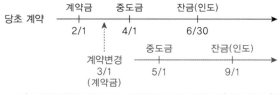

→ 3/1 계약변경에 따라 당초 계약금의 공급시기가 3/1로 변경됨(계
약변경 전 중간지급조건부 계약 아니므로 계약금 수령일인 2/1
은 공급시기 아님)

⑩ 전력이나 그 밖에 공급단위를 구획할 수 없는 재화를 계속적으로 공급	대가의 각 부분을 받기로 한 때(선발급세금계산서 특례 적용 가능)
⑪ 무인자판기를 이용하여 재화를 공급	사업자가 무인판매기에서 현금을 꺼내는 때

구분	공급시기	
⑫ 간주공급	면세전용, 소형승용차의 비영업용 전용, 개인적 공급	재화가 사용·소비되는 때
	판매목적 타사업장 반출	재화를 반출하는 때
	사업상 증여	증여하는 때
	폐업 시 잔존재화	폐업일
⑬ 수출재화	직수출, 중계무역방식수출	선(기)적일 → 중간지급조건부, 장기할부판매, 공장인도조건 등의 경우도 선(기)적일
	내국신용장·구매확인서	인도일 → 국내 일반거래와 동일
	위탁판매수출	수출재화의 공급가액이 확정되는 때
	외국인도수출	외국에서 해당 재화가 인도되는 때 (위탁가공무역방식의 수출, 원료를 대가 없이 국외의 수탁가공 사업자에게 반출하여 가공된 재화를 인도하는 경우 포함)
⑭ 보세구역을 통한 수입	수입신고 수리일 비교 일반적인 재화의 수입시기는 「관세법」에 따라 수입신고가 수리된 때로 함	
⑮ 폐업 전에 공급한 재화의 공급시기가 폐업 후에 도래한 경우	폐업일 → 폐업 시 잔존재화에 해당하지 않음(간주공급 과세표준 ×) 	
⑯ 위탁매매 또는 대리인에 의한 매매	원칙 위탁매매 또는 대리인에 의한 매매를 할 때에는 위탁자 또는 본인이 직접 재화를 공급하거나 공급받은 것으로 봄. 다만, 그 공급시기는 수탁자 또는 대리인의 공급을 기준으로 하여 판단함 예외 위탁자 또는 본인을 알 수 없는 경우: 위탁자와 수탁자 또는 본인과 대리인 사이에 각각 공급이 이루어진 것으로 보아 공급시기를 판단함 	

⑰ 리스거래	납세의무가 있는 사업자가 시설대여업자로부터 시설 등을 임차하고, 당해 시설 등을 공급자 또는 세관장으로부터 직접 인도받는 경우에는 당해 사업자가 공급자로부터 재화를 직접 공급받거나 외국으로부터 재화를 직접 수입한 것으로 보아 공급시기를 판단함 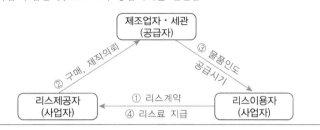

2. 용역의 공급시기

(1) 일반적인 용역의 공급시기

구분	공급시기
① 역무를 제공하는 경우	역무의 제공이 완료되는 때
② 시설물, 권리 등 재화가 사용되는 경우	시설물, 권리 등 재화가 사용되는 때

(2) 거래형태별 공급시기

구분	공급시기
① 장기할부조건부 또는 그 밖의 조건부로 용역을 공급하는 경우	대가의 각 부분을 받기로 한 때(선발급세금계산서 특례 적용 가능)
② 완성도기준지급조건부로 용역을 공급하는 경우 ③ 중간지급조건부로 용역을 공급하는 경우	대가의 각 부분을 받기로 한 때. 다만, 역무의 제공이 완료되는 날 이후 받기로 한 대가의 부분에 대해서는 역무의 제공이 완료되는 날을 그 용역의 공급시기로 봄
④ 공급단위를 구획할 수 없는 용역을 계속적으로 공급하는 경우 예 부동산임대용역, 유지보수용역, 통신서비스	대가의 각 부분을 받기로 한 때 → 대가 수령 여부 관계없음
⑤ 부동산임대용역을 공급하는 경우로서 다음 중 어느 하나에 해당하는 경우 ㉠ 전세금 또는 임대보증금을 받는 경우 → 간주임대료 ㉡ 둘 이상의 과세기간에 걸쳐 부동산임대용역을 공급하고 그 대가를 선불 또는 후불로 받는 경우 → 단, 선불로 받은 대가에 대하여 세금계산서를 발급하는 경우에는 발급한 때를 공급시기로 봄	예정신고기간 또는 과세기간의 종료일 → 간주임대료는 일수계산, 일시불은 초월산입, 말월불산입 **X1. 5. 20. ~ X1. 9. 19. 부동산임대용역 제공하고,** **X1. 5. 20. 일시불로 600 수령** 1/1 ――――――――――― 6/30 ――――――――――― 12/31 　　　　　　5/20　　　　　　　　9/19 　　　　　　$600 \times \frac{2}{4}$　$600 \times \frac{2}{4}$ 　　　　　　$=300$　　　　$=300$ 　　　　　　X1. 1기　　　X1. 2기 　　　　　　공급가액　　　공급가액
⑥ 선불로 받는 연회비 등 특정 용역을 둘 이상의 과세기간에 걸쳐 계속적으로 제공하고 대가를 선불로 받는 경우	예정신고기간 또는 과세기간의 종료일 [특정 용역] • 스포츠센터 등의 연회비 • 상표권 사용대가를 일시불로 수령 등
⑦ 위에도 불구하고 폐업 전에 공급한 용역의 공급시기가 폐업일 이후 도래하는 경우	폐업일

※ 장기할부조건, 완성도기준지급조건, 중간지급조건은 재화의 경우와 동일(다만, 인도일 또는 이용 가능일 → 용역제공 완료일)

3. 재화 및 용역의 공급시기의 특례 → 세금계산서 또는 영수증 발급일을 공급시기로 간주

(1) 대가 수령 없이 세금계산서(영수증) 발급

다음의 거래에 대해 사업자가 공급시기가 되기 전에 세금계산서 또는 영수증을 발급하는 경우에는 그 발급한 때를 각각 그 재화 또는 용역의 공급시기로 본다.

> ① 장기할부판매로 재화를 공급하거나 장기할부조건부로 용역을 공급하는 경우
> ② 전력이나 그 밖에 공급단위를 구획할 수 없는 재화를 계속적으로 공급하는 경우
> ③ 공급단위를 구획할 수 없는 용역을 계속적으로 공급하는 경우

(2) 대가 수령 후 세금계산서(영수증) 발급

사업자가 공급시기가 되기 전에 재화 또는 용역에 대한 대가의 전부 또는 일부를 받고, 그 받은 대가에 대하여 세금계산서 또는 영수증을 발급하면 그 세금계산서 등을 발급하는 때를 각각 그 재화 또는 용역의 공급시기로 본다. → ① 대가 수령 + ② 세금계산서 발급

(3) 세금계산서 발급 후 대가 수령

구분	공급시기
발급 후 7일 이내 대가 수령	세금계산서 발급일로부터 7일 이내에 대가를 받으면 해당 세금계산서를 발급한 때를 재화 또는 용역의 공급시기로 봄 예 6월 30일에 세금계산서를 발급하고 7일 이내 대가를 수령 → 공급시기 6월 30일
발급 후 30일 이내 약정에 따른 지급시기가 도래하는 경우	거래 당사자 간의 계약서·약정서 등에서 대금의 청구시기(세금계산서 발급일)와 그 지급시기의 기간이 30일 이내인 경우에는 세금계산서를 발급한 때를 재화 또는 용역의 공급시기로 봄 예 6월 26일에 세금계산서를 발급하고 7월 5일에 제품을 인도한 경우로서 약정서에 따르면 제품 대금의 청구시기는 인도일의 10일 전, 대금 지급시기는 인도일로부터 15일 후 → 공급시기 6월 26일
발급일이 속하는 과세기간에 공급시기가 도래한 경우	세금계산서를 먼저 발급하고 동일한 과세기간(조기환급의 경우에는 30일 이내) 내에 공급시기가 도래하는 경우에는 세금계산서를 발급한 때를 재화 또는 용역의 공급시기로 봄 → 대가 수령 여부에 관계없음

(4) 각 상황별 비교

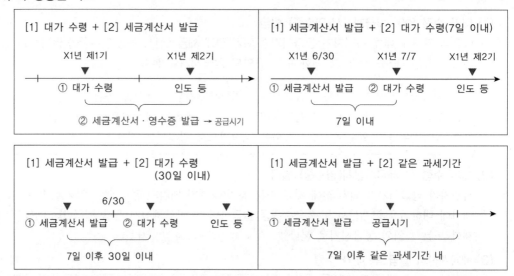

08 공급장소

1. 의의

부가가치세는 우리나라의 과세권을 행사할 수 있는 권리가 미치는 곳에서 이루어지는 거래에 대하여 과세하는 것이 원칙이다. 따라서 거래가 우리나라의 과세권을 행사할 수 있는 곳에서 이루어진 것이냐, 행사할 수 있는 권리가 미치지 아니하는 국외에서 이루어진 것이냐를 판별하기 위한 기준이 공급장소이다.

┌ 원칙 속지주의(해당 거래가 국내에서 이루어진 경우 과세권 있음)
└ 예외 속인주의(사업장이 국내에 있는 경우 국외거래도 과세할 수 있음)
　　　┌ ① 중계무역 등 거래(계약과 대가 수령이 국내사업장에서 이루어짐)
　　　└ ② 국외제공용역(국내사업장이 있어야 함 예 건설업)

2. 재화의 공급장소

구분	공급장소	비고
(1) 재화의 이동이 필요한 경우	재화의 이동이 시작되는 장소	국외 / 국내 자동차 (국내) 과세권 있음 자동차 (국외) 과세권 없음 재화의 수입 시 과세
(2) 재화의 이동이 필요하지 아니한 경우	재화가 공급되는 시기에 재화가 있는 장소	국외 / 국내 부동산 매매 (국내) 과세권 있음 부동산 매매 (국외) 과세권 없음

3. 용역의 공급장소

구분	공급장소	비고
(1) 일반적인 경우	역무가 제공되거나 시설물, 권리 등 재화가 사용되는 장소	국외 / 국내 부동산 임대 (국외) 과세권 없음 (국외사업장) / 부동산 임대 (국내) 과세권 있음 건설업 (국외) 과세권 있음 (국내사업장) / 건설업 (국내) 과세권 있음
(2) 국내 및 국외에 걸쳐 용역이 제공되는 국제운송용역	사업자가 비거주자 또는 외국법인이면 여객이 탑승하거나 화물이 적재되는 장소	국내사업장이 없는 외국법인이 제공하는 외국항행용역은 우리나라에서 여객·화물이 탑승·적재되는 것만 과세하며 상호면세국인 경우에는 영세율 적용
(3) 전자적 용역	용역을 공급받는 자의 사업장 소재지, 주소지 또는 거소지	전자적 용역은 간편사업자등록편에서 말하는 것과 동일

회계사 · 세무사 · 경영지도사 단번에 합격!
해커스 경영아카데미 cpa.Hackers.com

제**3**장

영세율과 면세

3 영세율과 면세

01 영세율

1. 영세율과 면세의 비교

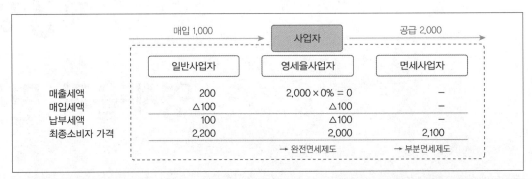

구분	일반사업자		영세율사업자		면세사업자	
매입 시	(차) 원료	1,000	(차) 상품	1,000	(차) 상품	1,100
	VAT대급금	100	VAT대급금	100	(대) 현금	1,100
	(대) 현금	1,100	(대) 현금	1,100		
공급 시	(차) 현금	2,200	(차) 현금	2,000	(차) 현금	2,100
	(대) 매출	2,000	(대) 매출	2,000	(대) 매출	2,100
	VAT예수금	200				
이익	매출 2,000 − 원가 1,000 = 1,000		매출 2,000 − 원가 1,000 = 1,000		매출 2,100 − 원가 1,100 = 1,000	
세수	200		−		100	

구분		영세율	면세
목적		소비지국 과세	역진성 완화
대상		수출재화 등	생필품 등
면세정도		완전 면세	부분 면세
의무	사업자등록	○	×
	세금계산서 발급	○	×
	신고·납부	○	×
	매출처별 세금계산서합계표	○	×
	매입처별 세금계산서합계표	○	○
	대리납부의무	×	○
매출세액		없음	없음
매입세액		환급됨	환급되지 않으므로 자산의 원가 또는 비용 처리
가산세(미등록, 신고불성실, 납부지연, 세금계산서 관련)		있음	없음 (대리납부의무 미이행가산세는 있음)

2. 영세율 적용대상 사업자(인적 적용범위)와 적용대상

(1) 적용대상자

공급하는 사업자	영세율 적용	비고
거주자와 내국법인	적용	면세사업자는 원칙적으로 면세포기하기 전까지는 영세율을 적용받지 못함
비거주자와 외국법인	상호주의	그 해당 국가에서 대한민국의 거주자 또는 내국법인에 대하여 동일하게 면세하는 경우에만 영세율을 적용함(그 외국에 우리나라의 부가가치세 또는 이와 유사한 성질의 조세가 없는 경우를 포함) [비교] 외교공관 등의 소속직원 등에게 재화나 용역을 공급할 때 영세율을 적용하기 위해서는 해당 국가에서 대한민국의 외교공관 등의 직원에게 공급하는 재화 또는 용역에 대하여 동일하게 면세하는 경우에만 영세율을 적용함

(2) 영세율 적용대상

영세율 적용대상은 크게 4가지 유형으로 분류할 수 있다.

① 수출하는 재화(재화의 수출)
② 국외에서 제공하는 용역(용역의 국외공급)
③ 선박 또는 항공기의 외국항행용역
④ 외화 획득 재화 또는 용역의 공급

(3) 영세율 첨부서류

① 부가가치세 예정신고 및 확정신고를 할 때 예정신고서 및 확정신고서에 수출실적 명세서 등 영세율 첨부서류를 첨부하여 제출하여야 한다.

② 이를 제출하지 않은 경우라도 과세표준이 영세율대상임이 확인되는 때에는 영의 세율을 적용하지만, 첨부서류를 첨부하지 않은 부분에 대해서는 무신고가산세 또는 과소신고(초과환급신고)가산세를 적용한다.

3. 재화의 수출

(1) 내국물품의 국외반출

구분	내용
직수출	내국물품(대한민국 선박에 의하여 포획된 수산물 포함)을 외국에 반출하는 것 → 대금결제 방식 불문하고 영세율 적용
대행수출	수출품 생산업자가 수출업자의 명의를 빌려서 자기의 계산으로 외국에 수출하는 형태 → 위탁자가 영세율 적용받음 [비교] 수출대행 용역 수수료는 10%의 세율 적용
무상수출	무상반출의 경우에도 영세율 적용 [비교] 대가를 받지 아니하고 견본품을 국외반출하는 경우는 재화의 공급으로 보지 않음

(2) 중계무역방식의 수출 등 → 국내사업장에서 계약과 대가 수령(속인주의)

[입법취지] 수출경쟁력을 감안하여 부가가치세 과세대상에서 제외되는 중계무역 등의 경우에도 동 사업과 관련된 매입세액을 공제하기 위한 것임

구분	내용
중계무역	① 자기책임으로 수출계약과 수입계약을 체결하고 수입국에서 수출국으로 재화가 이동되는 것 ② 수출할 것을 목적으로 물품 등을 수입하여 보세구역 등 외의 국내에 반입하지 아니하는 방식의 수출 → 「관세법」에 따른 수입신고 수리 전의 물품으로서 보세구역에 보관하는 물품을 외국으로 반출하는 것
위탁판매수출	물품 등을 무환으로 수출하여 해당 물품이 판매된 범위에서 대금을 결제하는 계약에 의한 수출 공급시기: 공급가액 확정되는 때
외국인도수출	수출대금은 국내에서 영수하지만 국내에서 통관되지 아니하고 수출물품을 외국으로 인도하는 수출 공급시기: 인도일

위탁가공무역 수출	가공임을 지급하는 조건으로 외 국에서 가공할 원료의 전부 또 는 일부를 거래 상대방에게 수 출하거나 외국에서 조달하여 가 공한 후 가공물품 등을 외국으 로 인도하는 방식의 수출	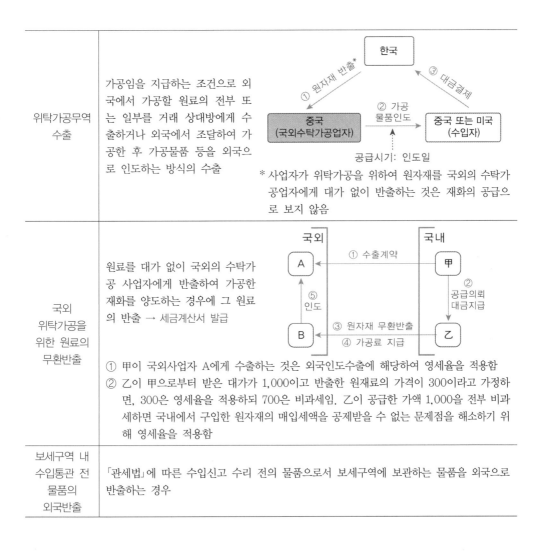

위탁가공무역 수출 영역 설명:

공급시기: 인도일

* 사업자가 위탁가공을 위하여 원자재를 국외의 수탁가공업자에게 대가 없이 반출하는 것은 재화의 공급으로 보지 않음

국외 위탁가공을 위한 원료의 무환반출	원료를 대가 없이 국외의 수탁가 공 사업자에게 반출하여 가공한 재화를 양도하는 경우에 그 원료 의 반출 → 세금계산서 발급	

① 甲이 국외사업자 A에게 수출하는 것은 외국인도수출에 해당하여 영세율을 적용함
② 乙이 甲으로부터 받은 대가가 1,000이고 반출한 원재료의 가격이 300이라고 가정하면, 300은 영세율을 적용하되 700은 비과세임. 乙이 공급한 가액 1,000을 전부 비과세하면 국내에서 구입한 원자재의 매입세액을 공제받을 수 없는 문제점을 해소하기 위해 영세율을 적용함

보세구역 내 수입통관 전 물품의 외국반출	「관세법」에 따른 수입신고 수리 전의 물품으로서 보세구역에 보관하는 물품을 외국으로 반출하는 경우

(3) 국내거래 중 수출로 보아 영세율을 적용하는 것

구분	내용
내국신용장 (구매확인서)에 의한 공급	① 내국신용장 및 구매확인서에 의해 공급하는 재화(단, 금지금 제외) 　→ 공급일이 속하는 과세기간 종료일로부터 25일 이내 개설한 경우에 한함 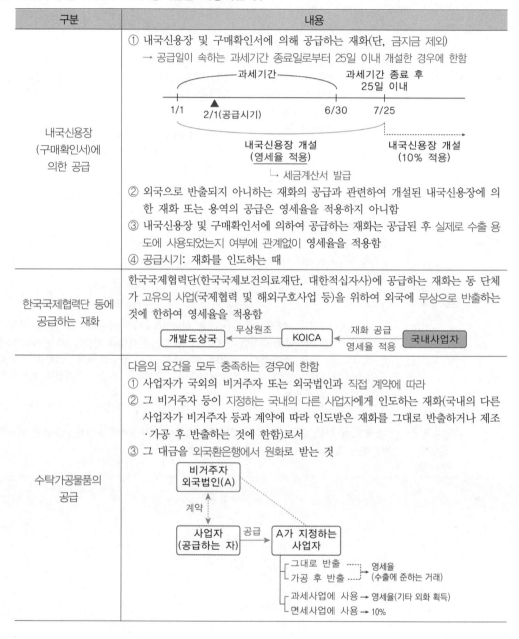 ② 외국으로 반출되지 아니하는 재화의 공급과 관련하여 개설된 내국신용장에 의한 재화 또는 용역의 공급은 영세율을 적용하지 아니함 ③ 내국신용장 및 구매확인서에 의하여 공급하는 재화는 공급된 후 실제로 수출 용도에 사용되었는지 여부에 관계없이 영세율을 적용함 ④ 공급시기: 재화를 인도하는 때
한국국제협력단 등에 공급하는 재화	한국국제협력단(한국국제보건의료재단, 대한적십자사)에 공급하는 재화는 동 단체가 고유의 사업(국제협력 및 해외구호사업 등)을 위하여 외국에 무상으로 반출하는 것에 한하여 영세율을 적용함
수탁가공물품의 공급	다음의 요건을 모두 충족하는 경우에 한함 ① 사업자가 국외의 비거주자 또는 외국법인과 직접 계약에 따라 ② 그 비거주자 등이 지정하는 국내의 다른 사업자에게 인도하는 재화(국내의 다른 사업자가 비거주자 등과 계약에 따라 인도받은 재화를 그대로 반출하거나 제조·가공 후 반출하는 것에 한함)로서 ③ 그 대금을 외국환은행에서 원화로 받는 것

4. 용역의 국외공급

구분		내용
의의		① 국외에서 공급하는 용역과 관련된 사업장이 국내에 있는 사업자가 국외에서 공급하는 용역에 대하여는 영세율을 적용함 ② 속지주의 원칙에 따르면 용역의 국외공급에 대해서는 우리나라에 과세권이 없어야 할 것임. 그러나 '용역의 수출'을 지원하기 위해 속인주의 과세원칙에 따라 국내사업장이 있는 경우에는 영세율을 적용함 ③ 재화의 수출과 마찬가지로 대금지급방법이나 그 거래 상대방이 외국법인인지 내국법인인지에 관계없이 국외제공용역에만 해당하면 영세율을 적용함 ④ 용역의 국외공급에 대해 영세율을 적용하는 것은 국외제공용역과 관련하여 국내에서 창출한 부가가치에 대해 전혀 과세하지 않음으로써 소비지국 과세원칙에 부합하게 됨
공급장소	인적용역	역무를 제공하는 것을 인적용역이라고 하며 건설용역, 전문직업인의 용역, 설계용역 등이 이에 해당함. 인적용역은 용역이 제공되는 장소를 공급장소로 함
	시설물 또는 권리의 사용	시설물 또는 권리가 사용되는 장소를 공급장소로 함
사례		① 국외에서 부동산임대용역을 제공하는 경우에는 그 사업장이 국내에 소재하지 아니하므로 과세권이 없음. 부동산임대업의 사업장은 '부동산'의 등기부상 소재지이기 때문임 ② 내국법인으로부터 해외건설용역을 재도급받아 건설용역을 제공하는 경우에는 영세율을 적용함. 건설업의 사업장은 법인의 본점이기 때문에 국내사업자가 국외제공용역을 제공한 것으로 볼 수 있음. 거래 상대방이 누구인지, 대가 수령방법에 관계없이 용역의 공급장소가 국외이기만 하면 영세율을 적용하기 때문임 <table><tr><th>구분</th><th>사업장</th><th>공급장소</th><th>특성</th><th>과세 여부</th></tr><tr><td>해외 부동산임대</td><td>건물등기부상 소재지</td><td>국외</td><td>시설물 사용</td><td>과세권 없음</td></tr><tr><td>해외 건설용역</td><td>법인등기부상 소재지</td><td>국외</td><td>인적용역</td><td>과세(영세율)</td></tr></table>

5. 외국항행용역의 공급

구분	내용
외국항행용역	선박 또는 항공기에 의한 외국항행용역의 공급에 대하여는 영세율을 적용함. 외국항행용역은 선박 또는 항공기에 의하여 여객이나 화물을 국내에서 국외로, 국외에서 국내로 또는 국외에서 국외로 수송하는 것을 말함. 다음의 용역도 외국항행용역에 포함 ① 운송주선업자가 국제복합운송계약에 의하여 화주로부터 화물을 인수하고 자기 책임과 계산으로 타인의 선박 또는 항공기 등의 운송수단을 이용하여 화물을 운송하고 화주로부터 운임을 받는 국제운송용역 → 운송주선업자의 국제복합운송용역 ② 「항공사업법」에 따른 상업서류 송달용역
부수재화·용역	외국항행사업자가 자기의 사업에 부수하여 공급하는 재화 또는 용역으로서 다음의 것도 영세율 적용대상에 포함함 ① 다른 외국항행사업자가 운용하는 선박 또는 항공기의 탑승권을 판매하거나 화물운송계약을 체결하는 것 ② 외국을 항행하는 선박 또는 항공기 내에서 승객에게 공급하는 것 ③ 자기의 승객만이 전용하는 버스를 탑승하게 하는 것 ④ 자기의 승객만이 전용하는 호텔에 투숙하게 하는 것

6. 외화 획득 재화 또는 용역의 공급 등

(1) 외교공관에 공급

우리나라에 상주하는 외교공관, 영사기관, 국제연합, 미합중국군대와 이에 준하는 국제기구 등에 재화 또는 용역을 공급하는 경우에는 대금결제방법에 관계없이 영세율을 적용한다.

(2) 외교관면세카드에 의한 재화·용역의 공급 → 상호주의

외교공관 등의 소속 직원으로서 해당 국가로부터 공무원 신분을 부여받은 자 또는 외교부장관으로부터 이에 준하는 신분임을 확인받은 자 중 내국인이 아닌 자에게 다음의 특정 재화 또는 용역을 공급하는 경우에는 영세율을 적용한다. → 대금결제방법에 관계없이 영세율 적용

> ① 음식·숙박용역
> ② 외교공관용 석유류 및 외국인전용판매장에서 판매하는 면세물품
> ③ 석유류
> ④ 「주세법」에 따른 주류
> ⑤ 전력
> ⑥ 외교부장관의 승인을 받아 구입하는 자동차

(3) 국내에서 비거주자 또는 외국법인에게 공급하는 재화 또는 용역

구분	내용
재화	비거주자 또는 외국법인이 지정하는 국내사업자에게 인도하는 재화로서 해당 사업자의 과세사업에 사용하는 경우
용역	비거주자·외국법인에게 제공하는 전문·과학·기술서비스업, 무형재산권 임대업, 의료기관이 제공하는 임상시험용역 등 특정 용역 ① 건설업, 부동산임대업은 열거되어 있지 않음 ② 전문·과학·기술서비스업, 사업시설관리 및 사업지원서비스업에 해당하는 경우는 해당 국가에서 우리나라의 거주자(내국법인)에게 부가가치세를 부과하지 않는 경우에 한하여 영세율을 적용함(상호주의)
추가요건	① 대금을 외국환은행에서 원화로 받거나 다음의 방법으로 수령하여야 함 → '외국환은행에서 원화로 받는 것'이란 비거주자 등으로부터 국내의 외국환은행계좌로 송금받아 외국환은행에서 매각(원화로 인출)하는 것을 의미함 ⊙ 국외의 비거주자 또는 외국법인으로부터 외화를 직접 송금받아 외국환은행에 매각하는 방법 ⓛ 국내사업장이 없는 비거주자 또는 외국법인에 재화 또는 용역을 공급하고 그 대가를 해당 비거주자 또는 외국법인에 지급할 금액에서 빼는 방법 ⓒ 국내사업장이 없는 비거주자 또는 외국법인에 재화 또는 용역을 공급하고 그 대가를 국외에서 발급된 신용카드로 결제하는 방법 ⓔ 국내사업장이 없는 비거주자 또는 외국법인에 재화 또는 용역을 공급하고 그 대가로서 국외 금융기관이 발행한 개인수표를 받아 외국환은행에 매각하는 방법 ⓜ 국내사업장이 없는 비거주자 또는 외국법인에 재화 또는 용역을 공급하고 그 대가로서 외화를 외국환은행을 통하여 직접 송금받아 외화예금계좌에 예치하는 방법(외국환은행이 발급한 외화입금증명서에 따라 외화입금사실이 확인되는 경우에 한정함) ② 비거주자 또는 외국법인의 국내사업장이 있는 경우에는 국외의 비거주자 또는 외국법인과 직접 계약하여 공급하여야 함
세금계산서 발급의무	비거주자·외국법인 (공급받는 자) / 국내사업장이 없는 경우	[원칙] 발급의무 × [예외] 외국의 사업자임을 증명하는 서류를 제시하고 세금계산서 발급을 요구하는 경우에는 발급해야 함
	국내사업장이 있는 경우	① 영세율 적용: 발급의무 × ② 10% 세율 적용: 발급의무 ○ (∵ 국내사업장에서 계약한 것이므로)
세금계산서 발급의무 비교	재화의 수출	① 직수출: 발급의무 × ② ┌ 중계무역방식 등의 수출: 발급의무 × 　　└ 위탁가공을 위한 원료의 국외 무상반출: 발급의무 ○ ③ 내국신용장·구매확인서에 의해 공급하는 재화: 발급의무 ○ ④ 한국국제협력단 등에 공급하는 재화: 발급의무 ○ ⑤ 수탁가공무역: 발급의무 ×
	용역의 국외공급	국내사업장이 없는 자가 용역을 공급받는 경우: 발급의무 × 국내사업장이 있는 자가 용역을 공급받는 경우: 발급의무 ○

(4) 기타

구분		내용
수출재화 임가공용역	직수출업자와 직접 도급계약	**원칙** 영세율 적용 → 임가공한 재화가 반드시 수출되기 때문에 '직접' 도급계약한 것은 영세율 적용함 **예외** 사업자가 부가가치세를 별도로 기재한 세금계산서를 발급한 경우에는 10% 세율 적용 ※ 직접 도급계약을 체결한 사업자 자신이 임가공하였는지 여부에 관계없이 영세율 적용
	내국신용장 또는 구매확인서에 의한 공급	영세율 적용 **비교** 내국신용장(구매확인서)에 의하여 수출재화를 수출업자에게 공급하는 사업자와 임가공도급계약을 체결한 경우에는 영세율 적용하지 않음

구분	10% 세금계산서 발급
직접 도급계약	가능
내국신용장(구매확인서)	불가능(무조건 영세율)

구분	내용
외항선박·항공기 또는 원양어선에 공급하는 재화 또는 용역	영세율 적용. 다만, 사업자가 부가가치세를 별도로 기재한 세금계산서를 발급한 경우에는 10% 세율 적용
관광알선용역	종합여행업자가 외국인 관광객에게 공급하는 관광알선용역. 다만, 다음 중 하나의 방법으로 대금을 수령하는 것에 한함 ① 외국환은행에서 원화로 받는 것 ② 외화 현금으로 받은 것 중 국세청장이 정하는 관광알선수수료명세표와 외화매입증명서에 의하여 외국인 관광객과의 거래임이 확인되는 것

7. 「조세특례제한법」상 영세율 적용대상

구분	내용
방산물자 등	① 방산업체가 공급하는 방산물자 ② 국군부대 또는 기관에 공급하는 석유류
도시철도건설용역	국가 등에 직접 공급하는 도시철도건설용역
장애인 보장구	장애인용품(장애인용 보장구, 장애인용 특수 정보통신기기 등)을 공급하는 경우에는 공급받는 자가 누구(장애인, 사업자, 의료기관 등)인지 여부에 관계없이 부가가치세 영세율을 적용함
농·축산·임업용 기자재 등	① 농민 또는 임업종사자에게 직접 공급하거나 국가 및 지방자치단체와 농업협동조합 등을 통하여 농민 또는 임업종사자에게 공급하는 농·축산·임업용 기자재 ② 어민에게 공급하는 어업용 기자재

02 면세 → 열거주의

1. 재화 또는 용역의 공급에 대한 면세

구분		내용
미가공식료품	농·축·수·임산물 및 소금	가공되지 아니하거나 탈곡·정미·정맥·제분·정육·건조·냉동·염장·포장이나 그 밖에 원생산물의 본래의 성질이 변하지 아니하는 정도의 1차 가공을 거쳐서 식용으로 제공하는 것
	단순가공식품	미가공식료품에는 다음의 것을 포함함 ① 김치, 두부 등: 제조시설을 갖추고 판매목적으로 독립된 거래단위로 관입·병입 또는 이와 유사한 형태로 포장하여 공급하는 것은 제외하되, 단순하게 운반편의를 위하여 일시적으로 관입·병입 등의 포장을 하는 경우를 포함함 → 2025년까지 포장김치 등도 면세함 ② 원생산물 본래의 성질이 변하지 아니하는 정도로 1차 가공을 하는 과정에서 필수적으로 발생하는 부산물 ③ 미가공식료품을 단순히 혼합한 것

구분		내용
국내산 비식용 농·축·수·임산물		우리나라에서 생산되어 식용으로 제공되지 아니하는 농산물, 축산물, 수산물과 임산물로서 ① 원생산물, ② 원생산물 본래의 성상이 변하지 아니하는 정도의 원시가공을 거친 것, ③ 앞의 ②에 따른 원시가공을 하는 과정에서 필수적으로 발생하는 부산물

구분		우리나라 생산	수입산
미가공식료품		면세	면세
농·축·수·임산물	식용	면세	면세
	비식용	면세	과세

구분	내용
기타 기초생활필수품	① 수돗물 ② 연탄과 무연탄 ③ 여성용 생리 처리 위생용품 ④ 공동주택 어린이집의 임대용역(「공동주택관리법」에 따른 관리규약에 따른 관리주체 또는 입주자대표회의가 제공하는 것에 한함)

의료보건용역과 혈액 (동물의 혈액 포함 [개정])	① 일반의약품은 과세, 조제용역은 면세함
	② 「의료법」에 따른 면허나 자격이 없는 자가 제공하거나 「의료법」상 업무범위를 벗어나서 제공하는 의료용역은 과세함
	③ 다음의 동물진료용역은 면세함
	
	  ㉠ 「축산물 위생관리법」에 따른 가축에 대한 진료용역
	  ㉡ 「수산생물질병 관리법」에 따른 수산동물에 대한 진료용역
	  ㉢ 「장애인복지법」에 따른 장애인 보조견에 대한 진료용역
	  ㉣ 「국민기초생활보장법」에 따른 수급자가 기르는 동물에 대한 진료용역
	  ㉤ 기타 질병 예방 및 치료목적의 동물 진료용역으로서 농식품부 장관이 고시하는 용역
	
	④ 산후조리원에서 분만 직후의 임산부나 영유아에게 제공하는 급식·요양 등의 용역. 사회적 기업 및 사회적 협동조합이 직접 제공하는 간병·산후조리·보육용역은 면세되는 의료보건용역에 포함함
	⑤ 「국민건강보험법」에 따라 요양급여의 대상에서 제외되는 미용목적 성형수술, 미용목적 피부시술 등은 과세함

구분	내용
교육용역	① 정부의 인허가를 받은 학교, 어린이집, 학원, 강습소, 훈련원, 교습소 또는 그 밖의 비영리단체 등에서 제공하는 교육용역에 한하여 면세. 다만, 무도학원 및 자동차운전학원의 교육용역은 인허가 여부에 관계없이 과세함 ② 교육용역제공 시 교재, 실습자재 등의 대가를 수강료 등에 포함하여 받거나 별도로 받는 때에는 주된 용역인 교육용역에 부수되는 재화 또는 용역으로서 면세함

여객운송용역			
여객운송용역은 면세함. 다만, 항공기, 시외우등고속버스 및 시외고급고속버스를 사용하는 시외버스운송사업, 자동차대여사업, 전세버스, 택시, 특수자동차, 특종선박 또는 고속철도에 의한 여객운송용역, 삭도, 관광유람선, 관광순환버스 등은 과세함 → 시내버스, 지하철은 과세대상으로 열거되지 않았으므로 면세			

구분	매입세액	세금계산서 발급의무
택시용역	불공제	없음(발급금지 업종)
전세버스운송용역	공제	있음

구분	내용
문화 관련 재화·용역	① 도서(전자출판물 포함, 실내 도서열람용역 및 도서대여용역 포함), 신문(인터넷신문 포함), 잡지, 관보, 뉴스통신 및 방송 → 광고, 「음악산업진흥법에 관한 법률」의 적용을 받는 전자출판물은 과세 ② 예술창작품(미술, 음악, 사진 등) → 골동품, 대량생산하는 모사품은 제외 ③ 비영리 예술행사, 문화행사와 아마추어 운동경기 ④ 도서관, 과학관, 박물관, 미술관, 동물원 또는 식물원에의 입장 → 오락·유흥시설이 없어야 함

금융·보험용역	면세대상	「은행법」에 따른 은행업무, 보험업무 등 법률에 열거된 금융·보험업은 면세함 → 보험업의 범위에 보험손해사정용역은 포함(∴ 면세), 보험계리용역 및 연금계리용역은 보험업 제외함(∴ 과세)
	부수용역	법률에 열거된 금융·보험사업 외의 사업을 하는 자가 주된 사업에 부수하여 금융·보험용역과 같거나 유사한 용역을 제공하는 경우에도 면세되는 금융·보험용역에 포함되는 것으로 봄
	과세대상	다음 중 어느 하나에 해당하는 용역은 과세함 ① 복권, 입장권, 상품권, 지금형주화 또는 금지금에 관한 대행용역(다만, 수익증권 등 금융업자의 금융상품 판매대행용역, 유가증권의 명의개서 대행용역, 수납·지급 대행용역 및 국가·지방자치단체의 금고대행용역은 제외함 → 면세) ② 기업합병 또는 기업매수의 중개·주선·대리, 신용정보서비스 및 은행업에 관련된 전산시스템과 소프트웨어의 판매·대여용역 ③ 부동산임대용역, 감가상각자산의 대여 및 정비용역(단, 「여신전문금융업법」에 따른 시설대여업자가 제공하는 시설대여용역은 면세)

토지의 공급				
토지의 공급은 면세, 토지의 임대는 과세				

구분	토지	상가	주택
매각	면세	과세	과세(국민주택 면세)
임대	과세	과세	면세(부수토지 포함)

직업상 제공하는 인적용역	① 인적·물적 시설이 없는 경우에만 면세 예 프리랜서 용역 개인이 근로자를 고용하지 아니하거나 근로자와 유사하게 노무를 제공하는 자를 사용하지 아니하고 독립된 자격으로 제공하는 특정 용역 (저술·서화·도안·조각·작곡·음악·무용·만화·삽화·만담·배우·성우·가수·직업운동가·역사·기수·운동지도가·접대부·댄서·보험설계사·저작자의 저작권에 의한 사용료·고용관계 없는 자의 강연료 등) ② 인적·물적 시설이 있더라도 면세되는 인적용역 → 개인·법인 국선변호인, 「국세기본법」에 따른 국선대리인, 학술연구용역·기술연구용역, 인생상담·직업재활상담, 「가사근로자의 고용개선 등에 관한 법률」에 따른 가사서비스 제공기관이 제공하는 가사서비스 용역
공익단체의 재화 또는 용역의 공급	종교, 자선, 학술, 구호, 그 밖의 공익을 목적으로 하는 단체가 공급하는 다음의 특정 재화 또는 용역 ① 그 고유의 사업을 위하여 일시적으로 공급하거나 실비 또는 무상제공하는 재화 또는 용역 ② 학술 등 연구단체가 그 연구와 관련하여 실비 또는 무상으로 공급하는 재화 또는 용역 등
국가, 지방자치단체 등의 재화 또는 용역의 공급	국가·지방자치단체·지방자치단체조합이 공급하는 재화 또는 용역은 면세하는 것이 원칙임. 다만, 민간사업자와의 과세형평을 유지하기 위해 다음의 재화 또는 용역은 국가 등이 공급하더라도 과세함 ① 고속철도 ② 우체국 택배, 우편주문판매대행 ③ 부동산임대업, 도소매업, 음식숙박업, 골프장, 스키장, 스포츠시설 운영업(단, 국방부 또는 국군이 군인, 군무원 등에게 제공하는 부동산임대업, 소매업은 면세) ④ 주차장 운영업 ⑤ 우정사업조직의 우편주문판매대행용역
국가, 지방자치단체, 공익단체에 무상으로 공급하는 재화 또는 용역	① 면세범위 ㉠ 국가, 지방자치단체, 지방자치단체조합 또는 공익단체에 무상으로 공급하는 재화 또는 용역은 면세함. 따라서 국가 등에 유상으로 재화 또는 용역을 공급하는 것은 과세함 ㉡ 공익단체에 무상으로 공급하는 것도 면세하므로, 사업자가 공익단체에 현물기부하는 것도 면세함 ㉢ 기부채납하고 일정기간 무상사용권을 취득한 경우는 무상사용권과 대가관계가 있으므로 과세함 ② 매입세액 <table><tr><td>면세사업 관련 매입세액 규정</td><td>사업과 관련 없는 매입세액 규정</td></tr><tr><td>매입세액공제</td><td>매입세액불공제</td></tr><tr><td>면세재화에 해당할 뿐 면세사업 관련 매입세액은 아님</td><td>사업과 관련 없이 구입한 재화(예 상품)는 공제하지 아니함</td></tr></table>

구분	내용
주택(부수토지 포함)의 임대용역	① 주택과 부수토지의 임대 　　㉠ 주택과 이에 부수되는 토지의 임대용역은 면세함 　　㉡ 주택의 부수토지는 건축물의 연면적과 건축물의 정착면적의 5배(10배) 중 큰 면적 　　　이내로 함 ② 겸용주택의 임대 → 일괄임대 　　㉠ 단층

(㉠ 단층)

구분	건물	부수토지의 면적(면세)
주택면적 > 사업용 건물면적	면세	한도: 건물(주택 + 상가) 정착면적의 5배(10배)
주택면적 ≤ 사업용 건물면적	주택: 면세 상가: 과세	한도: Min[ⓐ, ⓑ] ⓐ 토지면적 × $\dfrac{주택면적}{전체\ 건물면적}$ ⓑ 주택 정착면적 × 5배(10배)

㉡ 복층

구분	건물	부수토지의 면적(면세)
주택면적 > 사업용 건물면적	면세	한도: Max[주택연면적 　　　건물(주택 + 상가) 정착면적의 5배(10배)]
주택면적 ≤ 사업용 건물면적	주택: 면세 상가: 과세	한도: Min[ⓐ, ⓑ] ⓐ 토지면적 × $\dfrac{주택연면적}{전체\ 건물연면적}$ ⓑ Max[주택연면적, 주택 정착면적 × 5배(10배)]

구분	내용
	③ 겸용주택의 임대 → 임차인별 구분하여 임대 　　㉠ 부수토지를 건물면적 비율로 임차인별로 1차로 안분 　　㉡ 2차로 주택면적과 사업용 건물면적을 비교하여 과세와 면세를 구분
기타	① 우표(수집용 우표는 제외), 인지, 증지, 복권 및 공중전화 ② 특정 담배(20개비 기준 200원 이하)
「조세특례제한법」	① 국민주택 및 국민주택건설용역의 공급(리모델링 포함) ② 공동주택·노인복지주택에 공급하는 일반관리용역·경비용역 및 청소용역 ③ 공장, 건설사업현장 또는 학교에 직접 공급하는 음식용역 ④ 정부업무대행단체가 그 고유목적사업을 위하여 공급하는 재화 또는 용역 ⑤ 영유아용 기저귀와 분유(액상형 분유 포함) ⑥ 온실가스배출권 ⑦ 한국주택금융공사(수탁자)가 주택연금 보증채무 이행을 위해 처분하는 담보주택

2. 재화의 수입에 대한 면세

수입재화 중 미가공식료품, 도서·신문·잡지, 과학·교육·문화용 재화, 종교단체 등에 기증하는 재화, 국가 등에 기증되는 재화, 거주자가 받는 소액물품, 이사 등으로 인한 재화, 상품견본 등의 재화, 박람회 등 출품을 위한 무상재화 등은 면세한다.

3. 면세포기

구분	내용
의의	중간단계에서 면세는 누적효과를 발생시키는 문제점이 있음. 이러한 누적효과를 제거하고자 법률이 정해둔 면세포기대상에 해당하면 면세포기하여 과세사업자로 전환되도록 함
면세포기대상	다음의 재화·용역을 공급하는 경우에만 면세포기가 가능함 ① 영세율 적용대상이 되는 재화·용역 ② 학술연구 또는 기술연구와 발표를 주된 목적으로 하는 학술연구단체 또는 기술연구단체가 실비 또는 무상으로 공급하는 재화·용역
면세포기범위	면세되는 2 이상의 사업을 영위하는 사업자는 면세포기하고자 하는 재화·용역의 공급만을 구분하여 포기할 수 있음. 영세율이 적용되는 것만을 면세포기한 경우에는 국내에 공급하는 재화·용역에 대하여는 면세포기의 효력이 없음
면세포기절차	① 부가가치세의 면제를 받지 아니하려는 사업자는 면세포기신고서를 관할 세무서장에게 제출하고, 지체 없이 사업자등록을 하여야 함(신고주의) ② 면세포기는 언제든지 가능하며 승인도 불필요함
면세포기효력	① 과세사업자로 전환됨 → 단, 수출용으로 매입한 면세농산물에 대해서는 의제매입세액공제 적용 불가 ②「부가가치세법」상 제반의무 부담 ③ 신고한 날로부터 3년간은 면세적용 불가 ④ 영세율 적용대상이 되는 것만을 면세포기한 사업자가 면세되는 재화 또는 용역을 국내에서 공급하는 때에는 면세포기의 효력은 없음 ⑤ 면세포기를 한 사업자가 사업을 포괄적으로 양도하는 경우 면세포기의 효력은 사업을 양수한 사업자에게 승계됨
면세재적용	면세포기신고를 한 사업자가 면세포기신고한 날로부터 3년 후 부가가치세의 면제를 받고자 하는 때에는 면세적용신고서와 함께 사업자등록증을 제출하여야 하며, 면세적용신고서를 제출하지 아니한 경우에는 계속하여 면세를 포기한 것으로 봄

제3장

제1편 부가가치세법

3. 영세율과 면세 **1-49**

회계사 · 세무사 · 경영지도사 단번에 합격!
해커스 경영아카데미 cpa.Hackers.com

제 **4** 장

과세표준과 세액

01 일반적인 과세표준

1. 재화·용역의 공급에 대한 과세표준

(1) 과세표준과 공급가액

구분	내용
과세표준	재화 또는 용역의 공급에 대한 부가가치세의 과세표준은 해당 과세기간에 공급한 재화 또는 용역의 공급가액을 합한 금액임 참고 공급가액은 부가가치세가 제외된 금액, 공급대가는 부가가치세가 포함된 금액임. 일반과세자의 과세표준은 공급가액의 합계액, 간이과세자의 과세표준은 공급대가의 합계액임
공급가액	공급가액에 대금, 요금, 수수료, 그 밖에 어떤 명목이든 상관없이 재화 또는 용역을 공급받는 자로부터 받는 금전적 가치가 있는 모든 것을 포함하되, 부가가치세는 포함하지 아니함 참고 사업자가 재화 또는 용역을 공급하고 그 대가로 받은 금액에 부가가치세가 포함되어 있는지 여부가 분명하지 아니한 경우에는 그 대가로 받는 금액에 110분의 100을 곱한 금액을 공급가액으로 함

(2) 거래형태별 공급가액

구분	공급가액
금전으로 대가를 받는 경우	① 원화로 받는 경우: 그 대가 → 대가는 반대급부의 성격으로 받는 것 공급가액에 포함하는 금액 ㉠ 장기할부판매 또는 할부판매인 경우의 이자상당액 ㉡ 대가의 일부로 받는 운송보험료·산재보험료·운송비·포장비·하역비 등 ㉢ 개별소비세와 교통·에너지·환경세 및 주세가 과세되는 재화 또는 용역에 대하여는 해당 개별소비세와 교통·에너지·환경세 및 주세와 그 교육세 및 농어촌특별세상당액을 합한 금액 → 재화의 수입에 해당하지 않는 경우로 적용 ② 외화로 받는 경우: 금전으로 그 대가를 외국통화나 그 밖의 외국환으로 받은 경우에는 다음에 따라 환산한 가액을 공급가액으로 함 ㉠ 공급시기 도래 전 원화로 환가한 경우: 환가한 금액 ㉡ 공급시기 이후에 외국통화나 그 밖의 외국환 상태로 보유하거나 지급받는 경우: 공급시기의 기준환율 또는 재정환율에 따라 계산한 금액

금전 외의 대가를
받는 경우
	자기가 공급한 재화 또는 용역의 시가
	
	┌─── **시가**(단계적 적용) → 부당행위계산부인에도 적용됨 ───┐
	① 사업자가 특수관계인이 아닌 자와 해당 거래와 유사한 상황에서 계속적으로 거래한 가격 또는 제3자 간에 일반적으로 거래된 가격
	② 위 ①의 가격이 없는 경우에는 사업자가 그 대가로 받은 재화 또는 용역의 가격 (공급받은 사업자가 특수관계인이 아닌 자와 해당 거래와 유사한 상황에서 계속적으로 거래한 해당 재화 및 용역의 가격 또는 제3자 간에 일반적으로 거래된 가격)
	③ 위 ① 또는 ②에 따른 가격이 없거나 시가가 불분명한 경우에는 「소득세법 시행령」 또는 「법인세법 시행령」에 따른 가격
	
	  ㉠ 감정평가업자의 감정가액
	  ㉡ 자산·용역 제공(㉠이 없는 경우)
	  임대: (자산의 시가 × 50% − 보증금) × 정기예금이자율 × $\dfrac{임대일수}{365}$
	  건설·기타 용역: (직접비 + 간접비) × (1 + 원가가산율)
	
	[사례] 甲이 기계장치 A(시가 불분명, 감정평가액 600)를 乙의 비품 B(시가 500)와 교환한 경우 甲의 기계장치 A의 공급가액은 사업자가 그 대가로 받은 재화의 가격인 500임

대금지급조건과 공급가액	다음 중 어느 하나에 해당하는 경우는 계약에 따라 받기로 한 대가의 각 부분을 과세표준으로 함. 대가의 각 부분에 포함된 이자와 원금이 구분 가능하더라도 이자부분도 공급가액에 포함함 ① 장기할부판매의 경우 ② 완성도기준지급조건부 또는 중간지급조건부로 재화나 용역을 공급하는 경우 ③ 공급단위를 구획할 수 없는 재화나 용역을 계속적으로 공급하는 경우
위탁가공무역 방식의 수출	완성된 제품의 인도가액 → 완성된 제품을 수출하는 것임 [사례] 국내 제조업체 A는 원재료(시가 20,000,000원)를 베트남 업체에 무상으로 반출하고 현지 업체에게 가공임을 지급하고 가공한 완제품(시가 50,000,000원)을 수출(인도)하였음. 이 경우 A가 원재료를 베트남 현지가공업체에게 이전한 것은 재화의 공급에 해당하지 않고, 완제품은 수출한 것으로서 공급가액은 50,000,000원(영세율 적용)임 [사례] 국내 제조업체 B는 원재료(시가 20,000,000원)를 베트남 업체에 무상으로 반출하고 현지 업체가 가공한 완제품(시가 50,000,000원)을 국내업체와 계약을 맺고 현지에서 국내업체에게 인도(소유권 이전)하였음. 이 경우 B가 원재료를 대가 없이 베트남 수탁가공업체에게 반출한 것은 영세율 적용대상임. 따라서 B의 공급가액은 20,000,000원이고, 나머지 30,000,000원은 비과세거래임
선불용역	지급받는 대가 × $\dfrac{과세대상기간의\ 개월수}{용역제공기간의\ 개월수}$ → 초월산입, 말월불산입 다음의 용역을 둘 이상의 과세기간에 걸쳐 제공하는 경우 ① 헬스클럽장 등 스포츠센터를 운영하는 사업자가 연회비를 미리 받고 회원들에게 시설을 이용하게 하는 것 ② 사업자가 다른 사업자와 상표권 사용계약을 할 때 사용대가 전액을 일시불로 받고 상표권을 사용하게 하는 것 ③ 「노인복지법」에 따른 노인복지시설(유료인 경우에만 해당)을 설치·운영하는 사업자가 그 시설을 분양받은 자로부터 입주 후 수영장·헬스클럽장 등을 이용하는 대가를 입주 전에 미리 받고 시설 내 수영장·헬스클럽장 등을 이용하게 하는 것

구분	공급가액
BOT 방식	둘 이상의 과세기간에 걸쳐 용역을 제공하는 경우에는 그 용역을 제공하는 기간 동안 지급받는 대가와 그 시설의 설치가액을 그 용역제공 기간 동안 안분계산한 금액을 공급가액으로 함(월할계산) → 토지 임대인의 과세표준임
기부채납	법률에 의하여 기부채납된 가액(부가가치세 제외)

(3) 간주공급에 대한 공급가액

구분	공급가액
직매장반출	① 원칙 ┌ 취득가액(「소득세법」 또는 「법인세법」상 취득가액) └ 취득가액에 일정액을 더하여 자기의 다른 사업장에 반출하는 경우: 취득가액에 일정액을 더한 금액 ② 예외: 개별소비세, 주세 및 교통·에너지·환경세가 부과되는 재화에 대해서는 개별소비세, 주세 및 교통·에너지·환경세의 과세표준에 해당 개별소비세, 주세, 교육세, 농어촌특별세 및 교통·에너지·환경세 상당액을 합계한 금액

완전 면세 등 전용 비영업용 소형승용차 개인적 공급 사업상 증여 폐업 시 잔존재화		
	구분	공급가액
	비상각자산	시가
	상각자산 (간주시가) → 시가가 제시되더라도 간주시가 적용함	**취득가액 × (1 − 감가율 × 경과된 과세기간 수)** ① 취득가액: 매입세액을 공제받은 재화의 취득가액(사업의 포괄양수도에 의해 취득한 자산을 포함) → 취득세, 등록면허세 등은 제외 ② 감가율: 건물·구축물(5%), 기타(25%) ③ 경과된 과세기간 수를 계산할 때 개시일(취득일)은 다음과 같음 원칙: 실제 사업에 사용한 날 예외: ㉠ 포괄양수도로 취득한 자산: 사업양도인이 취득하여 사업에 사용한 날 ㉡ 상속받은 자산: 피상속인의 취득일 [예] 甲이 ×1년 9. 1. 기계장치를 1,000,000원에 취득한 후 ×2년 3. 1. 乙이 기계장치를 포함하여 포괄양수하고, 乙이 ×2년 10. 1. 폐업한 경우: 1,000,000원 × (1 − 25% × 2) = 500,000원 ④ 겸영사업자의 폐업 시 잔존재화: 직전 과세기간의 과세공급가액 비율로 안분 [비교] 겸영사업자가 폐업 전 매매계약을 체결하고 폐업일 이후 공급시기가 도래하는 경우: 폐업일을 공급시기로 하고, 폐업 시 잔존재화에 해당하지 않으므로 간주시가를 공급가액으로 하지 않음 ⑤ 현재가치할인차금을 계상한 경우 현재가치할인차금을 포함한 금액을 취득가액으로 봄 [예] ×1년 9. 1. 건물을 10,000,000원(매입세액 1,000,000원)에 구입하고 ×2년 8. 1. 폐업한 경우로서 취득 시 회계처리는 다음과 같음 (차) 기계장치 8,000,000 (대) 장기미지급금 10,000,000 현재가치할인차금 2,000,000 → 공급가액: 10,000,000원 × (1 − 5% × 2) = 9,000,000원

일부 면세 등 전용	$$취득가액 \times (1 - 감가율 \times \frac{경과된}{과세기간\ 수}) \times 당기\frac{면세공급가액}{총공급가액}$$ → 면세공급가액 비율이 5% 미만이면 과세표준이 없는 것으로 봄

(4) 부당행위계산부인

특수관계인에게 공급하는 재화 또는 용역에 대한 조세의 부담을 부당하게 감소시킬 것으로 인정되는 경우로서 다음 중 어느 하나에 해당하는 경우에는 공급한 재화 또는 용역의 시가를 공급가액으로 본다. 이 경우 신탁관계에서 수탁자(신탁회사)가 위탁자의 특수관계인에게 재화 또는 용역을 공급하는 경우를 포함한다.

> ① 재화의 공급에 대하여 부당하게 낮은 대가를 받거나 아무런 대가를 받지 아니한 경우
> ② 용역의 공급에 대하여 부당하게 낮은 대가를 받는 경우
> ③ 용역의 공급에 대하여 대가를 받지 아니하는 경우로서 특수관계인에 대한 부동산임대용역의 무상공급 → ① 산학협력단과 대학 간 사업용 부동산의 임대용역, ② 공공주택사업자와 부동산투자회사 간 사업용 부동산의 임대용역 등은 제외

구분		재화의 공급	용역의 공급
무상 공급	특수관계인	시가(부당행위계산부인)	• 사업용 부동산임대용역: 시가 • 이외: 과세하지 않음
	非특수관계인	사업상 증여: 시가(간주시가)	과세하지 않음
저가 공급	특수관계인	시가(부당행위계산부인*)	시가(부당행위계산부인*)
	非특수관계인	거래금액	거래금액

* 시가와 대가의 차액에 대해서는 세금계산서불성실 가산세가 적용되지 아니함(사실과 다른 세금계산서에 해당하지 아니함)

(5) 공급가액에 포함하는 것

구분	내용
할부이자	외상판매 또는 할부판매 경우의 이자상당액
보험료 등	대가의 일부로 받는 운송보험료·산재보험료·운송비·포장비·하역비 등 [비교] 반환조건부 용기대금·포장비용은 공급가액에 포함하지 않음
간접세	개별소비세와 교통·에너지·환경세 및 주세가 과세되는 재화 또는 용역에 대하여는 해당 개별소비세와 교통·에너지·환경세 및 주세와 그 교육세 및 농어촌특별세 상당액

(6) 공급가액에 포함하지 않는 것

구분	내용
에누리	재화나 용역을 공급할 때 그 품질이나 수량, 인도조건 또는 공급대가의 결제방법이나 그 밖의 공급조건에 따라 통상의 대가에서 일정액을 직접 깎아주는 금액 → 깎아준 때 (-)수정세금계산서 발급
환입액	환입된 재화의 가액 → 반품된 때 (-)수정세금계산서 발급
공급 전 파손	공급받는 자에게 도달하기 전에 파손되거나 훼손되거나 멸실한 재화의 가액
국고보조금· 공공보조금	재화 또는 용역의 공급과 직접 관련되지 아니하는 국고보조금과 공공보조금
연체이자	공급에 대한 대가의 지급이 지체되었음을 이유로 받는 연체이자 [비교] 사업자가 수령하는 연체이자는 사업소득을 구성
매출할인	공급에 대한 대가를 약정기일 전에 받았다는 이유로 사업자가 당초의 공급가액에서 할인해 준 금액 → 할인한 때 (-)수정세금계산서 발급

(7) 과세표준에서 공제하지 않는 것

구분	내용
의의	사업자가 재화 또는 용역을 공급받는 자에게 지급하는 장려금이나 이와 유사한 금액 및 대손금액은 과세표준에서 공제하지 아니함. 그 밖에 하자보증금도 공제하지 않음
장려금	사업자가 재화 또는 용역을 공급받는 자에게 지급하는 장려금이나 이와 유사한 금액 표 아래 참조
대손금	공급 후의 사후적 문제이며, 별도로 대손세액공제로 차감함
하자보증금	예치금 성격이므로 과세표준에서 공제하지 아니함
사례	표 아래 참조

장려금 내용:

구분	과세표준 포함 여부
현물장려 (상품원가 50, 시가 100)	포함(사업상 증여) 과세표준: 100
현금장려(100 지급)	공제하지 않음

사례 내용:

×2년 제1기 손익계산서(×2년 1. 1. ~ 6. 30.)

총매출액	100,000	
매출에누리	(500)	
반품	(2,000)	→ ×1년 판매분
판매장려금	(1,000)	→ 거래처에 지급한 판매장려금(금전)
순매출액	96,500	
판매비와 관리비		
⋮		
대손금	(3,000)	
판촉비	(5,000)	→ 거래처에 지급한 판매장려물품(시가)
⋮		
영업외수익		
연체이자	300	
판매장려금	500	→ 거래처로부터 수령함

×2년 제1기 부가가치세 과세표준:
100,000 − 500(에누리) − 2,000(환입액) + 5,000(사업상 증여) = 102,500

(8) 마일리지와 공급가액

구분	내용
정의	마일리지 등이란 재화 또는 용역의 구입실적에 따라 마일리지, 포인트 또는 그 밖에 이와 유사한 형태로 별도의 대가 없이 적립받은 후 다른 재화 또는 용역 구입 시 결제 수단으로 사용할 수 있는 것과 재화 또는 용역의 구입실적에 따라 별도의 대가 없이 교부받으며 전산시스템 등을 통하여 그 밖의 상품권과 구분 관리되는 상품권을 말함
공급가액	마일리지 등으로 대금의 전부 또는 일부를 결제받은 경우의 공급가액은 다음 ①과 ② 를 합한 금액으로 함 ① 마일리지 등 외의 수단으로 결제받은 금액 → 고객 결제분 ② 자기적립마일리지 등 외의 마일리지 등으로 결제받은 부분에 대하여 재화 또는 용역을 공급받는 자 외의 자로부터 보전받았거나 보전받을 금액 → 제3자 보전분
자기적립마일리지 등	당초 재화 또는 용역을 공급하고 마일리지를 적립하여 준 사업자에게 사용한 마일리지 를 말하며, 여러 사업자가 적립하여 줄 수 있거나 여러 사업자를 대상으로 사용할 수 있 는 마일리지 등의 경우 다음의 요건을 모두 충족한 경우로 한정함. 자기적립마일리지로 결제받은 부분은 공급가액에 포함하지 아니함 ① 고객별·사업자별로 마일리지 등의 적립 및 사용실적을 구분하여 관리하는 등 의 방법으로 당초 공급자와 이후 공급자가 같다는 사실이 확인될 것 ② 사업자가 마일리지 등으로 결제받은 부분에 대하여 재화 또는 용역을 공급받는 자 외의 자로부터 보전받지 아니할 것 • 1차 거래에서 甲은 乙에게 1,000에 재화를 공급하고 마일리지 100을 적립해주었으며, 1차 거래의 공급가 액은 1,000임 • 2차 거래에서 甲은 乙에게 1,000 상당의 재화를 판매 하고 乙은 현금 900과 마일리지 100으로 결제하였으 며 2차 거래의 공급가액은 900임
사업상 증여· 부당행위계산부인	자기적립마일리지 등 외의 마일리지 등으로 대금의 전부 또는 일부를 결제받은 경우로 서 다음 중 어느 하나에 해당하는 경우에는 공급한 재화 또는 용역의 시가를 공급가액으 로 함 ① 제3자가 적립한 마일리지분에 대해 대가를 보전받지 아니하고 자기생산·취득재 화를 공급한 경우 → 사업상 증여 ② 특수관계인이 적립한 마일리지분에 대하여 부당하게 낮은 금액을 보전받거나 아무 런 금액을 받지 아니하여 조세의 부담을 부당하게 감소시킬 것으로 인정되는 경우 → 부당행위계산부인

구분	내용
사례	A백화점이 시가 10,000원의 재화를 공급하고 그 대가를 다음과 같이 수령한 경우 각 상황별로 공급가액을 계산하면 다음과 같음. 단, B통신사는 A백화점의 특수관계인이 아니나, C마트는 A백화점의 특수관계인에 해당함

구분	대가 수령 방식	공급가액
자기적립 마일리지	현금 9,000원 + 마일리지(A백화점이 적립해준 것)	9,000원
제3자 보전	현금 9,000원 + 마일리지(B통신사가 적립해준 것, B통신사로부터 보전받은 금액 500원)	9,500원
사업상 증여	현금 9,000원 + 마일리지(B통신사가 적립해준 것, B통신사로부터 보전받은 금액은 없음)	10,000원
부당행위 계산부인	현금 9,000원 + 마일리지(C마트가 적립해준 것, C마트로부터 보전받은 금액 500원)	10,000원

2. 재화의 수입에 대한 과세표준

구분	내용
재화의 수입	관세의 과세가격 + 관세 + 개별소비세, 주세, 교통·에너지·환경세 + 교육세, 농어촌특별세
보세구역에서의 다른 사업자에게 공급	**재화의 공급가액 – 수입세금계산서에 적힌 공급가액** 세관장이 부가가치세를 징수하기 전에 같은 재화에 대한 선하증권이 양도되는 경우에는 선하증권의 양수인으로부터 받은 대가를 공급가액으로 할 수 있음 [취지] 수입통관 전에 사업자 간 선하증권 매매 시 선하증권의 공급가액이 확정되지 않아 선하증권을 매도하는 사업자가 해당 재화의 수입수리신고 시까지 부가가치세 거래징수를 기다려야 하는 불편이 있어, 이를 해소하고자 세관장의 공급가액이 확정되기를 기다리지 않고 선하증권의 양수인으로부터 받은 대가를 공급가액으로 하여 거래징수할 수 있도록 예외를 인정

[참고] **보세구역으로의 반출**

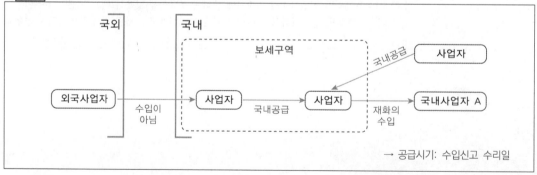

→ 공급시기: 수입신고 수리일

02 공급가액 계산 특례

1. 토지와 건물 등을 함께 공급한 경우의 과세표준

구분	내용
의의	① 토지의 공급은 면세, 건물이나 구축물의 공급은 과세임 ② 토지와 건물 등을 함께 공급하는 경우 건물과 구축물의 공급가액만 과세표준에 포함
실지거래 가액	건물 또는 구축물 등의 실지거래가액을 공급가액으로 하는 것이 원칙임. 다만, 법률상 요건이 충족되는 경우에는 안분계산하여야 함
안분계산 요건	① 원칙 다음 중 어느 하나에 해당하는 경우에는 법정산식에 따라 안분계산한 금액을 공급가액으로 함 　㉠ 실지거래가액 중 토지의 가액과 건물 또는 구축물 등의 가액의 구분이 불분명한 경우 　㉡ 사업자가 실지거래가액으로 구분한 토지와 건물 또는 구축물 등의 가액이 법정산식 　　(ⓐ 감정가액, ⓑ 기준시가, ⓒ 장부가액, ⓓ 취득가액)에 따라 안분계산한 금액과 30% 　　이상 차이가 있는 경우 ┌─ 안분계산 사례 ─ 　 　| 구분 | 계약서 | 법정산식 | 차이 | 　|---|---|---|---| 　| 토지 | 80 | 70 | (80 − 70)/70 = 14% | 　| 건물 | 20 | 30 | (30 − 20)/30 = 33% | 건물만 법정산식 금액과 30% 이상의 차이가 발생하여도 법정산식에 따라 안분계산하여야 함 ② 예외 실지거래가액을 인정할만한 다음의 사유가 있는 경우에는 30% 이상의 차이가 있더라도 실지거래가액을 인정함 　㉠ 다른 법령에서 정하는 바에 따라 토지와 건물 등의 가액을 구분한 경우 　㉡ 토지와 건물 등을 함께 공급받은 후 양수인이 건물 등을 철거하고 토지만 사용하는 경우

구분	내용
안분기준	① 실지거래가액 중 토지·건물 등의 구분이 불분명한 경우에는 공급가액을 공급계약일 현재의 ㉠ 감정가액 비율, ㉡ 기준시가 비율, ㉢ 장부가액 비율의 순서로 안분함. 이때 일부 자산의 기준시가만을 알 수 있는 경우에는 장부가액으로 안분계산한 금액을 다시 기준시가에 의하여 안분함 • 일괄공급가액에 VAT가 포함되지 않은 경우: $$총공급가액 \times \dfrac{건물 \cdot 구축물\ 등\ 가액}{토지 + 건물 \cdot 구축물\ 등\ 가액}$$ • 일괄공급가액에 VAT가 포함된 경우: $$총공급가액 \times \dfrac{건물 \cdot 구축물\ 등\ 가액}{토지 + 건물 \cdot 구축물\ 등\ 가액 \times 110\%}$$ → 일괄공급가액의 안분계산 기준 ② 감정평가가액 ⓐ 공급시기가 속하는 과세기간의 직전 과세기간 개시일부터 공급시기가 속하는 과세기간의 종료일까지 감정평가업자가 평가한 감정평가가액을 말함 ⓑ 중간지급조건부 또는 장기할부판매의 경우는 최초 공급시기가 속하는 과세기간의 직전 과세기간 개시일부터 공급시기가 속하는 과세기간의 종료일까지 감정평가업자가 평가한 감정평가가액을 말함 ③ 장부가액 세무상 장부가액을 의미하므로 유보금액을 반영하여야 함

<table>
<tr><td colspan="2">부가가치세가 포함되지 않은 경우</td><td colspan="2">부가가치세가 포함된 경우</td></tr>
</table>

공급가액	부가가치세가 포함되지 않은 경우	부가가치세가 포함된 경우
	$$총공급가액 \times \dfrac{건축물\ 공급가액}{토지 + 건축물\ 공급가액}$$	$$총공급가액 \times \dfrac{건축물\ 공급가액}{토지 + 건축물\ 공급가액 \times 1.1}$$

구분	내용
비교	부동산임대의 경우는 감정가액이 주어진 경우라도 기준시가로 안분계산함

2. 부동산임대업의 과세표준

(1) 일반적인 임대

구분	내용
공급가액	부동산임대용역의 공급가액은 임대료, 간주임대료, 관리비의 합으로 함
간주임대료	$$보증금 \ 또는 \ 전세금 \times 정기예금이자율 \times \frac{과세대상기간의 \ 임대일수}{365(366)}$$ ① 부동산임대만 간주임대료를 계산함 → 다른 자산(예 기계장비)을 임대하고 보증금을 수령한 경우는 간주임대료를 계산하지 않음 ② 보증금은 실제 수령 여부와 관계없이 받았거나 받기로 한 금액으로 함 ③ 사업자가 계약에 따라 전세금이나 임대보증금을 임대료에 충당하였을 때에는 충당한 금액을 제외한 가액으로 함 　예 10. 1.부터 임대, 보증금 500 수령, 매월 말 임대료 50 수령 약정(미지급 시 다음 달 1일부터 보증금에 충당 약정), 11월 및 12월 임대료 미수령 　　→ 간주임대료 적수: (500 × 61 + 450 × 31) ④ 정기예금이자율은 해당 전세금 등에 의한 임대기간에 관계없이 각 예정신고기간 또는 과세기간 종료일 현재의 계약기간 1년의 정기예금이자율로 함 ⑤ 과세대상기간의 임대일수는 임대차계약기간에 따름 → 실제 입주 여부 무관 ⑥ 전대하는 경우: 보증금은 '보증금 − 임차 시 지불한 보증금'으로 함. 이 경우 임차한 부동산 중 직접 자기의 사업에 사용하는 부분이 있는 경우 면적비율에 따라 안분한 금액을 제외함 　예 수령한 보증금 500, 임차 시 지불한 보증금 400, 임차면적 300㎡, 자가사용면적 100㎡ 　　→ 500 − 400 × 75% = 200(간주임대료 계산대상 보증금) ⑦ 간주임대료에 대한 부가가치세는 원칙적으로 임대인이 부담하는 것이나, 임대인과 임차인 간의 약정에 의하여 임차인이 부담하는 것으로 할 수 있음. 이 경우 부담한 자의 손금(필요경비)으로 함
선불 또는 후불	$$선불 \cdot 후불로 \ 받는 \ 임대료 \times \frac{해당 \ 과세기간 \ 개월수}{총계약기간 \ 개월수} \rightarrow 초월산입, \ 말월불산입$$
관리비	관리비 중 전기·가스 요금 부분을 납부대행을 위하여 수령한 경우에는 공급가액에 포함하지 않고, 재산세·교통유발부담금을 임차인이 부담하기로 한 경우는 임대료에 포함

부가가치세 신고서	구분		금액	비고
	과세	세금계산서 발급분	×××	과세되는 (임대료 + 관리비)
		기타	×××	과세되는 (간주임대료)

(2) 주택만 임대

구분	내용
주택만 임대	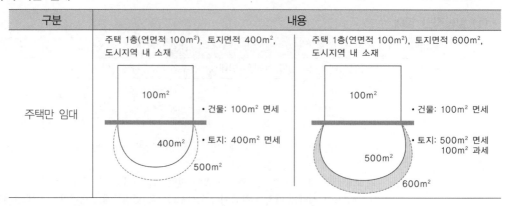

(3) 겸용주택 임대

구분	내용
과세표준	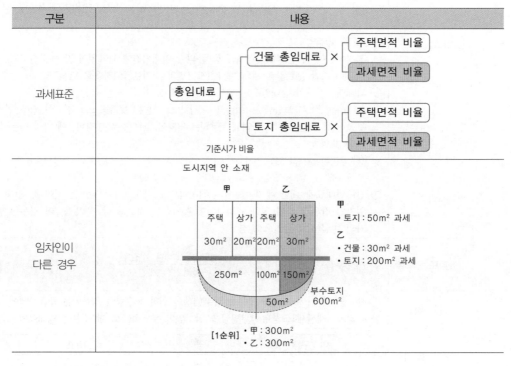
임차인이 다른 경우	

(4) 겸용주택의 일괄임대 - 임차인이 동일한 경우

구분		내용
주택 > 상가		건물연면적(주택 60m², 상가 40m²), 토지면적 400m², 도시지역 안 소재 100m² • 건물 : 100m² 면세 400m² • 토지 : 400m² 면세 500m²	① 건물 전부를 주택으로 보며 100은 전 부 면세 ② 면세되는 부수토지: Min[전체 토지 400, 정착면적 500(100 × 5)] = 400 ③ 과세되는 토지: 없음
단층 겸용	상가 ≥ 주택	**[기준면적 이내]** 건물연면적(주택 40m², 상가 60m²), 토지면적 400m², 도시지역 안 소재 40m² 60m² • 건물 : 60m² 과세 40m² 면세 240m² • 토지 : 240m² 과세 160m² 면세 500m²	① 면세되는 건물: 주택 40 ② 과세되는 건물: 상가 60 ③ 면세되는 부수토지: Min[전체 토지 400 × 40%, 주택 정 착면적 200(40 × 5)] = 160 ④ 과세되는 토지: 400 - 160 = 240
		[기준면적 초과] 건물연면적(주택 40m², 상가 60m²), 토지면적 600m², 도시지역 안 소재 40m² 60m² • 건물 : 60m² 과세 40m² 면세 300m² • 토지 : 400m² 과세 200m² 면세 100m² 600m²	토지 과세면적 산출방법 $500㎡ × 60\%^{1)} + (600㎡ - 500㎡)$ $= 400㎡$ 1) $\dfrac{60㎡}{(60㎡ + 40㎡)} = 60\%$

구분	내용
복층겸용	사례 건물연면적(3층 주택 60㎡, 2층 주택 60㎡, 1층 상가 60㎡), 토지면적 300㎡, 도시지역 안 • 건물: 전체를 주택으로 보고 주택 180㎡ 면세 • 토지: Max[주택연면적 180㎡, 주택 정착면적 $60㎡ \times 5 = 300㎡$] = 300㎡는 면세 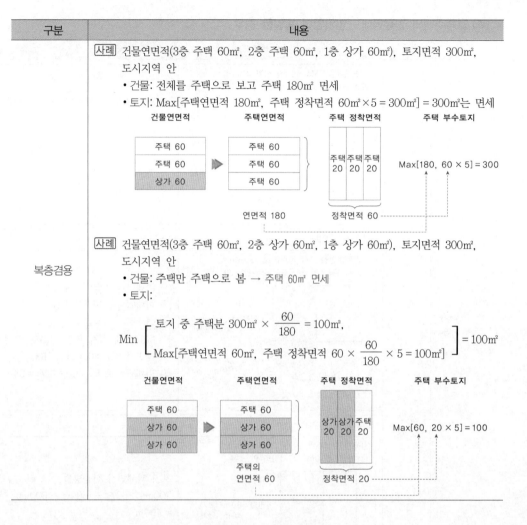 사례 건물연면적(3층 주택 60㎡, 2층 상가 60㎡, 1층 상가 60㎡), 토지면적 300㎡, 도시지역 안 • 건물: 주택만 주택으로 봄 → 주택 60㎡ 면세 • 토지: $$Min\left[\begin{array}{l} \text{토지 중 주택분 } 300㎡ \times \dfrac{60}{180} = 100㎡, \\ Max[\text{주택연면적 } 60㎡, \text{ 주택 정착면적 } 60 \times \dfrac{60}{180} \times 5 = 100㎡] \end{array}\right] = 100㎡$$

3. 겸영사업자의 공통사용재화 공급 시 과세표준

구분	내용
일반적인 경우	공급가액 × 직전 과세기간의 $\dfrac{\text{과세공급가액}}{\text{총공급가액}}$ 휴업 등으로 인하여 직전 과세기간의 공급가액이 없는 경우에는 그 재화를 공급한 날에 가장 가까운 과세기간의 공급가액에 의하여 계산함
매입세액을 사용면적 비율로 안분한 경우	공급가액 × 직전 과세기간의 $\dfrac{\text{과세사용면적}}{\text{총사용면적}}$
안분계산 생략	다음의 공통사용재화를 매각하는 경우에는 안분계산하는 것이 경제적 실익이 없으므로 안분계산을 생략하고 관련 공급가액을 전부 과세표준으로 함 ① 재화를 공급하는 날이 속하는 과세기간의 직전 과세기간의 총공급가액 중 면세공급가액이 5% 미만인 경우(다만, 해당 재화의 공급가액이 5천만원 이상인 경우는 제외) ② 재화의 공급가액이 50만원 미만인 경우 ③ 재화를 공급하는 날이 속하는 과세기간에 신규로 사업을 개시하여 직전 과세기간이 없는 경우
토지·건물의 일괄공급	겸영사업자가 토지와 건물을 함께 매각하는 경우에는 토지와 건물의 공급가액을 안분한 후 건물공급(과세재화)분을 다시 공급가액(사용면적)의 비율로 안분하여야 함

03 대손세액공제

구분	내용
의의	사업자는 부가가치세가 과세되는 재화 또는 용역을 공급하고 외상매출금이나 그 밖의 매출채권(부가가치세를 포함한 것을 말함)의 전부 또는 일부가 공급을 받은 자의 파산·강제집행이나 그 밖에 사유로 대손되어 회수할 수 없는 경우에는 대손세액을 그 대손이 확정된 날이 속하는 과세기간의 매출세액에서 뺄 수 있음
대손사유	① 파산·강제집행이나 그 밖에 대손사유로 「소득세법 시행령」 및 「법인세법 시행령」에 따라 대손금으로 인정되는 경우 ② 「채무자 회생 및 파산에 관한 법률」에 따른 법원의 회생계획인가결정에 따라 채무를 출자전환하는 경우
공제대상 채권	매출채권 등은 부가가치세가 과세되는 재화 또는 용역의 공급에 대한 것(예 대여금 등은 제외)으로서 각 과세기간의 과세표준에 포함된 것이어야 하며 공급일로부터 10년이 지난 날이 속하는 과세기간에 대한 확정신고기한까지 대손사유가 발생한 채권에 한함 [부도어음 사례] 6월 30일이 부도일인 경우 7월 1일이 기산일이고 6개월이 되는 날의 전 날인 12월 31일이 6개월이 되는 날이나, 6개월이 지난 날을 대손세액공제시기로 보기 때문에 다음 해 1월 1일이 속한 과세기간에 대손세액공제를 받을 수 있음
회수불능증명	대손세액공제는 사업자가 부가가치세 확정신고와 함께 대손금액이 발생한 사실을 증명하는 서류를 제출하는 경우에만 적용함 → 예정신고의 경우에는 공제할 수 없음

구분		내용
대손세액	일반채권	$$대손세액 = 대손금액^*(부가가치세\ 포함) \times \frac{10}{110}$$
	회생으로 인한 출자전환채권	대손금액은 출자전환하는 시점의 출자전환된 매출채권 장부가액(부가가치세 포함)과 출자전환으로 취득한 주식의 시가와의 차액으로 함 예 채권 1,100,000(부가세 포함), 주식 시가 330,000, 부가가치세 대손세액공제 적용 (차) 주식　　　　　　　　　　330,000　(대) 채권　1,100,000 　　부가가치세(대손세액공제)　 70,000 　　대손상각비　　　　　　　 700,000 └ [손금불산입] 주식 700,000 (유보) → 주식 처분 시 추인

구분	내용
공제시기	그 대손이 확정되는 날이 속하는 과세기간의 매출세액에서 뺄 수 있음 [사례] ×1년 1월 20일에 재화를 공급한 후 ×11년 7월 20일에 대손 확정 → ×11년 제2기 대손세액공제 가능함(∵ 공급일로부터 10년이 지난날이 속하는 과세기간의 확정신고기한(×11년 7월 25일)까지 대손사유 발생)

구분			
처리방법	**구분**	**공급하는 자**	**공급받는 자**
	대손확정 시	매출세액 차감	매입세액 차감
	대손금 회수(변제) 시	매출세액 가산	매입세액 가산

구분	내용
통지의무	공급자가 대손세액을 매출세액에서 차감한 경우 공급자의 관할 세무서장은 대손세액 공제 사실을 공급받은 자의 관할 세무서장에게 통지하여야 하며, 공급받은 자가 관련 대손세액에 해당하는 금액을 자신의 매입세액에서 차감하여 신고하지 아니한 경우에는 공급받은 자의 관할 세무서장이 결정 또는 경정하여야 함 → 단, 공급받는 자에게 과소신고(초과환급)가산세를 부과하지 아니함

04 과세표준과 매출세액의 부가가치세 신고서식

1. 관련 서식

구분				금액	세율	세액
과세표준 및 매출세액	과세	세금계산서 발급분	(1)		10/100	
		매입자발행 세금계산서	(2)		10/100	
		신용카드·현금영수증 발행분	(3)		10/100	
		기타(정규영수증 외 매출분)	(4)		10/100	
	영세율	세금계산서 발급분	(5)		0/100	
		기타	(6)		0/100	
	예정신고 누락분		(7)			
	대손세액 가감		(8)			
	합계		(9)			

2. 작성요령

(1) 해당 신고대상기간에 부가가치세가 과세되는 사업실적 중 세금계산서 발급분 → 포괄양수도에 해당하여 양수인이 대리납부한 경우를 포함하고, 서식 (23)에 사업양수자의 대리납부 기납부세액으로 차감

(2) 매입자로부터 받은 매입자발행 세금계산서의 금액과 세액

(3) 신용카드매출전표 등 발행분과 전자화폐수취분

(4) 세금계산서 발급의무가 없는 부분 등 그 밖의 매출 → 간주공급(직매장반출 제외), 간주임대료 포함

(5) 해당 신고대상기간에 영세율이 적용되는 사업실적 중 세금계산서 발급분
→ 내국신용장에 의한 수출 포함

(6) 해당 신고대상기간에 영세율이 적용되는 사업실적 중 세금계산서 발급의무가 없는 부분
→ 직수출 포함

(7) 예정신고를 할 때 누락된 금액을 확정신고할 때 신고하는 경우

(8) 부가가치세가 과세되는 재화 또는 용역의 공급에 대한 외상매출금 등이 대손되어 대손세액을 공제받는 사업자가 적으며, 대손세액을 공제받는 경우에는 대손세액을 차감표시(△)하여 적고, 대손금액의 전부 또는 일부를 회수하여 회수금액에 관련된 대손세액을 납부하는 경우에는 해당 납부세액을 적는다.

회계사·세무사·경영지도사 단번에 합격!
해커스 경영아카데미 cpa.Hackers.com

제**5**장

세금계산서와 영수증

5 세금계산서와 영수증

01 거래징수

구분	내용
관련 규정	사업자가 재화 또는 용역을 공급하는 경우에는 공급가액에 제30조에 따른 세율(10%)을 적용하여 계산한 부가가치세를 재화 또는 용역을 공급받는 자로부터 징수하여야 함
법적 성격	사업자는 재화 또는 용역을 공급받는 자에 대하여 조세채권자 지위에 있는 것이 아니므로 사업자의 거래징수 권리는 납세의무를 전제로 한 협력의무에 불과함

02 세금계산서

1. 세금계산서 기재사항 등

구분	내용
세금계산서 발급	사업자가 재화 또는 용역을 공급(부가가치세가 면제되는 재화 또는 용역의 공급은 제외)하는 경우에는 세금계산서를 그 공급을 받는 자에게 발급하여야 함
필요적 기재사항	필요적 기재사항은 세금계산서의 효력요건이며 세금계산서에 필요적 기재사항의 일부 또는 전부가 기재되지 않거나 그 내용이 사실과 다른 경우에는 매입세액이 공제되지 않으며, 가산세가 부과됨 ① 공급하는 사업자의 등록번호와 성명 또는 명칭 ② 공급받는 자의 등록번호. 다만, 공급받는 자가 사업자가 아니거나 등록한 사업자가 아닌 경우에는 대통령령으로 정하는 고유번호 또는 공급받는 자의 주민등록번호 ③ 공급가액과 부가가치세액 ④ 작성 연월일 → 공급 연월일(임의적 기재사항) [예] ×1년 4. 3. 공급시기에 발급 → 작성 연월일 ×1년 4. 3. 　　×1년 4월 공급가액 합계로 월합계세금계산서 발급 → 작성 연월일 ×1년 4. 30.
발급의무자	사업자 ┌ 과세사업자 ┌ 일반과세자 ······· 세금계산서·영수증 　　　　│　　　　　　└ 간이과세자 ······· 세금계산서·영수증 　　　　└ 면세사업자 ················· 계산서·영수증 세관장 ····················· 수입세금계산서
간이과세자	<table><tr><td>업종＼직전 연도 공급대가</td><td>4,800만원 이상 10,400만원 미만</td><td rowspan="2">4,800만원 미만 영수증 발급</td></tr><tr><td>일반 업종</td><td>세금계산서 발급</td></tr><tr><td>영수증 발급대상 업종</td><td>영수증 발급</td></tr></table>신규사업자의 경우 그 사업개시일부터 그 과세기간 종료일까지 공급대가를 합한 금액을 12개월로 환산한 금액을 기준으로 함

2. 전자세금계산서

구분	내용
발급의무자	① 법인사업자와 직전 연도의 사업장별 재화 및 용역의 공급가액 합계액(면세공급가액 포함)이 8천만원 이상인 개인사업자는 그 해의 다음 해 제2기 과세기간이 시작하는 날부터 전자세금계산서를 발급해야 함 → 전자세금계산서 의무발급자에 해당하는 경우에는 계속 전자세금계산서 의무발급대상자에 해당함 ② 전자세금계산서를 발급하여야 하는 사업자가 아닌 사업자도 전자세금계산서를 발급하고 전자세금계산서 발급명세를 전송할 수 있음
의무발급통지	관할 세무서장은 개인사업자가 전자세금계산서 의무발급 개인사업자에 해당하는 경우에는 전자세금계산서를 발급하여야 하는 기간이 시작되기 1개월 전까지 그 사실을 해당 개인사업자에게 통지하여야 함 → 1개월 전까지 통지를 받지 못한 경우에는 통지서를 수령한 날이 속하는 달의 다음다음 달 1일부터 전자세금계산서를 발급하여야 함
발급명세 전송	전자세금계산서를 발급하였을 때에는 전자세금계산서 발급일의 다음 날까지 전자세금계산서 발급명세를 국세청장에게 전송하여야 함 [예] 공급시기 ×1년 4. 3.인 경우로서 전자세금계산서를 　×1년 4. 3. 발급하고 ×1년 4. 4.까지 전송(적법) 　×1년 5. 10. 발급하고 ×1년 5. 11.까지 전송(적법) ∴ 월합계세금계산서 　×1년 4. 3. 발급하고 ×1년 7. 25.까지 전송(지연전송) 　×1년 4. 3. 발급하고 ×1년 7. 25. 지나서 전송(미전송) 　×1년 4. 3. 발급하고 ×1년 7. 11. 지나서 전송(합계표 제출의무 면제 ×)
혜택(Incentive)	① 세금계산서 보존의무 면제 ② 전자세금계산서를 발급하거나 발급받고 전자세금계산서 발급명세를 해당 재화 또는 용역의 공급시기가 속하는 과세기간(예정신고의 경우에는 예정신고기간) 마지막 날의 다음 달 11일까지 국세청장에게 전송한 경우에는 해당 예정신고 또는 확정신고 시 매출·매입처별 세금계산서합계표 제출의무가 면제됨

종이세금계산서 발급 시 가산세	구분		공급하는 자	공급받는 자
	지연발급	공급시기가 속하는 과세기간에 대한 확정신고기한까지 발급	1%	0.5%(매입세액공제)
	미발급	공급시기가 속하는 과세기간에 대한 확정신고기한 이후 발급	2%	매입세액불공제 (예외 있음)
		전자세금계산서 발급의무자가 종이세금계산서를 발급한 경우	1%	거래사실 확인 시 매입세액공제(가산세 없음)

전송 관련 가산세	구분		공급하는 자	공급받는 자
	전자세금계산서를 발급하였으나	해당 과세기간에 대한 확정신고기한까지 전송한 경우(지연전송)	0.3%	매입세액공제 (가산세 없음)
		해당 과세기간에 대한 확정신고기한까지 미전송한 경우(미전송)	0.5%	매입세액공제 (가산세 없음)

세액공제	직전 연도 공급가액이 3억원 미만인 개인사업자(신규개인사업자 포함)가 전자세금계산서를 발급일의 다음 날까지 국세청장에게 전송한 경우에는 발급건수당 200원을 적용하여 세액공제를 적용함(한도: 100만원)

3. 위탁판매 등에 대한 세금계산서 발급

구분	내용	
위탁판매	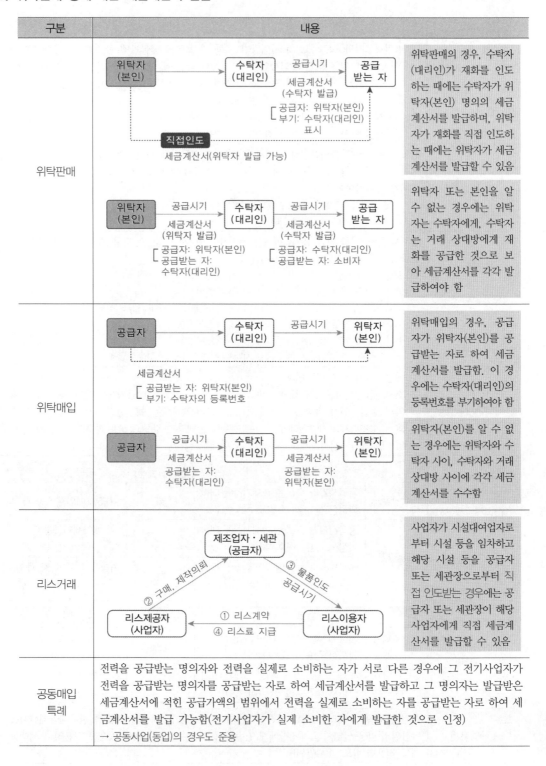	위탁판매의 경우, 수탁자(대리인)가 재화를 인도하는 때에는 수탁자가 위탁자(본인) 명의의 세금계산서를 발급하며, 위탁자가 재화를 직접 인도하는 때에는 위탁자가 세금계산서를 발급할 수 있음
		위탁자 또는 본인을 알 수 없는 경우에는 위탁자는 수탁자에게, 수탁자는 거래 상대방에게 재화를 공급한 것으로 보아 세금계산서를 각각 발급하여야 함
위탁매입		위탁매입의 경우, 공급자가 위탁자(본인)를 공급받는 자로 하여 세금계산서를 발급함. 이 경우에는 수탁자(대리인)의 등록번호를 부기하여야 함
		위탁자(본인)를 알 수 없는 경우에는 위탁자와 수탁자 사이, 수탁자와 거래 상대방 사이에 각각 세금계산서를 수수함
리스거래		사업자가 시설대여업자로부터 시설 등을 임차하고 해당 시설 등을 공급자 또는 세관장으로부터 직접 인도받는 경우에는 공급자 또는 세관장이 해당 사업자에게 직접 세금계산서를 발급할 수 있음
공동매입 특례	전력을 공급받는 명의자와 전력을 실제로 소비하는 자가 서로 다른 경우에 그 전기사업자가 전력을 공급받는 명의자를 공급받는 자로 하여 세금계산서를 발급하고 그 명의자는 발급받은 세금계산서에 적힌 공급가액의 범위에서 전력을 실제로 소비하는 자를 공급받는 자로 하여 세금계산서를 발급 가능함(전기사업자가 실제 소비한 자에게 발급한 것으로 인정) → 공동사업(동업)의 경우도 준용	

4. 수정세금계산서

구분	내용
의의	세금계산서의 기재사항을 착오로 잘못 적거나 세금계산서를 발급한 후 그 기재사항에 관하여 사정변경이 생기면 수정세금계산서를 발급할 수 있음. 다만, 당초에 적법한 세금계산서를 발급한 경우에 한하여 수정세금계산서를 발급할 수 있음
당초 잘못 작성한 경우	① 필요적 기재사항 등이 착오로 잘못 적힌 경우에는 당초 발급한 날짜를 작성 연월일로 하여 발급하며, 당초 과세기간이 지난 후에도 발급할 수 있음. 다만, 과세표준 또는 세액의 경정이 있을 것을 미리 알고 있는 경우에는 수정세금계산서를 발급할 수 없음 수정세금계산서 발급방법: 처음에 발급한 세금계산서 내용대로 세금계산서를 붉은색 글씨로 쓰거나 음의 표시를 하여 발급하고, 수정하여 발급하는 세금계산서는 검은색 글씨로 작성하여 발급함 ② 필요적 기재사항 등이 착오 외의 사유로 잘못 적힌 경우에는 재화나 용역의 공급일이 속하는 과세기간에 대한 확정신고기한 다음 날부터 1년까지 발급할 수 있음. 다만, 과세표준 또는 세액의 경정이 있을 것을 미리 알고 있는 경우에는 수정세금계산서를 발급할 수 없음 ③ 착오로 전자세금계산서를 이중으로 발급한 경우, 면세 등 발급대상이 아닌 거래 등에 대하여 발급한 경우, 세율을 잘못 적용하여 발급한 경우(경정할 것을 미리 알고 있는 경우는 제외)에도 처음에 발급한 세금계산서의 내용대로 음의 표시를 하여 발급함

사정변경	환입	1기 / 2기 공급가액 1,000 −200 ← 작성일자	• 재화가 환입된 날을 작성일자로 기재
	계약해제	1기 / 2기 공급가액 1,000 −1,000 ← 작성일자	• 계약의 해제일을 작성일자로 기재
	계약의 해지	1기 / 2기 공급가액 1,000 +, − ← 작성일자	• 증감사유가 발생한 날을 작성일자로 기재
	공급 후 내국신용장 개설	1기 7/25 당초 10% 수정 0% ← 작성일자 내국신용장 (구매확인서)	• 처음 세금계산서 작성일자를 기재
	※ 사정변경으로 인한 수정세금계산서 발급의 경우 부가가치세 과세표준신고서를 수정하지 않음		

과세유형 전환	① 일반과세자에서 간이과세자로 과세유형이 전환된 후 환입, 해제, 공급가액 증감 사유가 발생한 경우에는 처음에 발급한 세금계산서 작성일을 작성일자로 적음 ② 간이과세자에서 일반과세자로 과세유형이 전환된 후 환입, 해제, 공급가액 증감 사유가 발생한 경우에는 처음에 발급한 세금계산서 작성일을 작성일자로 적음

해커스 세법엽팀 1

제5장

제1편 부가가치세법

5. 세금계산서합계표 제출

구분	내용
세금계산서 합계표 제출	사업자는 세금계산서 또는 수입세금계산서를 발급하였거나 발급받은 경우에는 매출처별 세금계산서합계표와 매입처별 세금계산서합계표를 해당 예정신고 또는 확정신고를 할 때 함께 제출하여야 함
전자세금계산서 전송 시 면제	전자세금계산서를 발급하거나 발급받고 전자세금계산서 발급명세를 해당 재화 또는 용역의 공급시기가 속하는 과세기간(예정신고의 경우에는 예정신고기간) 마지막 날의 다음 달 11일까지 국세청장에게 전송한 경우에는 예정신고 또는 확정신고 시 매출·매입처별 세금계산서합계표를 제출하지 아니할 수 있음
합계표 지연제출	예정신고를 하는 사업자가 각 예정신고와 함께 매출·매입처별 세금계산서합계표를 제출하지 못하는 경우에는 해당 예정신고기간이 속하는 과세기간의 확정신고를 할 때 함께 제출할 수 있음 → 공급하는 자는 공급가액의 0.3%를 가산세로 하고, 공급받는 자는 가산세 없음
세관장	수입세금계산서를 발급한 세관장은 매출처별 세금계산서합계표를 해당 세관 소재지를 관할하는 세무서장에게 제출하여야 함
국가 등	세금계산서를 발급받은 국가, 지방자치단체, 지방자치단체조합, 면세사업자 등은 매입처별 세금계산서합계표를 해당 과세기간이 끝난 후 25일 이내에 납세지 관할 세무서장에게 제출하여야 함

1. 세금계산서 발급의무 면제

구분	내용
입법취지	부가가치세 세원 확보라는 공익에 비하여 과다한 시간과 비용을 거래당사자들에게 부담시키는 경우에는 거래당사자들에게 세금계산서 발급의무를 면제하도록 하는 것임 → 전단계세액공제방식을 훼손하지 않는 경우에 해당함
의의	사업자가 부가가치세의 과세대상이 되는 재화 또는 용역을 공급하는 때에는 원칙적으로 세금계산서 또는 영수증을 발급하여야 함. 그러나 세금계산서 또는 영수증의 발급이 불가능하거나 필요하지 아니한 다음의 일정한 거래에 대하여는 세금계산서 또는 영수증의 발급의무가 면제됨
최종소비자를 대상으로 하는 업종	① 택시운송사업자, 노점 또는 행상을 하는 자 등의 경우 ② 소매업 또는 미용, 욕탕 및 유사서비스업을 경영하는 자가 재화 또는 용역을 공급하는 경우 　→ 소매업의 경우에는 거래 상대방이 세금계산서 발급을 요구하면 발급하여야 함 ③ 간편사업자등록을 한 사업자가 국내에 전자적 용역을 공급하는 경우 ④ 전자서명인증사업자가 인증서를 발급하는 용역을 제공하는 경우 　→ 공급받는 자가 사업자로서 세금계산서의 발급을 요구하는 경우는 제외
재화의 공급의제	┌ 판매목적 타사업장 반출: 세금계산서 발급대상임 └ 그 외: 세금계산서 발급의무 없음

영세율 적용대상	발급의무 면제	예외(세금계산서 발급대상)
	재화의 수출	① 내국신용장·구매확인서에 의해 공급하는 경우 ② 한국국제협력단·한국국제보건의료재단·대한적십자사에 공급하는 재화 ③ 원료를 대가 없이 국외의 수탁가공 사업자에게 반출하여 가공한 재화를 양도하는 경우에 그 원료의 반출
	용역의 국외공급	–
	외국항행용역	–
	기타 외화 획득	수출재화 임가공용역

구분	내용
비거주자 등에게 공급	국내사업장이 없는 비거주자 또는 외국법인에 공급하는 재화 또는 용역 → 그 비거주자 또는 외국법인이 해당 외국의 개인사업자 또는 법인사업자임을 증명하는 서류를 제시하고 세금계산서 발급을 요구하는 경우 또는 외국법인 연락사무소에 재화 또는 용역을 공급하는 경우는 제외
간주임대료	간주임대료에 대한 부가가치세를 임대인·임차인 중 어느 편이 부담하는지에 관계없이 세금계산서를 발급하거나 발급받을 수 없음
신용카드 발급거래	사업자가 신용카드매출전표를 발급한 경우에는 세금계산서를 발급하지 않음 → 이중공제를 방지하기 위한 규정이므로 거래 상대방의 요구가 있더라도 발급할 수 없음
기타	부당행위계산부인 규정에 따라 부가가치세 과세표준에 포함되더라도 세금계산서 발급의무는 없음

2. 영수증

구분	내용
의의	① 공급받은 자와 부가가치세액을 기재하지 않은 계산서 ② 신용카드매출전표 등은 영수증으로 봄 → 매입세액을 공제받더라도 영수증으로 봄 ③ 영수증은 전단계세액공제법의 핵심기능인 상호검증기능이 없음
영수증 발급대상자	다음 중 어느 하나에 해당하는 자가 재화 또는 용역을 공급(부가가치세가 면제되는 재화 또는 용역의 공급은 제외)하는 경우에는 공급시기에 그 공급을 받은 자에게 세금계산서를 발급하는 대신 영수증을 발급하여야 함 ① 주로 사업자가 아닌 자에게 재화 또는 용역을 공급하는 사업자로서 영수증 발급대상 사업을 하는 사업자 → 일반과세자 + 간이과세자 ② 간이과세자 중 다음 중 어느 하나에 해당하는 자 　㉠ 직전 연도의 공급대가 합계액(직전 과세기간에 신규로 사업을 시작한 개인사업자의 경우 연환산한 금액)이 4,800만원 미만인 자 　㉡ 신규로 사업을 시작하는 개인사업자로서 간이과세자로 하는 최초의 과세기간 중에 있는 자

	세금계산서 발급금지 업종	그 외 업종
영수증 발급대상 사업	① 여객운송(전세버스 제외) ② 목욕·이발·미용 ③ 입장권 발행 ④ 부가가치세 과세되는 미용목적 성형수술 ⑤ 부가가치세 과세되는 동물 진료용역 ⑥ 자동차 운전학원 및 무도학원 ⑦ 간편사업자등록을 한 사업자의 전자적 용역	① 전세버스여객운송 ② 소매, 음식점, 숙박업 ③ 공인회계사업, 세무사업, 변호사업, 의사업 등 전문 인적용역을 공급하는 사업(사업자에게 공급하는 것은 제외) ④ 우체국 택배 ⑤ 공인인증서 발급업체 ⑥ 주로 소비자에게 재화 등을 공급하는 업체 중 세금계산서 발급이 현저히 곤란한 사업(도정업·떡방앗간 등)
	[원칙] 공급받는 자가 세금계산서 발급을 요구해도 세금계산서를 발급할 수 없음	**[원칙]** 공급받는 자가 사업자등록증을 제시하고 세금계산서 발급을 요구하는 경우 세금계산서를 발급해야 함
	[예외] 감가상각자산 공급, 영수증 발급대상 역무 외의 역무 공급 시에는 공급받는 자가 세금계산서를 요구하면 발급하여야 함(⑦과 간이과세자가 영수증 발급 적용기간에 재화·용역을 공급하는 경우는 제외)	**[예외]** 간이과세자가 영수증 발급 적용기간에 재화·용역을 공급하는 경우는 제외

	구분	영수증 발급 적용기간
간이과세자의 영수증 발급 적용기간	직전 연도의 공급대가 합계액이 4,800만원 미만인 자	다음 해의 7월 1일부터 그 다음 해의 6월 30일까지
	신규사업자의 최초 과세기간	사업개시일부터 그 다음 해의 6월 30일까지
	→ 거래상대방이 세금계산서 발급 요구해도 발급 불가	

04 세금계산서 발급시기

구분	내용
원칙	세금계산서는 사업자가 재화 또는 용역의 공급시기에 재화 또는 용역을 공급받는 자에게 발급하여야 함
선발급 특례	공급시기에 세금계산서를 발급하여야 하는 원칙에도 불구하고 사업자는 본래의 공급시기가 되기 전이라도 요건을 충족하면 세금계산서를 발급할 수 있음 → p.1-31 참고
월합계 세금계산서	다음의 경우에는 재화 또는 용역의 공급일이 속하는 달의 다음 달 10일(공휴일 또는 토요일인 경우에는 해당 일의 다음 날)까지 세금계산서를 발급할 수 있음

다음의 경우에는 재화 또는 용역의 공급일이 속하는 달의 다음 달 10일(공휴일 또는 토요일인 경우에는 해당 일의 다음 날)까지 세금계산서를 발급할 수 있음

구분	내용
거래처별 달의 1일부터 말일까지의 기간의 공급가액을 합계	11/1 ~ 11/30 ~ 12/10 • 작성 연월일: 해당 달의 말일 11/30 • 발급시기: 12/10 • 공급가액: 11/1 ~ 11/30 합계액
거래처별 달의 1일부터 말일까지의 기간 이내 임의기간의 공급가액을 합계	11/1 11/10 11/20 11/30 12/10 • 작성 연월일: 그 기간의 종료일 11/20 • 발급시기: 12/10 • 공급가액: 11/10 ~ 11/20 합계액
해당 거래일자를 작성일자로 하여 발급 → 고정거래처 ×	11/1 11/10 11/30 12/10 • 작성 연월일: 11/10 • 발급시기: 12/10 • 공급가액: 11/10의 거래가액 • 관계증명서류 등에 따라 실제 거래사실이 확인되어야 함

05 매입자발행 세금계산서에 따른 매입세액공제 특례

구분	내용
의의	납세의무자로 등록한 사업자로서 세금계산서 발급의무가 있는 사업자(간이과세자 및 거래상대방이 세금계산서 발급을 요구하면 발급해야 하는 자를 포함)가 재화 또는 용역을 공급하고 세금계산서 발급시기에 세금계산서를 발급하지 아니한 경우 그 재화 또는 용역을 공급받은 자(간이과세자·면세사업자 포함)는 관할 세무서장의 확인을 받아 세금계산서를 발행할 수 있음
확인대상거래	거래 건당 공급대가가 5만원 이상
수정세금계산서 미발급	세금계산서 발급의무가 있는 사업자가 세금계산서를 미발급하는 경우뿐만 아니라 다음의 사유가 발생한 경우로서 사업자가 수정세금계산서를 발급하지 아니한 경우에도 매입자발행 세금계산서를 발급할 수 있음 ① 사업자의 부도·폐업 ② 공급 계약의 해제·변경 ③ 사업자의 소재불명 또는 연락두절 ④ 사업자의 휴업이나 그 밖의 부득이한 사유로 세금계산서를 발급받는 것이 곤란하다고 국세청장이 인정하는 경우
거래사실 확인신청	해당 재화 또는 용역의 공급시기가 속하는 과세기간의 종료일부터 1년 이내에 거래사실 확인신청서에 거래사실을 객관적으로 입증할 수 있는 서류를 첨부하여 신청인의 관할 세무서장에게 거래사실의 확인을 신청하여야 함 → 거래사실에 관한 입증책임은 납세자에게 있음
세금계산서 발급	신청인 관할 세무서장으로부터 거래사실 확인 통지를 받은 신청인은 공급자 관할 세무서장이 확인한 거래일자를 작성일자로 하여 매입자발행 세금계산서를 발행하여 공급자에게 교부하여야 함. 다만, 신청인 및 공급자가 관할 세무서장으로부터 거래사실확인 통지를 받은 때에는 신청인이 매입자발행세금계산서를 공급자에게 교부한 것으로 봄
매입세액공제	신청인은 예정신고, 확정신고 또는 경정청구를 할 때 매입자발행 세금계산서합계표를 제출한 경우에는 매입자발행 세금계산서에 기재된 매입세액을 해당 재화 또는 용역의 공급시기에 해당하는 과세기간에 매입세액으로 공제받을 수 있음
면세사업자	공급자가 면세 재화·용역을 공급하고 계산서를 발급하지 아니하는 경우 관할 세무서장의 확인 하에 매입자가 계산서를 발행할 수 있음 → 「소득세법」·「법인세법」상 규정

06 수입세금계산서

구분	내용		
의의	세관장은 수입되는 재화에 대하여 부가가치세를 징수할 때(부가가치세의 납부가 유예되는 때를 포함)에는 수입된 재화에 대한 수입세금계산서를 수입하는 자에게 발급하여야 함		
수정수입 세금계산서	세관장은 다음 중 어느 하나에 해당하는 경우에는 수입하는 자에게 수정수입세금계산서를 발급하여야 함		
	관세에 관한 결정·경정 전	「관세법」에 따라 세관장이 과세표준 또는 세액을 결정 또는 경정하기 전에 수입하는 자가 수정신고 등을 하는 경우(단, 결정 또는 경정할 것을 미리 알고 하는 경우는 제외)	
	관세에 관한 세무조사 후 (가산세 1%)	세관장이 과세표준 또는 세액을 결정 또는 경정하거나 수입하는 자가 세관공무원의 관세조사 과세표준 또는 세액을 결정 또는 경정할 것을 미리 알고 「관세법」에 따라 수정신고하는 경우 다만, 다음의 경우는 제외함 ① 「관세법」에 따라 벌칙이 적용되거나 부정한 행위(허위문서작성 등)로 당초에 과소신고한 경우 ② 수입자가 동일한 신고오류를 반복하는 등 중대한 과실이 있는 경우	

회계사·세무사·경영지도사 단번에 합격!
해커스 경영아카데미 cpa.Hackers.com

제6장

매입세액

6 매입세액

01 매입세액공제서식

매출세액 ·····>	세금계산서 수취분	일반매입			
− 매입세액		수출기업 수입분 납부유예			
= 납부세액		고정자산 매입 → 감가상각자산만 기재함			
− 경감공제세액	예정신고 누락분				
− 예정신고미환급세액	매입자발행 세금계산서				
− 예정고지세액	그 밖의 공제매입세액 → 당해 과세기간에 세금계산서를 수취하지 않았음에도 매입세액공제	신용카드 매출전표 등 수령명세서 제출분	일반매입		
+ 가산세			고정자산 매입		
차가감세액		의제매입세액			
		재활용폐자원 등 매입세액			
① 필요적 기재사항 누락 등		과세사업 전환매입세액			
② 사업과 직접 관련 없는 지출		재고매입세액			
③ 비영업용 소형승용차 구입·유지 및 임차		변제대손세액			
④ 기업업무추진비 및 이와 유사한 비용 관련	합계				
⑤ 면세사업 등 관련	(−)공제받지 못할 매입세액	공제받지 못할 매입세액			
⑥ 토지의 자본적 지출 관련		공통매입세액 면세사업분 → 납부세액 재계산금액 포함			
⑦ 사업자등록 전 매입세액		대손처분받은 세액			
⑧ 금·구리 스크랩 거래계좌 미사용 관련 매입세액	차감 계				

[서식작성 사례] 공통매입세액

상황 세금계산서 매입세액 100,000원(기업업무추진비 20,000원, 공통매입세액 면세사업분 15,000원), 신용카드 매입세액 50,000원(기업업무추진비 10,000원, 공통매입세액 면세사업분 10,000원)

구분	총액법	순액법	절충(실무)
① 세금계산서 수취분	100,000	100,000	100,000
② 신용카드매출전표 수령분	50,000	30,000	40,000
③ 공제받지 못할 매입세액	30,000	20,000	20,000
④ 공통매입세액 면세사업분	25,000	15,000	25,000
⑤ 공제받을 매입세액(① + ② − ③ − ④)	95,000	95,000	95,000

02 공제하는 매입세액

1. 공제하는 매입세액의 범위

공제하는 매입세액의 범위	공제시기	
① 사업자가 자기의 사업을 위하여 사용하였거나 사용할 목적으로 공급받은 재화 또는 용역에 대한 부가가치세액(사업의 포괄양도 시 사업양수인이 납부한 부가가치세액 포함)	재화 또는 용역을 공급받은 시기가 속하는 과세기간	구입시기에 공제하므로 기말 재고자산으로 남아 있더라도 공제함
② 사업자가 자기의 사업을 위하여 사용하였거나 사용할 목적으로 수입하는 재화의 수입에 대한 부가가치세액	재화의 수입시기가 속하는 과세기간	

2. 신용카드매출전표수령명세서 제출분 매입세액공제

구분			내용
의의			세금계산서를 수령하지 아니하면 원칙적으로 매입세액을 공제받을 수 없으나 부가가치세액과 공급가액이 별도로 구분된 신용카드매출전표 등(직불카드영수증·기명식선불카드영수증·현금영수증 포함)을 발급받고 수령명세서를 제출한 때에는 매입세액을 공제받을 수 있음 → 금전등록기계산서는 제외
공제요건	공급하는 자	원칙	일반과세자 및 간이과세자 모두 허용
		예외	① 미용, 욕탕 및 유사서비스업, 여객운송업(전세버스운송업 제외), 입장권을 발행하여 영위하는 사업, 영수증 발급대상 의료보건용역 및 자동차운전학원 등에서 발급한 신용카드매출전표는 관련 매입세액을 공제받을 수 없음 ② 간이과세자 중 영수증만 발급해야 하는 자(직전 연도 공급대가 4,800만원 미만인 자와 신규사업자로서 간이과세 선택한 자)가 발급한 신용카드매출전표는 매입세액공제받을 수 없음
	공급받는 자		다음 요건을 모두 갖추어야 함 ① 신용카드매출전표 등 수령명세서를 제출할 것 ② 신용카드매출전표 등을 그 거래사실이 속하는 과세기간에 대한 확정신고를 한 날부터 5년간 보관할 것
비교			① 일반과세자: 매입세액공제 ② 간이과세자: 매입세금계산서 등 수취세액공제 → 공급대가 × 0.5%

03 공제하지 아니하는 매입세액

1. 매입처별 세금계산서합계표 미제출·부실기재

구분	내용
원칙 (불공제)	매입처별 세금계산서합계표를 제출하지 아니한 경우의 매입세액 또는 제출한 매입처별 세금계산서합계표의 기재사항 중 거래처별 등록번호 또는 공급가액의 전부 또는 일부가 적히지 아니하였거나 사실과 다르게 적힌 경우 그 기재사항이 적히지 아니한 부분 또는 사실과 다르게 적힌 부분의 매입세액은 공제하지 아니함

다음의 경우에는 매입처별 세금계산서합계표를 예정신고 또는 확정신고 시 제출하지 아니한 경우에도 매입세액을 공제함

	공제되는 경우	가산세
예외 (공제)	① 세금계산서에 대한 매입처별 세금계산서합계표 또는 신용카드매출전표 등 수령명세서를 과세표준수정신고서와 함께 제출하는 경우	×
	② 세금계산서에 대한 매입처별 세금계산서합계표 또는 신용카드매출전표 등 수령명세서를 경정청구서와 함께 제출하여 경정기관이 경정하는 경우	×
	③ 세금계산서에 대한 매입처별 세금계산서합계표 또는 신용카드매출전표 등 수령명세서를 기한후과세표준신고서와 함께 제출하여 관할 세무서장이 결정하는 경우	×
	④ 세금계산서에 대한 매입처별 세금계산서합계표의 거래처별 등록번호 또는 공급가액이 착오로 사실과 다르게 적힌 경우로서 발급받은 세금계산서에 의하여 거래사실이 확인되는 경우	×
	⑤ 경정을 하는 경우 사업자가 세금계산서 또는 신용카드매출전표 등을 경정기관의 확인을 거쳐 해당 경정기관에 제출하는 경우	○ (공급가액 0.5%)

2. 세금계산서 미수취 또는 발급받은 세금계산서가 부실기재된 경우

(1) 원칙: 매입세액불공제

세금계산서 또는 수입세금계산서를 발급받지 아니한 경우 또는 발급받은 세금계산서 또는 수입세금계산서에 필요적 기재사항의 전부 또는 일부가 적히지 아니하였거나 **사실과 다르게 적힌 경우**의 매입세액(공급가액이 사실과 다르게 적힌 경우에는 실제 공급가액과 사실과 다르게 적힌 금액의 차액에 해당하는 세액을 말함)은 공제하지 않는다.

(2) 예외: 매입세액공제

세금계산서의 필요적 기재사항의 내용이 사실과 다른 경우를 지나치게 엄격하게 해석하여 사실과 달리 기재된 모든 세금계산서의 매입세액공제를 허용하지 않는 것은 **납세자에게 지나치게 가혹한 측면이 있다.** 이에 다음의 경우에는 매입세액을 공제한다.

내용	가산세
① 사업자등록을 신청한 사업자가 사업자등록증 발급일까지의 거래에 대하여 해당 사업자 또는 대표자의 주민등록번호를 적어 발급받은 경우	×
② 발급받은 세금계산서의 필요적 기재사항 중 일부가 착오로 사실과 다르게 적혔으나 그 세금계산서에 적힌 나머지 필요적 기재사항 또는 임의적 기재사항으로 보아 거래사실이 확인되는 경우 예 실제 공급가액 1,000,000원, 착오로 공급가액 1,200,000원의 세금계산서를 발급받은 경우 → 매입세액공제 100,000원 [판례] 세금계산서상의 공급자와 실제 공급자가 다르게 기재된 '사실과 다른 세금계산서'를 교부받더라도 공급받은 자가 선의·무과실인 경우 매입세액공제함	×
③ 재화 또는 용역의 공급시기 이후에 발급받은 세금계산서로서 해당 공급시기가 속하는 과세기간에 대한 확정신고기한까지 발급받은 경우	○ (공급받는 자 0.5%, 공급하는 자 1%)
④ 전자세금계산서로서 국세청장에게 전송되지 아니하였으나 발급한 사실이 확인되는 경우	× (단, 공급자는 0.5%)
⑤ 전자세금계산서 외의 세금계산서로서 재화 또는 용역의 공급시기가 속하는 과세기간에 대한 확정신고기한까지 발급받았고, 그 거래사실도 확인되는 경우	× (단, 공급자는 1%)
⑥ 실제로 재화 또는 용역을 공급하거나 공급받은 사업장이 아닌 사업장을 적은 세금계산서를 발급받았더라도 그 사업장이 총괄하여 납부하거나 사업자단위과세사업자에 해당하는 사업장인 경우로서 공급한 사업자가 해당 과세기간에 대한 납부세액을 신고하고 납부한 경우	× (다른 사업장명의로 발급한 경우 공급자는 1%)

내용	가산세
⑦ 재화 또는 용역의 공급시기가 속하는 과세기간에 대한 확정신고기한이 지난 후 세금계산서를 발급받았더라도 확정신고기한 다음 날부터 1년 이내 세금계산서를 발급받고 ㉠ 납세자가 경정청구, 수정신고하거나 ㉡ 관할 세무서장이 거래사실 확인 후 결정·경정하는 경우	

구분		지연발급 (확정신고기한까지 발급)	확정신고기한 다음 날부터	
			1년 이내 발급	1년 이후 발급
공급하는 자		1%	2%(미발급)	
공급받는 자	매입세액	공제	공제	불공제
	가산세	0.5%	0.5%	없음
	절차	신고 시	경정청구, 수정신고, 경정 시	–

○ (공급받는 자 0.5%, 공급하는 자 2%)

─── 공급시기 착오 ───
×2. 2. 25.을 공급시기로 보고 세금계산서 발급 후 ×2. 1기 부가가치세 신고를 하였으나 추후 실제 공급시기가 ×1. 6. 25.이었음이 밝혀진 경우:
1년 이내 착오(발급기한: ×2. 7. 25.)이므로 과세당국의 경정을 통해 ×1년 1기 부가가치세 매입세액공제 가능

─── 지연발급 ───
공급시기가 ×1. 6. 25.이나 세금계산서 발급 누락, ×1년 결산조정과정에서 누락을 발견하고 ×2. 2. 25. 세금계산서를 발급한 경우:
1년 이내 지연발급(발급기한: ×2. 7. 25.)이므로 매입자는 경정청구를 통해 ×1년 1기 부가가치세 매입세액공제 가능

내용	가산세
⑧ 재화 또는 용역의 공급시기 전에 세금계산서를 발급받았더라도 재화 또는 용역의 공급시기가 그 세금계산서의 발급일로부터 6개월 이내 도래하고, 해당 거래사실이 확인되어 관할 세무서장 등이 결정·경정하는 경우 → 대가 수령하지 않은 경우에도 적용	○ (공급받는 자 0.5%, 공급하는 자 1%)
⑨ 거래의 실질에 대한 착오에 따른 세금계산서 발급 오류 ㉠ 위탁매매 또는 대리인에 의한 매매에 대한 착오로 발급받은 경우 ㉡ 주선·중개에 해당하는지 여부에 대한 착오로 발급받은 경우 ㉢ 위탁용역에서 비용을 공급가액에 포함하여야 하는지 여부에 대한 착오 ㉣ 매출에누리를 판매장려금으로 보고 공급가액에 포함하여 세금계산서를 발급받은 경우	×

3. 사업과 직접 관련이 없는 지출에 대한 매입세액

구분	내용
규정	사업과 직접 관련이 없는 매입세액은 매출세액에서 공제하지 아니함
범위	사업과 직접 관련이 없는 지출의 범위는 「법인세법」 및 「소득세법」에 규정된 업무와 관련 없는 비용 및 과다경비(공동경비 손금불산입 포함) 등을 포함 ① 공동경비의 손금불산입(분담 비율을 초과하여 지출한 경비) ② 업무와 관련이 없는 자산을 취득·관리함으로써 생기는 비용, 유지비, 수선비 및 이와 관련되는 비용 ③ 업무와 관련이 없는 지출 [예] 출자임원의 사택유지비 관련 매입세액
사례	① 주식 등의 거래와 관련된 비용일지라도 비용의 지출목적과 경위, 사업의 내용 등에 비추어 사업 관련성이 인정되는 경우에는 불공제대상 매입세액에 해당하지 않음(2010두15902) 　→ 유상증자와 관련하여 발생한 신주인쇄비, 주권 발행비용 등 ② 사업자가 보유주식 매각과 관련하여 지출한 수수료에 대한 매입세액은 사업과 관련이 없는 매입세액으로서 공제되지 아니함(부가가치세과-3066, 2008. 09. 16.)

4. 비영업용 소형승용차의 구입과 임차 및 유지에 관한 매입세액

구분	내용
업무용	① 「개별소비세법」에 따른 자동차의 구입과 임차 및 유지에 관한 매입세액은 공제하지 아니함 ② 운수업 등에 해당하지 아니하는 사업을 영위하는 자가 타인 소유의 승용자동차를 임차하여 업무용으로 사용하고 지급한 비용에 대한 매입세액은 공제하지 아니함
영업용	운수업, 자동차판매업, 자동차임대업, 운전학원업, 경비업 등에 직접 영업으로 사용되는 것은 공제함

5. 기업업무추진비 등의 지출에 관련된 매입세액

구분	내용
규정	기업업무추진비 및 이와 유사한 비용의 지출에 관련된 매입세액은 공제하지 아니함
「법인세법」	공제되지 않은 매입세액은 기업업무추진비로 의제하여 기업업무추진비 시부인 계산에 반영함

6. 면세사업 등에 관련된 매입세액

구분	내용
면세사업 등	① 면세사업 등이란 면세사업 및 부가가치세가 과세되지 아니하는 재화 또는 용역을 공급하는 비과세사업을 말함. 비과세사업의 대표적인 것은 제조업의 이자수입, 주식매각수입 등이 있음 ② 면세사업 등을 위한 투자에 관련된 매입세액을 포함함 ③ 면세사업을 위한 재화의 구입과 관련된 매입세액은 공제되지 아니하는 것이나, 부가가치세 과세사업에 사용하기 위하여 면세재화를 구입하면서 발생한 부대비용 관련 매입세액은 자기의 매출세액에서 공제됨
사례	① 부동산임대업(과세사업)에 사용하던 건물과 그 부속토지를 양도하기 위하여 지출한 매입세액(예) 중개수수료)은 사업과 관련된 것이므로 공제 가능함. 비록 토지는 면세재화에 해당하지만, 관련 비용은 면세사업 관련 비용이 아니기 때문임 ② 과세대상이 아닌 거래에 대한 매입세액: 사업자가 면세되거나 비과세되는 재화 또는 용역을 공급받고 과세거래로 오인하여 부가가치세를 부담하고 발급받은 세금계산서의 매입세액은 매출세액에서 공제하지 아니함

7. 토지에 관련된 매입세액

구분	내용
의의	토지 매입 그 자체에는 매입세액이 있을 수 없으며, 토지 관련 지출에 포함된 매입세액은 토지가액의 일부가 될 뿐이기 때문에 공제하지 아니함
범위	토지에 관련된 매입세액이란 토지의 조성 등을 위한 자본적 지출에 관련된 매입세액으로서 다음 중 어느 하나에 해당하는 경우를 말함 ① 토지의 취득 및 형질변경, 공장부지 및 택지의 조성 등에 관련된 매입세액 ② 건축물이 있는 토지를 취득하여 그 건축물을 철거하고 토지만 사용하는 경우에는 철거한 건축물의 취득 및 철거비용과 관련된 매입세액 ③ 토지의 가치를 현실적으로 증가시켜 토지의 취득원가를 구성하는 비용에 관련된 매입세액

구분	토지 관련 매입세액(불공제)	공제되는 매입세액
사례	① 토지의 취득을 위한 직접적인 비용으로 발생한 매출주선 수수료 등 토지의 취득에 소요된 것이 명백한 대출금 관련 매입세액 ② 공장건물 신축을 위하여 임야에 대지조성공사를 하는 경우 해당 공사비용 관련 매입세액 ③ 토지의 조성과 건물·구축물 등의 건설공사에 공통으로 관련되어 그 실지귀속을 구분할 수 없는 매입세액 중 총공사비(공통비용 제외)에 대한 토지의 조성 관련 공사비용의 비율에 따라 계산한 매입세액 ④ 토지의 취득을 위하여 지급한 중개수수료, 감정평가비, 컨설팅비, 명의이전비용에 관련된 매입세액 ⑤ 과세사업을 하기 위한 사업계획 승인 또는 인·허가조건으로 사업장 인근에 진입도로를 건설하여 지방자치단체에 무상으로 귀속시킨 경우 진입도로 건설비용 관련 매입세액	① 공장 또는 건물을 신축하면서 건축물 주변에 조경공사를 하여 정원을 만든 경우 해당 공사 관련 매입세액 ② 과세사업에 사용하기 위한 지하건물을 신축하기 위하여 지하실 터파기에 사용된 중기사용료, 버팀목 및 버팀철근 등에 관련된 매입세액 ③ 토지와 구분되는 감가상각자산인 구축물(옹벽, 석축, 하수도, 맨홀 등) 공사 관련 매입세액 ④ 공장 구내의 토지 위에 콘크리트 포장공사를 하는 경우 해당 공사 관련 매입세액 ⑤ 과세사업에 사용하여 오던 자기 소유의 노후 건물을 철거하고 신축하는 경우 해당 철거비용과 관련된 매입세액

8. 사업자등록 전 매입세액

구분	내용
원칙	사업자등록을 하기 전의 매입세액은 공제하지 않음
예외	공급시기가 속하는 과세기간이 끝난 후 20일 이내에 등록을 신청한 경우 등록신청일부터 공급시기가 속하는 과세기간 기산일(1월 1일, 7월 1일)까지 역산한 기간 내의 매입세액은 공제함 1기 매입세액공제 1/1　2/1　6/30　7/20 과세기간 개시일　사업개시일　등록신청일 미등록가산세 1% (2/1 ~ 7/19) ※ 사업자등록을 신청한 사업자가 사업자등록증 발급일까지의 거래에 대하여 해당 사업자 또는 대표자의 주민등록번호를 적어 발급받은 경우에는 매입세액을 공제함

1. 의의 및 요건

구분	내용
의의	과세사업자가 부가가치세가 면제되는 농산물·축산물·수산물 등을 공급받아 이를 제조·가공하여 공급하는 경우, 원재료인 면세농산물 등의 구입가액에 부가가치세액이 포함되어있는 것으로 의제해 그 구입가액의 일정비율에 해당하는 금액을 매입세액으로 공제하는데 이를 의제매입세액공제라고 함
취지	누적효과와 환수효과를 완화하기 위한 것임 ┌ 누적효과: 중간 단계에서 과세된 부분이 다시 중복과세되는 현상(매입세액공제가 되지 않음에 따라 발생) └ 환수효과: 중간 단계에서 과세되지 않던 부가가치세가 최종 재화나 용역공급 시 과세됨에 따라 국고로 환수되는 현상

	내용	
	❷ 면세 농·축·수·임산물 ── ❶ 일반과세자 ── ❹ 과세(재화·용역) 돼지고기(구입 시 공제) ── ❸ 제조·가공 ── 삼겹살(식당)	
공제요건	❶ 일반과세자	일반과세자의 경우 업종에 관계없으며, 간이과세자는 제외함
	❷ 면세 농·축·수·임산물	① 면세로 공급받은 미가공식료품(소금 포함), 면세로 공급받은 국내생산 비식용 농·축·수·임산물, 면세로 수입한 미가공식료품이 의제매입세액공제대상 면세농산물 등에 해당함 ② 1차 가공한 단순가공식료품도 면세농산물이므로 의제매입세액공제 대상임 → 수돗물 제외 ③ 과세대상 식료품(예 소세지, 통조림)을 매입한 것은 의제매입세액공제 대상이 아님. 세금계산서 수취한 매입세액을 그대로 공제받으면 되기 때문임
	❸ + ❹ 제조·가공, 과세	면세농산물 등을 그대로 또는 단순(1차) 가공을 거쳐 직수출하여 영세율이 적용되는 경우에 해당 사업자가 면세포기하더라도 면세농산물 등은 의제매입세액공제대상에 해당하지 않음. (∵ 제조·가공을 거치지 아니한 경우에는 의제매입세액공제가 불가) 그러나 면세농산물 등을 제조·가공한 후 수출하여 영세율이 적용되는 경우에 해당 사업자가 면세포기하면 의제매입세액공제대상에 해당함
공제시기	① 면세농산물 등을 구입한 날이 속하는 예정신고기간 또는 확정신고기간에 공제함 ② 예정신고할 때 이미 공제받은 의제매입세액은 확정신고할 때 정산하고, 정산한 결과 예정신고 때 과다공제받은 경우에 해당하면 신고서식에서 의제매입세액란에 (−)로 기재함
증명서류	① 의제매입세액공제신고서와 함께 면세농산물 등을 공급받은 사실을 증명하는 서류(매입처별계산서합계표, 신용카드매출전표 등 수취명세서)를 예정신고 또는 확정신고 시 제출하여야 함 ② 그러나 제조업을 영위하는 일반사업자가 농·어민으로부터 면세농산물 등을 직접 공급받는 경우에는 의제매입세액공제신고서만 제출하면 됨

2. 의제매입세액의 계산

구분	내용
의제매입세액	농·축·수·임산물 매입가액(한도 있음) × 공제율
매입가액	① 운임 등 부대비용을 제외한 매입가액(운송업자가 독립적으로 운송한 경우에는 운송용역대가를 지급하면서 세금계산서를 수취하므로 의제매입세액공제대상이 아님) **예** ① 면세농산물 판매업자 A가 제조업자 B에게 농산물을 920에 공급함. B가 직접 운송회사 C에게 운임 100을 지급함 → 의제매입세액공제대상 매입액은 920(∵ 해당 운임은 별도 세금계산서 수령) ② 면세농산물 판매업자 A가 제조업자 B에게 농산물을 920에 공급함. A가 직접 운송회사 C에게 운임 100을 지급함. A는 B에게 운임을 별도로 청구하여 총 1,020을 청구함 → 의제매입세액공제대상 매입액은 1,020(∵ 운송용역은 면세농산물에 부수하여 공급) ② 수입농산물은 관세의 과세가격으로 함. 따라서 재고자산에 포함된 관세나 개별소비세 등 금액은 공제대상이 아님

구분		한도 내용

한도

구분	과세표준(과세기간기준)	음식점업	일반
개인 사업자	1억원 이하	75%	65%
	1억원 초과 ~ 2억원 이하	70%	
	2억원 초과	60%	55%
법인사업자		50%	

※ 예정신고기간에는 의제매입세액공제한도를 적용하지 아니함

공제율

구분			공제율
음식점업	과세유흥장소의 경영자		2/102
	일반 음식점	개인사업자	8/108 (과세표준 2억원 이하 9/109)
		법인사업자	6/106
제조업	과자점·도정업·제분업 등 개인사업자		6/106
	중소기업 및 개인사업자		4/104
	대기업		2/102
그 외 사업			2/102

사례 1
(법인, $\frac{2}{102}$)

구분	예정신고기간	과세기간 전체	확정신고기간
과세표준	200	510	310
매입가액	102	257	155
대상금액	102	510 × 50% = 255	─
의제매입세액	102 × 2/102 = 2	255 × 2/102 = 5	5 - 2 = 3

사례 2
(법인, $\frac{2}{102}$)

구분	수출(면세포기)	과세(제조·가공)	전체
과세표준	2,000	3,000	5,000
매입가액(사용분)	1,530	1,020	2,550
의제매입세액	Min(1,020, 3,000 × 50%) × 2/102 = 20		

3. 제조업 정산 특례

구분	내용
요건	다음의 요건을 모두 충족하는 사업자는 제2기 과세기간에 대한 납부세액을 확정신고할 때, 1역년에 공급받은 면세농산물 등의 가액에 공제율을 곱한 금액에서 제1기 과세기간에 매입세액으로 공제받은 금액을 차감한 금액을 매입세액으로 공제할 수 있음 → 매입시기 집중에 따른 부작용 해소 ① 제1기 과세기간에 공급받은 면세농산물 등의 가액을 1역년에 공급받은 면세농산물 등의 가액으로 나누어 계산한 비율이 100분의 75 이상이거나 100분의 25 미만일 것 ② 해당 과세기간이 속하는 1역년 동안 계속하여 제조업을 영위하였을 것

구분			
한도율			

과세표준(1역년)	법인	개인
4억원 이하	50%	65%
4억원 초과		55%

사례 (법인사업자)

[사례 1] 중소기업, 제조업, 공제율 4/104

구분	매입가액	과세표준	공제대상매입	공제율	의제매입세액
제1기	416,000,000	624,000,000	312,000,000	4/104	12,000,000
제2기	104,000,000	624,000,000	104,000,000	4/104	4,000,000
1역년	520,000,000	1,248,000,000	520,000,000	4/104	20,000,000
제2기(최종)					8,000,000

① 요건 검토: 416,000,000/520,000,000 = 80% ≥ 75%(충족)
② 제2기 의제매입세액: $(520,000,000 - 312,000,000) \times 4/104 = 8,000,000$

[사례 2] 중소기업, 제조업, 공제율 4/104

구분	매입가액	과세표준	공제대상매입	공제율	의제매입세액
제1기	104,000,000	624,000,000	104,000,000	4/104	4,000,000
제2기	416,000,000	624,000,000	312,000,000	4/104	12,000,000
1역년	520,000,000	1,248,000,000	520,000,000	4/104	20,000,000
제2기(최종)					16,000,000

① 요건 검토: 104,000,000/520,000,000 = 20% < 25%(충족)
② 제2기 의제매입세액: $(520,000,000 - 104,000,000) \times 4/104 = 16,000,000$

4. 겸영사업자로서 농·축·수·임산물의 실제 과세사업의 사용 비율을 알 수 없는 경우

구분	내용
의제매입세액	농·축·수·임산물 매입가액 × 공제율 × $\dfrac{\text{과세공급가액}}{\text{총공급가액}}$ ※ 면세포기에 의하여 영세율이 적용되는 공급가액은 과세공급가액으로 보지 않음

사례 1	○ 정육점과 음식점업을 겸영함(공제율 8/108, 공급가액 대비 한도는 고려하지 아니함)
	○ 제1기 과세기간 동안 쇠고기 2,000kg을 205,000,000원(운송업자에게 별도로 지급한 운송비 2,500,000원 포함)에 구입함
	○ 축산물 사용내역은 다음과 같음
	  − 음식조리분: 1,000kg
	  − 쇠고기 판매분: 600kg
	  − 기말재고분: 400kg
	○ 총공급가액
	  − 음식점업: 800,000,000원
	  − 정육점: 200,000,000원
	
	① 의제매입세액공제대상 매입가액 = ㉠ + ㉡ = 133,650,000
	
	  ㉠ 당기 사용분: $(205,000,000 - 2,500,000) \times \dfrac{1,000\text{kg}}{2,000\text{kg}} = 101,250,000$
	
	  ㉡ 기말재고: $(205,000,000 - 2,500,000) \times \dfrac{400\text{kg}}{2,000\text{kg}} \times \dfrac{800,000,000}{1,000,000,000} = 32,400,000$
	
	② 의제매입세액공제액
	
	  $= 133,650,000 \times \dfrac{8}{108} = 9,900,000$

사례 2	<table><tr><th colspan="2">구분</th><th>공급가액</th><th>매입가액</th><th>공제율</th></tr><tr><td rowspan="2">과세</td><td>제조·가공</td><td>1,000</td><td rowspan="3">1,530 (실지귀속을 알 수 없음)</td><td rowspan="3">2/102</td></tr><tr><td>면세포기(수출)</td><td>2,000</td></tr><tr><td colspan="2">면세(국내)</td><td>2,000</td></tr></table>의제매입세액 공제액: Min(①, ②) × 2/102 = 6 ① $1,530 \times \dfrac{1,000}{5,000} = 306$ ② $1,000 \times 50\% = 500$

5. 의제매입세액 재계산

구분	내용
과세사업자	의제매입세액은 구입시점에 공제하기 때문에 다음과 같이 실제 과세사업에 사용하지 않은 경우에는 재계산하여 추징할 필요가 있음 ① 면세되는 사업 그 밖의 목적으로 사용·소비하는 경우 ② 면세농산물 등을 그대로 양도 또는 인도하는 경우 ┌─── 과세사업자의 의제매입세액공제 추징 ───┐ <table><tr><td colspan="2">기초 10</td><td>10</td><td>: 기초재고분을 그대로 양도 → 추징</td></tr><tr><td rowspan="3">구입 90</td><td rowspan="2">사용</td><td>50</td><td>: 과세사업 사용 → 공제</td></tr><tr><td>20</td><td>: 그대로 양도[[예] 사업상 증여] → 공제 ×</td></tr><tr><td>기말</td><td>20</td><td>: 과세사업에 사용할 것으로 가정 → 공제</td></tr></table>
겸영사업자	① 겸영사업자가 차기이월원재료에 대하여 용도가 불분명하여 총공급가액에서 과세공급가액이 차지하는 비율로 안분하여 의제매입세액을 공제한 후, 이를 ㉠ 면세농산물에 사용하거나 ㉡ 직전 과세기간 대비 면세공급가액의 비율이 증가한 경우에는 의제매입세액을 재계산하여야 함 ② 의제매입세액 재계산은 추가로 납부하는 것만 반영하고 추가로 공제하는 것은 반영하지 아니함 $$추징세액 = \left[전기\ 이월재고 \times \frac{전기\ 과세공급가액}{전기\ 총공급가액} - \begin{matrix} 당기\ 실제 \\ 과세사용분 \end{matrix} \right] \times 공제율$$ ┌─── 겸영사업자의 의제매입세액공제 추징 ───┐ <table><tr><td colspan="2">기초 10</td><td>10</td><td>: 직전 과세기간 당기 실제 과세공급가액 비율 > 과세사업 사용 → 추징</td></tr><tr><td rowspan="3">구입 90</td><td rowspan="3">사용</td><td>30</td><td>: 과세사업 → 공제</td></tr><tr><td>20</td><td>: 면세사업, 그대로 양도 → 공제 ×</td></tr><tr><td>10</td><td>: 실지귀속 구분 × → 기말재고와 동일하게 안분</td></tr><tr><td>기말</td><td>30</td><td>: 30 × 당기 과세공급가액 비율 → 공제</td></tr></table>

6. 재활용폐자원 등에 대한 매입세액(「조세특례제한법」)

재활용폐자원 및 중고자동차를 수집하는 사업자가 세금계산서를 발급할 수 없는 자(과세사업을 영위하지 않는 자 및 영수증 발급에 관한 규정이 적용되는 간이과세자)로부터 재활용폐자원 및 중고자동차를 취득하여 제조 또는 가공하거나 이를 공급하는 경우에는 다음의 금액을 매입세액으로 공제한다.

구분	재활용폐자원	중고자동차
공제세액	취득가액 × 3/103	취득가액 × 10/110
한도	(과세표준 × 80% - 세금계산서 수취분[1]) × 3/103	없음

[1] 고정자산 매입분은 제외

회계사 · 세무사 · 경영지도사 단번에 합격!
해커스 경영아카데미 cpa.Hackers.com

제 7 장

겸영사업자

01 공통매입세액의 안분

1. 공통매입세액 안분계산 의의 및 요건

구분	내용
의의	① 동일한 사업자가 과세사업과 면세사업 등을 겸영하는 경우에는 과세사업을 위하여 사용하였거나 사용할 목적으로 공급받은 재화 또는 용역에 대한 매입세액은 이를 과세사업의 매출세액에서 공제하여 납부세액을 계산하고, 면세사업을 위하여 사용하였거나 사용할 목적으로 공급받은 재화 또는 용역에 대한 매입세액은 공제하지 않음. 즉, 실지귀속에 따라 매입세액의 공제 여부를 판단하는 것이 가장 바람직함 ② 그러나 재화 또는 용역이 과세사업과 면세사업 등에 공통으로 사용되는 경우와 같이 그 실지귀속을 구분할 수 없는 경우가 발생할 수 있음. 과세사업과 면세사업에 공통으로 사용되어 실지귀속을 구분할 수 없는 매입세액을 공통매입세액이라 하고, 그 안분방법은 「부가가치세법」에 따름
안분계산 요건	공통매입세액의 안분은 다음의 요건을 모두 충족하는 경우에 적용함 ① 과세사업과 면세사업 등을 겸영 ② 과세사업과 면세사업 등에 공통사용 → 감가상각자산은 추후 납부세액 재계산 ③ 실지귀속의 불분명 ④ 공제 가능한 매입세액 → 기업업무추진비 등은 처음부터 매입세액불공제
안분계산 생략	다음의 공통사용재화 매입세액은 안분계산하는 것에 경제적 실익이 없으므로 안분계산을 생략하고 관련 매입세액을 전액 공제함 ① 해당 과세기간의 총공급가액 중 면세공급가액이 5% 미만인 경우의 공통매입세액. 다만, 공통매입세액이 5백만원 이상인 경우는 제외함 → 과세기간 단위 ② 해당 과세기간 중의 공통매입세액이 5만원 미만인 경우의 매입세액 → 과세기간 단위 ③ 해당 과세기간에 신규로 사업을 개시한 사업자가 해당 과세기간에 공통사용재화를 공급한 경우의 매입세액

2. 공통매입세액 안분방법

구분		내용
당해 과세기간의 공급가액이	있는 경우	$$공통매입세액 \times 당해\ 과세기간의\ \frac{면세공급가액}{총공급가액}$$ ① 공통사용재화를 공급받은 과세기간 중에 공급하여 과세표준을 직전 과세기간 비율로 안분계산한 경우에 그 재화의 공통매입세액은 직전 과세기간 공급가액 비율로 안분계산함 ② 면세공급가액에는 비과세사업과 과세표준에 포함되지 아니하는 국고보조금과 공공보조금 및 이와 유사한 금액의 합계액을 포함함 ③ 예정신고를 할 때에는 예정신고기간의 총공급가액에 대한 면세공급가액 비율에 따르고, 확정신고를 할 때에는 당해 과세기간의 총공급가액에 대한 면세공급가액 비율에 따라 정산함 ④ 단, 인원 수 등을 따르는 등 기획재정부령이 정하는 경우(도축업의 경우 도축 두수에 따라 안분)에는 공급가액 비율 이외의 기준에 따를 수 있음 ⑤ 과세사업과 면세사업에 공통사용하던 고정자산을 매각함에 따라 발생한 공급가액은 총공급가액 및 면세공급가액에 포함하지 않음 ㉠ ×1기 과세(제품) 총공급가액 8천만원 면세(제품) 총공급가액 2천만원 ㉡ 공통사용한 감가상각자산 매각금액 2천만원(「부가가치세법」상 공급가액 1천만원) ㉢ 공통매입세액 100만원 중 불공제되는 매입세액 계산방법 (방법 1) 100만원 × (2천만원 ÷ 1억원) = 20만원 [O] → 안분계산 시 고정자산 매각금액을 반영하지 않음 (방법 2) 100만원 × (3천만원 ÷ 1억 2천만원) = 25만원 [×] → 안분계산 시 고정자산 매각금액을 반영함
	없는 경우	당해 과세기간 중 공급가액이 모두 없거나, 어느 한 사업의 공급가액이 없는 경우 다음 순서에 따라 안분함. 이후 공급가액 또는 사용면적이 확정되는 과세기간에 확정공급가액(①, ②로 안분) 또는 사용면적 비율(③으로 안분)로 정산함 → 예정신고 시 예정신고기간의 공급가액 비율 등을 적용하고, 확정신고 시 해당 과세기간의 공급가액 비율 등으로 다시 정산함 ① 해당 과세기간의 매입가액 비율 ② 예정 공급가액 비율 ③ 예정 사용면적 비율 → 단, 건물 신축(취득)의 경우 예정 사용면적 비율을 우선 적용하고, 추후 실제 사용면적 비율로 공통매입세액을 다시 정산함

3. 공통매입세액의 정산

구분		내용
확정신고 시 정산	의의	예정신고를 하는 때에는 예정신고기간에 있어서 총공급가액에 대한 면세공급가액의 비율에 의하여 안분계산하고, 확정신고를 하는 때에 정산함 → 차이가 5% 미만인 경우에도 정산하여야 함
	사례	(아래 표 참조)

구분		1월 ~ 3월	4월 ~ 6월
공급가액	과세	100	400
	면세	400	100
공통매입세액		100	200

① 예정신고 시 매입세액불공제: $100 \times 80\% = 80$
② 확정신고 시 매입세액불공제: $(100 + 200) \times 50\% - 80 = 70$

구분		내용
임시 안분 비율 적용 후 정산		과세사업과 면세사업의 공급가액이 모두 없거나, 어느 한 사업의 공급가액이 없는 경우 임시 안분 비율로 안분계산하고, 공급가액 또는 사용면적이 확정되는 과세기간에 정산함(차이가 5% 미만인 경우에도 정산하여야 함)

임시 안분 비율	정산
① 실제 매입가액 비율	실제 공급가액 비율
② 예정 공급가액 비율	
③ 예정 사용면적 비율	실제 사용면적 비율

→ 임시 안분 비율 적용 시, 건물 신축(취득)은 예정 사용면적 비율을 우선 적용함

$$\text{정산대상 매입세액} = \text{총공통매입세액} \times \frac{\text{과세공급가액(실제 과세사용면적)}}{\text{총공급가액(총사용면적)}} - \text{기공제매입세액}$$

사례

① 병원과 부동산임대업을 겸영
② 건물 신축 매입세액 내역

과세기간	매입세액
×1년 제1기	40,000,000
×1년 제2기	60,000,000
×2년 제1기(준공)	50,000,000

③ 예정 사용면적 및 실제 사용면적(실제 공급가액은 없음)

과세기간	병원(면세)	부동산임대(과세)
×1년 제1기(예정 사용면적)	300	200
×1년 제2기(예정 사용면적)	250	250
×2년 제1기(실제 사용면적)	200	300

구분	매입세액공제액	계산근거
×1년 제1기	16,000,000	$40,000,000 \times 40\%$
×1년 제2기	30,000,000	$60,000,000 \times 50\%$
×2년 제1기	44,000,000	$150,000,000 \times 60\% - 46,000,000$

㉠ 당초 예정 사용면적 비율이 변경된 경우 변경된 날이 속하는 과세기간분부터 변경된 비율을 근거로 관련 공통매입세액을 안분계산하는 것이 타당함
㉡ 실제 사용면적이 확정될 때 감가율은 적용하지 않음. 실제 비율이 확정되면 당초 취득시점으로 소급하여 매입세액을 정산하는 개념임

02 공통사용재화의 매각

구분	내용
의의	① 주된 사업에 부수되는 자산을 우연히 또는 일시적으로 공급하는 경우 그 과세 여부는 주된 사업에 따름 ② 과세사업과 면세사업 등을 겸영하는 자가 과세사업에서 사용하던 자산을 매각하는 경우에는 전부 과세하면 될 것이나, 과세사업과 면세사업 등에 공통으로 사용하던 재화를 공급하는 경우에는 안분계산이 필요함
안분계산 생략	다음의 공통사용재화를 매각하는 경우에는 안분계산하는 것이 경제적 실익이 없으므로 안분계산을 생략하고 관련 공급가액을 전부 과세표준으로 함 ① 재화를 공급하는 날이 속하는 과세기간의 직전 과세기간의 총공급가액 중 면세공급가액이 5% 미만인 경우(다만, 해당 재화의 공급가액이 5천만원 이상인 경우는 제외 → 세액기준 500만원 이상) ② 재화의 공급가액이 50만원 미만인 경우 → 거래단위별 계산 ③ 재화를 공급하는 날이 속하는 과세기간에 신규로 사업을 개시하여 직전 과세기간이 없는 경우

<table>
<tr><td rowspan="2">안분계산
방법</td><td>일반적인
경우</td><td>

$$\text{과세표준} = \text{공급가액} \times \text{직전 과세기간의} \frac{\text{과세공급가액*}}{\text{총공급가액}}$$

* 과세공급가액: 공통사용자산 매각금액에 포함하지 않음
휴업 등으로 인하여 직전 과세기간의 공급가액이 없는 경우에는 그 재화를 공급한 날에 가장 가까운 과세기간의 공급가액에 의하여 계산함

</td></tr>
<tr><td>매입세액을
면적 비율로
안분한 경우</td><td>

$$\text{과세표준} = \text{공급가액} \times \text{직전 과세기간의} \frac{\text{과세사용면적}}{\text{총사용면적}}$$

</td></tr>
</table>

부동산 매각

겸영사업자가 토지와 건물을 함께 매각하는 경우에는 ① 토지와 건물의 공급가액을 안분한 후 ② 건물공급(과세재화)분을 다시 공급가액(사용면적)의 비율로 안분하여야 함

— 부가가치세가 포함되지 않은 경우 —

겸영사업자가 부동산을 일괄하여 250(부가가치세 별도)에 매각

구분	감정액	과세·면세 비율	안분기준금액	공급가액
건물(과세)	100	60%	60	75
건물(면세)		40%	40	50
토지	100	–	100	125
합계	200	–	200	250

— 부가가치세가 포함된 경우 —

겸영사업자가 부동산을 일괄하여 247.2(부가가치세 포함)에 매각 `60 + 6`

구분	감정액	과세·면세 비율	안분기준금액	공급가액	공급대가
건물(과세)	100	60%	66	72	79.2
건물(면세)		40%	40	48	48
토지	100	–	100	120	120
합계	200	–	206	240	247.2

03 공통매입세액 재계산

구분	내용
의의	① 공통매입세액을 안분하여 계산한 경우 그 후 과세기간에 면세공급 비율이 증감하여 안분 당시 면세공급 비율과 차이가 발생한다면 최초에 안분하여 계산한 매입세액공제액이 과대 또는 과소해지는 결과가 발생하게 됨 ② 감가상각자산의 취득일이 속하는 과세기간(그 후의 과세기간에 재계산한 때는 그 재계산한 과세기간)에 적용되었던 공통매입세액 안분기준에 따른 비율이 자산 보유기간 중에 5% 이상 차이가 나면 납부세액 또는 환급세액을 다시 계산하여 해당 과세기간의 확정신고와 함께 신고·납부하여야 함
재계산 배제	다음의 경우에는 납부(환급)세액을 재계산하지 않음 ① 공통사용재화가 간주공급으로 의제되는 경우 ② 공통사용재화를 공급하는 경우
재계산세액	공통매입세액 × (1 − 상각률* × 경과된 과세기간 수) × 증감된 면세 비율 공통매입세액 안분계산에 따라 감가상각자산의 매입세액을 공제한 후, 나중에 면세사업의 비율이 5% 이상 증가·감소하는 경우에는 확정신고 시 납부세액·환급세액을 재계산함<table><tr><td></td><td>매입 시</td><td>면세 비율 증감 시</td></tr><tr><td></td><td>공급가액 비율</td><td>증감된 공급가액 비율</td></tr><tr><td></td><td>사용면적 비율</td><td>증감된 사용면적 비율</td></tr></table>* 상각률: 건물·구축물은 5%, 기타 감가상각자산은 25% ━ 증감된 면세 비율 ━ 면세 비율 ┼─30%─┼─34%─┼─35%─┼─39%─┼ 취득　　재계산(×)　재계산(○)　재계산(×) (X2 구간: 30%~34%, X3 구간: 35%~39%) ※ 감가상각자산의 매입세액을 취득일이 속하는 과세기간의 총공급가액 중 면세공급가액이 5% 미만에 해당하여 전액 공제받은 후, 그 다음 과세기간의 납부세액 재계산할 때 취득일이 속하는 과세기간의 면세공급가액 적용 비율이 0%인 것으로 보아 증가된 면세공급가액 비율을 계산함
재계산 시기	예정신고 때는 재계산하지 않고 확정신고 시에만 재계산함
서식	(16) 공제받지 못할 매입세액 명세 <table><tr><td colspan="2">구분</td><td>금액</td></tr><tr><td>공제받지 못할 매입세액</td><td>(50)</td><td></td></tr><tr><td>공통매입세액 면세사업등분</td><td>(51)</td><td></td></tr><tr><td>대손처분받은 세액</td><td>(52)</td><td></td></tr><tr><td>합계</td><td>(53)</td><td></td></tr></table>

1-102 회계사·세무사·경영지도사 단번에 합격! **해커스 경영아카데미** cpa.Hackers.com

04 면세사업 등을 위한 감가상각자산의 과세사업 전환 시 매입세액공제 특례

구분	내용
의의	① 면세사업 등에 사용·소비되던 감가상각자산을 과세사업용으로 전환하여 사용·소비하는 경우에는 당초 공제받지 못한 매입세액 중 일부를 공제받을 수 있도록 특례제도를 두고 있는데, 이를 '면세사업 등을 위한 감가상각자산의 과세사업 전환 시 매입세액공제 특례'라 함 ② 이 제도는 매입세액이 공제된 재화를 면세사업용으로 전환하는 경우 자가공급으로 보아 과세하는 것에 대응되는 제도라고 할 수 있음
요건	① 면세사업에 사용하기 위한 자산에 해당하여 매입세액이 불공제된 감가상각자산일 것 ② 해당 감가상각자산의 취득일이 속하는 과세기간 이후에 과세사업에 사용·소비하거나 과세사업과 면세사업 등에 공통으로 사용·소비할 것 ③ 과세사업 또는 과세사업과 면세사업에 공통으로 사용하거나 소비하는 날이 속하는 과세기간에 대한 확정신고와 함께 과세사업 전환 감가상각자산 신고서를 제출할 것 → 예정신고 시에는 재계산하지 않음

구분		내용
공제되는 매입세액	과세사업 전부전환	취득 당시 불공제된 매입세액 $\times$ (1 − 상각률 $\times$ 경과된 과세기간 수)
	과세사업 일부전환	$\text{취득 당시 불공제된 매입세액} \times \left(1 - \text{상각률} \times \text{경과된 과세기간 수}\right) \times \text{당기} \dfrac{\text{과세공급가액}}{\text{총공급가액}}$

구분				금액
서식	매입 세액	세금계산서 수취분	일반매입 (10)	
			수출기업 수입분 납부유예 (10-1)	
			고정자산 매입 (11)	
		예정신고 누락분	(12)	
		매입자발행 세금계산서	(13)	
		그 밖의 공제매입세액	(14)	
		합계 (10) − (10 − 1) + (11) + (12) + (13) + (14)	(15)	
		공제받지 못할 매입세액	(16)	
		차감 계 (15) − (16)	(17)	

공통매입세액	공통사용재화 매각

면세	불공제
과세	공제
공통	안분

매각

공통매입세액

1. 원칙: 안분계산(실지귀속을 구분할 수 없는 경우)

(1) 당해 과세기간의 공급가액 비율

(2) 직전 과세기간의 공급가액 비율

→ 같은 과세기간에 매입하고 매각한 경우

(3) 임시 비율 적용

→ 어느 한 사업 또는 모든 사업의 공급가액이 없는 경우

임시 비율	정산 비율
① 매입가액 비율	공급가액 비율
② 예정 공급가액 비율	공급가액 비율
③ 예정 사용면적 비율	실제 사용면적 비율 (계속성)

※ 건물의 경우 ③을 우선 적용

2. 예외: 안분계산 생략(중요성)

→ 전부 매입세액공제

① 당해 과세기간의 면세공급가액 5% 미만 (매입세액 500만원 이상 제외)

② 당해 과세기간의 공통매입세액 5만원 미만

③ 신규사업자가 공급한 공통사용재화

3. 방법 및 시기

예정, 확정신고 시 모두 → 확정신고 시 정산

공통사용재화 매각

1. 원칙: 안분계산

(1) 직전 과세기간의 공급가액 비율

(2) 직전 과세기간의 사용면적 비율(계속성)

→ 매입세액을 사용면적 비율로 안분한 경우

2. 예외: 안분계산 생략(중요성)

→ 전부 과세공급가액

① 직전 과세기간의 면세공급가액 5% 미만 (공급가액 5,000만원 이상 제외)

② 해당 재화의 공급가액 50만원 미만

③ 신규사업자

3. 방법 및 시기

매각 당시 안분계산 → 세금계산서 발급

납부(환급)세액 재계산	감가상각자산의 과세사업 전환

과세사업 사용 ··· 감가상각자산
(매입세액공제)

면세전용 ··· ┌ 감가상각자산
└ 재고자산
(간주공급)

(면세 비율 증감)

1. 요건

감가상각자산에 대하여 공통매입세액을 안분계산한 후, 면세공급가액 비율이 5% 이상 증가·감소하는 경우

$$\text{매입세액} \times (1 - \text{상각률} \times \text{과세기간 수}) \times \text{증감된 면세 비율}$$

(1) 증감된 면세 비율의 산정(계속성)

당초 안분	재계산
공급가액 비율	공급가액 비율
면적 비율	면적 비율

(2) 5% 증감 판단

×1. 2기	×2. 1기	×2. 2기
50%	54%	58%
최초 안분	재계산(×)	재계산(8%)

2. 재계산 배제

간주공급, 매각(매각시점에 정산 완료)

3. 방법 및 시기

확정신고 시

1. 전부 사용

$$\text{매입세액} \times (1 - \text{상각률} \times \text{과세기간 수})$$

2. 일부 사용

$$\text{매입세액} \times (1 - \text{상각률} \times \text{과세기간 수}) \times \text{당기} \frac{\text{과세공급가액}}{\text{총공급가액}}$$

2-1. 원칙: 안분계산

(1) 전환일이 속하는 과세기간의 공급가액 비율

(2) 임시 비율 적용

→ 사업자등록만 하고 공급가액이 없는 경우

임시 비율	정산 비율
① 매입가액 비율	공급가액 비율
② 예정 공급가액 비율	공급가액 비율
③ 예정 사용면적 비율	실제 사용면적 비율 (계속성)

2-2. 예외: 안분계산 생략

과세공급가액 비율이 5% 미만인 경우

3. 방법 및 시기

전환일이 속하는 과세기간의 확정신고 시

제8장

신고와 납부

8 신고와 납부

01 경감 · 공제세액

1. 신용카드 등 사용에 따른 세액공제

구분	내용
적용대상자 → p.1-76 참고	① 영수증 발급대상 사업자(법인과 직전 연도의 공급가액의 합계액이 사업장을 기준으로 10억원을 초과하는 개인사업자는 제외) ② 간이과세자 중 영수증만 발급해야 하는 자(직전 연도 공급대가 4,800만원 미만인 자와 신규사업자로서 간이과세 선택한 자)
결제수단	⑦ 신용카드매출전표, ⑥ 현금영수증, ⑥ 직불카드영수증, ⑧ 결제대행업체를 통한 신용카드매출전표, ⑩ 선불카드영수증, ⑥「전자금융거래법」에 따라 전자지급결제대행에 관한 업무를 하는 금융회사 또는 전자금융업자를 통한 신용카드매출전표, ⑧ 판매대행 · 중개자가 제출하는 월별 거래명세
공제금액	Min ┌ 발급 · 결제금액(부가가치세 포함) × 1.3%(직전연도 공급가액이 5억원을 초과하는 사업자는 0.65% [개정]) └ 한도액: 연간 1,000만원 ※ 발급결제금액의 범위: 금전등록기 계산서는 포함하지 않음 [개정] 2027년 이후 적용 ① 공제율 1%(직전연도 공급가액 합계액이 5억원을 초과하는 사업자는 0.5%) ② 연간 공제 한도 5백만원
공제방법	세액공제는 납부세액에서 공제하고 납부세액(가산세는 제외)을 초과하면 초과액은 없는 것으로 봄

2. 「조세특례제한법」에 따른 세액공제

구분		내용
전자신고 세액공제		2025. 1. 1. 이후 전자신고하는 분부터 적용하지 않음 [개정]
전자세금계산서 발급 · 전송	요건	직전 연도의 사업장별 재화 · 용역의 공급가액(면세공급가액 포함)의 합계액이 3억원 미만인 개인사업자(신규개인사업자 포함)가 전자세금계산서를 발급(전자세금계산서 발급명세를 전자세금계산서 발급일의 다음 날까지 전송한 경우로 한정)할 것
	세액 공제액	① 해당 과세기간의 전자세금계산서 발급건수 × 200원 ② 한도: 100만원
전자고지 세액공제		전자송달의 방법으로 납부고지서의 송달을 신청한 경우 신청한 달의 다음 다음 달 이후 송달하는 분부터 납부세액에서 납부고지서 1건당 1천원을 공제함

02 신고와 납부

1. 예정신고와 납부

구분		내용
예정신고·납부	계속사업자	사업자는 각 과세기간 중 예정신고기간이 끝난 후 25일 이내에 각 예정신고기간에 대한 과세표준과 납부세액 또는 환급세액을 납세지 관할 세무서장에게 신고·납부하여야 함 → 아래 징수고지대상자는 제외함 **구분 | 예정신고기간** 1기 | 1월 1일부터 3월 31일까지 2기 | 7월 1일부터 9월 30일까지
	신규사업자	신규로 사업을 시작하거나 시작하려는 자에 대한 최초의 예정신고기간은 사업개시일(사업개시일 이전에 사업자등록을 신청한 경우에는 그 신청일)부터 그 날이 속하는 예정신고기간의 종료일까지로 함
		① 예정신고서를 작성함에 있어 해당 예정신고기간의 과세표준과 납부세액 또는 환급세액에서 영세율 등 조기환급신고 시 이미 신고한 내용을 제외함 ② 예정신고한 부가가치세도 세액의 확정력이 있음(판례)
수정신고 등		① 부가가치세 예정신고한 자는 그 신고에 누락·오류 등을 발견한 때에는 수정신고 또는 경정청구를 할 수 있음 ② 납세지 관할 세무서장 등은 예정신고를 하지 아니하거나 그 내용에 오류 또는 탈루가 있는 경우 해당 예정신고기간에 대한 부가가치세 과세표준과 납부세액 또는 환급세액을 조사하여 결정 또는 경정함
예정고지	징수고지 대상자	납세지 관할 세무서장은 개인사업자와 직전 과세기간의 공급가액 합계액이 1억 5천만원 미만인 법인사업자에 대하여는 각 예정신고기간마다 직전 과세기간에 대한 납부세액의 50%로 결정하여 해당 예정신고기간이 끝난 후 25일까지 징수함 → 신규 법인사업자는 직전 과세기간의 공급가액이 없는 것이 아니라, 직전 과세기간이 없는 것이므로 예정신고의무 있음(감심2022-1834, 2023. 03. 08.)
	고지서 발부	관할 세무서장은 예정신고기간분 예정고지세액을 다음 기간 이내에 발부해야 함 **구분 | 기간** 제1기 예정신고기간분 | 4월 1일부터 4월 10일까지 제2기 예정신고기간분 | 10월 1일부터 10월 10일까지
	고지 예외	다음의 경우에는 예정고지세액을 징수하지 아니함 ① 징수하여야 할 금액이 50만원 미만 ② 간이과세자에서 해당 과세기간 개시일 현재 일반과세자로 변경된 경우 예 ×5년 7. 1.부터 일반과세자로 변경, ×5년 7. 1. ~ 12. 31. 예정고지(×) ③ 재난 등의 사유로 납부할 수 없다고 인정되는 경우
예정신고의무 면제자의 예정신고 선택		예정신고 제외대상자도 다음의 경우에는 예정신고·납부할 수 있음. 이에 따라 사업자가 예정신고한 경우에는 예정고지세액의 결정은 없던 것으로 봄 ① 휴업 또는 사업 부진 등으로 인하여 각 예정신고기간의 공급가액 또는 납부세액이 직전 과세기간의 공급가액 또는 납부세액의 1/3에 미달하는 자 ② 각 예정신고기간분에 대하여 조기환급을 받으려는 자
예정신고 시 적용배제		다음 규정은 예정신고 시 적용되지 아니함 대손세액공제, 납부(환급)세액의 재계산, 과세사업 전환 매입세액공제, 일반환급, 가산세, 의제매입세액공제한도

2. 확정신고

구분	내용
확정신고	사업자는 각 과세기간에 대한 과세표준과 납부세액 또는 환급세액을 그 과세기간이 끝난 후 25일(폐업하는 경우 폐업일이 속한 달의 다음 달 25일) 이내에 납세지 관할 세무서장에게 신고하여야 함. 다만, 예정신고를 한 사업자 또는 조기에 환급을 받기 위하여 신고한 사업자는 이미 신고한 과세표준과 납부한 납부세액 또는 환급받은 환급세액은 신고하지 아니함 3/15　　　　4/25 ├──────────┼────────┼────────┤ 　　　　　　　　　폐업　　　확정신고 　　1기 확정신고기간

3. 결정과 경정

구분	내용
사유	① 예정신고 또는 확정신고를 하지 아니한 경우 ② 예정신고 또는 확정신고를 한 내용에 오류가 있거나 내용이 누락된 경우 ③ 확정신고를 할 때 매출처별 세금계산서합계표 또는 매입처별 세금계산서합계표를 제출하지 아니하거나 제출한 매출처별 세금계산서합계표 또는 매입처별 세금계산서합계표에 기재사항의 전부 또는 일부가 적혀 있지 아니하거나 사실과 다르게 적혀 있는 경우 ④ 다음과 같이 정하는 사유로 부가가치세를 포탈할 우려가 있는 경우 　㉠ 사업장의 이동이 빈번한 경우 　㉡ 사업장의 이동이 빈번하다고 인정되는 지역에 사업장이 있을 경우 　㉢ 휴업 또는 폐업 상태에 있을 경우 등
추계사유	근거과세 원칙에도 불구하고 다음의 사유가 있는 경우에는 추계할 수 있음 ① 과세표준을 계산할 때 필요한 세금계산서, 수입세금계산서, 장부 또는 그 밖의 증명 자료가 없거나 그 중요한 부분이 갖추어지지 아니한 경우 ② 세금계산서, 수입세금계산서, 장부 또는 그 밖의 증명 자료의 내용이 시설규모, 종업원 수와 원자재·상품·제품 또는 각종 요금의 시가에 비추어 거짓임이 명백한 경우 ③ 세금계산서, 수입세금계산서, 장부 또는 그 밖의 증명 자료의 내용이 원자재 사용량, 동력 사용량이나 그 밖의 조업 상황에 비추어 거짓임이 명백한 경우
재경정	납세지 관할 세무서장 등은 결정하거나 경정한 과세표준과 납부세액 또는 환급세액에 오류가 있거나 누락된 내용이 발견되면 즉시 다시 경정함 → 부과권의 제척기간이 도과하지 않는 한 횟수에 관계없이 가능함
추계 시 매입세액 공제	① 추계경정하는 경우 공제하는 매입세액은 적법하게 발급받은 세금계산서를 관할 세무서장에게 제출하고 그 기재내용이 분명한 부분으로 한정함 ② 재해 또는 그 밖의 불가항력으로 인하여 발급받은 세금계산서가 소멸되어 세금계산서를 제출하지 못하게 되었을 때에는 해당 사업자에게 공급한 거래상대방이 제출한 세금계산서에 의하여 확인되는 것을 납부세액에서 공제하는 매입세액으로 함
수시부과 〔개정〕	다음 중 어느 하나의 사유가 있는 경우에는 과세기간 개시일부터 부과사유가 발생한 날까지를 부과기간으로 하여 수시부과할 수 있음 ① 거짓 세금계산서 발급 및 수취(가공, 위장, 과다기재) ② 그 밖에 사업장 현황, 영업 상황 등을 고려하여 대통령령으로 정하는 사유로 부가가치세를 포탈할 우려가 있는 경우

03 재화의 수입에 대한 부가가치세 납부유예

구분	내용
의의	① 사업자가 재화를 수입하는 경우 세관장에게 수입 부가가치세를 납부한 후, 부가가치세 신고 시 매입세액공제를 통해 수입 시 부담한 부가가치세를 환급받는 것이 원칙임. 따라서 재화를 수입한 자는 부가가치세를 환급받을 때까지 불필요한 자금압박을 받게 될 가능성이 있음 ② 이를 시정하고자 제조업을 주된 사업으로 영위하는 일정한 요건을 갖춘 중소·중견사업자가 물품을 제조·가공하기 위한 원재료 등을 수입하는 경우 해당 원재료 등의 수입에 대한 부가가치세의 납부를 유예한 후, 부가가치세 신고 시 이를 정산할 수 있도록 함
적용요건	재화의 수입 시 납부유예를 적용받을 수 있는 사업자는 다음의 요건을 모두 충족하는 중소·중견사업자임 ① 직전 사업연도에 중소기업 또는 중견기업에 해당하고 제조업을 영위하는 법인일 것 ② 직전 사업연도에 영세율을 적용받은 재화의 공급가액 합계액이 다음에 해당할 것 {표} ③ 부가가치세 납부유예요건 충족 여부의 확인 요청일 현재 3년간 계속한 사업자로서 체납액 등이 없을 것
적용절차	① 세관장에 신청 ② 납부유예 승인 ③ 1년간 수입재화에 대해 납부유예 적용
정산방법	납부유예액은 세무서에 부가가치세 신고 시 매입세액에서 차감하는 방법으로 정산함

적용요건 ② 표:

중소기업	중견기업
공급가액의 합계액에서 수출액이 차지하는 비율이 30% 이상이거나 수출액이 50억원 이상일 것	공급가액의 합계액에서 수출액이 차지하는 비율이 30% 이상일 것

서식작성 사례

구분			금액	세액
세금계산서 수취분	일반매입	(10)	100,000,000	10,000,000
	수출기업 수입분 납부유예	(10-1)		3,000,000
	고정자산 매입	(11)	50,000,000	5,000,000
예정신고 누락분		(12)		
매입자발행 세금계산서		(13)		
그 밖의 공제매입세액		(14)		
합계 (10) − (10 − 1) + (11) + (12) + (13) + (14)		(15)		
공제받지 못할 매입세액		(16)		
차감 계 (15) − (16)		(17)	150,000,000	12,000,000

─── 서식 작성요령 ───

(10)·(10 − 1)·(11): 발급받은 세금계산서상의 공급가액 및 세액을 고정자산 매입분(11)과 그 외의 매입분(10)으로 구분 집계하여 각각의 란에 적고, 재화의 수입에 대한 부가가치세 납부유예를 승인받아 납부유예된 세액을 (10 − 1)란에 적음

위에 적은 사례금액은 당해 과세기간에 재고자산 수입금액이 100,000,000원, 고정자산 매입금액이 50,000,000원이고, 이 중 납부유예받은 세액이 3,000,000원임

04 국외사업자가 공급한 용역 등에 대한 부가가치세 징수

1. 대리납부

구분	내용
의의	국내사업장이 없는 국외사업자로부터 국내에서 용역 또는 권리를 공급(국내에 반입하는 것으로서 관세와 함께 부가가치세를 신고·납부하여야 하는 재화의 수입에 해당하지 아니하는 경우를 포함)받는 자(공급받은 그 용역 등을 과세사업에 제공하는 경우는 제외하되, 매입세액이 공제되지 아니하는 용역 등을 공급받는 경우는 포함)는 그 대가를 지급하는 때(용역의 공급시기에 관계없음)에 그 대가를 받은 자로부터 부가가치세를 징수하여야 함 → 사업자 여부와 무관함 **외국법인·비거주자** • 국내사업장 없음 • 국내사업장이 있더라도 국내사업장의 사업과 무관 과세대상 용역·권리 → 대가지급한 때 → 대리납부시기(징수시기) **대리납부의무자** • 면세사업자 • 비사업자 • 매입세액불공제되는 용역을 공급받는 과세사업자 과세사업 사용 X
국외사업자 (이하 규정에서 모두 동일)	① 「소득세법」 또는 「법인세법」에 따른 국내사업장이 없는 비거주자 또는 외국법인 ② 국내사업장이 있는 비거주자 또는 외국법인(비거주자 또는 외국법인의 국내사업장과 관련 없이 용역 등을 공급하는 경우만 해당함)
요건	① 국내사업장이 없는 비거주자 또는 외국법인으로부터 용역 등을 공급받아야 함. 비거주자 또는 외국법인의 국내사업장이 있더라도 그 사업장과 관련 없이 용역을 제공한 경우를 포함함 ② 국내에서 과세되는 용역 등을 제공받아 소비하여야 함 ③ 제공받은 용역 등을 과세사업에 제공하지 않아야 함. 다만, 과세사업에 제공하더라도 부가가치세 상당액이 매입세액불공제대상이라면 대리납부의무를 부담함

대리납부세액	일반적인 경우	용역 등의 공급가액 × 10%
	겸영사업자	용역 등의 공급가액 × 대가지급일이 속하는 과세기간의 $\dfrac{\text{면세공급가액}}{\text{총공급가액}}$ × 10%

외화환산	원화를 외화로 매입하여 지급하는 경우	지급일 현재의 대고객외국환매도율
	보유 중인 외화로 지급하는 경우	지급일 현재의 기준환율(재정환율)

가산세	「국세기본법」상 원천징수 등 납부지연가산세 규정에 따름 가산세 = Min[(1), (2)] (1) = ① + ② 　① 미납세액 × 3% 　② 미납세액 × 미납기간 × 0.022% (2) 한도: 미납세액 × 50% 　　　[위 (1)의 ①과 ② 중 법정납부기한의 다음 날부터 납부고지일까지 기간에 해당하는 금액]

2. 국외사업자의 용역 등 공급에 관한 특례

구분	내용
의의	국외사업자가 사업자등록의 대상으로서 다음 중 어느 하나에 해당하는 자(위탁매매인 등)를 통하여 국내에서 용역 등을 공급하는 경우에는 해당 위탁매매인 등이 해당 용역 등을 공급한 것으로 봄 ① 위탁매매인(준위탁매매인 포함) ② 대리인 ③ 중개인(구매자로부터 거래대금을 수취하여 판매자에게 지급하는 경우에 한정)
대리납부면제	위탁매매인 등을 통하여 국외사업자로부터 용역 또는 권리를 공급받는 경우에는 공급받는 자는 대리납부의무가 없으며, 위탁매매인 등이 직접 부가가치세를 신고·납부하면 됨
공급장소	국외사업자로부터 권리를 공급받는 경우에는 재화의 공급장소에 관한 일반규정에도 불구하고 공급받는 자의 국내에 있는 사업장의 소재지 또는 주소지를 해당 권리가 공급되는 장소로 봄

3. 전자적 용역을 공급하는 국외사업자의 사업자등록 및 납부 등에 관한 특례

구분	내용
개요	국외사업자가 직접 또는 오픈마켓(구글, 아마존 등)을 통해 국내소비자에게 전자적 용역을 공급하는 경우 국외사업자 또는 오픈마켓이 국내 간편사업자등록 후 부가가치세 신고·납부하는 제도 → 취지: 소비지국 과세원칙 실현, 국내개발자와 국외개발자의 과세형평 | 거래형태		납세의무자
---	---	---
직접 공급	국외사업자 ↔ 소비자	국외사업자
제3자 공급	국외사업자 ↔ 오픈마켓 ↔ 소비자	오픈마켓	
전자적 용역	정보통신망을 통하여 이동통신단말장치 또는 컴퓨터 등으로 공급하는 게임, 음악, 동영상, 소프트웨어 등
직접 공급	국외사업자가 전자적 용역을 국내에 제공하는 경우(사업자등록을 한 자의 과세사업 또는 면세사업에 대하여 용역을 공급하는 경우는 제외)에는 사업의 개시일부터 20일 이내에 간편사업자등록을 하여야 함
제3자 공급	국외사업자가 다음 중 어느 하나에 해당하는 제3자를 통하여 국내에 전자적 용역을 공급하는 경우(국내사업자의 용역 등 공급에 대한 특례 규정이 적용되는 경우는 제외)에는 그 제3자가 해당 전자적 용역을 공급한 것으로 보며, 그 제3자는 사업의 개시일부터 20일 이내에 간편사업자등록을 하여야 함 ① 정보통신망 등을 이용하여 전자적 용역의 거래가 가능하도록 오픈마켓이나 그와 유사한 것을 운영하고 관련 서비스를 제공하는 자 ② 전자적 용역의 거래에서 중개에 관한 행위 등을 하는 자로서 구매자로부터 거래대금을 수취하여 판매자에게 지급하는 자 등
공급시기	전자적 용역의 공급시기는 다음 중 빠른 때로 함 ① 구매자가 공급하는 자로부터 전자적 용역을 제공받은 때 ② 구매자가 전자적 용역을 구매하기 위하여 대금의 결제를 완료한 때
외화환산	과세기간 종료일(예정신고기간 종료일)의 기준환율을 적용하여 환가한 금액을 과세표준으로 할 수 있음
세금계산서 발급의무	간편사업자등록을 한 사업자는 국외사업자로서 주로 소비자를 상대로 소액 결제대상 용역을 제공하는 점을 고려하여 세금계산서 및 영수증의 발급의무를 면제함

구분	내용
자료보관·제출의무	① 간편사업자는 전자적 용역에 대한 거래내역을 확정신고기한 후 5년간 보관하여야 함 ② 국세청장이 간편사업자에게 거래명세서 제출을 요구하면, 간편사업자는 요구받은 날부터 60일 이내에 거래명세서를 제출하여야 함
납세지	간편사업자등록을 한 사업자의 납세지는 사업자의 신고·납부의 효율과 편의를 고려하여 국세청장이 지정함
가산세	관련 부가가치세를 신고·납부하지 않는 경우 무신고가산세, 과소신고가산세, 납부지연가산세 등이 부과됨
비교	<table><tr><td>구분</td><td>대상거래</td><td>거래징수의무자</td><td>적용순서</td></tr><tr><td>국외사업자의 용역 등 공급에 관한 특례</td><td>용역과 권리</td><td>사업자등록대상이 되는 위탁매매인 등</td><td>1순위</td></tr><tr><td>전자적 용역에 대한 특례</td><td>전자적 용역</td><td>┌ 국외사업자 └ 제3자</td><td>2순위</td></tr><tr><td>대리납부</td><td>용역과 권리</td><td>공급받는 자</td><td>3순위</td></tr></table>
적용범위	해외 개발자가 전자적 용역을 공급하는 경우 납세의무자 및 과세 여부 <table><tr><td>중개인(오픈마켓)</td><td>공급받는 자</td><td>부가가치세 처리</td></tr><tr><td>없음(직접 공급)</td><td>소비자</td><td>해외 개발자가 간편사업자등록하고 부가가치세 신고·납부</td></tr><tr><td>없음(직접 공급)</td><td>사업자</td><td>국내사업자가 면세사업자인 경우에는 대리납부의무 있음 (과세사업자인 경우 과세하지 않음)</td></tr><tr><td>해외</td><td>소비자</td><td>중개인이 간편사업자등록하고 부가가치세 신고·납부</td></tr><tr><td>해외</td><td>사업자</td><td>국내사업자가 면세사업자인 경우에는 대리납부의무 있음 (과세사업자인 경우 과세하지 않음)</td></tr><tr><td>국내</td><td>사업자 소비자</td><td>국외사업자 용역 등 공급에 대한 특례규정에 따라 사업자등록한 국내 중개인이 부가가치세 신고·납부</td></tr></table> 전자적 용역은 B2C 거래에 대해서만 적용하는 것임

구분		내용
일반환급		납세지 관할 세무서장은 각 과세기간별로 그 과세기간에 대한 환급세액을 확정신고한 사업자에게 그 확정신고기한이 지난 후 30일 이내 환급하여야 함 → 예정신고기간에 대한 환급세액은 조기환급을 제외하고는 바로 환급하지 않는 것이 원칙임
조기환급	적용대상자	납세지 관할 세무서장은 다음 중 하나에 해당하여 환급을 신고한 사업자에게 환급세액을 조기에 환급할 수 있음 ① 사업자가 영세율을 적용받는 경우 → 영세율 적용대상이 되는 과세표준이 있는 경우에 한함 ② 사업자가 사업 설비를 신설·취득·확장 또는 증축하는 경우 → 사업 설비는 감가상각자산에 한함 ③ 사업자가 재무구조개선계획을 이행 중인 경우
	환급세액	조기환급세액은 영세율 적용이 되는 공급분에 관련된 매입세액, 시설투자에 관련된 매입세액 또는 국내 공급분에 대한 매입세액을 구분하지 아니하고 사업장별로 해당 매출세액에서 매입세액을 공제하여 계산함
	예정·확정신고 기간별 조기환급	① 예정·확정신고기간별 조기환급 ② 예정·확정신고서를 제출한 경우 조기환급신고한 것으로 봄 → 별도의 조기환급신고 제출 불필요 ③ 예정신고기한 또는 확정신고기한 내에 신고하면 신고기한 경과 후 15일 이내 환급
	조기환급기간별 조기환급	매월, 매 2월을 조기환급기간으로 하여 그 기간 종료일로부터 25일 이내 조기환급신고하면 그 신고기한 경과 후 15일 이내 환급
경정 시 환급		「국세기본법」에 따른 결정·경정 시 발생한 환급세액은 지체 없이 결정하여야 함
환급금 충당 (「국세기본법」)		세무서장은 국세환급금으로 결정한 금액을 국세 및 강제징수비에 충당한 후 남은 금액을 국세환급금의 결정을 한 날부터 30일 이내 납세자에게 지급하여야 함 → 「부가가치세법」상 환급 규정은 개별세법상 특칙 규정임(다만, 체납세액이 있는 경우 충당은 부가가치세 환급세액에도 적용됨)

06 가산세

1. 사업자등록불성실 가산세

사유	내용	가산세액
미등록	① 사업자가 사업개시일로부터 20일 내에 사업자등록을 신청하지 아니한 경우 → 사업개시일부터 등록을 신청한 날의 직전일까지의 공급가액의 합계액에 대하여 가산세 부과 ② 전자적 용역을 공급하는 국외사업자가 사업개시일부터 20일 이내에 간편사업자등록 신청을 하지 아니한 경우 → 사업개시일부터 등록한 날의 직전일까지의 공급가액의 합계액에 대하여 가산세 부과	공급가액 × 1% (간이과세자 공급대가의 0.5%)
타인 명의 등록	① 사업자가 타인(배우자 제외) 명의로 사업자등록을 하고 실제 사업을 하는 것으로 확인되는 경우 ② 사업개시일부터 실제 사업을 하는 것으로 확인되는 날의 직전일까지의 공급가액의 합계액에 대하여 가산세 부과 ③ 단, 상속으로 인해 피상속인의 사업을 승계받는 경우에는 상속개시일부터 상속세 신고기한 동안 피상속인 명의로 사업을 하더라도 가산세 부과하지 않음	공급가액 × 2% (간이과세자 공급대가의 1%) 개정

2. 매출세금계산서 가산세

사유	내용	가산세액
미발급	① 세금계산서의 발급시기(월합계세금계산서의 경우 해당 과세기간 말의 다음 달 10일)가 지난 후 해당 재화 또는 용역의 공급시기가 속하는 과세기간에 대한 확정신고기한까지 세금계산서를 발급하지 아니한 경우	공급가액 × 2%
	② 전자세금계산서를 발급하여야 할 의무가 있는 자가 전자세금계산서를 발급하지 아니하고 전자세금계산서 외의 세금계산서를 발급한 경우	공급가액 × 1%
	③ 둘 이상의 사업장을 가진 사업자가 재화 또는 용역을 공급한 사업장 명의로 세금계산서를 발급하지 아니하고 세금계산서의 발급시기에 자신의 다른 사업장 명의로 세금계산서를 발급한 경우	공급가액 × 1%
지연발급	세금계산서의 발급시기(월합계세금계산서의 경우 해당 과세기간 말의 다음 달 10일)가 지난 후 해당 과세기간에 대한 확정신고기한 이내에 발급하는 경우	공급가액 × 1%
부실기재	세금계산서의 '필요적 기재사항'의 전부 또는 일부가 착오 또는 과실로 적혀 있지 않거나 사실과 다른 경우 → 해당 세금계산서의 필요적 기재사항 또는 임의적 기재사항으로 보아 거래사실이 확인되는 경우는 제외	
지연전송 (전자세금계산서)	전송기한이 지난 후 과세기간에 대한 확정신고기한까지 국세청장에게 전자세금계산서 발급명세를 전송한 경우	공급가액 × 0.3%
미전송 (전자세금계산서)	전송기한이 지난 후 과세기간에 대한 확정신고기한까지 국세청장에게 전자세금계산서 발급명세를 전송하지 않은 경우	공급가액 × 0.5%
과다기재 발급	재화 또는 용역을 공급하고 세금계산서의 공급가액을 과다하게 기재한 경우 → 실제보다 과다기재된 부분에 대한 공급가액	과다기재 공급가액 × 2%

가공발급	재화 또는 용역을 공급하지 아니하고 세금계산서를 발급한 경우	공급가액 × 3%
비사업자의 가공발급	사업자가 아닌 자가 재화·용역을 공급하지 않고 세금계산서를 발급한 경우	세금계산서에 적힌 공급가액 × 3%
위장발급	재화 또는 용역을 공급하고 실제로 재화 또는 용역을 공급하는 자가 아닌 자 또는 실제로 재화 또는 용역을 공급받은 자가 아닌 자의 명의로 세금계산서(신용카드매출전표 포함)를 발급한 경우	공급가액 × 2%
중복적용 배제	① 위장발급에 관한 가산세가 적용되는 경우에는 미발급 가산세는 적용하지 아니함 ② 지연발급 또는 미발급 가산세가 적용되는 경우에는 부실기재 및 전자세금계산서 전송불성실 가산세는 적용하지 아니함 ③ 부실기재 가산세가 적용되는 경우에는 전자세금계산서 전송불성실 가산세는 적용하지 아니함	－

3. 매출처별 세금계산서합계표

사유		내용	가산세액
합계표 미제출		세금계산서를 발급하고 매출처별 세금계산서합계표를 제출하지 아니한 경우 → 1개월 이내 제출 시 50% 감면	공급가액 × 0.5%
합계표 부실기재	원칙	거래처별 등록번호 또는 공급가액의 전부 또는 일부가 적혀 있지 아니하거나 사실과 다르게 적혀 있는 경우	
	착오기재	사업자가 제출한 매출처별 세금계산서합계표의 기재사항이 착오로 적힌 경우로서 사업자가 발급한 세금계산서에 따라 거래사실이 확인되는 부분의 공급가액에 대하여는 그러하지 아니함 [예] A거래처 공급가액 150,000,000원을 50,000,000원으로 기재하고, 세금계산서에 의해 50,000,0000원의 거래는 확인된 경우 50,000,000원의 공급가액은 매출처별 세금계산서합계표 가산세 부과하지 아니함	－
지연제출		예정신고 시 제출해야 할 매출처별 세금계산서합계표를 확정신고 시 제출한 경우	공급가액 × 0.3%
중복적용 배제		사업자미등록(위장등록), 세금계산서 미발급(지연발급), 세금계산서 부실기재, 위장세금계산서, 가공세금계산서, 고의 과다기재 관련 가산세가 부과되는 경우에는 매출처별 세금계산서합계표를 적용하지 아니함	－

4. 매입세금계산서 관련 가산세

사유	내용	가산세액
가공수취	재화 또는 용역을 공급받지 아니하고 세금계산서를 발급받은 경우	공급가액 × 3%
비사업자의 가공수취	사업자가 아닌 자가 재화·용역을 공급받지 않고 세금계산서를 발급받은 경우	세금계산서에 적힌 공급가액 × 3%
위장수취	재화 또는 용역을 공급받고 실제로 재화 또는 용역을 공급하는 자가 아닌 자의 명의로 세금계산서를 발급받은 경우	공급가액 × 2%
과다기재 수취	재화 또는 용역을 공급받고 공급가액을 과다하게 기재한 세금계산서를 발급받은 경우 → 실제보다 과다기재된 부분에 대한 공급가액	과다기재 공급가액 × 2%

5. 매입처별 세금계산서합계표 관련 가산세

사유		내용	가산세액
과다기재		① 제출한 매입처별 세금계산서합계표상의 공급가액을 사실과 다르게 과다하게 적어 신고한 경우 ② 신용카드매출전표 등 수령명세서의 매입세액을 사실과 다르게 과다하게 적어 신고한 경우 → 다만, 착오로 기재된 경우로서 합계표 또는 신용카드매출전표 등에 따라 거래사실이 확인되는 부분의 공급가액은 제외함	과다기재분 × 0.5%
합계표 부실기재	원칙	사업자가 제출한 매입처별 세금계산서합계표의 기재사항 중 거래처별 등록번호 또는 공급가액의 전부 또는 일부가 적혀 있지 아니하거나 사실과 다르게 적혀 있는 경우에는 매입처별 세금계산서합계표에 따르지 아니하고 세금계산서 또는 수입세금계산서에 따라 매입세액을 공제함. 이때 공제받은 매입세액에 해당하는 공급가액의 0.5%를 가산세로 부과함	공급가액 × 0.5%
	착오기재	다만, 매입처별 세금계산서합계표의 기재사항이 착오로 적힌 경우로서 사업자가 수령한 세금계산서 또는 수입세금계산서에 따라 거래사실이 확인되는 분의 공급가액에 대하여는 그러하지 아니함 예 사업자 갑의 A사업장에서 수취한 세금계산서를 착오로 부가가치세 신고 시 B사업장의 합계표에 기재한 경우 → 가산세 부과하지 아니함	–
경정 시 제출		예정·확정신고 때 세금계산서합계표 또는 신용카드매출전표수령명세서를 미제출하고 추후 경정기관의 확인을 거쳐 매입세액을 공제받는 경우 다음의 경우에는 가산세를 부과하지 않음 ① 예정신고 누락분을 확정신고 시 제출한 경우 ② 합계표를 수정신고·경정청구·기한후신고와 함께 제출하는 경우 비교 세금계산서 미수취: 일반과세자가 세금계산서를 발급받아야 하는 자로부터 재화·용역을 공급받고 세금계산서를 발급받지 않은 경우는 가산세를 부과하지 않음(매입세액불공제의 불이익). 그러나 간이과세자가 세금계산서를 미수취한 경우는 거래상대방의 세원포착을 위해 공급대가의 0.5%를 가산세로 부과함	공급가액 × 0.5%
지연수취		재화 또는 용역의 공급시기 이후에 발급받은 세금계산서로서 그 공급시기가 속하는 과세기간에 대한 확정신고기한 이내에 발급받은 경우	
사후수취		세금계산서의 발급일이 확정신고기한 다음 날부터 1년 이내이고 수정신고와 경정청구서와 세금계산서를 함께 제출하거나 결정 또는 경정하는 경우	
사전수취		공급시기 전에 세금계산서를 발급받았더라도 재화 또는 용역의 공급시기가 그 세금계산서의 발급일부터 6개월 이내 도래하고 해당 거래사실이 확인되어 세무서장 등이 결정 또는 경정하는 경우	
적용배제		허위세금계산서, 위장세금계산서, 세금계산서 과다기재에 관한 가산세가 적용되는 경우에는 매입처별 세금계산서합계표 관련 가산세를 적용하지 아니함	–

6. 「국세기본법」상 가산세

구분	내용				
무신고	**가산세**		**가산세 감면**		
	일반	무신고 납부세액 × 20%	법정신고기한이 지난 후 기한후신고하는 경우		
			구분	감면율	
	부정행위	무신고 납부세액 × 40% (역외거래는 60%)	1개월 이내	50%	
			3개월 이내	30%	
			6개월 이내	20%	

구분	내용				
과소신고 (초과환급)	**가산세**		**가산세 감면**		
	일반	과소신고 납부세액 × 10%	법정신고기한이 지난 후 수정신고하는 경우		
			구분	감면율	
			1개월 이내	90%	
			3개월 이내	75%	
	부정행위	과소신고 납부세액 × 40% (역외거래는 60%)	6개월 이내	50%	
			1년 이내	30%	
			1년 6개월 이내	20%	
			2년 이내	10%	

① 부가가치세 매출세액 예정신고 누락분을 확정신고에 반영하여 신고하는 경우, 이는 '법정신고기한이 지난 후 1개월 초과 3개월 이내에 수정신고한 경우'로서 과소신고가산세의 75%를 감면함
② 과소신고(초과환급)가산세는 과소신고한 납부세액(초과환급신고한 환급세액)의 10%(부정행위일 경우 40%)를 부과하므로 매출세액에서 매입세액을 차감한 세액을 기준으로 부과함
예 매출세액 100,000원, 매입세액 100,000원을 동시누락한 경우 → 과소신고가산세는 없으나 매출처별 세금계산서합계표 미제출가산세(공급가액의 0.5%)가 부과됨

구분	내용
감면배제	과세표준과 세액을 결정 또는 경정할 것을 미리 알고 기한후신고 또는 수정신고하는 경우에는 가산세를 감면하지 않음
영세율	영세율 과세표준을 무신고하거나 과소신고한 경우에는 다음 금액을 신고 관련 가산세로 함. 영세율을 적용받는 자가 영세율 첨부서류를 함께 제출하지 아니한 경우 영세율 과세표준 신고불성실 가산세가 적용됨 무신고 및 과소신고한 영세율 과세표준 × 0.5%
납부지연가산세	┌ 지연이자 상당액: 미납부·과소납부(초과환급)세액 × 일수 × $\dfrac{22}{100,000}$ └ 체납에 대한 제재: 미납부·과소납부세액 × 3%

일반과세자 부가가치세 [ ]예정 [ ]확정 [ ]기한후과세표준 [ ]영세율 등 조기환급 신고서

※ 뒤쪽의 작성방법을 읽고 작성하시기 바랍니다.　　　　　　　　　　　(4쪽 중 제1쪽)

관리번호								처리기간		즉시	
신고기간	년 제 기 (월 일 ~ 월 일)										

사업자	상호 (법인명)		성명 (대표자명)			사업자등록번호		－	－		
	생년월일			전화번호		사업장	주소지		휴대전화	
	사업장 주소					전자우편 주소				

① 신 고 내 용

구 분				금 액	세율	세 액
과세 표준 및 매출 세액	과세	세금계산서 발급분	(1)		10 / 100	
		매입자발행 세금계산서	(2)		10 / 100	
		신용카드·현금영수증 발행분	(3)		10 / 100	
		기타(정규영수증 외 매출분)	(4)		10 / 100	
	영세율	세금계산서 발급분	(5)		0 / 100	
		기 타	(6)		0 / 100	
	예정 신고 누락분		(7)			
	대손세액 가감		(8)			
	합계		(9)		㉮	
매입 세액	세금계산서 수취분	일반 매입	(10)			
		수출기업 수입분 납부유예	(10-1)			
		고정자산 매입	(11)			
	예정 신고 누락분		(12)			
	매입자발행 세금계산서		(13)			
	그 밖의 공제매입세액		(14)			
	합계 (10)-(10-1)+(11)+(12)+(13)+(14)		(15)			
	공제받지 못할 매입세액		(16)			
	차감계 (15)-(16)		(17)		㉯	
납부(환급)세액 (매출세액㉮-매입세액㉯)					㉰	
경감· 공제 세액	그 밖의 경감·공제세액		(18)			
	신용카드매출전표등 발행공제 등		(19)			
	합계		(20)		㉱	
소규모 개인사업자 부가가치세 감면세액			(20-1)		㉲	
예정 신고 미환급 세액			(21)		㉳	
예정 고지 세액			(22)		㉴	
사업양수자가 대리납부한 세액			(23)		㉵	
매입자 납부특례에 따라 납부한 세액			(24)		㉶	
신용카드업자가 대리납부한 세액			(25)		㉷	
가산세액 계			(26)		㉸	
차감·가감하여 납부할 세액(환급받을 세액)(㉰-㉱-㉲-㉳-㉴-㉵-㉶-㉷+㉸)			(27)			
총괄 납부 사업자가 납부할 세액(환급받을 세액)						

② 국세환급금 계좌신고	거래은행		은행	지점	계좌번호	
③ 폐업 신고	폐업일			폐업 사유		
④ 영세율 상호주의	여[ ] 부[ ]	적용구분		업종		해당 국가

⑤ 과세표준 명세					「부가가치세법」 제48조·제49조 또는 제59조와 「국세기본법」 제45조의3에 따라 위의 내용을 신고하며, 위 내용을 충분히 검토하였고 신고인이 알고 있는 사실 그대로를 정확하게 적었음을 확인합니다.
업 태	종목	생산요소	업종 코드	금 액	년　　월　　일
(28)					신고인: 　　　　　　(서명 또는 인)
(29)					세무대리인은 조세전문자격자로서 위 신고서를 성실하고 공정하게 작성하였음을 확인합니다.
(30)					세무대리인: 　　　　(서명 또는 인)
(31) 수입금액 제외					**세무서장** 귀하
(32) 합 계					첨부서류　　뒤쪽 참조

세무대리인	성 명		사업자등록번호		전화번호		생년월일	

210mm×297mm[백상지 (80g/㎡) 또는 중질지(80g/㎡)]

신고인 제출서류	1. 매출처별 세금계산서합계표　　　　　2. 매입처별 세금계산서합계표 3. 매입자발행 세금계산서합계표　　　　4. 영세율 첨부서류 5. 대손세액 공제신고서　　　　　　　　6. 매입세액 불공제분 계산근거 7. 매출처별 계산서합계표　　　　　　　8. 매입처별 계산서합계표 9. 신용카드매출전표등 수령명세서　　　10. 전자화폐결제명세서(전산작성분 첨부 가능) 11. 부동산임대공급가액명세서　　　　　12. 건물관리명세서(주거용 건물관리의 경우는 제외합니다) 13. 현금매출명세서 14. 주사업장 총괄 납부를 하는 경우 사업장별 부가가치세 과세표준 및 납부세액(환급세액) 신고명세서 15. 사업자 단위 과세를 적용받는 사업자의 경우에는 사업자 단위 과세의 사업장별 부가가치세 과세표준 및 　　납부세액(환급세액) 신고명세서 16. 건물 등 감가상각자산 취득명세서　　17. 의제매입세액 공제신고서 18. 그 밖에 필요한 증명서류	수수료 없음
담당 공무원 확인사항	사업자등록증(사업을 폐업하고 확정신고하는 사업자의 경우에는 해당 서류를 제출하게 하고 이를 확인)	

행정정보 공동이용 동의서

본인은 이 건 업무처리와 관련하여 담당 공무원이 「전자정부법」 제36조제1항에 따른 행정정보의 공동이용을 통하여 위의 담당 공무원 확인사항을 확인하는 것에 동의합니다. 동의하지 않는 경우에는 신고인이 직접 관련 서류를 제출해야 합니다.

신고인　　　　　　　　　　　　　　　　(서명 또는 인)

작 성 방 법

※ 이 신고서는 한글과 아라비아 숫자로 적고, 금액은 원 단위까지 표시합니다.

　　　　표시란은 사업자가 적지 않습니다.

① 신고내용란

(1) ~ (4): 해당 신고대상기간에 부가가치세가 과세되는 사업실적 중 세금계산서 발급분은 (1)란에, 매입자로부터 받은 매입자발행 세금계산서의 금액과 세액은 (2)란에, 신용카드매출전표등 발행분과 전자화폐수취분은 (3)란에, 세금계산서 발급의무가 없는 부분 등 그 밖의 매출은 (4)란에 적습니다(금액에 세율을 곱하여 세액란에 적습니다).

(5) · (6): 해당 신고대상기간에 영세율이 적용되는 사업실적 중 세금계산서 발급분은 (5)란에, 세금계산서 발급의무가 없는 부분은 (6)란에 적습니다.

(7): 예정신고를 할 때 누락된 금액을 확정신고할 때 신고하는 경우에 적으며, 4쪽 중 제3쪽 (37)합계란의 금액과 세액을 적습니다.

(8): 부가가치세가 과세되는 재화 또는 용역의 공급에 대한 외상매출금 등이 대손되어 대손세액을 공제받는 사업자가 적으며, 대손세액을 공제받는 경우에는 대손세액을 차감표시(△)하여 적고, 대손금액의 전부 또는 일부를 회수하여 회수금액에 관련된 대손세액을 납부하는 경우에는 해당 납부 세액을 적습니다.

(10) · (10-1) · (11): 발급받은 세금계산서상의 공급가액 및 세액을 고정자산 매입분(11)과 그 외의 매입분(10)으로 구분 집계하여 각각의 난에 적고, 「부가가치세법 시행령」 제91조제2항제8항에 따라 재화의 수입에 대한 부가가치세 납부유예를 승인받아 납부유예된 세액은 (10-1)란에 적습니다.

(12): 예정신고를 하였을 때 누락된 금액을 확정신고하는 경우에 적으며, 4쪽 중 제3쪽 (40)합계란의 금액과 세액을 적습니다.

(13): 매입자가 관할 세무서장으로부터 거래사실확인 통지를 받고 발행한 매입자발행 세금계산서상의 금액과 세액을 적습니다.

(14): 발급받은 신용카드매출전표등의 매입세액, 면세농산물등 의제매입세액, 2019 광주 세계수영선수권대회 관련 사업자에 대한 의제매입세액, 재활용폐자원 등에 대한 매입세액, 재고매입세액, 변제대손세액, 외국인 관광객 숙박용역에 대한 환급세액 또는 외국인 관광객 미용성형의료용역에 대한 환급세액이 있는 사업자가 적으며, 4쪽 중 제3쪽 (49)합계란의 금액과 세액을 적습니다.

(16): 발급받은 세금계산서의 매입세액 중 공제받지 못할 매입세액, 과세사업과 면세사업등에 공통으로 사용된 공통매입세액 중 면세사업등과 관련된 매입세액 또는 대손처분받은 세액이 있는 사업자가 적으며, 4쪽 중 제3쪽 (53)합계란의 금액 및 세액을 적습니다.

(18): 택시운송사업자 경감세액 등[4쪽 중 제3쪽 (60)합계란의 금액]을 적습니다.

(19): 개인사업자(직전 연도의 과세공급가액이 10억원을 초과하는 사업자는 제외)로서 소매업자, 음식점업자, 숙박업자 등 「부가가치세법 시행령」 제73조제1항 및 제2항에 따른 사업자가 신용카드 및 전자화폐에 의한 매출이 있는 경우에 적으며, 금액란에는 신용카드매출전표 발행금액 등과 전자화폐 수취금액을, 세액란에는 그 금액의 13/1,000에 해당하는 금액(연간 500만원, 2023년까지는 연간 1,000만원을 한도로 합니다)을 적습니다.

(20-1): 「조세특례제한법」 제108조의4에 따른 소규모 개인사업자 부가가치세 감면세액을 적습니다.

(21): 예정신고를 할 때 일반환급세액이 있는 것으로 신고한 경우 그 환급세액을 적습니다.

(22): 해당 과세기간 중에 예정고지된 세액이 있는 경우 그 예정고지세액을 적습니다.

(23): 「부가가치세법 시행령」 제95조제5항에 따라 사업양수자가 국고에 납입한 부가가치세액을 적습니다.

(24): 「조세특례제한법 시행령」 제106조의9제5항 및 제106조의13제4항에 따른 부가가치세 관리기관이 국고에 직접 입금한 부가가치세액을 적습니다.

(25): 「조세특례제한법」 제106조의10제1항에 따라 신용카드업자가 국고에 납입한 부가가치세액을 적습니다.

(26): 신고한 내용에 가산세가 적용되는 경우가 있는 사업자만 적으며, 4쪽 중 제3쪽 (79)합계란의 세액을 적습니다.

② 국세환급금계좌신고란

(27)란에 "환급받을 세액"이 발생한 사업자만 적습니다.

③ 폐업신고란

사업을 폐업하고 확정신고하는 사업자만 적습니다.

④ 영세율 상호주의란

「부가가치세법」 제25조 또는 같은 법 시행령 제33조제2항제1호 단서 및 제2호에 따라 영세율에 대한 상호주의가 적용되어 (5) · (6)란에 영세율 과세표준 금액이 존재하는 사업자가 적습니다. 적용구분란에는 부가가치세법령상 근거조항(예: 법 제21조, 법 제22조, 법 제23조, 법 제24조제1항제1호, 법 제24조제1항제2호, 영 제33조제2항제1호 단서, 영 제33조제2항제2호)을 적고, 업종란에는 부가가치세 영세율이 적용된 재화·용역 또는 그 업종을 적습니다.

⑤ 과세표준명세란

(28) ~ (32): 과세표준 합계액(9)을 업태, 종목, 생산요소별로 적되, 생산요소는 임의적 기재사항으로 2015. 1. 1. 이후 신고분부터 적습니다.
(31)수입금액 제외란은 고정자산매각, 「소득세법」 제19조제1항제20호에 따른 사업용 유형고정자산(같은 법 시행령 제62조제2항제1호가목은 제외합니다)의 매각금액은 (28) ~ (30) 해당란에 기재, 직매장공급 등 소득세수입금액에서 제외되는 금액을 적고, (32)란의 합계액이 (9)란의 금액과 일치해야 합니다.

210mm×297mm[백상지 (80g/㎡) 또는 중질지(80g/㎡)]

※ 이 쪽은 해당 사항이 있는 사업자만 사용합니다.
※ 뒤쪽의 작성방법을 읽고 작성하시기 바랍니다.

사업자등록번호 ☐☐☐ - ☐☐ - ☐☐☐☐☐   *사업자등록번호는 반드시 적으시기 바랍니다.

		구 분			금 액	세율	세 액
예정신고 누락분 명세	(7)매출	과세	세 금 계 산 서	(33)		10 / 100	
			기 타	(34)		10 / 100	
		영세율	세 금 계 산 서	(35)		0 / 100	
			기 타	(36)		0 / 100	
		합 계		(37)			
	(12)매입	세 금 계 산 서		(38)			
		그 밖의 공제매입세액		(39)			
		합 계		(40)			

	구 분			금 액	세율	세 액
(14) 그 밖의 공제 매입세액 명세	신용카드매출전표등 수 령명세서 제출분	일 반 매 입	(41)			
		고정자산매입	(42)			
	의 제 매 입 세 액		(43)		뒤쪽 참조	
	재 활 용 폐 자 원 등 매 입 세 액		(44)		뒤쪽 참조	
	과 세 사 업 전 환 매 입 세 액		(45)			
	재 고 매 입 세 액		(46)			
	변 제 대 손 세 액		(47)			
	외국인 관광객에 대한 환급세액		(48)			
	합 계		(49)			

	구 분		금 액	세율	세 액
(16) 공제받지 못할 매입세액 명세	공제받지 못할 매입세액	(50)			
	공통매입세액 중 면세사업등 해당 세액	(51)			
	대 손 처 분 받 은 세 액	(52)			
	합 계	(53)			

	구 분		금 액	세율	세 액
(18) 그 밖의 경감·공제 세액 명세	전 자 신 고 세 액 공 제	(54)			
	전자세금계산서 발급세액 공제	(55)			
	택 시 운 송 사 업 자 경 감 세 액	(56)			
	대 리 납 부 세 액 공 제	(57)			
	현금영수증사업자 세액공제	(58)			
	기 타	(59)			
	합 계	(60)			

	구 분			금 액	세 율	세 액
(26) 가산세액 명세	사 업 자 미 등 록 등		(61)		1 / 100	
	세 금 계 산 서	지연발급 등	(62)		1 / 100	
		지연수취	(63)		5 / 1,000	
		미발급 등	(64)		뒤쪽 참조	
	전자세금계산서 발급명세 전송	지연전송	(65)		3 / 1,000	
		미전송	(66)		5 / 1,000	
	세금계산서 합계표	제출 불성실	(67)		5 / 1,000	
		지연제출	(68)		3 / 1,000	
	신고 불성실	무신고(일반)	(69)		뒤쪽참조	
		무신고(부당)	(70)		뒤쪽참조	
		과소·초과환급신고(일반)	(71)		뒤쪽참조	
		과소·초과환급신고(부당)	(72)		뒤쪽참조	
	납부지연		(73)		뒤쪽참조	
	영세율 과세표준신고 불성실		(74)		5 / 1,000	
	현금매출명세서 불성실		(75)		1 / 100	
	부동산임대공급가액명세서 불성실		(76)		1 / 100	
	매입자 납부특례	거래계좌 미사용	(77)		뒤쪽참조	
		거래계좌 지연입금	(78)		뒤쪽참조	
	신용카드매출전표 등 수령명세서 미제출·과다기재		(79)		5 / 1,000	
	합 계		(80)			

		업태	종목	코드번호	금액
면세사업 수입금액	(81)				
	(82)				
	(83)	수입금액 제외			
				(84) 합계	

계산서 발급 및 수취 명세	(85) 계산서 발급금액	
	(86) 계산서 수취금액	

210mm×297mm[백상지 (80g/㎡) 또는 중질지(80g/㎡)]

작성방법

(7), (12) 예정신고 누락분 명세란

(33) ~ (36), (38)·(39): 4쪽 중 제1쪽 (7)란, (12)란의 예정신고 누락분을 합계하여 적은 경우 그 예정신고 누락분의 명세를 적습니다. 다만, 매입자발행 세금계산서는 세금계산서란에 포함하여 적습니다.

(14) 그 밖의 공제매입세액 명세란

(41)·(42): 사업과 관련한 재화나 용역을 공급받고 발급받은 신용카드매출전표 등을 신용카드매출전표등 수령명세서에 작성하여 제출함으로써 매입세액을 공제하는 경우에 일반매입과 고정자산매입을 구분하여 적습니다.

(43): 면세농산물등을 원재료로 제조·창출한 재화 또는 용역이 과세되어 의제매입세액을 공제받는 사업자는 금액란에는 「부가가치세법 시행규칙」 별지 제15호서식의 면세농산물등의 매입가액을, 세액란에는 공제할 세액을 적고, 「조세특례제한법」 제104조의28제5항에 따라 매입세액을 공제받는 사업자는 금액란에는 「조세특례제한법 시행규칙」 별지 제64호의24서식의 매입가액을, 세액란에는 공제할 세액을 적고, 「조세특례제한법」 제104조의29제1항에 따라 매입세액을 공제받는 사업자는 금액란에는 「조세특례제한법 시행규칙」 별지 제64호의25서식의 매입가액을, 세액란에는 공제할 세액을 적습니다.

(44): 재활용폐자원 등에 대한 매입세액을 공제받는 사업자가 적으며, 금액란에는 재활용폐자원 등의 취득가액을, 세액란에는 「조세특례제한법 시행규칙」 별지 제69호서식(1) 재활용폐자원 및 중고자동차 매입세액 공제신고서(갑)의 공제할 세액을 적습니다.

(45): 면세사업등에 사용하던 감가상각자산을 과세사업에 사용하거나 소비하는 경우 취득 시 공제하지 않은 매입세액을 공제받는 경우에 적습니다.

(46): 간이과세자에서 일반과세자로 변경된 사업자가 그 변경되는 날 현재의 재고품등에 대하여 매입세액을 공제받는 경우에 적습니다.

(47): 공급받은 재화나 용역에 대한 외상매입금, 그 밖에 매입채무가 대손확정되어 매입세액을 불공제받은 후 대손금액의 전부 또는 일부를 변제한 경우 변제한 그 대손금액에 관련된 대손세액을 적습니다.

(48): 「조세특례제한법 시행령」 제109조의2제6항에 따른 특례적용관광호텔 사업자 또는 같은 영 제109조의3제8항에 따른 특례적용의료기관 사업자가 공제받을 부가가치세액을 적습니다.

(16) 공제받지 못할 매입세액 명세란

(50): 발급받은 세금계산서 중 매입세액을 공제받지 못할 세금계산서의 공급가액, 세액의 합계액을 적습니다.

(51): 부가가치세 과세사업과 면세사업등에 공통으로 사용하는 공통매입세액 중 면세사업등에 해당하는 부분을 안분(按分)하여 계산한 공급가액과 세액을 적습니다.

(52): 부가가치세가 과세되는 재화 또는 용역을 공급받고 매입세액을 공제받은 외상매입금 그 밖에 매입채무가 폐업 전에 대손이 확정되어 거래상대방이 대손세액을 공제받은 경우 관련 대손처분을 받은 세액을 적습니다.

(18) 그 밖의 경감·공제세액 명세란

(54): 「조세특례제한법」 제104조의8제2항에 따른 전자신고 세액공제 금액(10,000원)을 확정신고할 때 적습니다.

(55): 직전연도의 사업장별 재화 및 용역의 공급가액(부가가치세 면세공급가액을 포함)의 합계액이 3억원 미만인 개인사업자가 전자세금계산서를 발급하고 발급명세를 국세청에 전송한 경우 공제세액(발급건당 200원씩 연간 100만원 한도)을 적습니다.

(56): 일반택시운송사업자만 적고, 4쪽 중 제1쪽 ㉘란에 해당하는 금액을 적습니다.

(57): 「조세특례제한법」 제106조의10제4항에 따른 부가가치세 대리납부세액 공제금액을 적습니다.

(58): 「조세특례제한법」 제126조의3에 따른 현금영수증사업자에 대한 부가가치세 공제액을 적습니다.

(26) 가산세액 명세란

(61): 사업등록을 하지 않거나 타인의 명의로 등록한 경우 또는 타인 명의의 사업자등록을 이용한 경우 그 공급가액과 세액을 적습니다.

(62): 세금계산서 발급시기를 경과하여 발급하거나 세금계산서의 필요적 기재사항의 전부 또는 일부가 착오 또는 과실로 적혀 있지 않거나 사실과 다른 경우 그 공급가액과 세액을 적습니다.

(63): 재화 또는 용역의 공급시기 이후에 발급받은 세금계산서로서 해당 공급시기가 속하는 과세기간의 확정 신고기한까지 발급받아 매입세액공제를 받은 경우 그 공급가액과 세액을 적습니다.

(64): 세금계산서를 발급하지 않거나 재화 또는 용역의 공급 없이 세금계산서등을 발급 및 수취하거나 실제로 재화 또는 용역을 공급하는 자 및 공급받는 자가 아닌 자의 명의로 세금계산서 등을 발급 및 수취하거나 재화 또는 용역의 공급가액을 과다하게 기재하여 세금계산서 등을 발급 및 수취한 경우 그 공급가액과 세액을 적습니다.

- 세금계산서를 발급하지 않은 경우 : 공급가액의 2%,
- 재화 또는 용역의 공급 없이 세금계산서등을 발급 및 수취한 경우 : 세금계산서등에 적힌 금액의 3%,
- 실제로 재화 또는 용역을 공급하는 자 및 공급받는 자가 아닌 자의 명의로 세금계산서 등을 발급 및 수취하거나 재화 또는 용역의 공급가액을 과다하게 기재하여 세금계산서 등을 발급 및 수취한 경우 : 공급가액의 2%

(65): 전자세금계산서 발급 의무 사업자가 전자세금계산서 발급일의 다음 날이 경과한 후 재화 또는 용역의 공급시기가 속하는 과세기간에 대한 확정신고기한까지 세금계산서 발급명세를 전송한 경우 그 공급가액과 세액을 적습니다.

(66): 전자세금계산서 발급 의무 사업자가 전자세금계산서 발급일의 다음 날이 경과한 후 재화 또는 용역의 공급시기가 속하는 과세기간에 대한 확정신고기한까지 세금계산서 발급명세를 전송하지 않은 경우 그 공급가액과 세액을 적습니다.

(67): 「부가가치세법」 제60조제6항 및 제7항에 해당하는 경우(매출·매입처별 세금계산서합계표를 미제출·부실기재 등) 그 공급가액과 세액을 적습니다. 다만, 「부가가치세법」 제60조제6항제3호에 해당하는 경우는 (68)번에 적습니다.

(68): 매출처별 세금계산서합계표를 각 예정신고와 함께 제출하지 않고 해당 예정신고기간이 속하는 과세기간의 확정신고와 함께 제출하는 경우 그 공급가액과 세액을 적습니다.

(69)·(70): 「국세기본법」 제47조의2에 따라 법정신고기한까지 신고하지 않은 납부세액과 그 가산세액을 적습니다.
- 부정행위에 따른 부당 무신고가산세 : 납부세액의 40%, 그 외 일반 무신고가산세 : 납부세액의 20%
 ※ 법정신고기한이 지난 후 1개월 이내에 기한 후 신고한 경우 가산세액의 50%, 1개월 초과 3개월 이내 30%, 3개월 초과 6개월 이내 20% 감면

(71)·(72): 「국세기본법」 제47조의3에 따라 과소신고한 납부세액 또는 초과신고한 그 가산세액을 적습니다.
- 부정행위에 따른 부당 과소·초과환급신고 가산세 : 납부세액의 40%, 그 외 일반 과소·초과환급신고 가산세 납부세액의 10%
 ※ 법정신고기한이 지난 후 1개월 이내에 수정신고한 경우 가산세액의 90%, 1개월 초과 3개월 이내 75%, 3개월 초과 6개월 이내 50%, 6개월 초과 1년 이내 30%, 1년 초과 1년 6개월 이내 20%, 1년 6개월 초과 2년 이내 10% 감면

(73): 「국세기본법」 제47조의4에 따라 납부하지 않거나 미달하게 납부한 세액 및 환급신고해야 할 환급세액을 초과한 환급세액과 그 가산세액을 적으며, 가산세율은 $\dfrac{22 \times (경과일수)}{100,000}$ 입니다.
 ※ 경과일수는 당초 납부기한의 다음 날부터 납부일까지 또는 환급받은 날의 다음 날부터 납부일까지의 기간의 일수를 말합니다.

(74): 영세율이 적용되는 과세표준을 신고하지 않거나 미달하게 신고한 경우 그 공급가액과 세액을 적습니다.

(75): 현금매출명세서를 제출해야 할 사업자가 그 명세서를 제출하지 않거나 사실과 다르게 적은 경우 그 공급가액과 세액을 적습니다.

(76): 부동산임대공급가액명세서를 제출해야 할 사업자가 그 명세서를 제출하지 않거나 사실과 다르게 적은 경우 그 공급가액과 세액을 적습니다.

(77): 「조세특례제한법」 제106조의4제7항 및 제106조의9제6항에 따라 금거래계좌 및 스크랩등거래계좌를 사용하지 않고 결제받은 경우 그 그 가산세액을 적습니다. 가산세율은 제품가액의 100분의 10에 해당하는 금액입니다.

(78): 「조세특례제한법」 제106조의4제8항 및 제106조의9제7항에 따라 거래시기에 부가가치세액을 거래계좌에 입금하지 않은 경우 공급일(공급일이 세금계산서 발급일보다 빠른 경우 세금계산서 발급일)의 다음 날부터 부가가치세액 입금일까지 기간에 대한 가산세액을 적으며, 가산세액은 지연입금액 × $\dfrac{22 \times (경과일수)}{100,000}$ 입니다.

(79): 「부가가치세법」 제60조제5항에 따라 신용카드매출전표등 수령명세서를 제출하지 않거나 금액을 과다하게 기재한 경우 그 공급가액과 세액을 적습니다.

면세사업 수입금액란, 계산서 발급 및 수취 명세란

(81)·(82): 부가가치세가 면제되는 사업의 수입금액을 업태, 종목별로 구분하여 적습니다.

(83): 수입금액 제외란은 고정자산 매각 등 종합소득세 수입금액에서 제외되는 금액[「소득세법」 제19조제1항제20호에 따른 사업용 유형고정자산(같은 법 시행령 제62조제2항제1호가목은 제외합니다)의 매각금액은 (79)~(80) 해당란에 기재]을 적습니다.

(84): 수입금액 합계액을 적습니다.

(85): 부가가치세가 과세되지 않은 재화 또는 용역을 공급하고 발급한 계산서의 합계액을 적습니다.

(86): 거래상대방으로부터 발급받은 계산서의 합계액을 적습니다.

210mm×297mm[백상지 (80g/㎡) 또는 중질지(80g/㎡)]

공제받지 못할 매입세액 명세서

년 제 기(월 일 ~ 월 일)

※ 뒤쪽의 작성방법을 읽고 작성하시기 바랍니다.   (앞쪽)

1. 제출자 인적사항

상호(법인명)	성명(대표자)	사업자등록번호

2. 공제받지 못할 매입세액 명세

매입세액 불공제 사유	세금계산서			비고
	매수	공급가액	매입세액	
① 필요적 기재사항 누락 등				
② 사업과 직접 관련 없는 지출				
③ 「개별소비세법」 제1조제2항제3호에 따른 자동차 구입·유지 및 임차				
④ 접대비 및 이와 유사한 비용 관련				
⑤ 면세사업등 관련				
⑥ 토지의 자본적 지출 관련				
⑦ 사업자등록 전 매입세액				
⑧ 금·구리 스크랩 거래계좌 미사용 관련 매입세액				
⑨ 합계				

3. 공통매입세액 안분 계산 명세

일련번호	과세·면세사업등 공통매입		⑫ 총공급가액 등	⑬ 면세공급가액 등	⑭ 불공제 매입세액 [⑪×(⑬÷⑫)]
	⑩ 공급가액	⑪ 세액			
1					
2					
3					
4					
5					
합계					

4. 공통매입세액의 정산 명세

일련번호	⑮ 총공통매입세액	⑯ 면세사업등 확정비율	⑰ 불공제 매입세액 총액(⑮×⑯)	⑱ 기 불공제 매입세액	⑲ 가산 또는 공제되는 매입세액(⑰-⑱)
1					
2					
합계					

5. 납부세액 또는 환급세액 재계산 명세

일련번호	⑳ 해당 재화의 매입세액	㉑ 경감률[1-(5/100 또는 25/100×경과된 과세기간의 수)]	㉒ 증가 또는 감소된 면세공급가액(사용 면적) 비율	㉓ 가산 또는 공제되는 매입세액 (⑳×㉑×㉒)
1				
2				
합계				

210mm×297mm[백상지 80g/㎡(재활용품)]

작 성 방 법

1. 공제받지 못할 매입세액 명세(①~⑨)

가. 매입세액 불공제 사유(①~⑦)란은 「부가가치세법」 제39조제1항 각 호에 따라 공제되지 않는 매입세액이 있는 경우 각 사유별로 구분하여 세금계산서 매수, 공급가액 및 세액을 각각 적으며, ③란의 자동차에는 「부가가치세법 시행령」 제19조 각 호의 업종에 직접 영업으로 사용하는 자동차는 제외됩니다.

나. ⑧란은 「조세특례제한법」 제106조의4제6항 및 제106조의9제5항에 따라 공제되지 않는 매입세액이 있는 경우 세금계산서 매수, 공급가액 및 세액을 각각 적습니다.

다. ⑨ 합계란은 ①란 ~ ⑧란의 합계로서 일반과세자 부가가치세 신고서(별지 제21호서식) 제2장 앞쪽 (16)공제받지 못할 매입세액 명세란의 (48)공제받지 못할 매입세액의 금액 및 세액과 일치해야 합니다.

2. 공통매입세액 안분 계산 명세(⑩~⑭)

가. ⑩·⑪ 과세·면세사업등 공통매입란은 공통매입세액을 종류별로 구분하여 공급가액 및 세액의 합계액을 각각 적습니다.

나. ⑫ 총공급가액 등란은 ⑪ 세액란의 공통매입세액과 관련된 총공급가액·총매입가액·총예정공급가액 또는 총예정 사용면적을 적습니다.(「부가가치세법 시행령」 제81조제1항·제4항)

다. ⑬ 면세공급가액 등란은 ⑪ 세액란의 공통매입세액과 관련된 면세사업등의 공급가액·매입가액·예정공급가액 또는 예정사용면적을 적습니다.(「부가가치세법 시행령」 제81조제1항·제4항)

라. ⑭ 불공제 매입세액란은 ⑪ 세액란의 공통매입세액에 ⑬ 면세공급가액 등을 ⑫ 총공급가액 등으로 나눈 금액을 곱하여 계산합니다.

3. 공통매입세액의 정산 명세(⑮~⑲) : 「부가가치세법 시행령」 제81조제4항에 따라 공통매입세액을 안분 계산한 경우에 적습니다.

가. ⑮ 총공통매입세액란은 「부가가치세법 시행령」 제81조제4항에 따른 예정공급가액의 비율 등에 따라 안분 계산한 공통매입세액의 합계액을 적습니다.

나. ⑯ 면세사업등 확정비율란은 과세·면세사업등의 공급가액 또는 사용면적이 확정되는 과세기간의 공급가액 및 사용면적 비율을 적습니다.

다. ⑰ 불공제 매입세액 총액란은 ⑮ 총공통매입세액에 ⑯ 면세사업등 확정비율을 곱하여 계산합니다.

라. ⑱ 기 불공제 매입세액란은 「부가가치세법 시행령」 제81조제4항에 따른 예정공급가액의 비율 등에 따라 안분 계산하여 면세사업등 관련 매입세액으로 불공제한 매입세액의 합계액을 적습니다.

마. ⑲ 가산 또는 공제되는 매입세액란은 ⑰ 불공제 매입세액 총액에서 ⑱ 기 불공제 매입세액을 차감하여 적으며, 차감한 금액이 0 미만인 경우에는 음수(-)로 적습니다.

4. 납부세액 또는 환급세액 재계산 명세(⑳~㉓) : 「부가가치세법」 제41조 및 같은 법 시행령 제83조·제85조에 따라 감가상각자산에 대한 공통매입세액을 안분 계산한 후 면세사업등의 공급가액 비율이 증감되어 재계산하는 경우에 적습니다.

가. ⑳ 해당 재화의 매입세액란은 감가상각자산 매입세액의 합계액을 적습니다.

나. ㉑ 경감률란은 건물 또는 구축물은 100분의 5(2001. 12. 31. 이전 취득분은 100분의 10을 적용합니다)를 적용하고, 그 밖의 감가상각자산은 100분의 25를 적용합니다.

다. ㉒ 증가 또는 감소된 면세 공급가액(사용면적) 비율란은 해당 과세기간의 면세비율에서 해당 감가상각자산의 취득일이 속하는 과세기간(그 후의 과세기간에 재계산하였을 때에는 그 재계산한 과세기간을 말합니다)의 면세비율을 차감하여 적습니다.

라. ㉓ 가산 또는 공제되는 매입세액란은 ⑳ 해당 재화의 매입세액에 ㉑ 경감률 및 ㉒ 증가 또는 감소된 면세 공급가액(사용면적) 비율을 곱하여 계산한 금액을 적습니다.

회계사·세무사·경영지도사 단번에 합격!
해커스 경영아카데미 cpa.Hackers.com

제**9**장

간이과세

9 간이과세

01 간이과세 적용범위

구분	내용
의의	일정한 영세사업자에 대하여는 세부담 경감 및 납세편의를 도모하기 위하여 간이과세제도를 두어 전단계세액공제법의 적용을 배제하고 매출액에 업종별 부가가치율을 곱한 금액의 10%에 해당하는 세액을 과세함 일반과세자:　매출액 × 세율 − 매입세액 = 납부환급세액 　　　　　　　→ 공급가액 간이과세자:　매출액 × 세율 − 매입액 × 세율 = 납부세액 　　　　　　　매출액 × $\dfrac{\text{매출액} - \text{매입액}}{\text{매출액}}$ × 세율 = 납부세액 　　　　　　　매출액 × 부가가치율 × 세율 = 납부세액 　　　　　　　→ 공급대가
적용범위	직전 연도의 공급대가의 합계액이 10,400만원(부동산임대업 및 과세유흥장소는 4,800만원)에 미달하는 개인사업자 ※ 직전 해의 1월 1일부터 12월 31일까지의 기간 중 휴업하거나 신규로 사업을 시작한 사업자나 사업을 양수한 사업자는 공급대가의 합계액을 12개월로 환산한 금액으로 함
세금계산서 발급의무	직전연도 공급대가 합계액이 4,800만원 이상인 개인사업자는 세금계산서를 발급하여야 함. 다만, 다음의 자는 예외적으로 세금계산서 발급의무가 면제되고 영수증을 발급하여야 함 ① 신규사업자 ② 직전연도 공급대가가 4,800만원 미만인 간이과세자 ③ 주로 사업자가 아닌 자에게 재화 또는 용역을 공급하는 간이과세자
적용배제	다음 중 어느 하나에 해당하는 자는 간이과세를 적용하지 아니함 1. 간이과세가 적용되지 아니하는 다른 사업장을 보유하고 있는 사업자 　→ 일반과세가 적용되는 다른 사업장을 보유한 사업자 　┌─── 「조세특례제한법」상 예외 ─── 　부가가치세 간이과세가 적용되는 개인택시운송업, 용달 및 개별 화물자동차운송업, 그 밖의 도로화물운송업, 이용업, 미용업은 간이과세가 적용되지 아니하는 다른 사업장을 보유하고 있더라도 간이과세를 적용받을 수 있음

2. 업종, 규모, 지역(사업장 소재지) 등을 고려하여 대통령령으로 정하는 다음의 사업자

<table>
<tr><th></th><th>구분</th><th>간이과세 적용배제</th></tr>
<tr><td rowspan="6">적용배제</td><td>B2B 업종</td><td>① 광업
② 제조업(과자점업, 도정업, 제분업 등 최종소비자 대상 업종은 제외)
③ 도매업(소매업을 겸영하는 경우를 포함하되, 재생용 재료수집 및 판매업은 제외) 및 상품중개업
④ 전기·가스·증기 및 수도사업
⑤ 건설업(다만, 주로 최종소비자에게 직접 재화 또는 용역을 공급하는 사업은 제외 [예] 도배, 실내 장식 등)
⑥ 전문·과학 및 기술서비스업, 사업시설 관리·사업지원 및 임대서비스업(다만, 주로 최종소비자에게 직접 재화 또는 용역을 공급하는 사업은 제외 [예] 인물사진)</td></tr>
<tr><td>부동산 관련</td><td>① 부동산매매업
② 부동산임대업으로서 기획재정부령으로 정하는 것 → 지역기준에 따라 국세청장 고시</td></tr>
<tr><td>과세유흥장소</td><td>개별소비세 과세대상 과세유흥장소를 경영하는 사업으로서 기획재정부령으로 정하는 것 → 서울특별시, 광역시 및 시 지역에 소재한 모든 과세유흥장소 및 기타 국세청장이 고시한 지역에 소재하는 과세유흥장소</td></tr>
<tr><td>전문직종사자</td><td>변호사업, 심판변론인업, 변리사업, 법무사업, 공인회계사업, 세무사업, 경영지도사업 등</td></tr>
<tr><td>기장능력</td><td>① 일반과세자로부터 포괄양수받은 사업자(다만, 다른 배제규정에 해당하지 않는 경우로서 사업을 양수한 이후 공급대가의 합계액이 10,400만원에 미달하는 경우는 간이과세 적용 가능)
② 「소득세법」상 간편장부대상자에 해당하지 않는 개인사업자(전전년도 기준 복식부기의무자)가 경영하는 사업</td></tr>
<tr><td colspan="2">3. 부동산임대업 또는 「개별소비세법」에 따른 과세유흥장소를 경영하는 사업자로서 해당 업종의 직전 연도 공급대가의 합계액이 4,800만원 이상인 사업자
4. 둘 이상의 사업장이 있는 사업자로서 그 둘 이상의 사업장의 직전 연도 공급대가 합계액이 10,400만원 이상인 사업자(다만, 부동산임대업 또는 과세유흥장소에 해당하는 사업장을 둘 이상 경영하고 있는 사업자의 경우 그 둘 이상의 사업장의 직전 연도 공급대가 합계액이 4,800만원 이상인 사업자)</td></tr>
<tr><td>신규사업자</td><td colspan="2">① 신규로 사업을 시작하는 개인사업자는 사업을 시작한 날이 속하는 연도의 공급대가 합계액이 간이과세기준금액에 미달될 것으로 예상되면 사업자등록을 신청할 때 납세지 관할 세무서장에게 간이과세의 적용 여부를 함께 신고하여야 함 → 신규사업자의 간이과세 적용 여부는 선택임
② 간이과세 적용신고를 한 개인사업자는 최초의 과세기간에는 간이과세자로 함. 다만, 적용배제대상에 해당하는 사업자인 경우는 그러하지 아니함</td></tr>
<tr><td>미등록사업자</td><td colspan="2">사업자등록을 하지 아니한 개인사업자로서 사업을 시작한 날이 속하는 연도의 공급대가 합계액이 간이과세기준금액에 미달하면 최초의 과세기간에는 간이과세자로 함. 다만, 적용배제대상에 해당하는 사업자인 경우는 그러하지 아니함</td></tr>
</table>

제9장

제1편 부가가치세법

구분	내용
계속사업자	간이과세가 적용되거나 적용되지 않게 되는 기간은 해의 1월 1일부터 12월 31일까지의 공급대가가 간이과세기준금액에 미달되거나 그 이상이 되는 해의 다음 해 7. 1.부터 그 다음 해 6. 30.까지로 함 공급대가 ❶ 공급대가 ❷ 공급대가 ❸ 1/1 — 12/31 6/30 — 12/31 6/30 — 12/31 6/30 ❶로 판단 ❷로 판단
신규사업자	신규로 사업을 시작한 개인사업자의 경우에는 최초의 과세기간은 선택에 따라 간이과세 또는 일반과세를 적용하고, 최초로 사업을 개시한 해의 다음 해 7. 1.부터 그 다음 해 6. 30.까지를 공급대가 수준으로 과세유형을 판단함 12개월 환산 공급대가 ❶ 공급대가 ❷ 공급대가 ❸ 1/1 개시 12/31 6/30 12/31 6/30 12/31 6/30 사업자의 선택 ❶로 판단 ❷로 판단
경정 시	경정 또는 재경정한 공급대가의 합계액이 간이과세기준금액 이상인 개인사업자는 그 경정 또는 재경정한 날이 속하는 과세기간까지 간이과세자로 봄. 그런데, 결정 또는 경정(수정신고)한 간이과세자의 해당 연도의 공급대가의 합계액이 기준금액 이상인 경우 '결정·경정 과세기간의 다음 과세기간의 납부세액'은 일반과세자에 관한 규정을 준용하여 계산함 예 ×7년 상반기에 ×4년 과세기간 경정을 하여 ×4년 공급대가의 합계액이 기준금액(1억 400만원) 이상으로 변경됨. 이 경우 ×5년부터 ×7년 상반기까지 간이과세자로 보지만, 납부세액 계산은 일반과세자로 하여 다시 계산한 금액으로 경정함
기타	간이과세자가 다음의 경우에 해당하는 경우에는 해당 사업의 개시일이 속하는 과세기간의 다음 과세기간부터 일반과세자로 봄 ① 간이과세배제업종을 신규로 겸영하는 경우 ② 일반과세자에 관한 규정을 적용받는 사업장을 신규로 개설하는 경우 • 배제업종 추가 • 사업장 신규 개설 ·······일반과세······▶ 1/1 ▼ 12/31 6/30
과세유형 전환통지	과세유형이 전환되는 해당 사업자의 관할 세무서장은 전환되는 과세기간 개시 20일 전까지 과세유형 전환 사실을 통지하여야 하며, 사업자등록증을 정정하여 과세기간 개시 당일까지 발급하여야 함

구분	전환시기 및 요건
간이 → 일반	전환통지를 받은 날이 속하는 과세기간까지 간이과세 적용 → 불리한 전환이므로 전환통지를 받아야 과세유형 전환됨
일반 → 간이	전환통지에 관계없이 간이과세를 적용함(단, 부동산임대업의 경우 전환통지를 받은 날이 속하는 과세기간까지 일반과세를 적용함 → 재고납부세액 부담 완화목적)

03 간이과세자의 과세표준과 세액

구분		내용
계산구조	1. 납부세액	① 과세표준 × 업종별 부가가치율 × 세율(10%, 0%) 　└ 공급대가 └ 둘 이상의 업종의 　　　└ 영세율 　　　　공통사용재화 매각: 　　　적용 가능 　　　　해당 과세기간의 　　　　가중평균부가가치율 ② 재고납부세액 ※ 대손세액공제는 적용되지 않음
	2. 공제세액	① 매입세금계산서 등 수취세액공제: 공급대가 × 0.5% ② 신용카드매출전표 발행세액공제(1.3%)(연간 1,000만원 한도) ③ 전자세금계산서 발급세액공제(건당 200원, 연간 100만원 한도) ※ 의제매입세액공제는 적용되지 않음
	3. 예정고지(신고)세액 4. 가산세 5. 차감납부할 세액 　(1. − 2. − 3. + 4.)	간이과세자의 공제세액이 납부세액(재고납부세액 포함)을 초과하는 때에는 그 초과하는 부분은 없는 것으로 봄(공제세액한도). 다만, 예정부과기간의 납부세액으로 인하여 환급세액이 발생한 경우에는 환급받을 수 있음
과세표준		① 해당 과세기간의 공급대가의 합계액을 과세표준으로 함 ② 예정신고하고 납부하는 경우에는 예정부과기간의 공급대가 합계액을 과세표준으로 함

구분	부가가치율
소매업, 재생용 재료수집 및 판매업, 음식점업	15%
제조업, 농업·임업 및 어업, 소화물 전문 운송업	20%
숙박업	25%
건설업, 그 밖의 운수업, 창고업, 정보통신업, 그 밖의 서비스업	30%
금융 및 보험 관련 서비스업, 전문·과학 및 기술서비스업(인물사진 및 행사용 영상 촬영업 제외), 사업시설관리·사업지원 및 임대서비스업, 부동산 관련 서비스업, 부동산임대업	40%

업종별 부가가치율 (좌측 구분 레이블)

가중평균 부가가치율

① 간이과세자가 둘 이상의 업종에 공통으로 사용하던 재화를 공급하는 경우로서 업종별 실지귀속을 구분할 수 없는 경우에 적용할 업종별 부가가치율은 당해 과세기간의 각 업종의 공급대가를 반영한 가중평균부가가치율로 함

― 둘 이상의 업종에 사용하던 재화의 매각 ―

구분	총공급대가		업종별 부가가치율
	직전 과세기간	당해 과세기간	
소매업	400	300	15%
숙박업	100	200	25%

※ 가중평균부가가치율 = 15% × 60% + 25% × 40% = 19%

② 이 경우 휴업 등으로 인하여 해당 과세기간의 공급대가가 없을 때에는 그 재화를 공급한 날에 가장 가까운 과세기간의 공급대가에 따라 계산함

구분		내용
공제세액	매입세금계산서 등 수취세액공제	① 간이과세자가 매입처별 세금계산서합계표 또는 신용카드매출전표 등 수령명세서를 관할 세무서장에게 제출한 경우 다음 금액을 납부세액에서 공제함. 단, 공제되지 아니하는 매입세액(**예** 기업업무추진비 관련 매입세액)은 제외함 $$\text{매입세금계산서 등 공급대가} \times 0.5\%$$ **예** 공급대가(11,000) × 0.5% = 55 → 부가가치세(1,000) × 5.5% = 55 ② 둘 이상의 업종에 사용하기 위한 경우도 안분계산하지 않고 공급대가의 0.5%만 공제함
	의제매입세액	적용하지 아니함
	신용카드매출전표 발행세액공제	① 적용대상자 ㉠ 영수증 발급대상 간이과세자 → 직전 연도 공급대가가 4,800만원에 미달하는 자, 신규 간이과세자 ㉡ 주로 최종소비자에게 재화 또는 용역을 공급하는 간이과세자 ② 발행공제액 $$\text{Min} \begin{bmatrix} \text{발급·결제금액(부가가치세 포함)} \times 1.3\% \\ \text{한도액: 연간 1,000만원} \end{bmatrix}$$
	전자세금계산서 발급·전송세액공제	① 해당 과세기간의 전자세금계산서 발급건수 × 200원 ② 한도: 100만원
	전자신고세액공제	2025. 1. 1. 이후 적용하지 아니함 개정
겸영사업자	공통사용재화의 공급 시 과세표준	① 과세사업과 면세사업을 겸영하는 사업자가 공통사용재화를 매각한 경우의 과세표준은 다음과 같음 $$\text{공급대가} \times \text{직전 과세기간의} \frac{\text{과세공급대가}}{\text{총공급대가}}$$ ② 휴업 등으로 인하여 직전 과세기간의 공급대가가 없는 경우에는 그 재화를 공급한 날에 가장 가까운 과세기간의 공급대가에 의하여 계산함
	공통매입세액	과세사업과 면세사업의 실지귀속에 의하여 계산하되 과세사업과 면세사업의 실지귀속을 구분할 수 없는 경우에는 다음 산식에 따라 공제액을 계산함 $$\text{해당 과세기간에 세금계산서 등을 발급받은 재화와 용역의 공급대가 합계액} \times \frac{\text{해당 과세기간의 과세공급대가}}{\text{해당 과세기간의 총공급대가}} \times 0.5\%$$
가산세		① 간이과세자가 세금계산서 발급의무가 있는 사업자로부터 재화 또는 용역을 공급받고 세금계산서를 받지 아니한 경우 공급대가의 0.5%의 가산세를 부과함 → 간이과세자가 영수증을 발급하여야 하는 기간에 세금계산서를 발급받지 않은 경우는 가산세 부과하지 아니함 ② 간이과세자가 세금계산서를 발급함에 따라 일반과세자에게 적용되는 세금계산서 관련 가산세 규정을 준용함

04 **재고매입세액과 재고납부세액**

1. 재고매입세액(간이 → 일반)

구분	내용
의의	간이과세자가 일반과세자로 과세유형이 변경되면 변경 당시의 재고품 등은 간이과세자가 아닌 일반과세자의 지위에서 사용될 것이므로 기존에 공제받지 못한 매입세액을 정산할 필요가 있음. 즉, 과세유형변경 당시의 재고품 등에 포함되어 있다고 추정되는 부가가치세 상당액을 공제할 필요가 있는데 이를 재고매입세액이라 함

공제대상자산	일반과세자로 변경될 당시의 다음의 재고품으로서 매입세액공제대상인 것(재화의 공급으로 보지 않는 사업의 포괄양도에 해당하여 사업양수인이 매입세액을 공제받지 않고 사업양도자가 매입세액을 공제받은 자산을 포함) 예 비영업용 소형승용차, 면세재화는 적용대상자산 아님

구분	내용
재고품	상품, 제품(반제품 및 재공품 포함), 재료(부재료 포함) → 저장품은 적용대상자산 아님
건설 중인 자산	–
감가상각자산	① 건물·구축물(취득 후 10년 이내의 것) ② 기타의 감가상각자산(취득 후 2년 이내의 것)

다음 재고매입세액은 일반과세자의 '그 밖의 공제매입세액'에 해당함

대상자산	재고매입세액
재고품	취득가액 (부가세 포함) $\times \dfrac{10}{110} \times \begin{cases} (1-부가율):\ 21.\ 6.\ 30.\ 이전\ 공급받은\ 분 \\ (1-5.5\%):\ 21.\ 7.\ 1.\ 이후\ 공급받은\ 분 \end{cases}$
건설 중인 자산	건설 중인 자산 관련 매입세액 $\times \begin{cases} (1-부가율):\ 21.\ 6.\ 30.\ 이전\ 공급받은\ 분 \\ (1-5.5\%):\ 21.\ 7.\ 1.\ 이후\ 공급받은\ 분 \end{cases}$
감가상각자산	취득가액 (부가세 포함) $\times \dfrac{10}{110} \times (1-상각률 \times n) \times \begin{cases} (1-부가율):\ 21.\ 6.\ 30.\ 이전 \\ (1-5.5\%):\ 21.\ 7.\ 1.\ 이후 \end{cases}$

재고매입세액

① 재고품 등의 금액은 장부 또는 세금계산서에 의하여 확인되는 해당 재고품 등의 취득가액(부가가치세 포함)으로 함 → 장부 또는 세금계산서가 없거나 장부에 기록이 누락된 경우에는 재고매입세액을 계산하지 않음

② 부가가치율은 간이과세자가 일반과세자로 변경되기 직전일(감가상각자산의 경우에는 당해 감가상각자산의 취득일)이 속하는 과세기간에 적용된 당해 업종의 부가가치율을 말함

③ 상각률과 경과된 과세기간 수는 간이과세자의 과세기간이 1년 단위이므로 상각률은 50%(건물·구축물 10%)를 적용함

④ 자가건설·제작한 감가상각자산의 경우에는 건설·취득 시 발급받은 세금계산서에 의하여 확인되는 공제대상 매입세액을 취득가액으로 함

> ──── 경과된 과세기간 수 ────
> ×1년 6월 1일 간이과세자로 사업을 시작한 자가 ×2년 4월 20일에 간이과세를 포기하고, ×2년 5월 1일부터 일반과세자로 전환된 경우 ×1년 6월 1일부터 ×1년 12월 31일까지가 1과세기간이고, ×2년 1월 1일부터 ×2년 4월 30일까지도 1과세기간이므로 2과세기간이 경과된 것임(서면3팀-1586)
> → 실제 기간 차이를 무시하고 '과세기간' 단위로만 계산함

구분	내용
공제시기	예정신고기간 또는 과세기간(확정신고기간)의 매출세액에서 공제함
적용배제	일반과세자가 간이과세자로 변경된 후에 다시 일반과세자로 변경되는 경우에는 간이과세자로 변경된 때에 재고납부세액을 납부하지 않은 경우에는 재고매입세액을 적용하지 않음

신고·승인·통지	신고	과세유형변경일 현재의 재고매입세액 계산대상자산을 그 변경되는 날의 직전 과세기간에 대한 확정신고와 함께 관할 세무서장에게 신고
	승인·통지	신고를 받은 관할 세무서장은 재고매입세액으로서 공제할 수 있는 재고금액을 조사하여 승인하고 신고기한이 지난 후 1개월 이내에 해당 사업자에게 공제될 재고매입세액을 통지하여야 함. 이 경우 그 기한 이내에 통지하지 아니하면 해당 사업자가 신고한 재고금액을 승인한 것으로 봄 → 승인의제

2. 재고납부세액(일반 → 간이)

구분	내용
의의	일반과세자가 간이과세자로 과세유형이 변경되면 변경 당시의 재고품 등은 일반과세자가 아닌 간이과세자로서의 지위에서 사용될 것이므로 기존에 공제받은 매입세액을 정산할 필요가 있음. 이에 대한 정산절차를 재고납부세액 계산이라 함

납부대상자산	간이과세자로 변경될 당시의 다음의 재고품으로서 매입세액공제대상인 것 예) 비영업용 소형승용차, 면세재화는 적용대상자산 아님 	구분	내용	 	---	---	 	재고품	상품, 제품(반제품 및 재공품 포함), 재료(부재료 포함) → 저장품은 적용대상자산 아님	 	건설 중인 자산	–	 	감가상각자산	① 건물·구축물(취득 후 10년 이내의 것) ② 기타의 감가상각자산(취득 후 2년 이내의 것)	 재화의 공급으로 보지 않는 사업의 포괄양수에 의하여 사업양수자가 양수한 자산으로서 사업양도자가 매입세액을 공제받은 재화를 포함함

구분	내용
납부대상자산	간이과세자로 변경될 당시의 다음의 재고품으로서 매입세액공제대상인 것 예) 비영업용 소형승용차, 면세재화는 적용대상자산 아님

구분	내용
재고품	상품, 제품(반제품 및 재공품 포함), 재료(부재료 포함) → 저장품은 적용대상자산 아님
건설 중인 자산	–
감가상각자산	① 건물·구축물(취득 후 10년 이내의 것) ② 기타의 감가상각자산(취득 후 2년 이내의 것)

재화의 공급으로 보지 않는 사업의 포괄양수에 의하여 사업양수자가 양수한 자산으로서 사업양도자가 매입세액을 공제받은 재화를 포함함

대상자산	재고납부세액
재고품	$\dfrac{취득가액}{(부가세 제외)} \times \dfrac{10}{100} \times (1 - 5.5\%)$
건설 중인 자산	건설 중인 자산 관련 매입세액 $\times (1 - 5.5\%)$
감가상각자산	$\dfrac{취득가액}{(부가세 제외)} \times \dfrac{10}{100} \times (1 - 상각률 \times n) \times (1 - 5.5\%)$

취득가액은 장부 또는 세금계산서에 의하여 확인되는 해당 재고품 등의 취득가액(부가가치세 제외)으로 함. 다만, 장부 또는 세금계산서가 없거나 장부에 기록이 누락된 경우 해당 재고품 등의 가액은 시가로 함

납부시기	간이과세자로 변경된 날이 속하는 과세기간에 대한 확정신고를 할 때 납부세액에 더하여 납부함

신고·승인·통지	신고	과세유형변경일 현재의 재고납부세액 계산대상자산을 그 변경되는 날의 직전 과세기간에 대한 확정신고와 함께 관할 세무서장에게 신고
	승인·통지	신고를 받은 관할 세무서장은 재고금액을 조사·승인하고 간이과세자로 변경된 날부터 90일 이내에 해당 사업자에게 재고납부세액을 통지하여야 함. 이 경우 그 기한 이내에 통지하지 아니할 때에는 해당 사업자가 신고한 재고금액을 승인한 것으로 봄 → 승인의제

3. 비교

구분	영향	내용
간주공급	과세표준	┌ 면세 → 과세 └ 시가(재고자산), 간주시가(감가상각자산, 매입세액공제받은 취득가액 기준)
과세사업전환	매입세액	┌ 과세 → 면세 ├ 취득가액 기준(취득 당시 불공제) └ 감가상각자산만 적용
재고매입세액	매입세액	┌ 일반 → 간이 └ 장부 또는 세금계산서에 의해 확인되는 취득가액(재고자산, 감가상각자산) 기준(확인되지 않는 경우 공제하지 아니함)
재고납부세액	과세표준	┌ 간이 → 일반 └ 장부 또는 세금계산서에 의해 확인되는 취득가액(재고자산, 감가상각자산) 기준(다만, 장부 또는 세금계산서가 없는 경우에는 시가)

05 간이과세자의 신고와 납부

구분		내용
신고와 납부		① 간이과세자는 과세기간의 과세표준과 납부세액을 그 과세기간이 끝난 후 25일(폐업하는 경우 폐업일이 속한 달의 다음 달 25일) 이내에 납세지 관할 세무서장에게 확정신고를 하고 납부하여야 함 ② 간이과세자는 매출·매입처별 세금계산서합계표를 함께 제출하여야 함
신고기한		
예정부과제도	고지납부 (원칙)	관할 세무서장이 직전 과세기간 납부세액의 50%(직전 과세기간이 7. 1. ~ 12. 31.인 경우 납부세액 전액)를 납부세액으로 결정하여 고지함
	소액부징수 등	다음 중 어느 하나에 해당하는 경우에는 징수하지 아니함 ① 징수하여야 할 금액이 50만원 미만인 경우 ② 과세유형 전환으로 간이과세자의 과세기간이 6개월인 경우 [예] ×5년 7. 1.부터 일반과세자로 변경, ×5년 1. 1. ~ 6. 30. 간이과세자일 때 예정고지(×) ∴ 4월 25일 예정고지할 필요 없음 ③ 천재지변 등의 사유로 관할 세무서장이 징수하여야 할 금액을 간이과세자가 납부할 수 없다고 인정되는 경우
예정신고	선택	휴업 또는 사업 부진 등으로 인하여 예정부과기간의 공급대가 합계액 또는 납부세액이 직전 과세기간의 공급대가 합계액 또는 납부세액의 3분의 1에 미달하는 자는 예정부과기간의 과세표준과 납부세액을 7. 25.까지 사업장 관할 세무서장에게 신고·납부할 수 있음. 이 경우 부과결정은 없었던 것으로 봄
	의무	예정부과기간에 세금계산서를 발급한 간이과세자는 예정부과기간의 과세표준과 납부세액을 예정부과기한까지 사업장 관할 세무서장에게 신고하여야 함
납부의무 면제	면제대상자	① 간이과세자의 해당 과세기간에 대한 공급대가의 합계액이 4,800만원 미만이면 납부의무를 면제함. 다만, 재고납부세액과 미등록가산세는 면제하지 않음 ② 신규사업자 또는 폐업자 등은 납부의무 면제 규정을 적용할 때 그 공급대가의 합계액을 12개월로 환산한 금액을 기준으로 함. 이 경우 1개월 미만의 끝수가 있으면 이를 1개월로 함
	환급	납부의무가 면제되는 사업자가 자진납부한 사실이 확인되면 납세지 관할 세무서장은 납부한 금액을 환급하여야 함

06 간이과세 포기

구분	내용	
계속사업자	간이과세자 또는 간이과세자에 관한 규정을 적용받게 되는 일반과세자가 간이과세자에 관한 규정의 적용을 포기하고 일반과세자에 관한 규정을 적용받으려는 경우에는 일반과세자 규정을 적용받을 수 있음. 이 경우 적용받으려는 달의 전 달의 마지막 날까지 간이과세 포기신고서를 납세지 관할 세무서장에게 신고하여야 함	
신규사업자	신규로 사업을 시작하는 개인사업자가 사업자등록을 신청할 때 납세지 관할 세무서장에게 간이과세자에 관한 규정의 적용을 포기하고 일반과세자에 관한 규정을 적용받으려고 신고한 경우에는 일반과세에 관한 규정을 적용받음	
과세기간	간이과세자의 과세기간	간이과세 포기신고일이 속하는 과세기간의 개시일부터 그 신고일이 속하는 달의 마지막 날까지의 기간
	일반과세자의 과세기간	간이과세 포기신고일이 속하는 달의 다음 달 1일부터 그 날이 속하는 과세기간 종료일까지의 기간
적용배제기간	간이과세를 포기한 사업자는 다음의 날부터 3년이 되는 날이 속하는 과세기간까지는 간이과세 규정을 적용받지 못함 ① 계속사업자(기존사업자가 포기한 경우): 일반과세자에 관한 규정을 적용받으려는 달의 1일 ② 신규사업자가 포기한 경우: 사업개시일이 속하는 달의 1일	
간이과세 포기철회	간이과세를 포기한 개인사업자 중 직전 연도의 공급대가의 합계액이 4,800만원 이상 10,400만원 미만인 개인사업자로서 간이과세 적용을 포기할 당시 다음 중 어느 하나에 해당하였던 자는 간이과세 적용배제기간(3년)이 경과하기 이전이라도 다시 간이과세를 적용받을 수 있음 → 과세기간 개시 10일 전까지 간이과세 적용신고서 제출 ① 직전 연도의 공급대가의 합계액이 4,800만원 미만인 자 ② 신규사업자로서 간이과세로 사업자등록한 자 [취지] 간이과세 포기 당시에는 세금계산서 발급면제 사업자에 해당하였으나 이후 세금계산서 발급 가능한 수준으로 공급대가가 변경된 경우 세금계산서를 발급하면서 동시에 간이과세자로서 납부세액을 경감받을 수 있음	
간이과세 적용배제기간 경과 후 재적용	간이과세 적용배제기간이 지난 후 다시 간이과세를 적용받고자 할 때는 과세기간 개시 10일 전까지 간이과세 적용신고서를 제출하여야 함. 이 경우 그 적용을 받을 수 있는 자는 해당 과세기간 직전 1역년의 재화 또는 용역의 공급대가 합계액이 간이과세기준금액에 미달하는 개인사업자로 한정함	

구분		면세포기	간이과세 포기
비교	취지	누적효과 제거	누적효과 제거
	포기신고	과세기간 중 언제든지 포기신고	일반과세를 적용받으려는 달의 전 달 마지막 날까지 포기신고
	재적용	① 면세포기신고한 날부터 3년간 일반과세자 → 일할계산 ② 3년이 지난 뒤 면세재적용신고한 경우 면세사업자	① 일반과세자에 대한 규정을 적용받으려는 달의 1일부터 3년이 되는 날이 속하는 과세기간까지 일반과세자 → 월할계산 ② 간이과세 적용받으려는 과세기간 개시 10일 전까지 재적용신고한 경우 간이과세자

제 **2** 편

소득세법

회계사·세무사·경영지도사 단번에 합격!
해커스 경영아카데미 cpa.Hackers.com

제1장

총칙

1 총칙

01 소득세 개관

구분	내용
열거주의	① 「소득세법」은 개인에게 귀속되는 모든 소득을 과세하는 포괄주의 과세방식(순자산 증가설)이 아니고, 열거된 소득만 과세하는 열거주의 과세방식(소득원천설)을 따름 　　[예] 채권 매매차익은 열거된 소득이 아니므로 과세하지 않음 ② 이자·배당소득은 법령에 구체적으로 열거되지 않은 것이라도 유사한 소득에 대해서는 과세함 (유형별 포괄주의) ③ 기타소득, 퇴직소득, 양도소득과 같은 불규칙적·일시적인 소득도 과세대상으로 열거하고 있기 때문에 순자산 증가설의 입장도 일부 반영하고 있음
종합과세·분류과세	소득세는 종합과세하는 것을 원칙으로 하되, 장기간에 걸쳐 형성된 퇴직소득과 양도소득은 결집효과(bunching effect)가 발생하므로 분류과세함 이자소득, 배당소득, 사업소득, 근로소득, 연금소득, 기타소득 → 종합과세 → 종합소득과세표준에 합산(누진과세) 　　　　　　　　　　　　　　　　　　　　　　→ 분리과세 → 종합소득과세표준에 합산하지 않음 퇴직소득 → 분류과세 → 퇴직소득세 계산 양도소득 → 분류과세 → 양도소득세 계산
신고납부	종합소득·퇴직소득·양도소득이 있는 자는 다음 연도 5월에 확정신고해야 함. 소득세는 확정신고로써 납세의무가 확정되는 신고납부방식임 → 성실신고확인대상 사업자의 종합소득세 신고는 6월에 이루어짐

	완납적 원천징수	원천징수로써 과세 종결하고 종합소득과세표준에 합산하지 아니함
	예납적 원천징수	원천징수는 관련 세액을 미리 징수하는 것에 불과함. 따라서 원천징수된 소득을 종합소득에 합산하고 원천징수세액을 기납부세액으로 공제함

원천징수

甲 → 소득지급 10,000 / 원천징수 2,000 → 乙

甲 → 세무서 다음 달 10일까지 납부

완납적 원천징수	예납적 원천징수
분리과세	종합과세
종합소득신고 ×	종합소득신고 ○
실질 부담세액　2,000	소득금액　10,000 세율　30% 산출세액　3,000 기납부세액　(2,000) 추가납부세액　1,000

02 납세의무

1. 거주자와 비거주자의 납세의무

구분	내용		
거주자와 비거주자	**구분**	**거주자**	**비거주자**
	정의	국내에 주소를 두거나 183일 이상의 거소를 둔 개인	거주자가 아닌 개인
	과세대상 소득	「소득세법」에서 규정한 모든 소득(국내·외 모든 소득)	국내원천소득
정의	주소	주소는 국내에서 생계를 같이하는 가족 및 국내에 소재하는 자산의 유무 등 생활관계의 객관적 사실에 따라 판정함	
	거소	거소는 주소지 외의 장소 중 상당기간에 걸쳐 거주하는 장소로서 주소와 같이 밀접한 일반적 생활관계가 형성되지 아니한 장소로 함	
거주기간 계산	① 국내에 거소를 둔 기간은 입국하는 날의 다음 날부터 출국하는 날까지로 함 ② 국내에 거소를 두고 있던 개인이 출국 후 다시 입국한 경우에 생계를 같이하는 가족의 거주지나 자산소재지 등에 비추어 그 출국목적이 관광, 질병의 치료 등으로서 명백하게 일시적인 것으로 인정되는 때에는 그 출국한 기간도 국내에 거소를 둔 기간으로 봄 ③ 국내에 거소를 둔 기간이 1과세기간 동안 183일 이상인 경우에는 국내에 183일 이상 거소를 둔 것으로 봄 　→ 2026. 1. 1. 이후 개시하는 과세기간부터는 계속하여 183일 이상 거소를 둔 경우를 포함(즉, 1과세기간 183일 또는 계속하여 183일 이상 거소를 둔 경우 거주자로 봄) [개정] 　[예] 26. 8. 10.~27. 6. 30. 국내에 거소를 둔 경우 　　→ (현행) 26년, 27년 모두 비거주자, (개정) 27. 2. 8.~27. 6. 30. 거주자 ④ 「재외동포의 출입국과 법적 지위에 관한 법률」에 따른 재외동포가 입국한 경우 생계를 같이하는 가족의 거주지나 자산소재지 등에 비추어 그 입국목적이 관광, 질병의 치료 등 기획재정부령으로 정하는 사유에 해당하여 그 입국한 기간이 명백하게 일시적인 것으로 기획재정부령으로 정하는 방법에 따라 인정되는 때에는 해당 기간은 국내에 거소를 둔 기간으로 보지 아니함		

구분	내용
외국인 단기거주자	① 외국인 단기거주자란 해당 과세기간 종료일 10년 전부터 국내에 주소나 거소를 둔 기간의 합계가 5년 이하인 외국인 거주자를 말함 ② 국외에서 발생한 소득의 경우, 국내에서 지급되거나 국내로 송금된 소득에 대해서만 과세함 　→ 세원 포착이 용이한 것만 과세

구분		내용
거주자 의제	국내에 주소를 가진 것으로 보는 경우	다음 중 어느 하나에 해당하는 경우는 국내에 주소를 가진 것으로 봄 ① 계속하여 183일 이상 국내에 거주할 것을 통상 필요로 하는 직업을 가진 때 ② 국내에 생계를 같이하는 가족이 있고, 그 직업 및 자산상태에 비추어 계속하여 183일 이상 국내에 거주할 것으로 인정되는 때 비교 국외에 거주 또는 근무하는 자가 외국국적을 가졌거나 외국법령에 의하여 그 외국의 영주권을 얻은 자로서 국내에 생계를 같이하는 가족이 없고 그 직업 및 자산상태에 비추어 다시 입국하여 주로 국내에 거주하리라고 인정되지 아니하는 때에는 국내에 주소가 없는 것으로 봄
	해외파견 임직원 및 공무원의 경우	거주자나 내국법인의 국외사업장 또는 해외현지법인(내국법인이 발행주식총수 또는 출자지분의 100%를 직접 또는 간접 출자한 경우에 한정) 등에 파견된 임원 또는 직원이나 국외에서 근무하는 공무원은 거주자로 봄
	승무원의 경우	외국을 항행하는 선박 또는 항공기 승무원의 경우 그 승무원과 생계를 같이하는 가족이 거주하는 장소 또는 그 승무원이 근무기간 외의 기간 중 통상 체재하는 장소가 국내에 있는 때에는 당해 승무원의 주소는 국내에 있는 것으로 봄. 그러나 그 장소가 국외에 있는 경우에는 당해 승무원의 주소가 국외에 있는 것으로 봄
비거주자 의제		다음 중 어느 하나에 해당하는 자는 국내에 주소가 있는지 여부 및 국내 거주기간에 불구하고 그 신분에 따라 비거주자로 봄 ① 주한외교관과 그 외교관의 세대에 속하는 가족. 다만, 대한민국 국민은 예외로 함 ② 한미행정협정에 규정한 합중국군대의 구성원·군무원 및 그들의 가족. 다만, 합중국의 소득세를 회피할 목적으로 국내에 주소가 있다고 신고한 경우에는 예외로 함

구분	비거주자가 거주자로 되는 시기	거주자가 비거주자로 되는 시기
변경시기 (과세기간 중 변경)	① 국내에 주소를 둔 날 ② 국내에 주소를 가지거나 국내에 주소가 있는 것으로 보는 사유가 발생한 날 ③ 국내에 거소를 둔 기간이 183일이 되는 날	① 거주자가 주소 또는 거소의 국외 이전을 위하여 출국하는 날의 다음 날 ② 국내에 주소가 없거나 국외에 주소가 있는 것으로 보는 사유가 발생한 날의 다음 날

변경시기 (과세기간 중 변경)	⊙ 과세기간 중에 비거주자가 거주자가 된 경우에는 거주자로 된 전날까지는 국내원천소득에 대하여만 소득세를 과세하고 거주자가 된 날부터는 「소득세법」에 규정하는 모든 소득에 대하여 소득세를 과세함 ⓒ 과세기간 중에 거주자가 비거주자가 된 경우에는 출국한 날까지는 「소득세법」에 규정하는 모든 소득에 대하여 소득세를 과세하며 출국한 날의 다음 날 이후에는 국내원천소득에 대하여만 과세함 → 거주자가 되는 시기의 계산은 초일산입, 말일산입함

2. 법인으로 보지 아니하는 단체의 납세의무

구분		내용
「국세기본법」	당연의제법인	법인(「법인세법」에 따른 내국법인 또는 외국법인을 말함) 아닌 단체 중 다음의 어느 하나에 해당하는 것으로서 수익을 구성원에게 분배하지 아니하는 것은 법인으로 봄 ① 주무관청의 허가 또는 인가를 받아 설립되거나 법령에 따라 주무관청에 등록한 사단, 재단, 그 밖의 단체로서 등기되지 아니한 것 ② 공익을 목적으로 출연된 기본재산이 있는 재단으로서 등기되지 아니한 것
	승인의제법인	법인 아닌 단체 중 다음의 요건을 모두 갖춘 것으로서 대표자나 관리인이 관할 세무서장에게 신청하여 승인을 받은 것도 법인으로 봄 ① 사단, 재단, 그 밖의 단체의 조직과 운영에 관한 규정을 가지고 대표자나 관리인을 선임하고 있을 것 ② 사단, 재단, 그 밖의 단체 자신의 계산과 명의로 수익과 재산을 독립적으로 소유·관리할 것 ③ 사단, 재단, 그 밖의 단체의 수익을 구성원에게 분배하지 아니할 것
「소득세법」 적용대상		법인으로 보는 단체 외의 법인 아닌 단체는 국내에 주사무소 또는 사업의 실질적 관리장소를 둔 경우에는 1거주자로, 그 밖의 경우에는 1비거주자로 보아 「소득세법」을 적용함
납세의무		법인으로 보는 단체 외의 법인 아닌 단체로서 ┌ 이익을 구성원에게 분배하지 않는 단체: 단체가 직접 소득세 납세의무자 ├ 이익을 구성원에게 분배하는 단체: 구성원이 납세의무자 └ 일부 구성원에게 분배하는 단체 　　┌ 확인되는 부분: 해당 구성원별로 납세의무 부담 　　└ 확인되지 않은 부분: 해당 단체가 납세의무 부담
단체의 세법상 구분		<table><tr><td rowspan="2">① 법인 (설립등기 O)</td><td rowspan="2">② 법인으로 보는 단체 (「국세기본법」)</td><td>③ 단체가 납세의무자</td></tr><tr><td>③ 구성원이 납세의무자</td></tr></table>①+②+③: 단체 ②+③: 법인 아닌 단체(설립등기 X) ③: 법인 아닌 단체 중 법인으로 보지 않는 단체

3. 원천징수세액에 대한 납세의무

구분	내용
원칙	다음 중 어느 하나에 해당하는 자는 「소득세법」에 따라 원천징수한 소득세를 납부할 의무를 짐 ① 거주자 ② 비거주자 ③ 내국법인 ④ 외국법인의 국내지점 또는 국내영업소(출장소, 그 밖에 이에 준하는 것을 포함) → 국내사업장이 없는 외국법인은 원천징수의무 없음 ⑤ 그 밖에 이 법에서 정하는 원천징수의무자
예외	사업소득에 대한 소득세를 원천징수하여야 할 자는 다음 중 어느 하나에 해당하는 자로 함 ① 사업자 ② 법인세의 납세의무자 ③ 국가·지방자치단체 또는 지방자치단체조합 ④「민법」 및 기타 법률에 의하여 설립된 법인 ⑤「국세기본법」에 의하여 법인으로 보는 단체

03 납세의무의 범위

구분			내용
공동사업	「국세기본법」		공유물, 공동사업 또는 그 공동사업에 속하는 재산과 관계되는 국세 및 강제징수비는 공유자 또는 공동사업자가 연대하여 납부할 의무를 짐
	「소득세법」	원칙	공동사업에 관한 소득금액을 계산하는 경우에는 해당 공동사업자별로 납세의무를 짐 → 연대납세의무 없음
		예외	손익분배 비율을 거짓으로 정하는 등의 사유로 인하여 주된 공동사업자에게 합산과세되는 경우 그 합산과세되는 소득금액에 대해서는 주된 공동사업자의 특수관계인은 손익분배 비율에 해당하는 그의 소득금액을 한도로 주된 공동사업자와 연대하여 납세의무를 짐
상속	① 피상속인의 소득금액에 대한 소득세로서 상속인에게 과세할 것과 상속인의 소득금액에 대한 소득세는 구분하여 계산하여야 함. 이 경우 피상속인의 소득금액에 대해서 과세하는 경우에는 그 상속인이 납세의무를 짐 1/1 ──── 사망일 ──── 12/31 · 사망일을 기준으로 소득구분 계산 　　　├───────┼───────┤ · 인적공제: 전년도와 동일한 기준 　　　　피상속인 소득　　상속인 소득 · 피상속인 소득세 납세의무 　　　　　　　　　　　　　　　　　　　　　　　→ 상속인 승계(「국세기본법」) ② 연금계좌의 가입자가 사망하였으나 그 배우자가 연금외수령 없이 해당 연금계좌를 상속으로 승계하는 경우에는 위 ①(구분계산 원칙)에도 불구하고 해당 연금계좌에 있는 피상속인의 소득금액은 상속인의 소득금액으로 보아 소득세를 계산함		
우회양도 부당행위	양도소득세를 부당하게 감소시키기 위하여 특수관계인으로부터 증여받은 자산을 증여일로부터 10년 이내에 다시 타인에게 양도한 경우에는 증여자가 그 자산을 직접 양도한 것으로 봄. 그리고 이 경우 증여자와 수증자가 그 양도소득에 대하여 연대하여 납세의무를 짐 　　　　　　　　양도대금이 당초 증여자에게 귀속 　　　　┌──────────────────────┐ 　　　　↓　　　　　　　　　　　　　　　　　　　　│ 　　┌───────┐　① 증여　　　┌───────┐ 　　│ 증여자 │───────→│ 수증자 │ 　　└───────┘　　　　　　　└───────┘ 　　　　│　　　　　　　　　　　　　│② 10년 이내 양도 　　　　│③ 직접 양도(가정)　　　↓ 　　　　│　　　　　　　　　┌───────┐ 　　　　└──────────→│ 제3자 │ 　　　　　　　　　　　　　└───────┘ 　　　③ 양도세 > (① 증여세 + ② 양도세) → ③ 양도세 납부		
분리과세되는 소득세	원천징수되는 소득으로서 종합소득과세표준에 합산되지 아니하는 소득이 있는 자는 그 원천징수되는 소득세에 대해서 납세의무를 짐 [취지] 원천징수에 의하여 납세의무자의 조세채무가 완결되는 이른바 완납적 원천징수에 있어서의 원천소득의 귀속자에게 실체법상의 납세의무가 있음을 명문화한 것임		
공유자산 양도소득	공동으로 소유한 자산에 대한 양도소득금액을 계산하는 경우에는 해당 자산을 공동으로 소유하는 각 거주자가 납세의무를 짐 → 연대납세의무 없음		

04 신탁재산 귀속 소득에 대한 납세의무의 범위

구분		내용
신탁의 의의		신탁이란 위탁자가 수탁자에게 특정 재산을 이전하고 수익자의 이익을 위하여 그 재산을 관리하게 하는 법률관계를 말함
납세의무자	원칙	신탁재산에 귀속되는 소득은 그 신탁의 이익을 받을 수익자(수익자가 사망하는 경우에는 그 상속인)에게 귀속되는 것으로 봄
	예외	위탁자가 신탁재산을 실질적으로 통제하는 등 다음 중 어느 하나에 해당하는 신탁의 경우 그 신탁재산에 귀속되는 소득은 위탁자에게 귀속되는 것으로 봄 ① 위탁자가 신탁을 해지할 수 있는 권리, 수익자를 지정하거나 변경할 수 있는 권리, 신탁 종료 후 잔여재산을 귀속받을 권리를 보유하는 등 신탁재산을 실질적으로 지배·통제할 것 ② 신탁재산 원본을 받을 권리에 대한 수익자는 위탁자로, 수익을 받을 권리에 대한 수익자는 그 배우자 또는 같은 주소 또는 거소에서 생계를 같이하는 직계존비속(배우자의 직계존비속을 포함)으로 설정했을 것
구분경리		신탁업을 경영하는 자는 각 과세기간의 소득금액을 계산할 때 신탁재산에 귀속되는 소득과 그 밖의 소득을 구분하여 경리하여야 함
신탁소득의 구분	원칙	신탁의 이익은 「신탁법」에 따라 수탁자에게 이전되거나 그 밖에 처분된 재산권에서 발생하는 소득의 내용별로 구분함
	예외	다음의 신탁은 다수의 위탁자가 신탁회사(수탁자)에게 금전을 신탁하고 이를 운영하여 다수의 위탁재(수익자)에게 이를 분배하는 신탁을 말하고, 이러한 신탁에서 분배받은 소득은 배당소득으로 구분하고 실제로 분배하는 때 과세함 ① 「법인세법」에 따라 신탁재산에 귀속되는 소득에 대하여 그 신탁의 수탁자가 법인세를 납부하는 신탁 → 법인세 과세 신탁 ② 「자본시장과 금융투자업에 관한 법률」에 따른 집합투자업겸영보험회사의 특별계정 ③ 적격집합투자기구 ④ 조각투자상품인 수익증권을 발행한 신탁 개정
	사례	① 공익신탁의 이익: 비과세 ② 투자신탁의 이익(적격집합투자기구로부터의 이익): 배당소득 ③ 신탁재산에 귀속되는 소득에 대하여 수탁자가 법인세를 납부하는 신탁: 배당소득 ④ 확정급여형퇴직연금제도에 따른 보험계약의 보험차익과 신탁계약의 이익·분배금: 사업소득 총수입금액 ⑤ 신탁수익권의 양도(신탁수익권의 양도소득 또는 부동산 양도소득 등) ⑥ 위 외의 신탁: 수탁자에게 이전되었거나 그 밖의 처분이 된 재산권에서 발생하는 소득의 내용별로 소득구분 예 甲이 상가를 신탁재산에 편입하고 그 임대수익을 분배받는 경우 → 사업소득(부동산임대업)
신탁수익권 (양도소득)	원칙	신탁수익권의 양도는 별도의 양도소득세 과세대상임 → 신탁실체설
	예외	신탁수익권의 양도를 통하여 신탁재산에 대한 지배·통제권이 이전되는 경우는 신탁재산 자체의 양도 → 신탁도관설

05 과세기간

구분			과세기간
원칙			1/1 ~ 12 / 31
예외	거주자가 사망		1/1 ~ 사망일
	거주자가 출국하여 비거주자로 되는 경우	현행	1/1 ~ 출국일
		26. 1. 1. 이후 개정	출국일까지(거주자) 출국일의 다음 날부터(비거주자)
	비거주자가 거주자가 되는 경우	현행	규정 없음
		26. 1. 1. 이후 개정	거주자가 된 날의 전 날까지(비거주자) 거주자가 된 날부터(거주자)

※ 과세기간의 중도에 취업 또는 퇴직하거나, 사업의 개시 또는 폐업으로 당해 과세기간에 소득발생 기간이 1년에 미달하더라도 과세기간은 1월 1일부터 12월 31일까지로 한다.

06 납세지

1. 소득세의 납세지(집행기준 6-5-1)

구분		납세지	비고
거주자	원칙	주소지	① 주소지가 2 이상인 경우: 「주민등록법」에 의해 등록된 곳 → 생활관계가 밀접한 곳이 아님 ② 해외근무 공무원(해외근무 근로자)으로 국내주소가 없는 자: 그 가족의 생활근거지 또는 소속기관 소재지
	주소지가 없는 경우	거소지	거소지가 2 이상인 경우: 생활관계가 보다 밀접한 곳
	※ 거주자가 취학, 질병의 요양, 근무상 또는 사업상 형편 등으로 본래의 주소지 또는 거소지를 일시 퇴거한 경우에는 본래의 주소지 또는 거소지를 납세지로 봄		
비거주자	원칙	국내사업장 소재지	① 국내사업장이 2 이상인 경우: 주된 국내사업장 ② 주된 사업장 판단이 곤란한 경우: 납세지로 신고한 장소
	국내사업장이 없는 경우	국내원천소득이 발생하는 장소	국내원천소득이 2 이상의 장소에서 발생한 경우: 납세지로 신고한 장소
법인격이 없는 단체		대표자 또는 관리인의 주소지	해당 단체의 업무 주관 장소 등을 납세지로 지정받은 경우: 그 지정받은 장소

2. 원천징수한 소득세의 납세지(집행기준 7-0-1)

원천징수의무자		원천징수하는 소득세의 납세지
개인	거주자	① 거주자의 주된 사업장 소재지 ② 주된 사업장 외의 사업장에서 원천징수하는 경우: 그 사업장의 소재지 ③ 사업장이 없는 경우: 그 거주자의 주소지 또는 거소지
	비거주자	① 비거주자의 주된 국내사업장 소재지 ② 주된 국내사업장 외의 국내사업장에서 원천징수하는 경우: 그 국내사업장 소재지 ③ 국내사업장이 없는 경우: 그 비거주자의 거류지 또는 체류지
법인	원칙	법인의 본점 또는 주사무소의 소재지
	독립채산제 지점	지점 등에서 독립채산제에 의해 독자적으로 회계사무를 처리하는 경우: 그 사업장 소재지
	본점 일괄 계산	원천징수세액의 납세지를 본점 또는 주사무소의 소재지로 세무서장에게 신고 또는 「부가가치세법」에 따라 사업자단위로 등록한 경우: 그 법인의 본점 또는 주사무소의 소재지를 납세지로 할 수 있음
납세조합		납세조합의 소재지
비거주자의 유가증권 양도소득		비거주자의 유가증권 양도소득을 원천징수한 경우로서 납세지를 가지지 않은 경우: 유가증권을 발행한 내국법인 또는 외국법인의 국내사업장 소재지(단, 이외의 경우에는 국세청장이 지정하는 장소)

3. 기타의 납세지

구분	납세지
거주자 또는 비거주자가 사망하여 그 상속인이 피상속인에 대한 소득세의 납세의무자가 된 경우	피상속인·상속인 또는 납세관리인의 주소지나 거소지 중 상속인 또는 납세관리인이 그 관할 세무서장에게 납세지로서 신고하는 장소 → 신고한 때부터 신고한 장소를 납세지로 함
비거주자가 납세관리인을 둔 경우	국내사업장의 소재지 또는 그 납세관리인의 주소지나 거소지 중 납세관리인이 관할 세무서장에게 납세지로서 신고하는 장소 → 신고한 때부터 신고한 장소를 납세지로 함

4. 납세지 지정

구분		내용
신청에 의한 지정	지정신청	사업소득이 있는 거주자가 사업장 소재지를 납세지로 신청할 수 있음(납세지 지정신청을 하려는 자는 해당 과세기간의 10월 1일부터 12월 31일까지 지정신청하여야 함)
	지정권자	관할 지방국세청장(새로 지정할 납세지와 종전의 납세지의 관할 지방국세청장이 다를 때에는 국세청장)
	거부통지	사업장 소재지를 납세지로 지정하는 것이 세무관리상 부적절하다고 인정되어 그 신청대로 납세지 지정을 하지 아니한 경우에는 국세청장 또는 관할 지방국세청장은 그 뜻을 납세의무자 또는 그 상속인, 납세관리인이나 납세조합에 서면으로 각각 통지함
	승인의제	기한 내에 통지를 하지 아니한 때에는 지정신청한 납세지를 납세지로 함
직권지정	지정사유	거주자 또는 비거주자로서 「소득세법」에 따른 납세지가 납세의무자의 소득 상황으로 보아 부적당하거나 납세의무를 이행하기에 불편하다고 인정되는 경우
	지정통지	과세표준확정신고 또는 납부기간 개시일전에 이를 서면으로 통지하여야 함. 다만, 중간예납 또는 수시부과의 사유가 있는 때에는 그 납기개시 15일 전에 통지함
지정취소		지정사유가 소멸한 경우 국세청장 또는 관할 지방국세청장은 납세지 지정을 취소하여야 함 → 납세자의 요청과 무관함(직권사항)

5. 납세지 변경신고

구분	내용
변경신고	거주자나 비거주자는 납세지가 변경된 경우 변경된 날부터 15일 이내 납세지 변경신고서를 그 변경 후의 납세지 관할 세무서장에게 제출하여야 함
변경의제	납세자의 주소지가 변경됨에 따라 「부가가치세법」에 따른 사업자등록 정정을 한 경우에는 납세지 변경신고를 한 것으로 봄

07 종합소득세 계산구조

이자	배당	사업	근로	연금	기타
이자소득	배당소득	사업소득	근로소득	연금소득	기타소득
(−) 비과세	(−) 비과세	(−) 비과세	(−) 비과세	(−) 비과세	(−) 비과세
(−) 분리과세	(−) 분리과세		(−) 분리과세	(−) 분리과세	(−) 분리과세
총수입금액	총수입금액	총수입금액	총급여액	총연금액	총수입금액
	(+) Gross−up				
		(−) 필요경비	(−) 근로소득공제	(−) 연금소득공제	(−) 필요경비
이자소득금액	배당소득금액	사업소득금액	근로소득금액	연금소득금액	기타소득금액

종합소득금액	→	과세표준	→	산출세액	→	결정세액	→	총결정세액
(−) 종합소득공제		(×) 세율		(−) 공제감면세액		(+) 가산세		(−) 기납부세액
과세표준		산출세액		결정세액		총결정세액		차감납부세액

제 2 장

이자 · 배당소득

2 이자 · 배당소득

01 이자소득

1. 이자소득의 범위

(1) 채권 또는 증권의 할인액

구분	내용
과세대상 (원칙)	국가 · 지자체 · 내국법인 · 외국법인 등이 발행한 채권 또는 증권 → 국가가 발행한 채권이 원금과 이자가 분리되는 경우에는 원금에 해당하는 채권 및 이자에 해당하는 채권의 할인액을 포함(이자소득으로 과세)
과세 제외 (예외)	국채, 산업금융채권, 예금보험기금채권 등을 공개시장에서 통합발행(일정기간 동안 추가하여 발행할 채권의 표면금리와 만기 등 발행조건을 통일하여 발행하는 것)하는 경우 해당 채권의 매각가액과 액면가액과의 차액은 이자 및 할인액에 포함되지 아니함

물가변동 국고채	국가가 발행한 채권으로서 그 원금이 물가에 연동되는 채권의 경우 해당 채권의 원금 증가분은 이자 및 할인액에 포함됨 → 2015. 1. 1. 이후 발행분에 한함

구분	2014. 12. 31. 이전	2015. 1. 1. 이후
이자부분	이자소득	이자소득
원금 증가분	과세 ×	이자소득

채권보유기간 이자상당액	① 채권의 만기 전에 중도매각한 경우 채권의 매매차익은 과세하지 않으나, 채권의 보유기간 중 발생한 이자상당액은 과세함 ② 보유기간 이자상당액은 다음과 같음 → 아래 산식은 상각액을 정액법으로 계산한 값과 일치함

$$\text{채권 등의 액면가액} \times \text{약정이자율} \times \frac{\text{보유일수}}{365(6)}$$

③ 약정이자율은 표면이자율에 발행 시 할인율을 더하고 발행 시 할증률은 차감한 이자율로 하고, 전환사채 등 복합금융상품은 만기보장수익률을 적용함

채권의 중도매각 시 이자소득

액면 100,000원, 액면이자 2%(매년 말 지급),
만기 3년, 발행가액 94,000원

```
        20×1년      20×2년      20×3년
                      7/1
     ┼─────────┼─────┼───────────┼
                  │ 액면이자
         상각액      │
                  ▼
               중도매각
```

$20×2년\ 이자수익 = 100,000 \times 2\% \times \frac{6}{12} + (100,000 - 94,000) \times \frac{18}{36} = 4,000$

→ 발행시점의 할인율을 적용함(투자시점의 할인율을 적용하지 않음)

수입시기	무기명채권의 이자와 할인액	지급을 받은 날
	기명채권의 이자와 할인액	약정에 의한 지급일
	채권의 보유기간 이자상당액	채권의 매도일 또는 이자 등의 지급일

(2) 예금이자

구분	내용	
적용대상	① 국내에서 받는 예금(적금·부금·예탁금 및 우편대체를 포함)의 이자 ② 「상호저축은행법」에 따른 신용계 또는 신용부금으로 인한 이익 ③ 국외에서 받는 예금의 이자 → 국내에서 원천징수된 바 없으면 무조건 종합과세	
수입시기	보통예금·정기예금· 적금 또는 부금의 이자	① 실제로 이자를 지급받는 날 ② 원본에 전입하는 뜻의 특약이 있는 이자는 그 특약에 의하여 원본에 전입된 날 ③ 해약으로 인하여 지급되는 이자는 그 해약일 ④ 계약기간을 연장하는 경우에는 그 연장하는 날 ⑤ 정기예금연결정기적금의 경우 정기예금의 이자는 정기예금 또는 정기적금이 해약되거나 정기적금의 저축기간이 만료되 는 날
	통지예금의 이자	인출일

(3) 저축성보험의 보험차익

구분	내용	
정의	보험계약에 따라 만기 또는 보험의 계약기간 중에 받는 보험금·공제금 또는 계약기간 중도 에 해당 보험계약이 해지됨에 따라 받는 환급금(피보험자의 사망·질병·부상 그 밖의 신체 상의 상해로 인하여 받거나 자산의 멸실 또는 손괴로 인하여 받는 것이 아닌 것으로 한정) 에서 납입보험료 또는 납입공제료를 뺀 금액	
비과세대상	2013. 2. 14. 이전 가입분	보험가입기간 10년 이상
	2013. 2. 15. ~ 2017. 3. 31. 가입분	다음 중 어느 하나에 해당 ① 보험가입기간 10년 이상 ㉠ 일시납: 1인당 납입보험료 합계액이 2억원 이하 ㉡ 월적립식: 한도 없음 ② 종신형 연금보험
	2017. 4. 1. 이후 가입분	다음 중 어느 하나에 해당 ① 보험가입기간 10년 이상 ㉠ 일시납: 1인당 납입보험료 합계액이 1억원 이하 ㉡ 월적립식: 월납입보험료 합계액 150만원 이하 ② 종신형 연금보험
보험차익	만기보험금·공제금 − 납입보험료 (중도해지환급금)　(납입공제료) 보험가입기간 중에 배당금을 지급받은 경우 납입보험료에서 차감하되, 그 배당금 등으로 납입할 보험료를 상계한 경우에는 배당금 등을 받아 보험료를 납입한 것으로 봄	

(4) 환매조건부 채권의 매매차익

구분	내용
적용대상	① 금융회사 등이 환매기간에 따른 사전약정이자율을 적용하여 환매수 또는 환매도하는 조건으로 매매하는 채권·증권의 매매차익을 말함. 금융회사 등이 발행한 것이 아니면 일반적인 채권의 매매차익(매각차익)으로서 소득세 과세대상이 아님 ② 사전약정이자율이 적용된 경우가 아닌 때에는 환매차익은 채권의 매매차익으로서 소득세 과세대상이 아님 → 일반적인 채권매매차익은 과세(×)
수입시기	약정에 의한 당해 채권 또는 증권의 환매수일 또는 환매도일. 다만, 기일 전에 환매수 또는 환매도하는 경우에는 그 환매수일 또는 환매도일로 함

(5) 직장공제회 초과반환금

구분	내용	
직장공제회	「민법」 또는 그 밖의 법률에 따라 설립된 공제회·공제조합으로서 동일 직장이나 직종에 종사하는 근로자들의 생활안정, 복리증진 또는 상호부조 등을 목적으로 구성된 단체를 말함	
무조건 분리과세	직장공제회 초과반환금은 종합소득과세표준에 합산하지 아니함	
초과반환금 (초과이익)	(반환금 − 납입공제료) + 반환금 추가이익	
과세표준	초과반환금 × (1 − 40%) − 납입연수공제*	
납입연수 공제*	납입연수	공제액
	5년 이하	30만원 × 납입연수
	5년 초과 10년 이하	150만원 + 50만원 × (납입연수 − 5년)
	10년 초과 20년 이하	400만원 + 80만원 × (납입연수 − 10년)
	20년 초과	1천 200만원 + 120만원 × (납입연수 − 20년)
	※ 납입연수가 1년 미만인 경우에는 1년으로 함	
산출세액 (원천징수세액)	$\dfrac{\text{과세표준}}{\text{납입연수}}$ × 기본세율 × 납입연수 → 연분연승법	
수입시기	약정에 의한 공제회반환금 지급일	
사례	① 직장공제회 반환금 60,000,000원 ② 납입공제료 30,000,000원 ③ 납입기간 118개월 [1] 초과반환금: 30,000,000 [2] 과세표준: 30,000,000 × (1 − 40%) − 4,000,000 = 14,000,000 [3] 산출세액: 14,000,000 × (1/10) × t × 10 = 840,000	

(6) 비영업대금의 이익

구분	내용
정의	금전의 대여를 사업목적으로 하지 아니하는 자가 일시적·우발적으로 금전을 대여함에 따라 지급받는 이자 또는 수수료 [비교] 대금업에서 발생한 이익이 아니므로 필요경비를 공제하지 아니함
총수입금액 계산 특례	비영업대금의 이익의 총수입금액을 계산할 때 해당 과세기간에 발생한 비영업대금의 이익에 대하여 과세표준확정신고 전에 해당 비영업대금이 채무자의 파산, 강제집행, 형의 집행, 사업의 폐지, 사망, 실종 또는 행방불명으로 회수할 수 없는 채권에 해당하여 채무자 또는 제3자로부터 원금 및 이자의 전부 또는 일부를 회수할 수 없는 경우에는 회수한 금액에서 원금을 먼저 차감하여 계산함. 이 경우 회수한 금액이 원금에 미달하는 때에는 총수입금액은 이를 없는 것으로 함
사례	┌──── 총수입금액 계산 특례 ────┐ **사례 1** ×1. 1. 1. 대여한 비영업대금의 원금 30,000,000원에 대하여 발생한 이자 3,000,000원을 ×1. 12. 31. 수령한 후 ×2. 5. 1. 채무자의 파산으로 원금 28,000,000원만 회수함. 나머지 원금채권 2,000,000원은 회수할 수 없는 것으로 확정됨 이자소득금액: 1,000,000 (∴ 과세표준확정신고 전 사유발생) (① 원금: 3,000,000 + 27,000,000, ② 이자: 1,000,000) **사례 2** ×1. 1. 1. 대여한 비영업대금의 원금 40,000,000원에 대하여 발생한 이자 4,000,000원을 ×1년 말에 모두 수령하였으나, ×2. 10. 1.에 채무자가 파산함에 따라 원리금 중 38,000,000원만 회수하고, 나머지 채권은 회수불능 사유가 발생하여 회수할 수 없는 것으로 확정됨 이자소득금액: 4,000,000 (∴ 과세표준확정신고 후 사유발생)
수입시기	[원칙] 약정에 의한 이자지급일 [예외] 이자지급일의 약정이 없거나 약정에 의한 이자지급일 전에 이자를 지급받는 경우 또는 총수입금액 계산 특례에 의하여 총수입금액 계산에서 제외하였던 이자를 지급받는 경우에는 그 이자지급일 [예] ① ×1. 12. 31. 이자지급약정일, ×2. 1. 5. 이자수령 → 수입시기 ×1년 ② ×1. 12. 24. 이자수령, ×2. 1. 2. 이자지급약정일 → 수입시기 ×1년 ③ ×1. 12. 31. 이자지급약정일, ×2. 5. 1. 채무자 파산, ×3. 12. 1. 원금초과분의 이자수령 → 수입시기 ×3년
원천징수세율	[원칙] 25% [예외] 「온라인투자연계금융업 및 이용자 보호에 관한 법률」에 따라 금융위원회에 등록한 온라인투자연계금융업자를 통하여 지급받는 이자소득에 대해서는 14%
상업어음 할인료	금융업을 경영하는 사업자 외의 자가 어음을 할인하고 할인료를 받는 경우 해당 할인료는 비영업대금의 이익으로서 이자소득에 해당함 → 원천징수세율 25%

(7) 유형별포괄주의

구분	내용
의의	① 이자소득과 유사한 소득으로서 금전의 사용에 따른 대가의 성격이 있는 것은 이자소득으로 과세함 ② 거주자가 일정기간 후에 같은 종류로서 같은 양의 채권을 반환받는 조건으로 채권을 대여하고 해당 채권의 차입자로부터 지급받는 해당 채권에서 발생하는 이자에 상당하는 금액은 유형별 포괄주의에 따른 이자소득에 포함됨 [비교] 이자소득 또는 배당소득 외의 소득으로서 물품(유가증권을 포함) 또는 장소를 일시적으로 대여하고 사용료로서 받는 금품은 기타소득에 해당
수입시기	약정에 따른 상환일. 다만, 기일 전에 상환하는 때에는 그 상환일

(8) 파생상품이자

구분	내용
의의	① 이자소득을 발생시키는 거래와 「자본시장과 금융투자업에 관한 법률」에 따른 파생상품이 대통령령으로 정하는 바에 따라 결합(실질상 하나의 상품과 같이 운영)된 경우 해당 파생상품의 거래 또는 행위로부터의 이익은 이자소득으로 과세함 ② 엔화예금과 엔화선물환계약의 결합 파생금융상품의 이익은 이러한 파생결합상품에 해당함
수입시기	약정에 따른 상환일. 다만, 기일 전에 상환하는 때에는 그 상환일

(9) 소기업·소상공인 공제부금

구분	임의 해약 (예 폐업 전)	사망·폐업·퇴임·노령 등	
		2015. 12. 31. 이전 가입자	2016. 1. 1. 이후 가입자
운용수익	기타소득	이자소득	퇴직소득
소득공제받은 원금	기타소득	과세 제외	
소득공제받지 못한 원금	과세 제외	과세 제외	과세 제외

2. 이자소득으로 보지 않는 범위(집행기준 16-0-1)

구분	내용	비고
사업소득 관련	물품을 매입할 때 대금의 결제방법에 따라 에누리되는 금액	(차) 매입채무 　(대) 매입에누리(I/S)
	외상매입금이나 미지급금을 약정기일 전에 지급함으로써 받는 할인액	(차) 매입채무 　(대) 매입할인(I/S)
	물품을 판매하고 대금의 결제방법에 따라 추가로 지급받는 금액 예 현금으로 결제하면 100만원, 3개월 만기 어음으로 결제하면 110만원일 때 추가 10만원	(차) 현금　　(대) 매출
	외상매출금이나 미수금의 지급기일을 연장하여 주고 추가로 지급받는 금액 → 연체이자	외상매출금이나 미수금이 소비대차로 전환된 경우에는 이자소득
	장기할부조건으로 판매함으로써 현금거래 또는 통상적인 대금의 결제방법에 의한 거래의 경우보다 추가로 지급받는 금액	당초 계약내용에 의하여 매입가액이 확정된 후 그 대금의 지급지연으로 실질적인 소비대차로 전환된 경우에는 이자소득
손해배상금에 대한 법정이자	법원의 판결 및 화해에 의하여 지급받는 손해배상금에 대한 법정이자는 이자소득으로 보지 않음	일반적으로 과세 제외
	위약 또는 해약을 원인으로 법원의 판결에 의하여 지급받는 손해배상금에 대한 법정이자	기타소득

3. 비과세 이자소득

(1) 「소득세법」상 비과세 이자소득

「공익신탁법」에 따른 공익신탁으로부터 발생하는 이자소득은 비과세한다.

(2) 「조세특례제한법」상 비과세 이자소득

구분	내용
장기주택마련저축	2012. 12. 31.까지 가입분에 한함
청년우대형 주택청약종합저축	청년우대형 주택청약종합저축에서 발생하는 이자소득은 500만원까지 비과세(가입기간 5년 전체를 합하여 500만원 한도) 요건 총급여 3,600만원 이하 또는 종합소득금액 2,600만원 이하 근로자인 무주택 청년 세대주가 연 600만원 이하를 납입
농어가목돈마련저축	농어민이 농어가목돈마련저축에 가입하여 해당 농어민 또는 그 상속인의 저축계약기간이 만료하거나 가입일로부터 1년 이후 사망·해외이주·천재지변 등의 사유로 저축을 해지하여 받은 이자소득과 저축장려금
비과세 종합저축	65세 이상의 노인·장애인·독립유공자 등에 해당하는 거주자의 비과세 종합저축에서 발생하는 이자소득(1인당 저축원금이 5천만원 이하에 한함)
농협 등 예탁금 이자소득	농업협동조합, 수산업협동조합, 신용협동조합, 새마을금고의 예탁금(1인당 3천만원 한도)에서 발생하는 이자소득
재형저축	재형저축에서 발생하는 이자소득(2015. 12. 31.까지 가입분에 한함)

구분	내용			
개인종합자산관리계좌(ISA) 개정	구분	가입대상자	비과세 한도* (5년간)	한도초과분
	서민형	직전 과세기간의 총급여액 5,000만원 이하(근로소득만 있는 자)	1,000만원	9% 분리과세 (국내투자형 ISA 가입자 중 금융소득 종합과세자는 14%)
		직전 과세기간의 종합소득금액 3,800만원 이하(직전 과세기간의 총급여액이 5천만원을 초과하지 않는 자)	1,000만원	
	농어민형	직전 과세기간의 종합소득금액 3,800만원 이하	1,000만원	
	국내투자형 신설	국내상장주식, 국내주식형 펀드에 가입한 경우(금융소득종합과세자를 포함하고, 일반투자형과 국내투자형 중 1계좌 가입하여야 함)	1,000만원 (서민·농어민형 2천만원)	
	일반형	그 외	500만원	
	* 이자소득과 배당소득을 합한 금액임			
장병내일준비적금	가입 당시 현역병 등이 장병내일준비적립금에 가입하는 경우 가입일부터 복무기간 종료일까지 해당 적금(월 55만원 한도)에서 발생하는 이자소득 → 비과세 적용기간 24개월			
청년희망적금	일정한 요건을 갖춘 청년으로서 전용계좌를 통하여 청년희망적금에 가입하여 받는 이자소득(납입한도 연 600만원) → 2022년까지 가입분에 한함			
청년도약계좌	총급여 7,500만원 이하 또는 종합소득금액 6,300만원 이하인 만 19세부터 34세 이하의 청년이 청년도약계좌에 가입하여 얻은 이자소득(납입한도 연 840만원) → 계약일로부터 3년 이내 해지 시 비과세분 추징 개정			

(3) 저축지원을 위한 조세특례의 제한

다음의 규정에 따라 이자소득 또는 배당소득에 대한 과세특례를 적용받는 계좌 가입일(아래 ③은 공모부동산집합투자기구의 집합투자증권의 최초 보유일, 아래 ⑤는 우리사주조합을 통한 취득일로 함) 또는 연장일이 속한 과세기간의 직전 3개 과세기간 중 1회 이상 금융소득 종합과세대상자에 해당하는 경우에는 해당 과세특례를 적용하지 아니한다.

① 청년우대형 주택청약종합저축에 대한 비과세
② 농어가목돈마련저축에 대한 비과세
③ 공모부동산집합투자기구의 집합투자증권의 배당소득에 대한 과세특례
④ 비과세 종합저축에 대한 과세특례
⑤ 우리사주조합원 등에 대한 과세특례
⑥ 조합 등 출자금 등에 대한 과세특례
⑦ 조합 등 예탁금에 대한 저율과세 등
⑧ 개인종합자산관리계좌에 대한 과세특례 (단, 국내투자형 ISA는 제외 개정)
⑨ 장병내일준비적금에 대한 비과세
⑩ 청년희망적금에 대한 비과세
⑪ 청년도약계좌에 대한 비과세

02 배당소득

1. 배당소득의 범위

(1) 실지배당

구분	내용
과세대상	① 내국법인으로부터 받는 이익이나 잉여금의 배당 또는 분배금 ② 법인으로 보는 단체로부터 받는 배당금 또는 분배금 ③ 내국법인으로 보는 신탁재산(법인과세 신탁재산)으로부터 받는 배당금 또는 분배금 ④ 외국법인으로부터 받는 이익이나 잉여금의 배당 또는 분배금
수입시기	┌ 무기명주식의 이익이나 배당: 그 지급을 받은 날 └ 잉여금의 처분에 의한 배당: 법인의 잉여금처분결의일

(2) 의제배당

구분	내용	
유형	① 감자·해산·합병·분할의 경우 지급받은 대가 감자·해산·합병·분할 등의 대가 - 소멸된 주식의 세무상 취득가액 ② 잉여금 자본전입으로 인한 의제배당(무상주 수령) 교부받은 주식 수 × 액면가액(주식배당은 발행가액)	
수입시기	주식의 소각, 자본감소, 자본전입(무상주)	주식의 소각, 자본의 감소 또는 자본에의 전입을 결정한 날이나 퇴사 또는 탈퇴한 날
	법인의 해산으로 인한 주식소멸	잔여재산의 가액이 확정된 날 → 해산등기일 아님
	법인의 합병으로 인한 주식소멸	합병등기를 한 날
	법인의 분할 또는 분할합병으로 인한 주식소멸	분할등기 또는 분할합병등기를 한 날
비교	다음의 규정은 「법인세법」과는 다른 규정임 ① 단기소각주식특례: 「법인세법」은 감자 전 2년 이내 취득한 무상주 중 의제배당으로 과세되지 않은 무상주가 있는 경우, 당해 무상주를 먼저 소각한 것으로 보며, 취득가액은 영(0)으로 함. 그러나 「소득세법」은 감자 전 2년 이내 취득한 무상주의 재원이 주식발행초과금인 경우에는 당해 무상주가 먼저 소각된 것으로 보지 않음 → 평균법 단가 적용 ② 의제배당 시 취득가액 추정: 감자·해산·합병·분할에 대한 의제배당을 계산하는 경우 주주가 소액주주이고, 주식을 보유한 주주가 다수이거나 주식의 거래가 빈번한 사유로 주식의 취득가액이 불분명한 경우 「소득세법」은 액면가액을 주식의 취득가액으로 보되, 주주가 액면가액이 아닌 다른 가액을 입증하는 경우에는 그러하지 아니함. 법인세는 취득가액 의제규정이 없음	

(3) 인정배당

구분	내용
정의	「법인세법」에 따라 배당으로 처분된 금액
수입시기	해당 법인의 해당 사업연도 결산확정일

(4) 집합투자기구

구분	내용
적격집합 투자기구	① 「소득세법」상 다음의 요건을 모두 충족하는 적격집합투자기구로부터의 이익은 배당소득 으로 과세함. 집합투자증권을 보유하고 있는 중에 지급받는 분배금뿐만 아니라 양도(환매) 하여 발생한 소득도 일률적으로 배당소득으로 과세함 　㉠ 「자본시장과 금융투자업에 관한 법률」에 따른 집합투자기구일 것 　㉡ 해당 집합투자기구의 설정일부터 매년 1회 이상 결산·분배할 것 　㉢ 금전으로 위탁받아 금전으로 환급할 것 ② 단, 국외에서 설정된 집합투자기구는 위의 요건을 갖추지 못한 경우에도 적격집합투자기 구로 봄
소득금액	① 적격집합투자기구의 이익에는 집합투자기구가 직접 또는 집합투자증권에 투자하여 취득한 증권으로서 다음 중 어느 하나에 해당하는 증권 또는 장내파생상품의 거래나 평가로 발생 한 손익을 포함하지 않음 　㉠ 증권시장에 상장된 증권[채권, 외국 집합투자기구의 주식 또는 수익증권, 국외 주가지 수를 기초자산으로 하는 상장지수집합투자기구의 주식 또는 수익증권, 국외 주가지수 를 기초자산으로 하는 상장지수증권(해외주식형 ETF·ETN은 제외)] → 상장주식 　㉡ 「벤처기업육성에 관한 특별조치법」에 따른 벤처기업의 주식 또는 출자지분 　㉢ 위 ㉠의 증권을 대상으로 하는 장내파생상품 ② 집합투자기구로부터의 이익은 「자본시장과 금융투자업에 관한 법률」에 따른 각종 보수 ·수수료 등을 뺀 금액으로 함
사례	<table><tr><th>소득구분</th><th>이익</th><th>직접투자</th><th>간접투자</th></tr><tr><td>상장주식 매매차익</td><td>1,000</td><td></td><td></td></tr><tr><td>상장주식 배당소득</td><td>2,000</td><td>2,000(배당)</td><td>2,000(배당)</td></tr><tr><td>채권의 매매차익</td><td>3,000</td><td></td><td>3,000(배당)</td></tr><tr><td>채권의 이자소득</td><td>4,000</td><td>4,000(이자)</td><td>4,000(배당)</td></tr></table>
수입시기	집합투자기구로부터의 이익을 지급받은 날 → 단, 원본에 전입하는 특약이 있는 분배금은 그 특약에 따라 원본에 전입되는 날

(5) 조각투자상품의 이익 신설 → 2025. 7. 1. 이후 지급받는 분부터 적용

구분	내용
조각투자상품	미술품·저작권·부동산 등 재산적 가치가 있는 자산에 대한 권리를 투자계약증권 또는 비금 전신탁 수익증권 형태로 분할·발행하여 다수 투자자가 투자·거래하는 신종 투자상품
배당소득의 범위	조각투자상품에 해당하는 투자계약증권과 비금전신탁 수익증권으로부터 얻는 이익 → 해당 조각투자상품에 투자하여 발생한 모든 이익(환매·매도, 해지, 해산 등 포함)을 배당소득(원 천징수대상)으로 함
Gross-up	적용하지 않음

(6) 파생결합증권

구분	내용
대상	파생결합증권·사채 또는 상장지수증권으로부터 발생한 이익
범위	① 파생결합증권에는 금 또는 은의 가격에 따라 수익이 결정되는 골드·실버뱅킹이 포함됨 ② ELS(주가지수연동펀드), DLS(파생결합증권), ETF(상장지수펀드), ETN(상장지수증권) 등 파생결합증권으로부터의 이익은 「소득세법」상 배당소득으로 과세됨. 다만, ELW(주식워런트)는 배당소득으로 과세하지 않으며, ELW 중에서 코스피 200 ELW만을 양도소득으로 과세함 → p.2-168 참고
수입시기	이익을 지급받은 날. 다만, 원본에 전입하는 뜻의 특약이 있는 분배금은 그 특약에 따라 원본에 전입되는 날

(7) 간주배당

구분	내용
개념	「국제조세조정에 관한 법률」에 따라 배당받은 것으로 간주된 금액 → 특정 외국법인의 유보소득 배당 간주
수입시기	특정 외국법인의 해당 사업연도 종료일의 다음 날부터 60일이 되는 날

(8) 「상법」 규정에 따라 자본준비금을 감액하여 받는 배당 → p.2-27 참고

구분	내용		
「상법」 규정	「상법」에 따르면 회사는 적립된 자본준비금 및 이익준비금 총액이 자본금의 1.5배를 초과하는 경우에 주주총회 결의에 따라 그 초과한 범위에서 자본준비금과 이익준비금을 감액할 수 있음		
원칙	「상법」에 따라 자본준비금을 감액하여 받은 배당은 배당소득에 포함하지 않음(∵ 주주가 납입한 자본을 반환받는 것임)		
	피투자회사		**주주**
	(차) 주식발행초과금	×××	배당소득으로 과세하지 않음
	(대) 현금	×××	→ 단, 주식의 취득원가 감액
예외	자본금 전입 시 의제배당(무상주 수령 시 의제배당)에 해당하는 자본준비금 감액은 배당소득에 포함		
	피투자회사		**주주**
	(차) 이익준비금	×××	배당소득으로 과세함
	(대) 현금	×××	→ 주식의 취득원가는 조정하지 않음

(9) 출자공동사업자

구분	내용
출자공동 사업자	다음 중 어느 하나에 해당하지 아니하는 자로서 공동사업의 경영에 참여하지 아니하고 출자 만 하는 자를 말함 ① 공동사업에 성명 또는 상호를 사용하게 한 자 ② 공동사업에서 발생한 채무에 대하여 무한책임을 부담하기로 약정한 자
배당소득	공동사업장에서 발생한 소득 중 출자공동사업자의 손익분배 비율(손익분배 비율이 없으면 지 분 비율)에 상당하는 금액은 배당소득으로 함 → 결손금을 다른 종합소득에서 공제할 수 없음

구분	업무집행공동사업자	출자공동사업자
사업소득 분배액	사업소득	배당소득
그 외 소득 분배액	소득원천별 구분	소득원천별 구분

구분		甲 출자공동사업자	乙 업무집행공동사업자
손익분배 비율		50%	50%
공동 사업장	사업소득 200	100(배당소득)	100(사업소득)
	이자소득 300	150(이자소득)	150(이자소득)

위 표에 대한 "사례" 행으로 정리:

구분	내용
과세방법	① 무조건 종합과세대상으로 하고, 이자·배당소득 종합과세기준금액(2천만원)을 초과하는지 여부를 판단할 때 제외함 → 사업소득과 유사하게 과세 ② 배당세액공제(Gross-up)를 적용하지 아니함
원천징수	원천징수세율은 25%로 함
수동적 동업자	① 동업기업과세특례를 적용받는 동업기업으로부터 수동적 동업자가 배분받은 소득은 배당 소득으로 과세함 → 원천징수세율 14%, 조건부 종합과세 [비교] 출자공동사업자의 배당소득: 무조건 종합과세 ② 수동적 동업자가 받는 배당소득은 배당세액공제(Gross-up)를 적용하지 아니함
수입시기	과세기간 종료일

(10) 유형별 포괄주의

구분	내용
의의	① 다른 배당소득과 유사한 소득으로서 수익분배의 성격이 있는 것 ② 주식대차거래에서 차주가 대주에게 대여의 목적물인 주식에서 발생하는 배당에 상당하 는 금액을 지급하는 경우, 비록 그 거래의 법적 형식이 소비대차라고 하더라도 그 금액 은 배당소득에 포함됨 [비교] 이자소득 또는 배당소득 외의 소득으로서 물품(유가증권을 포함) 또는 장소를 일시적으로 대여 하고 사용료로서 받는 금품은 기타소득
수입시기	그 지급을 받은 날

(11) 결합파생상품의 배당

구분	내용
의의	위의 소득을 발생시키는 거래 또는 행위와 파생상품이 결합된 경우 파생상품의 거래 또는 행위로부터의 이익
수입시기	그 지급을 받은 날

2. 의제배당

(1) 감자·해산·합병·분할의 경우 지급받은 대가

구분		내용
주식소각	의의	주식의 소각, 자본의 감소, 사원의 퇴사, 탈퇴 또는 출자의 감소로 인하여 주주·사원 또는 출자자가 취득하는 금전과 그 밖의 재산가액의 합계액이 주주 등이 해당 주식 또는 출자지분을 취득하기 위하여 사용한 금액을 초과하는 금액은 배당으로 의제함
	사례	甲은 A주식 1,000주를 다음과 같이 취득한 후, ×4. 3. 1.에 500주를 1주당 8,000 원에 감자하여 감자대가 4,000,000원을 수령함 표 ① ×3. 4. 1. 수령한 무상주가 주식발행초과금을 자본에 전입함에 따라 수령한 무상주인 경우의 의제배당금액: $$4,000,000 - 500주 \times 4,800^* = 1,600,000$$ * $(400 \times 5,000 + 200 \times 0 + 400 \times 7,000) \div 1,000$ ② ×3. 4. 1. 수령한 무상주가 주식의 포괄적 교환차익을 자본에 전입함에 따라 수령한 무상주인 경우의 의제배당금액: $$4,000,000 - (200 \times 0 + 300 \times 6,000^*) = 2,200,000$$ * $(400 \times 5,000 + 400 \times 7,000) \div 800$
해산	의의	해산한 법인(법인으로 보는 단체를 포함)의 주주·사원·출자자 또는 구성원이 그 법인의 해산으로 인한 잔여재산의 분배로 취득하는 금전이나 그 밖의 재산의 가액이 해당 주식·출자 또는 자본을 취득하기 위하여 사용된 금액을 초과하는 금액은 배당으로 의제함 → 조직변경은 제외
	사례	甲은 B주식회사의 해산으로 인해 토지 10,000,000원(시가)과 현금 20,000,000원을 잔여재산으로 분배받음. B주식의 취득가액은 18,000,000원일 때의 의제배당금액: $$(10,000,000 + 20,000,000) - 18,000,000 = 12,000,000$$
합병	의의	합병으로 소멸한 법인의 주주·사원 또는 출자자가 합병 후 존속하는 법인 또는 합병으로 설립된 법인으로부터 그 합병으로 취득하는 주식 또는 출자의 가액과 금전의 합계액이 그 합병으로 소멸한 법인의 주식 또는 출자를 취득하기 위하여 사용한 금액을 초과하는 금액은 배당으로 의제함
	사례	합병법인 A가 피합병법인 B를 흡수합병함에 따라 피합병법인 주주 甲은 합병법인 A의 주식 500주(1주당 시가 @20,000원)와 1주당 합병교부금 @2,000원을 수령함. 甲의 소멸된 주식이 1,000주(취득가액 @8,000원)일 때의 의제배당금액: ① 비적격합병 $(500주 \times 20,000 + 1,000주 \times 2,000) - 1,000주 \times 8,000 = 4,000,000$ ② 적격합병 $(1,000주 \times 8,000 + 1,000주 \times 2,000) - 1,000주 \times 8,000 = 2,000,000$

위 '주식소각'의 사례 표 내용:

일자	주식 수	취득단가	비고
×1. 4. 1.	400주	@5,000	유상취득
×3. 4. 1.	200주	@0	무상주
×3. 8. 1.	400주	@7,000	유상취득

구분		내용
분할	의의	법인이 분할하는 경우 분할되는 분할법인 또는 소멸한 분할합병의 상대방 법인의 주주가 분할로 설립되는 법인 또는 분할합병의 상대방 법인으로부터 분할로 취득하는 주식의 가액과 금전, 그 밖의 재산가액의 합계액(분할대가)이 그 분할법인 또는 소멸한 분할합병의 상대방 법인의 주식(분할법인이 존속하는 경우에는 소각 등으로 감소된 주식에 한정)을 취득하기 위하여 사용한 금액을 초과하는 금액은 배당으로 의제함

	사례	A주식회사의 인터넷 사업부를 분할하면서 A주식회사의 기존주주 甲에게 시가 5,000,000원의 주식을 교부하였음. 甲은 A주식회사의 주식을 4,000,000원에 취득한 바 있는데, 이 가운데 분할로 소멸하는 주식의 세무상 장부가액은 2,000,000원임
		
		 ① 비적격분할
		     5,000,000 − 2,000,000 = 3,000,000
		 ② 적격분할
		     2,000,000 − 2,000,000 = 0

(2) 잉여금 자본전입으로 인한 의제배당(무상주 수령) ⇒ 「법인세법」과 동일함

자본에 전입하는 잉여금		발생 시 익금	의제배당 여부	Gross-up 대상
주식발행 초과금	일반	×	×	×
	출자전환 시 발생한 채무면제이익	○	○	○
	이익잉여금으로 상환된 상환주식의 주식발행액면초과액	○	○	○
주식의 포괄적 교환 및 이전차익		×	×	×
감자차익	일반적인 감자차익	×	×	×
	자기주식 소각 / 소각 시 시가 > 취득가	×	○	×
	소각 시 시가 ≤ 취득가 (2년 내 자본전입)	×	○	×
	소각 시 시가 ≤ 취득가 (2년 후 자본전입)	×	×	×
자기주식처분이익		○	○	○
법인이 자기주식을 보유한 상태에서 익금불산입 항목인 자본잉여금을 자본전입함에 따라 당해 법인이 배정받지 아니하여 다른 주주의 지분 비율이 증가한 경우			○	×
재평가 적립금	1% 재평가세율 적용분	○	○	×
	3% 재평가세율 적용분	×	×	×
이익잉여금		○	○	○

(3) 법정준비금 감액배당 시 배당소득세 과세 여부

법정준비금 감액 재원				과세 여부	Gross-up
이익준비금				○	적용
자본 준비금	주식발행 액면초과액	일반적인 주식발행액면초과액		×	−
		채무의 출자전환 시 채무면제이익		○	적용
		상환주식의 주식발행액면초과액 중 이익잉여금으로 상환된 금액		○	적용
	주식의 포괄적 교환 및 이전차익			×	−
	감자차익	일반적인 감자차익		×	−
		자기주식소각이익으로서 소각 시 시가가 취득가액을 초과하거나 소각일로부터 2년 내 자본전입분		○	적용*
	합병차익	적격합병	㉠ 자산평가이익, ㉡ 피합병법인의 이익잉여금, ㉢ 의제배당대상 자본잉여금(1% 재평가적립금 등),	○	적용
			㉣ 3% 재평가적립금	○	배제
		기타		×	−
	분할차익	적격분할	㉠ 자산평가이익, ㉡ 분할감자차익(1% 재평가적립금 등)	○	적용
			㉢ 3% 재평가적립금	○	배제
		기타		×	−
「자산재평가법」에 따른 재평가적립금	1% 재평가세율 적용분 재평가적립금 감액			○	적용
	3% 재평가세율 적용분 재평가적립금 감액			○	배제

* 법률에 Gross-up을 배제한다는 별도의 조항이 없음

3. 비과세 배당소득

(1) 「소득세법」상 비과세 배당소득

「공익신탁법」에 따른 공익신탁으로부터 발생하는 배당소득은 비과세한다.

(2) 「조세특례제한법」상 비과세 배당소득

구분	내용		
영농조합법인 배당소득	영농조합법인의 조합원이 영농조합법인으로부터 받는 배당소득		
	구분		과세 여부
	작물재배업	식량작물재배업	면제
		기타 작물재배업 (법인세가 면제되는 소득)	면제
	그 밖의 소득		1,200만원 이하는 면제
영어조합법인 배당소득	영어조합법인의 조합원이 영어조합법인으로부터 받는 배당소득 중 1,200만원 이하의 금액		

구분	내용		

구분	구분		과세 여부
농업회사법인 배당소득	작물재배업	식량작물재배업	면제
		기타 작물재배업	분리과세(14%)
	축산업, 임업, 부대사업소득		

구분	내용
장기주택마련저축	장기주택마련저축에서 발생한 배당소득(2012. 12. 31. 이전 가입자에 한함)
비과세 종합저축	65세 이상의 노인·장애인·독립유공자 등에 해당하는 거주자의 비과세 종합저축에서 발생하는 배당소득(1인당 저축원금이 5천만원 이하에 한함)
청년도약계좌 배당소득	총급여 7,500만원 이하 또는 종합소득금액 6,300만원 이하인 만 19세부터 34세 이하의 청년이 청년도약계좌에 가입하여 얻은 배당소득(납입한도 연 840만원)
장기보유우리사주 배당소득	소액주주인 우리사주조합원이 우리사주조합을 통하여 취득한 후 증권금융회사에 1년 이상 예탁한 주식의 배당소득(개인별 액면가액이 1,800만원 이하일 것)
농협 등 출자금 배당소득	농업협동조합, 수산업협동조합, 신용협동조합, 새마을금고에 출자한 거주자의 출자금(1인당 1천만원 한도)에 대한 배당소득과 조합원이 그 금융기관으로부터 받는 사업 이용 실적에 따른 배당소득
재형저축	재형저축에서 발생하는 배당소득(2015. 12. 31.까지 가입분에 한함)

구분	가입대상자	비과세 한도* (5년간)	한도초과분
서민형	직전 과세기간의 총급여액 5,000만원 이하(근로소득만 있는 자)	1,000만원	9% 분리과세 (국내투자형 ISA 가입자 중 금융소득 종합과세자는 14%)
	직전 과세기간의 종합소득금액 3,800만원 이하(직전 과세기간의 총급여액이 5천만원을 초과하지 않는 자)	1,000만원	
농어민형	직전 과세기간의 종합소득금액 3,800만원 이하	1,000만원	
국내 투자형 [신설]	국내상장주식, 국내주식형 펀드에 가입한 경우(금융소득종합과세자를 포함하고, 일반투자형과 국내투자형 중 1계좌에 가입하여야 함)	1,000만원 (서민·농어민형 2천만원)	
일반형	그 외	500만원	

개인종합자산관리계좌(ISA) [개정]

* 이자소득과 배당소득을 합한 금액임

03 금융소득 종합과세 및 원천징수

1. 과세방법

구분		내용
금융소득금액		이자소득금액 = 이자소득 − 비과세 − 분리과세 배당소득금액 = 배당소득 − 비과세 − 분리과세 + 배당가산액(Gross-up)
과세방법	원칙	금융소득을 지급하는 자는 원천징수하여야 하며, 금융소득이 있는 자는 금융소득을 종합소득에 합산하여 신고하여야 함
	예외적 분리과세	① 금융소득금액이 종합과세기준금액(2천만원) 이하이면서 원천징수된 금융소득은 분리과세함. 종합과세기준금액(2천만원)을 계산할 때 출자공동사업자의 배당소득은 합산하지 아니함 ② 금융소득이 종합과세기준금액(2천만원) 이하인 경우 소득세가 원천징수된 부분은 종합소득과세표준에 포함하지 않고 원천징수로 과세가 종결되지만 소득세가 원천징수되지 않은 금융소득(국외금융소득 등)이 포함되어 있으면 그 금액은 종합소득과세표준에 포함함
	무조건 종합과세	**출자공동사업자의 배당소득** — 출자공동사업자의 분배금은 종합과세기준금액 산정 시 금융소득으로 보지 않으므로 출자공동사업자의 분배금은 그 금액이 얼마인지 또는 원천징수 여부에 상관없이 종합소득과세표준에 합산하여 신고하여야 함. 원천징수세율은 25%임
		원천징수되지 아니한 이자·배당소득 — ① 국내에서 지급되는 이자소득 또는 배당소득 중 원천징수되지 아니한 소득은 2천만원 이하인 경우에도 다른 종합소득에 합산하여야 함 ② 원천징수대상이 아닌 국외에서 받은 이자소득 또는 배당소득(국내에서 대리인이 원천징수한 것은 조건부 종합과세대상임)

2. 무조건 분리과세

(1) 「소득세법」

구분		내용
법원보증금 이자		「민사집행법」에 따라 법원에 납부한 보증금 및 경락대금에서 발생하는 이자소득(14%)
비실명 금융소득	대상	「금융실명거래 및 비밀보장에 관한 법률」의 규정에 의한 실지명의가 확인되지 아니하는 소득
	원천징수세율	┌ 금융실명제가 적용되는 금융기관: 90% └ 일반법인: 45%
	원천징수특례	원천징수의무자가 「금융실명거래 및 비밀보장에 관한 법률」에 따른 차등과세가 적용되는 이자 및 배당소득에 대하여 고의 또는 중대한 과실 없이 14%의 세율로 원천징수한 경우에는 해당 계좌의 실질 소유자가 소득세 원천징수 부족액(가산세 포함)을 납부하여야 함
직장공제회 초과반환금		연분연승법에 따라 기본세율을 적용하여 원천징수하고 과세 종결 $$[\text{초과반환금} \times (1 - 40\%) - \text{납입연수공제}] \times \frac{1}{n} \times \text{기본세율} \times n$$

분리과세 신청한 장기채권 또는 장기저축의 이자와 할인액(2018. 1. 1. 전 발행분에 한함)

장기채권 중 분리과세 신청분	채권 발행 시기	보유기간요건	과세방법	원천징수세율
	① 12. 12. 31. 이전		분리과세 선택	30%
			조건부 종합과세	14%
	② 13. 1. 1. ~ 17. 12. 31.	3년 이상 보유	분리과세 선택	30%
			조건부 종합과세	14%
	③ 18. 1. 1. 이후		조건부 종합과세 (분리과세 선택 불가)	14%

구분	내용
법인 아닌 단체가 수령한 금융소득	법인으로 보는 단체 외의 단체 중 수익을 구성원에게 배분하지 아니하는 단체로서 단체명을 표기하여 금융거래를 하는 단체가 금융회사 등으로부터 받는 이자소득 및 배당소득

(2) 「조세특례제한법」

구분	내용	원천징수세율
영농(영어)조합법인 배당소득	영농·영어조합법인으로부터 조합원이 받는 배당소득 중 소득세가 면제되는 금액을 제외한 배당소득	5% (저율분리과세)
농업회사법인 배당소득	식량작물재배업 외의 작물재배업과 부대사업소득에서 발생하는 배당소득	14%
투융자집합투자기구	거주자가 전용계좌를 통하여 1억원을 한도로 투융자펀드 등 인프라펀드에 투자하여 받는 배당소득	14%

공모부동산집합투자기구 (공모리츠)	공모부동산집합투자기구의 집합투자증권에서 발생하는 배당소득(거주자별 투자금액이 5천만원을 초과하지 않는 범위에서 투자일부터 3년 이내 지급받는 경우에 한정)	9% (저율분리과세)
세금우대종합저축	2014. 12. 31. 이전에 가입한 것에 한하여 적용	9% (저율분리과세)
개인종합자산관리계좌 (ISA)	비과세 한도(500만원, 1,000만원) 초과분	9% (저율분리과세)
개인투자용 국채	개인투자용 국채를 매입 후 만기까지 보유 시 발생하는 이자소득 → 1인당 매입금액 총 2억원 한도	14%

3. 배당가산액(Gross-up)

구분	내용
의의	거주자의 종합소득과세표준에 배당소득이 포함되어 있는 경우 그 배당소득의 일정한 비율(배당수령액의 10%)에 상당하는 금액을 종합소득에 가산한 후, 종합소득산출세액에서 공제함

계산원리						

	개인사업		법인사업			
			법인단계		주주단계	
	사업소득	10,000	사업소득	10,000	→ 배당소득	9,100
	세율	30%	세율	9%	세율	30%
	① 소득세	3,000	②, ③ 법인세	900	소득세	② 2,730
	세후이익	7,000	세후이익	9,100		

Gross-up 도입 시:

배당소득	10,000*	
세율	30%	
산출세액	3,000	
배당세액공제	(900)	
소득세	③ 2,100	

* 9,100 + 900(법인세액 가산) = 10,000
① 사업소득으로 과세되는 경우 세금 부담액 = 3,000
② 법인사업 시 세금 부담액(Gross - up 도입 ×)
  = 법인세 900 + 소득세 2,730 = 3,630
③ 법인사업 시 세금 부담액(Gross - up 도입 ○)
  = 법인세 900 + 소득세 2,100 = 3,000

적용대상 배당소득	① 내국법인으로부터 받는 이익이나 잉여금의 배당 또는 분배금 ② 법인으로 보는 단체로부터 받는 배당금 또는 분배금 ③ 의제배당 → 아래 적용배제 배당재원은 예외 ④ 「법인세법」에 따라 배당으로 처분된 금액 ⑤ 「자본시장과 금융투자업에 관한 법률」에 따른 경영참여형 사모집합투자기구로부터의 이익 → 법인과세신탁으로부터 수령하는 배당금은 적용대상 배당소득에 열거되지 않음

구분	내용
	Gross-up 대상 배당소득이라고 할지라도 배당재원이 다음과 같은 경우에는 Gross-up을 적용하지 않음
	① 자기주식소각이익의 자본전입에 따른 무상주 의제배당
	② 법인이 자기주식을 보유한 상태에서 과세되지 않은 잉여금(의제배당으로 과세되지 않는 자본잉여금)을 자본금에 전입함에 따라 그 법인 외의 주주의 지분 비율이 증가한 경우 그 증가한 지분비율에 상당하는 주식가액
	③ 1% 재평가세율이 적용되는 토지의 재평가차액의 자본전입으로 인한 의제배당 → 법인단계에서 익금항목이나 압축기장충당금을 설정하여 손금산입되었으므로 실질적으로 과세되지 않은 것으로 간주 [비교] 1% 재평가세율이 적용되는 토지의 재평가차액을 감액하여 받는 배당은 Gross-up함
	④ 자산재평가법의 재평가적립금 처분규정을 위반하여 3% 재평가적립금을 감액하여 받은 배당(합병·분할차익 중 피합병법인 또는 분할법인의 3% 재평가적립금 상당액 포함) [개정]
	⑤ 자본의 감소로 주주인 내국법인이 취득한 재산가액이 당초 주식의 취득가액을 초과하는 금액(유상감자 시 주식 취득가액 초과금액) [개정]
	⑥ 동업기업과세특례를 적용받는 법인으로부터의 수입배당금
	⑦ 「조세특례제한법」에 따라 최저한세의 적용을 받지 않는 감면법인으로부터 받은 수입배당금 → 감면율이 100%인 사업연도에 한정함
	⑧ 지급배당 소득공제를 받은 유동화전문회사, 프로젝트금융투자회사, 법인과세 신탁재산으로부터 받은 배당금 → 해당 법인단계에서 배당금 지급 시 법인세가 과세되지 않음
적용배제 배당재원	<table><tr><td>대상법인</td><td colspan="2">배제 비율</td></tr><tr><td>유동화전문회사, 동업기업과세특례</td><td colspan="2">100%</td></tr><tr><td>지방이전감면 법인 등</td><td>직전 2개 사업연도의 감면대상 소득금액 합계액 × 감면율 ──────────────────────── 직전 2개 사업연도의 총소득금액의 합계액</td></tr></table>

	지방이전 세액감면법인으로부터 수령한 배당			
구분	×1년	×2년	×3년
---	---	---	---
각사업연도소득	100,000	100,000	–
감면대상 소득	80,000	100,000	–
감면율	100%	50%	–
배당금 지급액	–	–	100,000

위 회사의 주식을 전부 개인주주 甲이 가지고 있음

① Gross-up 배제금액:

$$100,000 \times \frac{(80,000 \times 100\% + 100,000 \times 50\%)}{(100,000 + 100,000)} = 65,000$$

② Gross-up 대상 배당소득 $= 100,000 - 65,000 = 35,000$

적용요건	Gross-up 적용대상 배당소득으로서 다음의 요건을 모두 충족한 배당소득만 Gross-up을 적용함 ① 법인세가 과세된 소득을 재원으로 하는 배당소득 ② 내국법인으로부터 받는 배당소득 ③ 종합소득과세표준에 포함된 배당소득으로서 이자소득 등의 종합과세기준금액(2천만원)을 초과한 것
금융소득금액 구성순서	배당가산액(Gross-up)을 최대화하기 위하여 금융소득은 다음과 같은 순서로 구성된 것으로 봄 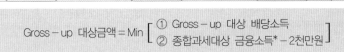

적용요건	Gross-up 적용대상 배당소득으로서 다음의 요건을 모두 충족한 배당소득만 Gross-up을 적용함 ① 법인세가 과세된 소득을 재원으로 하는 배당소득 ② 내국법인으로부터 받는 배당소득 ③ 종합소득과세표준에 포함된 배당소득으로서 이자소득 등의 종합과세기준금액(2천만원)을 초과한 것
금융소득금액 구성순서	배당가산액(Gross-up)을 최대화하기 위하여 금융소득은 다음과 같은 순서로 구성된 것으로 봄 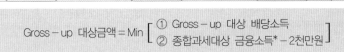

구분	내용
사례	① 甲은 ㈜A로부터 무상주 2,000주를 수령하였는데 ㈜A의 무상주 교부현황은 다음과 같음. ㈜A의 1주당 액면가액은 5,000원이고, 甲은 아래 무상주 수령 이외에 정기예금이자 20,000,000원이 있음

① 甲은 ㈜A로부터 무상주 2,000주를 수령하였는데 ㈜A의 무상주 교부현황은 다음과 같음. ㈜A의 1주당 액면가액은 5,000원이고, 甲은 아래 무상주 수령 이외에 정기예금이자 20,000,000원이 있음

주주현황	무상주 교부 전 주식 수	교부된 무상주
甲	4,000주	2,000주
乙	4,000주	2,000주
㈜A	2,000주	
합계	10,000주	4,000주

② ㈜A의 무상주 교부 재원은 다음과 같음

구분	금액
주식발행초과금 (출자전환 시 채무면제로 인한 것이 아님)	8,000,000원
이익잉여금	12,000,000원
합계	20,000,000원

① 의제배당금액

구분	1차 배정분(40%)	2차 배정분(20% × $\frac{40\%}{80\%}$)
주식발행초과금	3,200,000	800,000
이익잉여금	4,800,000(G)	1,200,000(G)
합계	8,000,000	2,000,000

㉠ 2차 배정분은 자기주식에 대해 재배정받는 비율로 함. 자기주식 보유 비율(20%)에 기타주주 중 甲의 보유 비율(50%)을 곱한 비율 10%로 함
㉡ 甲이 수령한 주식 수 2,000주에서 무상증자 주식 수 4,000주(증자금액을 액면금액으로 나눈 수) 중 본래의 지분 비율에 따른 배정주식 수(4,000주 × 40% = 1,600주)를 초과한 400주가 2차 배정주식 수임
② 배당가산액(Gross - up)
(4,800,000 + 1,200,000) × 10% = 600,000

4. 원천징수세율(「소득세법」) → 「조세특례제한법」상 분리과세대상 원천징수세율은 p.2-30 참고

구분		원천징수세율	분리과세대상
이자소득	일반적인 이자소득	14%	−
	비영업대금이익(적격 P2P 투자 이자)	25%(14%)	−
	법원에 납부한 보증금 및 경락대금에서 발생하는 이자소득	14%	○
	법인 아닌 단체 중 수익을 구성원에게 분배하지 아니하는 단체가 단체명을 표시하여 거래하는 금융소득	14%	○
	직장공제회 초과반환금	기본세율	○
	비실명이자소득(금융기관)	45%(90%)	○
	대통령령으로 정하는 장기채권(만기 10년 이상, 3년 이상 보유)의 이자와 할인액으로서 분리과세 신청한 것	30% (2018. 1. 1. 전 채권 발행분에 한함)	○
배당소득	일반적인 배당소득	14%	−
	비실명배당소득	45%(90%)	○
	출자공동사업자의 배당소득	25%	종합과세
	수동적 동업자의 배당소득	14%	−
	주주환원 확대 상장기업 주주의 배당 [개정] → 2026년 이후 지급분부터 적용	9%	분리과세 선택 가능

04 금융소득이 있는 경우 종합소득금액 산출세액

1. 종합소득산출세액 계산구조

종합소득과세표준
(×) 기본세율
  종합소득산출세액
(+) 가산세
  종합소득총결정세액
(−) 기납부세액
  종합소득자진납부세액

과세표준	세율
1,400만원 이하	과세표준 × 6%
1,400만원 초과 5,000만원 이하	840,000 + 1,400만원 초과금액 × 15%
5,000만원 초과 8,800만원 이하	6,240,000 + 5,000만원 초과금액 × 24%
8,800만원 초과 1억 5천만원 이하	15,360,000 + 8,800만원 초과금액 × 35%
1억 5천만원 초과 3억원 이하	37,060,000 + 1억 5천만원 초과금액 × 38%
3억원 초과 5억원 이하	94,060,000 + 3억원 초과금액 × 40%
5억원 초과 10억원 이하	174,060,000 + 5억원 초과금액 × 42%
10억원 초과	384,060,000 + 10억원 초과금액 × 45%

2. 금융소득이 있는 경우 산출세액 계산 특례

구분		내용
일반산출세액		(종합소득과세표준 − 2천만원) × 기본세율 + 20,000,000 × 14%
		금융소득이 2천만원을 초과하는 경우 금융소득을 전액 종합과세하되, 2천만원까지는 14%의 세율을 적용하고 2천만원 초과분에 대해서는 기본세율(누진세율)을 적용함
비교산출세액	일반적인 경우	금융소득을 제외한 종합소득과세표준 × 기본세율 + 금융소득 총수입금액 × 원천징수세율(14%, 25%)

① 금융소득을 종합소득에 포함한 경우 금융소득에 대한 원천징수세액을 기납부세액으로 공제함에 따라 환급세액이 발생하여서는 안 됨

② 이에 따라 금융소득 종합과세 시 산출세액(일반산출세액)과 금융소득을 종합소득에 포함하지 않을 경우의 총부담세액(비교산출세액)을 비교하여 큰 세액을 납부함

─── 비교산출세액(출자공동사업자의 배당소득 無) ───

구분	금액	비고
정기예금이자	12,000,000	
비영업대금이익	8,000,000	25% 원천징수
상장법인배당	10,000,000	G-up 1,000,000
사업소득금액	50,000,000	
종합소득공제	10,000,000	
종합소득과세표준	71,000,000	

① 일반산출세액

$(71,000,000 - 20,000,000) \times t + 2,800,000 = 9,280,000$

② 비교산출세액 = ㉠ + ㉡ = 9,820,000

㉠ 금융소득을 제외한 종합소득과세표준 × 기본세율

$= (50,000,000 - 10,000,000) \times t = 4,740,000$

㉡ 금융소득 총수입금액 × 원천징수세율(14%, 25%)

$= 22,000,000 \times 14\% + 8,000,000 \times 25\% = 5,080,000$

비교산출세액	출자공동 사업자의 배당소득이 있는 경우	출자공동사업자의 배당소득을 일반적인 사업소득으로 취급하는 경우와 금융소득으로 취급하는 경우로 나눔. 일반적인 사업소득으로 취급하면 ① 금융소득을 제외한 종합소득과세표준에 포함하고, 금융소득으로 취급하면 ② 금융소득 총수입금액에 포함하여 계산함

<table>
<tr><td colspan="2" align="center">── 비교산출세액(출자공동사업자의 배당소득 有) ──</td></tr>
<tr><td align="center">구분</td><td align="center">금액</td></tr>
<tr><td align="center">사업소득금액</td><td align="center">30,000,000</td></tr>
<tr><td align="center">출자공동사업자 배당소득금액</td><td align="center">30,000,000</td></tr>
<tr><td align="center">종합소득공제</td><td align="center">4,600,000</td></tr>
<tr><td align="center">종합소득과세표준</td><td align="center">55,400,000</td></tr>
</table>

① 일반산출세액(출자공동사업자의 배당을 사업소득으로 간주):
  $55,400,000 \times 기본세율 = 7,536,000$
② 비교산출세액(출자공동사업자의 배당을 금융소득으로 간주):
  $(30,000,000 - 4,600,000) \times 기본세율 + 30,000,000 \times 14\%$
  $= 6,750,000$

비교산출세액 적용 시 원천징수세율		

구분	세율
출자공동사업자의 소득	14%
국외금융소득	14%
비영업대금이익 (국외 비영업대금이익 포함)	25%
주주환원기업 배당 개정 → 2026년 이후 지급분부터 적용	9%(25%)

배당세액공제	① 배당가산액(Gross – up)을 배당소득 총수입금액에 가산하여 과세표준을 계산한 후, 배당가산액(Gross – up)을 종합소득산출세액에서 공제하는 것을 배당세액공제라고 함 ② 금융소득을 종합소득에 포함시켜 증가된 산출세액보다 배당세액공제액이 큰 경우 금융소득 종합과세의 실효성이 없으므로 다음과 같이 배당세액공제한도를 둠

$$Min \begin{bmatrix} ⊙ \text{ Gross – up 금액} \\ ⓛ \text{ 종합소득산출세액 – 비교산출세액} \end{bmatrix}$$

3. 주주환원 확대기업 배당이 있는 경우 → 2026년 이후 지급받는 분부터 적용

구분	내용
의의	주주환원 확대 상장기업의 개인주주가 받은 현금배당의 일부를 분리과세
주주환원 확대 기업 (요건)	다음 요건을 모두 충족한 상장기업(코넥스는 제외) ① 해당 사업연도 종료일까지 기업가치 제고 계획을 공시 이행한 기업 ② 배당(결산·중간·분기배당, 자사주소각 포함)금액이 직전연도 대비 증가할 것 ③ 배당(결산·중간·분기배당, 자사주소각 포함)금액이 직전 3년 평균 대비 5% 이상 증가할 것
과세방식	현금배당금액 중 대상소득금액의 일부를 9% 원천징수하고, 종합과세대상 금액은 25% 세율로 분리과세 선택 적용함 산출세액 = Min(①, ②) ① 과세특례대상 배당금액 × 25% + 그 외 금융소득 × 비교 종합과세 ② 과세특례대상 배당금액(2천만원 한도) × 9% + 그 외 금융소득 × 비교 종합과세
사례 공통자료	2026년 A 상장기업의 개인주주 소득내역(분리과세 소득금액 비율 30%) 甲: 배당소득 1,200만원, 다른 소득 없음 → 과세특례 배당 360만원 乙: 배당소득 3,600만원, 다른 소득 없음 → 과세특례 배당 1,080만원 丙: 배당소득 3,600만원, 다른 소득 10억원 → 과세특례 배당 1,080만원

甲의 배당		
	현행	1,200만원 × 14%, 분리과세 종결
	개정	360만원 × 9% + 840만원 × 14%로 납세 종결

乙의 배당		
	현행	Max[① 3,600만원 × 14%, ② 2천만원 × 14% + 1,600만원 × t]
	개정	Min[①, ②] ① 25% 분리과세 선택 → 종합과세기준금액(2천만원)에 과세특례 대상 소득을 제외, 과세특례 대상 배당소득에 대해 25% 세율 적용 1,080만원 × 25% + Max [ⓐ 2,520만원 × 14% ⓑ 2천만원 × 14% + 520만원 × t] ② 분리과세 선택하지 않는 경우 → 종합과세기준금액(2천만원)에 과세특례 대상 소득을 포함, 과세특례 대상 배당소득에 대해 9% 세율 적용 Max [ⓐ 1,080만원 × 9% + 2,520만원 × 14% ⓑ 1,080만원 × 9% + 920만원 × 14% + 1,600만원 × t]

丙의 배당		
	현행	Min [ⓐ 3,600만원 × 14% + 10억원 × t ⓑ 2천만원 × 14% + 10억 1,600만원 × t]
	개정	Min[①, ②] ① 25% 분리과세 선택 → 일반산출세액 계산 시 종합과세기준금액(2천만원)에 과세특례 대상 소득을 제외, 과세특례 대상 배당소득에 대해 25% 세율 적용 1,080만원 × 25% + Max [ⓐ 2,520만원 × 14% + 10억원 × t ⓑ 2천만원 × 14% + 10억 520만원 × t] ② 분리과세 선택하지 않는 경우 → 일반산출세액 계산 시 종합과세기준금액(2천만원)에 과세특례 대상 소득을 포함, 과세특례 대상 배당소득에 대해 9% 세율 적용 Max [ⓐ 1,080만원 × 9% + 2,520만원 × 14% + 10억원 × t ⓑ 1,080만원 × 9% × 920만원 × 14% + 10억 1,600만원 × t]

4. 금융소득 문제 풀이 방식 → 2025년까지

구분	이자	배당	출자	비고
① 비영업대금이익	×××			25% 대상 표시
② 내국법인배당		×××		Gross-up 대상 구분
소계	×××	×××		2,000만원 초과 시 종합과세
③ 출자공동사업자			×××	무조건 종합과세
합계	×××	×××	×××	

제3장

사업소득

3 사업소득

01 사업소득의 범위

구분		내용
사업소득의 개념		사업소득은 영리를 목적으로 자기의 계산과 책임하에 계속적·반복적으로 행하는 활동을 통하여 얻는 소득을 말함
	영리목적성	영리를 목적으로 하는 행위에 한하여 사업소득으로 과세할 수 있음 [비교] 「부가가치세법」상 사업자는 영리목적에 관계없음
	독립성	자기의 계산과 책임하에 이루어지는 소득활동이라는 점에서 근로소득과 구분됨. 구체적으로 사업과 관련하여 다른 사업자에게 고용되거나 종속되지 않아야 함을 의미
	계속·반복성	사업소득이 되기 위해서는 사업의 정도에 이르러야 하고 이를 위해서는 계속적·반복적 활동이 있어야 함. 계속·반복성은 사업소득과 다른 소득(이자소득, 기타소득, 양도소득)의 구분에 중요한 기준이 됨 [예] 부동산매매가 계속·반복적으로 이루어지는 경우에는 부동산매매업, 일시적·우발적으로 이루어진 경우에는 양도소득임. 단, 조세회피방지를 위해 부동산매매업은 비교과세특례를 적용함
사업소득의 범위		사업소득은 해당 과세기간에 발생한 다음의 소득으로 함. 다만, 「전자상거래 등에서의 소비자보호에 관한 법률」에 따라 통신판매중개를 하는 자를 통하여 물품 또는 장소를 대여하고 연간 500만원 이하의 사용료로서 받은 금품을 기타소득으로 원천징수하거나 과세표준확정신고를 한 경우에는 그러하지 아니함 ① 농업(작물재배업 중 곡물 및 기타 식량작물재배업은 제외)·임업 및 어업 ② 광업, 제조업, 건설업 ③ 전기, 가스, 증기 및 수도사업, 하수·폐기물처리, 원료재생 및 환경복원업 ④ 도매 및 소매업, 운수업, 숙박 및 음식점업 ⑤ 출판, 영상, 방송통신 및 정보서비스업 ⑥ 금융 및 보험업 ⑦ 부동산업 및 임대업(공익사업과 관련한 지역권·지상권의 설정·대여는 기타소득) ⑧ 전문, 과학 및 기술서비스업(특정 연구개발업 제외)에서 발생하는 소득 ⑨ 사업시설관리 및 사업지원서비스업 ⑩ 교육서비스업(특정 교육기관 제외) ⑪ 보건업 및 사회복지서비스업(특정 사회복지사업, 장기요양사업 제외) ⑫ 예술, 스포츠 및 여가 관련 서비스업 　→ 연예인 및 직업운동선수 등이 사업활동과 관련하여 받는 전속계약금은 사업소득에 포함 ⑬ 협회 및 단체(특정 협회 및 단체는 제외), 수리 및 기타 개인서비스업에서 발생하는 소득 ⑭ 가구 내 고용활동에서 발생하는 소득 ⑮ 복식부기의무자가 차량 및 운반구 등 사업용 유형자산을 양도함으로써 발생하는 소득(단, 양도소득에 해당하는 경우는 제외) → 유형자산의 감가상각비는 필요경비로 공제하면서 그 처분이익은 과세대상에서 제외하는 것은 불합리하고, 내국법인과의 과세형평 유지하기 위함 ⑯ 그 밖에 위의 소득과 유사한 소득으로서 영리를 목적으로 자기의 계산과 책임하에 계속적·반복적으로 행하는 활동을 통하여 얻는 소득 → 유형별 포괄주의

		구분		계속·반복적	일시적
사업구분 (사례)	부동산판매	신축	주택	건설업(사업소득)	
			상가	부동산매매업(사업소득)	양도소득
		기존 부동산양도		부동산매매업(사업소득) → 비교과세특례 적용	양도소득

	부동산임대업 (결손금 공제제한)	① 부동산 또는 부동산상 권리(예 지상권·지역권·전세권)의 대여 　비교 공익사업과 관련한 지역권·지상권의 대여는 기타소득 ② 공장재단 또는 광업재산의 대여 　비교 별도로 기계만 임대하는 경우에는 시설임대소득 ③ 채굴에 관한 권리의 대여 　비교 광업권자 등이 자본적 지출·수익적 지출을 제공하는 조건으로 대여하고 받는 　　　분철료 등은 광업소득임

	금전대여	구분	소득구분	구분기준	필요경비
		대부업	사업소득	계속·반복적 금전대여	인정
		제조업	이자소득	일시적 금전대여	불인정

유형자산 처분손익

사업자가 사용하던 유형자산·무형자산을 처분하여 얻은 손익은 개념상 계속적·반복적인 활동을 통한 소득이 아니므로 사업소득에 포함하지 않는 것이 타당하지만, 복식부기의무자에 한하여 유형자산 처분손익을 사업소득에 포함함

처분대상자산		소득구분	관련 유보처리
건물·토지 등		부동산매매업(사업소득)	사업소득에서 가감
		일반 업종(양도소득)	┌ 사업소득 계산 시 소멸 └ 양도소득 계산 시 가감
기계장치	복식부기의무자	사업소득	유보 가감
	간편장부대상자	과세 제외	유보 소멸
무형자산 예 상표권		기타소득	없음(∵ 의제필요경비)

과세 제외

다음 업종은 과세되는 사업소득의 범위에서 제외함
① 작물재배업 중 곡물 및 기타 식량작물재배업
② 전문·과학·기술서비스업 중 연구개발업
　비교 계약 등에 따라 그 대가를 받고 연구·개발용역을 제공하는 사업은 과세됨
③ 교육서비스업: 「유아교육법」에 따른 유치원, 「초·중등교육법」 및 「고등교육법」에 따른 학교와 이와 유사한 것
④ 「사회복지사업법」에 따른 사회복지사업 및 장기요양사업
⑤ 한국표준산업분류의 중분류에 따른 협회 및 단체. 단, 협회가 특정 사업을 경영하는 경우에는 그 사업의 내용에 따라 분류

구분	내용
논·밭의 임대	부동산의 대여로 인하여 발생하는 소득은 사업소득으로 과세되나, 논·밭을 타인으로 하여금 작물생산에 이용하게 함으로써 발생하는 소득은 비과세함

주택 임대	국내주택 임대	1개의 주택을 소유하는 자의 국내주택임대소득은 비과세함. 단, 과세기간 종료일 현재 기준시가가 12억원을 초과하는 고가주택은 제외함 → p.2-65 참고
	국외주택 임대	국외주택임대소득은 1주택자라도 과세함

구분		주택 수 계산
다가구주택		1개의 주택으로 보되, 구분등기된 경우에는 각각을 1개의 주택으로 계산 [비교] 양도소득세 1세대 1주택 판단 시 기준 p.2-170 참고
임차주택		임차 또는 전세받은 주택을 전대하거나 전전세하는 경우에는 당해 임차 또는 전세받은 주택을 임차인 또는 전세받은 자의 주택으로 계산
공동소유 (배우자 관계 제외)	원칙	┌ 지분이 큰 자의 소유 └ 지분이 큰 자가 2인 이상인 경우 각각 소유로 봄(단, 합의하여 1인을 귀속자로 신고 시 그의 소유로 봄)
	예외	아래 ①, ② 중 하나에 해당하면 소수지분자도 그의 주택 수에 가산 ① 해당 주택에서 발생하는 수입금액*이 연간 600만원 이상 　* 공동소유주택에서 발생한 총수입금액에 해당 공동소유자가 보유한 해당 주택의 지분율을 곱한 금액 ② 기준시가 12억원을 초과하는 주택의 30%를 초과하는 공유지분을 소유
배우자	원칙	본인과 배우자가 각각 주택을 소유하는 경우에는 이를 합산(자녀 분은 합산하지 않음)
	공동소유	다음 구분기준에 따라 본인과 배우자 중 1명이 소유하는 주택으로 보아 합산함 → [취지] 부부 공동소유 주택에 대해서는 중복계산 방지 ① 본인과 배우자 중 지분이 더 큰 사람의 소유로 계산 ② 본인과 배우자의 지분이 같은 경우로서 그들 중 1명을 해당 주택 임대 수입의 귀속자로 합의해 정하는 경우에는 그의 소유로 계산
사례		甲의 소유 주택 현황 자료(가정) ＜표＞ [사례 1] A주택 단독 소유, B주택 모친과 공동소유(甲 지분율 20%) 　　　　→ 1주택자에 해당함. A주택 비과세 [사례 2] A주택 단독소유, B주택 자녀 乙과 공동소유(甲 지분율 40%) 　　　　→ 2주택자에 해당함. 모든 주택임대소득 과세함 [사례 3] A주택 배우자 乙과 공동으로 임대(甲 지분율 40%, 乙 지분율 60%), B주택 단독소유 → A주택은 乙 소유, B주택은 甲 소유로 간주함. 　　　　따라서 부부합산 2주택자에 해당함. 모든 주택임대소득 과세함

구분	기준시가	보증금	연 임대료
A주택	12억원 이하	없음	500만원
B주택	12억원 초과	없음	500만원

농어가부업	농가부업소득(축산, 어로, 양어, 고공품·특산물·전통차 제조, 민박, 음식품 판매 등)은 비과세함 ① 축산부업: 일정규모 이내(소 50마리, 돼지 700마리 등)에서 발생하는 소득의 경우 비과세 ② 축산부업 외: 상기 축산부업 중 규모 초과분과 축산 이외 부업소득(고공품제조·민박·음식물 판매·특산물제조·전통차 제조 및 그 밖에 이와 유사한 활동)을 합하여 연 3,000만원 한도 비과세 → (if) 4,000만원, 1,000만원만 과세함(소득금액을 비과세 조건으로 함)
전통주소득	농어촌 지역(수도권 외 읍면지역)에서 법 소정주류를 제조하여 발생한 소득금액이 연 1,200만원 이하인 경우 비과세 → (if) 1,500만원, 1,500만원 전부 과세
산림소득	조림기간 5년 이상인 임목의 벌채·양도소득은 연 600만원 한도로 비과세 → (if) 800만원, 200만원만 과세함
작물재배업	식량작물재배업 외의 작물재배업에서 발생하는 소득으로서 해당 과세기간의 수입금액 합계액이 10억원 이하인 것은 비과세함

작물재배업 (표)

구분	수입금액 10억원 이하	수입금액 10억원 초과
곡물 및 기타 식량작물재배업	과세 제외	과세 제외
그 외 작물재배업 (채소, 과실, 인삼 등)	비과세	과세

─── 기타 작물재배업 ───
인삼재배를 하는 甲의 수입금액은 15억원, 필요경비는 12억원임

구분	금액
비과세대상 사업소득	$(15억원 - 12억원) \times (\dfrac{10억원}{15억원}) = 2억원$
과세대상 사업소득	$(15억원 - 12억원) \times (\dfrac{5억원}{15억원}) = 1억원$

어로어업소득 양식어업소득	연근해어업과 내수면어업 또는 양식어업에서 발생하는 소득은 연 5천만원을 한도로 비과세 → (if) 6,000만원, 1,000만원만 과세

구분		내용
원천징수	원칙	사업소득은 재화나 용역의 공급과 관련되어 있으므로 원천징수대상 소득 아님
	예외	<table><tr><td colspan="2">원천징수대상</td><td>원천징수세율</td></tr><tr><td colspan="2">① 부가가치세 면세대상인 의료보건용역과 인적용역 　㉠ 의료보건용역(수의사용역 포함) 　㉡ 저술가·작곡가 등 일정한 자가 직업상 제공하는 인적용역(접대부·댄서 기타 유사용역 제외)</td><td>수입금액의 3%</td></tr><tr><td colspan="2">　㉢ 거주자인 외국인 직업운동가 [개정]</td><td>수입금액의 20%</td></tr><tr><td colspan="2">② 부가가치세 면세대상 봉사료 　㉠ 사업자가 특정 용역을 제공하고 그 공급가액과 봉사료를 구분 기재할 것 　㉡ 구분 기재한 봉사료 금액이 공급가액의 20%를 초과할 것 　　→「부가가치세법」규정(봉사료를 과세표준에 포함하지 않는 규정)에는 해당 요건 없음 　㉢ 사업자가 봉사료를 자기의 수입금액으로 계상하지 않을 것</td><td>봉사료의 5%</td></tr></table>
연말정산	대상자	간편장부대상자인 보험모집인, 방문판매원 및 음료품 배달원(단, 방문판매원 및 음료품 배달원의 사업소득은 연말정산을 신청한 경우에 한함)
	시기	다음 연도 2월분 사업소득지급 시
	소득세액	① 연말정산사업소득금액: 연말정산사업소득(매출) × (1 − 단순경비율) ② 종합소득과세표준: 연말정산사업소득금액 − 종합소득공제 ③ 종합소득산출세액: 종합소득과세표준 × 기본세율 ④ 소득세액: 종합소득산출세액 − 세액공제 − 원천징수세액
과세방법	과세방법	종합과세(소규모임대소득자의 주택임대소득은 분리과세할 수 있음)
	확정신고	┌ [원칙] 종합소득 확정신고하여야 함 　　　　(원천징수대상 사업소득자 및 분리과세주택임대소득자 포함) └ [예외] 사업소득 연말정산자가 다른 종합소득이 없는 경우는 확정신고의무 없음
납세조합	대상	간편장부대상자인 농·축·수산물 판매업자, 노점상인 등은 납세조합을 결성하여 소득세를 신고·납부할 수 있음
	납세조합공제	사업소득에 대한 납세조합공제는 2025년부터 폐지됨 [비교] 근로소득에 대한 납세조합공제(3%)는 적용함

04 사업소득금액 계산

1. 사업소득 계산방법

구분	내용
직접법	총수입금액(비과세소득 제외) − 총필요경비 = 사업소득금액
	손익자료만 제시한 경우에 사용 → 손익계산서상 당기순이익 제시 (×)
간접법	당기순이익 (+) 총수입금액산입·필요경비불산입 (−) 총수입금액불산입·필요경비산입 ──────────────── 차가감소득금액 (+) 기부금한도초과액 (−) 기부금한도초과이월 필요경비산입 ──────────────── 사업소득금액
세무조정	개인사업자의 손익계산서상 당기순이익에 이자수익, 배당금수익이 포함된 경우는 사업소득이 아니므로 차감조정(총수입금액불산입)하여야 함. 반대로, 손익자료만 제시(당기순이익은 제시하지 않음)하고 그 안에 이자수익, 배당금수익이 포함된 경우는 사업소득에 반영할 필요가 없으므로 별도의 조정이 필요 없음. 개인사업자의 사업소득 세무조정은 사업소득에 속하지 않은 항목에 대한 조정과 사업소득 그 자체에 대한 조정(기업업무추진비 한도초과, 초과인출금이자)으로 구분됨

2. 총수입금액

(1) 사업소득에 대한 총수입금액의 계산

구분	내용
선세금	부동산을 임대하거나 지역권·지상권을 설정 또는 대여하고 받은 선세금에 대하여는 그 선세금을 계약기간의 월수로 나눈 금액의 각 연도의 합계액을 그 총수입금액으로 함 $$\text{총수입금액} = \text{선세금} \times \frac{\text{해당 과세기간의 임대기간 월수*}}{\text{계약기간 월수}}$$ * 월할계산(초월산입, 말월불산입)
매출환입· 매출에누리· 매출할인	<table><tr><td>구분</td><td>총수입금액 계산</td></tr><tr><td>매출환입·매출에누리</td><td>총수입금액에 산입하지 않음</td></tr><tr><td>거래수량·거래금액에 따라 지급하는 장려금, 기타 유사한 성질의 금액, 대손금</td><td>총수입금액에서 차감하지 않음 → 필요경비 처리함</td></tr><tr><td>매출할인</td><td>약정에 의한 지급기일(지급기일을 정하지 않은 경우 지급일)이 속하는 연도의 총수입금액에서 차감함</td></tr></table>
장려금 수입	거래 상대방으로부터 받는 장려금, 기타 이와 유사한 성질의 금액은 총수입금액에 이를 산입함
관세환급금 등의 환입	관세환급금 등 필요경비로 지출된 세액이 환입되었거나 환입될 경우에 그 금액은 총수입금액에 이를 산입함 [비교] 필요경비불산입된 조세를 환급받는 경우에는 총수입금액불산입
자산수증이익 채무면제이익	┌ 사업과 무관 ── 증여세 과세대상(사업소득 계산 시 총수입금액불산입) └ 사업과 관련 ┬ [원칙] 사업소득(총수입금액산입) 　　　　　　　└ [예외] 이월결손금보전에 충당(총수입금액불산입) 　　　　　　　　　└→ [예외] 자산수증이익의 재원이 국고보조금 등인 경우에는 총수입금액에 산입(이월결손금보전에 충당 불가)
확정급여형 퇴직연금의 수익	확정급여형 퇴직연금제도의 보험차익과 신탁계약의 이익 또는 분배금은 그 소득의 성격에도 불구하고 총수입금액에 산입함 [비교] 확정기여형 퇴직연금제도의 이익 또는 분배금은 종업원이 인출 시 그 종업원의 연금소득 또는 기타소득으로 과세
사업과 관련된 보험차익	사업과 관련하여 해당 사업용 자산의 손실로 취득하는 보험차익은 총수입금액에 산입함 [비교] 유형자산의 손실로 인한 보험금으로 대체자산을 취득한 경우에는 그 보험차익의 범위 내에서 일시상각을 하면 필요경비로 산입할 수 있음 → 결산조정사항(∴ 개인사업자는 회계감사를 받지 않으므로 회계기준을 지키지 않더라도 관계없음)
기타	기타 사업과 관련된 수입금액으로서 해당 사업자에게 귀속되었거나 귀속될 금액은 총수입금액에 산입함

(2) 금전 이외의 것의 수입 시 총수입금액의 계산 → 다른 종합소득에도 적용됨

구분	내용
원칙(「소득세법」, 이하 내용은 시행령)	거래 당시의 가액
제조업자·생산업자·판매업자로부터 그 제조·생산·판매하는 물품을 인도받은 때	그 제조업자·생산업자·판매업자의 판매가액
제조업자·생산업자·판매업자 아닌 자로부터 물품을 인도받은 때	시가
법인으로부터 이익배당으로 받은 주식	그 액면가액
주식의 발행법인으로부터 신주인수권을 받은 때(주주로서 받은 경우는 제외함)	신주인수권에 의하여 납입한 날의 신주가액에서 해당 신주의 발행가액을 공제한 금액 → 신주가액이 그 납입한 날의 다음 날 이후 1월 내에 하락한 때에는 그 최저가액을 신주가액으로 함
기타의 자산	시가(「법인세법」을 준용하여 계산한 금액)

(3) 총수입금액 계산 특례

구분	내용
간주임대료	거주자가 부동산 또는 그 부동산상의 권리 등을 대여하고 보증금·전세금 또는 이와 유사한 성질의 금액을 받은 경우로서 다음 요건을 충족하는 경우에는 사업소득금액을 계산할 때에 총수입금액에 산입함 → p.2-66 참고 <table><tr><td colspan="2">구분</td><td>간주임대료 과세요건</td></tr><tr><td rowspan="2">주택과 그 부속토지</td><td rowspan="2">and</td><td>① 3주택 이상을 소유 → 40㎡ 이하 & 기준시가가 2억원 이하인 소형주택은 주택 수에서 제외</td></tr><tr><td>② 보증금의 합계액이 3억원 초과</td></tr><tr><td colspan="2">그 밖의 부동산</td><td>보증금을 수령한 경우 무조건 계산</td></tr></table>
가사용 재고자산	거주자가 재고자산 또는 임목을 가사용으로 소비하거나 이를 종업원 또는 타인에게 지급한 경우에도 이를 소비하였거나 지급하였을 때의 가액에 해당하는 금액은 그 날이 속하는 과세기간의 사업소득금액 또는 기타소득금액의 계산에 있어서 이를 총수입금액에 산입함. 이때 총수입금액은 그 물품을 인도할 당시의 판매가격으로 함 [비교] 관련 원가는 필요경비산입

(4) 총수입금액불산입

구분	내용
소득세환급액	거주자가 소득세 또는 개인지방소득세를 환급받았거나 환급받을 금액 중 다른 세액에 충당한 금액은 해당 과세기간의 소득금액을 계산할 때 총수입금액에 산입하지 아니함
자산수증이익 중 이월결손금 보전에 충당	거주자가 무상으로 받은 자산의 가액(복식부기의무자가 국고보조금 등 국가 등으로부터 무상으로 지급받은 것은 제외)과 채무의 면제 또는 소멸로 인한 부채의 감소액 중 이월결손금의 보전에 충당된 금액은 해당 과세기간의 소득금액을 계산할 때 총수입금액에 산입하지 아니함
이월된 소득금액	거주자의 사업소득금액을 계산할 때 이전 과세기간으로부터 이월된 소득금액은 해당 과세기간의 소득금액을 계산할 때 총수입금액에 산입하지 아니함
자기생산의 물품을 사용한 경우	다음과 같이 자기가 생산한 물품을 자기가 생산하는 다른 제품의 원료로 사용하는 경우 → 내부 대체 거래에 불과함. 즉, 다른 물품 생산을 위한 경비로 보아 총수입금액에 산입하지 않음(사용된 물품에 해당하는 금액은 자기가 생산하는 다른 제품, 도급받은 건설공사, 자기가 경영하는 다른 사업의 수입금액에 이미 포함되어 있음) ① 제조업, 농업 등을 경영하는 거주자가 자기가 생산한 제품을 자기가 생산하는 다른 제품의 원재료 또는 제조용 연료로 사용한 경우 ② 건설업을 경영하는 거주자가 자기가 생산한 물품을 자기가 도급받은 건설공사의 자재로 사용한 경우 ③ 전기·가스·증기 및 수도사업을 경영하는 거주자가 자기가 생산한 전력·가스·증기 또는 수돗물을 자기가 경영하는 다른 사업의 동력·연료 또는 용수로 사용한 경우
개별소비세	개별소비세 및 주세의 납부의무자인 거주자가 자기의 총수입금액으로 수입하였거나 수입할 금액에 따라 납부하였거나 납부할 개별소비세 및 주세는 해당 과세기간의 소득금액을 계산할 때 총수입금액에 산입하지 아니함
국세환급 가산금	「국세기본법」에 따른 국세환급가산금, 「지방세기본법」에 따른 지방세환급가산금, 그 밖의 과오납금의 환급금에 대한 이자는 해당 과세기간의 소득금액을 계산할 때 총수입금액에 산입하지 아니함
부가가치세 매출세액	거주자가 거래징수하여 납부한 매출세액은 결국 거주자가 부담하는 비용 및 수입이 아니며 예수금의 성격으로서 거주자의 총수입금액에 산입하지 아니함

(5) 총수입금액의 수입시기

구분		내용
권리의무 확정주의		거주자의 각 과세기간 총수입금액 및 필요경비의 귀속연도는 총수입금액과 필요경비가 확정된 날이 속하는 과세기간으로 함(이하 내용은 시행령 규정임)
재고자산 (매매용 부동산 제외)	원칙	인도한 날
	시용판매	상대방이 구입의 의사를 표시한 날(단, 일정기간 내에 반송하거나 거절의 의사를 표시하지 아니하는 한 특약 또는 관습에 의하여 그 판매가 확정되는 경우에는 그 기간의 만료일)
	위탁판매	수탁자가 그 위탁품을 판매하는 날
재고자산 이외의 자산(유형자산)		대금을 청산한 날. 다만, 대금을 청산하기 전에 소유권 등의 이전에 관한 등기 또는 등록을 하거나 해당 자산을 사용·수익하는 경우에는 그 등기·등록일 또는 사용·수익일로 함

	원칙	인도한 날	
장기할부판매 조건	특례	다음과 같이 회계처리한 경우 이를 수용함 → 중소기업의 회수기일 도래기준 신고조정 특례 적용 불가	
		회수기일 도래기준	장기할부조건에 따라 수입하였거나 수입하기로 약정한 날이 속하는 과세기간에 당해 수입금액과 이에 대응하는 필요경비를 계상한 경우에는 그 장기할부조건에 따라 수입하였거나 수입하기로 약정된 날. 이 경우 인도일 이전에 수입하였거나 수입할 금액은 인도일에 수입한 것으로 보며, 장기할부기간 중에 폐업한 경우 그 폐업일 현재 총수입금액에 산입하지 아니한 금액과 이에 상응하는 비용은 폐업일이 속하는 과세기간의 총수입금액과 필요경비에 이를 산입함
		현재가치 인도기준	기업회계기준이 정하는 바에 따라 현재가치로 평가하여 현재가치할인차금을 계상한 경우 당해 현재가치할인차금상당액은 그 계상한 과세기간의 총수입금액에 산입하지 아니하며, 당해 채권의 회수기간 동안 기업회계기준이 정하는 바에 따라 환입하였거나 환입할 금액은 이를 각 과세기간의 총수입금액에 산입함
건설·제조 기타 용역의 제공 (도급공사· 예약매출 포함)	원칙	용역의 제공을 완료한 날(목적물을 인도하는 경우에는 목적물을 인도한 날). 다만, 계약기간이 1년 이상인 경우로서 작업진행률을 계산할 수 있는 경우에는 작업진행률을 기준으로 하여야 함	
	특례	계약기간이 1년 미만인 경우로서 그 목적물의 착수일이 속하는 과세기간의 결산을 확정함에 있어서 작업진행률을 기준으로 총수입금액과 필요경비를 계상한 경우에는 작업진행률을 기준으로 할 수 있음 비교 중소기업이더라도 단기용역에 대해 신고조정 불가함(∵ 회계감사받지 않으므로)	
인적용역	원칙	용역대가를 지급받기로 한 날 또는 용역의 제공을 완료한 날 중 빠른 날	
	예외	연예인 및 직업운동선수 등이 계약기간 1년을 초과하는 일신전속계약에 대한 대가를 일시에 받는 경우에는 계약기간에 따라 해당 대가를 균등하게 안분한 금액을 각 과세기간 종료일에 수입한 것으로 함 → 월할 안분, 초월산입·말월불산입<hr>**연예인 등의 인적용역 계약금** 20×1년 초에 계약기간 5년으로 5억원의 전속계약금을 일시수령한 경우의 종합소득금액, 원천징수세액, 기납부세액은 다음과 같음 ① 20×1년 종합소득금액: 1억원 ② 20×1년 소득지급 시 원천징수세액: 5억원 × 3% = 1,500만원 ③ 20×1년 종합소득신고 시 기납부세액: 1억원 × 3% = 300만원	
무인자판기에 의한 판매	당해 사업자가 무인판매기에서 현금을 인출하는 때		
금융보험	한국표준산업분류상의 금융보험업에서 발생하는 이자 및 할인액은 실제로 수입된 날		
자산의 임대 또는 지역권· 지상권의 설정	계약 또는 관습에 따라 지급일이 정해진 것: 그 정해진 날 계약 또는 관습에 따라 지급일이 정해지지 아니한 것: 그 지급을 받은 날		
금전등록기 설치한 자	영수증을 작성·교부할 수 있는 사업자가 금전등록기를 설치·사용한 경우의 총수입금액을 해당 과세기간에 수입한 금액의 합계액으로 할 수 있음 → 현금주의 선택 가능		

3. 총필요경비

(1) 필요경비

구분	내용
일반원칙	① 사업소득금액을 계산할 때 필요경비에 산입할 금액은 해당 과세기간의 총수입금액에 대응하는 비용으로서 일반적으로 용인되는 통상적인 것의 합계액으로 함 ② 해당 과세기간 전의 총수입금액에 대응하는 비용으로서 그 과세기간에 확정된 것에 대해서는 그 과세기간 전에 필요경비로 계상하지 아니한 것만 그 과세기간의 필요경비로 봄
상품 등 매입원가	판매한 상품 또는 제품에 대한 원료의 매입가격(매입에누리 및 매입할인금액을 제외)과 그 부대비용
판매부대비용	판매한 상품 또는 제품의 보관료, 포장비, 운반비, 판매장려금 및 판매수당 등 판매와 관련된 부대비용(판매장려금 및 판매수당의 경우 사전약정 없이 지급하는 경우를 포함)
부동산 장부가액	부동산의 양도 당시의 장부가액(건물건설업과 부동산 개발 및 공급업의 경우만 해당)
종업원 급여	┌ 대표자 급여(공동사업자 포함): 인출금 처리 → 필요경비불산입 ├ 대표자 가족의 급여: 사업에 실제 종사하는 경우만 필요경비 └ 이외 종업원 급여: 필요경비
사업용 자산에 대한 비용	사업용 자산(그 사업에 속하는 일부 유휴시설을 포함)의 현상유지를 위한 수선비, 관리비와 유지비, 사업용 자산에 대한 임차료, 사업용 자산의 손해보험료
복식부기의무자의 사업용 유형자산 장부가액	복식부기의무자가 사업용 유형자산(토지·건물 제외)의 양도가액을 총수입금액에 산입한 경우 해당 사업용 유형자산(토지·건물 제외)의 양도 당시 장부가액 → 관련 유보금액도 함께 추인함
제세공과금	사업과 관련이 있는 제세공과금(외국납부세액공제를 적용하지 않는 경우의 외국소득세액을 포함)
근로복지기금 출연금품	다음 중 어느 하나에 해당하는 기금에 출연하는 금품 → 한도 적용 없이 전액 손금 ① 해당 사업자가 설립한 「근로복지기본법」에 따른 사내근로복지기금 ② 해당 사업자와 다른 사업자 간에 공동으로 설립한 「근로복지기본법」에 따른 공동근로복지기금 등
퇴직급여부담금	「근로자퇴직급여 보장법」에 따라 사용자가 부담하는 부담금
퇴직급여충당금	대표자 본인에 대한 퇴직급여충당금을 손비로 인정하지 않는 것을 제외하고는 「법인세법」과 일치함
사회보험료 부담액	① 「국민건강보험법」, 「고용보험법」 및 「노인장기요양보험법」에 의하여 사용자로서 부담하는 보험료 또는 부담금 ② 「국민건강보험법」 및 「노인장기요양보험법」에 의한 직장가입자로서 부담하는 사용자 본인의 보험료 ③ 「국민건강보험법」 및 「노인장기요양보험법」에 따른 지역가입자로서 부담하는 보험료

사회보험료 부담액	「소득세법」상 건강보험료, 국민연금 등의 처리

실제로는 하나의 표 구조이므로 제대로 재구성하겠습니다.

사회보험료 부담액	「소득세법」상 건강보험료, 국민연금 등의 처리			
	구분	사업자 본인 부담분	근로자에 대한 보험료	
			사용자부담분	근로자부담분 대납
	건강보험료 등	필요경비	필요경비 (근로자 비과세)	⌐ 필요경비 ⊦ 총급여에 가산 ⌊ (특별소득공제 연금보험료공제)
	국민연금보험료	필요경비불산입 (연금보험료공제)	필요경비 (근로소득 미포함)	
단체보험료	단체순수보장성보험 및 단체환급부보장성보험의 보험료
지급이자	총수입금액을 얻기 위하여 직접 사용된 부채에 대한 지급이자 → p.2-61 참고
감가상각비	사업용 유형자산 및 무형자산의 감가상각비 → p.2-62 참고
대손금	대손금(부가가치세 매출세액의 미수금으로서 회수할 수 없는 것 중 「부가가치세법」에 따른 대손세액공제를 받지 아니한 것을 포함) ─── 부가가치세와 대손금 필요경비 ─── (매출발생)　(차) 매출채권　110,000　(대) 매출　　　　　　　100,000 　　　　　　　　　　　　　　　　　　　　부가가치세 예수금　10,000 (대손처리 1)　(차) 대손금　110,000　(대) 매출채권　　　　　110,000 　　　　　　　　　　　　　　　　　　　　↳ 대손세액공제 × (대손처리 2)　(차) 대손금　100,000　(대) 매출채권　　　　　100,000 　　　　　　　　　　현금　　10,000　　　　매출채권　　　　　10,000 　　　　　　　　　　　　　　　　　　　　↳ 대손세액공제 ○
대손충당금	사업자가 외상매출금, 미수금, 그 밖에 이에 준하는 채권에 대한 대손충당금을 필요경비로 계상한 경우에는 대손충당금한도액 범위에서 이를 해당 과세기간의 소득금액을 계산할 때 필요경비에 산입함 대손충당금한도액 = 세법상 설정대상채권잔액 × Max(1%, 대손실적률)

설정대상채권	설정제외대상 채권
① 상품·제품의 판매가액의 미수액과 가공료·용역대가의 미수액 ② 정상적인 사업거래에서 발생하는 채권액 및 부가가치세 매출세액의 미수금 ③ 해당 사업장에 적용되는 회계처리기준에 따른 대손충당금 설정대상 채권(특수관계인에 대한 시가초과액에 상당하는 채권을 제외)	① 지급보증금 ② 대여금. 다만, 금융업은 예외로 함 ③ 수익에 직접적인 관련이 없는 선급금 및 미수금 ④ 할인어음 및 배서어음 ⑤ 수수료를 수입하는 수탁판매업의 수탁물판매대금 미수금 ⑥ 간편장부대상자의 유형자산 매각대금

판매장려금 지급액	거래수량 또는 거래금액에 따라 상대편에게 지급하는 장려금, 기타 이와 유사한 성질의 금액
재해손실	매입한 상품·제품·부동산 및 산림 중 재해로 인하여 멸실된 것의 원가를 그 재해가 발생한 과세기간의 소득금액을 계산할 때 필요경비에 산입한 경우의 그 원가

구분	내용
보험차익 등으로 취득한 자산가액	보험차익을 수령하여 대체취득하거나 국고보조금을 수령하여 취득한 자산에 대해서는 손금산입이 가능함. 단, 결산조정만 허용됨
복리후생비	① 종업원을 위하여 직장체육비·직장문화비·가족계획사업지원비·직원회식비 등으로 지출한 금액 ② 「영유아보육법」에 의하여 설치된 직장어린이집의 운영비
해외시찰·훈련비	업무와 관련이 있는 해외시찰·훈련비
광고선전물품	광고·선전을 목적으로 견본품·달력·수첩·컵·부채, 기타 이와 유사한 물품을 불특정 다수인에게 기증하기 위하여 지출한 비용[특정인에게 기증한 물품(개당 3만원 이하의 물품은 제외)의 경우에는 연간 5만원 이내의 금액으로 한정] [예] 특정인 10명에게 1인당 2만원의 물품을 연 3회 지급 → 전액 필요경비 인정 　　　특정인 10명에게 1인당 4만원의 물품을 연 1회 지급 → 전액 필요경비 인정 　　　특정인 10명에게 1인당 4만원의 물품을 연 2회 지급 → 전액 기업업무추진비 간주
협회비와 조합비	영업자가 조직한 단체로서 법인이거나 주무관청에 등록된 조합 또는 협회에 지급하는 회비. 여기서 조합 또는 협회에 지급한 회비는 조합 또는 협회가 법령 또는 정관이 정하는 바에 따른 정상적인 회비징수 방식에 의하여 경상경비 충당 등을 목적으로 조합원 또는 회원에게 부과하는 회비로 함
유족 학자금	종업원의 사망 이후 유족에게 학자금 등 일시적으로 지급하는 금액으로서 종업원 사망 전에 결정되어 종업원에게 공통적으로 적용되는 지급기준에 따라 지급되는 것
기타	위의 경비와 유사한 성질의 것으로서 해당 총수입금액에 대응하는 경비

(2) 필요경비불산입

구분	내용
소득세	소득세(외국납부세액공제를 적용하는 경우의 외국소득세액을 포함)와 개인지방소득세
벌과금	벌금·과료(통고처분에 따른 벌금 또는 과료에 해당하는 금액을 포함)와 과태료
가산금과 강제징수비	「국세징수법」이나 그 밖에 조세에 관한 법률에 따른 가산금과 강제징수비
가산세 등	조세에 관한 법률에 따른 징수의무의 불이행으로 인하여 납부하였거나 납부할 세액 (가산세액을 포함)
가사 관련 경비	① 사업자가 가사와 관련하여 지출하였음이 확인되는 경비. 이 경우 직계존비속에게 주택을 무상으로 사용하게 하고 직계존비속이 그 주택에 실제 거주하는 경우의 주택에 관련된 경비는 가사와 관련된 경비에 포함함 ② 초과인출금이자 → p.2-61 참고
개별소비세 등	반출하였으나 판매하지 아니한 제품에 대한 개별소비세 또는 주세의 미납액. 다만, 제품가액에 그 세액 상당액을 더한 경우는 제외함

부가가치세 매입세액	원칙	필요경비불산입
	예외	다음의 경우에는 필요경비에 산입함 ① 개별소비세 과세대상 자동차(운수업, 자동차판매업 등은 제외)의 구입과 유지에 관한 매입세액(자본적 지출은 감가상각으로 필요경비산입) ② 기업업무추진비 관련 매입세액 ③ 영수증을 교부받은 거래분에 포함된 매입세액 ④ 간주임대료 관련 부가가치세 ⑤ 간이과세자가 납부한 부가가치세액

지급이자	다음의 필요경비불산입 지급이자가 동시에 적용되는 경우에는 다음 순서에 의함. 단, 필요경비불산입 규정이 동시에 적용되는 경우로서 서로 다른 이자율이 적용되는 이자가 함께 있는 경우에는 높은 이자율이 적용되는 것부터 먼저 필요경비에 산입하지 아니함 ① 채권자가 불분명한 차입금의 이자 ② 건설자금이자(특정차입금만 해당) ③ 초과인출금이자 → p.2-61 참고 $$\text{초과인출금 관련 이자} = \text{지급이자}^* \times \frac{\text{초과인출금 적수}^{**}}{\text{차입금 적수}^{**}}$$ ④ 업무무관자산 등 관련 이자 → p.2-61 참고 $$\text{업무무관자산 관련 이자} = \text{지급이자}^* \times \frac{\text{업무무관자산 적수}^{**}}{\text{차입금 적수}^{**}}$$ * 지급이자: 선순위 부인된 지급이자는 제외 ** 적수: 매월 말 잔액에 경과일수를 곱하여 계산할 수 있음(간편법)

구분		내용
자산의 평가차손	원칙	필요경비불산입
	예외	필요경비로 계상한 경우에 한하여 다음 자산의 평가차손을 필요경비에 산입함 → 주식은 해당사항 없음 ① 재고자산의 평가차손(저가법 적용) ② 파손·부패 등으로 정상가격에 판매할 수 없는 재고자산 ③ 천재지변·화재·수용·폐광 등의 사유로 파손 또는 멸실된 유형자산
업무용 승용차	보험가입	┌ 원칙 보험가입의무 없음 └ 예외 복식부기의무자, 성실신고확인대상 사업자가 보유(임차)한 업무용 승용차 중 1대를 제외한 나머지 차량에 대해서는 가입의무 있음 　① 가입: 업무사용 비율에 상당하는 금액만 손금산입 인정 　② 미가입 ┌ 성실신고대상사업자: 전액 필요경비불산입 (1대는 제외) 　　　　　└ 복식부기의무자: 업무사용 비율금액 × 50%만 필요경비 인정(1대는 제외)
	강제상각	┌ 정액법(5년, 강제상각) └ 복식부기의무자와 성실신고확인대상자에 한함
	업무사용 비율	업무사용 비율에 해당하는 금액만 필요경비로 인정. 단, 운행기록부 미작성 시 연간 1,500만원까지는 필요경비 인정
	감가상각비	감가상각비는 연간 800만원까지만 필요경비 인정
	처분손실	연간 800만원까지 필요경비 인정(한도초과액은 이월하여 필요경비 산입)
업무무관지출		① 사업자가 그 업무와 관련 없는 자산을 취득·관리함으로써 발생하는 취득비·유지비·수선비와 이와 관련되는 필요경비 ② 사업자가 그 사업에 직접 사용하지 아니하고 타인(종업원을 제외)이 주로 사용하는 토지·건물 등의 유지비·수선비·사용료와 이와 관련되는 지출금 ③ 사업자가 그 업무와 관련 없는 자산을 취득하기 위하여 차입한 금액에 대한 지급이자 ④ 사업자가 공여한 뇌물에 해당하는 금전과 금전 외의 자산 및 경제적 이익의 합계액 ⑤ 사업자가 「노동조합 및 노동관계 조정법」을 위반하여 지급하는 급여
손해배상금		업무와 관련하여 고의 또는 중대한 과실로 타인의 권리를 침해하여 지급되는 것

4. 주요 세무조정

(1) 기업업무추진비

구분	내용
기업업무추진비 해당액	기업업무추진비란 접대, 교제, 사례 또는 그 밖에 어떠한 명목이든 상관없이 이와 유사한 목적으로 지출한 비용으로서 사업자가 직접적 또는 간접적으로 업무와 관련이 있는 자와 업무를 원활하게 진행하기 위하여 지출한 금액을 말함. 구체적인 기업업무추진비 해당액은 「법인세법」과 동일함

<table>
<tr><td rowspan="4">「법인세법」과 차이</td><td colspan="3">

구분	「법인세법」	「소득세법」
종업원명의 신용카드	적격증빙 아님	적격증빙 인정
시부인 계산단위	법인단위	개인단위(감면으로 사업장별로 구분경리하는 경우는 사업장 단위, 공동사업장의 경우도 사업장 단위)
부동산주업 (특정법인)	특정법인의 일반 기업업무추진비 한도는 50%	관련 규정 없음

</td></tr>
</table>

구분	내용
기업업무추진비 한도액 (1. + 2. + 3.)	1. 일반 기업업무추진비 한도액 = ① + ② ① $1,200$만원(중소기업 $3,600$만원) $\times \dfrac{월수}{12} \times \dfrac{각\ 사업장의\ 수입금액}{각\ 사업장의\ 수입금액\ 합산액}$ ② (각 사업장의 일반 수입금액 × 적용률) + (각 사업장의 특정 수입금액 × 적용률 × 10%) 2. 문화 기업업무추진비 한도 특례 Min[문화 기업업무추진비 사용분, (기본한도 + 수입금액별 한도) × 20%] 3. 전통시장 기업업무추진비 특례 Min[전통시장 사용분, (기본한도 + 수입금액별 한도) × 10%] 전통시장 안에서 신용카드(직불카드, 현금영수증, 직불카드 포함)를 사용하여 지출한 기업업무추진비에 대해서는 「소득세법」에 따른 기업업무추진비의 손금산입 한도액 외에 그 한도액의 10%에 상당하는 금액까지 추가로 손금에 산입할 수 있도록 함. 다만, 일반유흥주점업 등 소비성 서비스업종 지출액은 제외함

<table>
<tr><td rowspan="2">수입금액 한도</td><td colspan="2">

수입금액	적용률
100억원 이하	0.3%
100억원 초과 500억원 이하	3천만원 + [(수입금액 - 100억원) × 0.2%]
500억원 초과	1억 1천만원 + [(수입금액 - 500억원) × 0.03%]

</td></tr>
<tr><td colspan="2">

① 수입금액은 기업회계기준에 의하여 계산한 매출액을 말함
② 「부가가치세법」상 자가공급, 개인적 공급 및 사업상 증여에 해당하는 수입금액은 기업회계기준상 매출액이 아니므로 수입금액에 포함하지 않음
③ 매출액의 판단기준은 사업자가 영위하는 업종에 따라 다름. 일반적으로 유형자산처분이익은 기업회계기준상 매출액에 포함되지 않으나 부동산매매업자의 부동산판매수입은 매출액에 해당함

</td></tr>
</table>

구분	내용
사업장별 한도액	① 2개 이상의 사업장이 있는 사업자가 감면소득을 구분계산하기 위해 사업장별 거래 내용이 구분될 수 있도록 장부에 기록한 경우 사업장별로 각각의 기업업무추진비 한도액을 계산함 ② 수입금액 합산액이 100억원을 초과하는 경우 각 사업장별로 적용률의 우선순위를 임의 선택할 수 있음. 아래의 사례에서 A사업장에 0.3%를 먼저 적용할지, B사업 장에 0.3%를 먼저 적용할지를 선택 가능함 ③ 각 사업장별 기업업무추진비 한도초과액과 미달액은 통산하지 않음 ④ 일부 사업장의 소득금액에 대하여 추계조사결정 또는 경정을 받은 경우에는 추계조 사결정 또는 경정을 받은 사업장은 수입금액이 없는 것으로 함

사업장별 기업업무추진비 한도액 계산

(단위: 백만원)

구분	사업장	기본한도	수입금액 비례	합계	한도초과
A사업장 부터 배분	A사업장	8	80억 × 0.3% = 24	32	−
	B사업장	4	20억 × 0.3% + 20억 × 0.2% = 10	14	6
	합계	12	34	46	6
B사업장 부터 배분	B사업장	4	40억 × 0.3% = 12	16	4
	A사업장	8	60억 × 0.3% + 20억 × 0.2% = 22	30	−
	합계	12	34	46	4

① A사업장: 수입금액 80억원, 기업업무추진비 2천만원
② B사업장: 수입금액 40억원, 기업업무추진비 2천만원
③ 중소기업 아님

구분	내용
공동사업장	공동사업장에 대한 기업업무추진비 한도액은 해당 공동사업장을 1거주자로 보아 계산함

(2) 기부금

구분	내용
기부금의 정의	사업자가 사업과 직접적인 관계없이 무상으로 지출하는 금액(특수관계인 외의 자에게 정당한 사유 없이 자산을 정상가액보다 낮은 가액으로 양도하거나 특수관계인 외의 자로부터 정상가액보다 높은 가액으로 매입하는 거래를 통하여 실질적으로 증여한 것으로 인정되는 금액을 포함)을 말함
지출대상자	사업자 본인, 기본공제대상자인 배우자 및 부양가족(나이의 제한을 받지 않음)의 기부금은 합산함. 단, 정치자금기부금, 고향사랑기부금과 우리사주조합기부금은 본인 명의로 지출한 것만 인정됨

구분		내용
기부금 처리	사업소득만 있는 자	필요경비산입(단, 연말정산대상 사업자는 예외)
	사업소득 외 다른 종합소득이 있는 자	필요경비산입과 특별세액공제방법(사업소득을 제외한 종합소득에 대한 산출세액 한도 내) 중 선택 가능

구분		내용
기부금의 구분	정치자금기부금	정당(후원회 및 선거관리위원회 포함)에 기부한 정치자금 중 10만원까지는 그 기부금액의 100/110을 세액공제하고, 10만원 초과액은 특례기부금으로 취급함 비교 「법인세법」은 비지정기부금
	고향사랑기부금	거주자가 「고향사랑 기부금에 관한 법률」에 따라 고향사랑기부금을 지방자치단체에 기부한 경우 10만원 이하의 기부금액의 100/110은 세액공제하고, 10만원 초과 2,000만원 이하의 기부금은 이월결손금을 뺀 후의 소득금액범위에서 필요경비에 산입함 개정
	특례기부금	① 「법인세법」에 따른 특례기부금 ② 특별재난지역에 제공한 자원봉사용역 **특별재난지역의 자원봉사용역의 가액** 봉사일수* × 8만원 + 직접비용(유류비 등) *1일 8시간 기준이며 8시간 미만은 1일로 봄. 개인사업자의 경우 본인의 봉사분에 한함
	우리사주조합기부금	우리사주조합원이 아닌 자의 우리사주조합에 대한 기부금 비교 우리사주조합원이 우리사주를 취득하기 위해 우리사주조합에 출자하는 경우에는 출자금액과 400만원(벤처기업은 1,500만원) 중 적은 금액을 근로소득금액에서 소득공제함
	일반기부금	① 「법인세법」상 일반기부금 ② 노동조합비, 공무원직장협의회 ③ 사회환원기부신탁(신탁재산이 공익법인 등에 기부될 것을 조건으로 하는 신탁)

구분			법인	개인
현물기부금	특례기부금		장부가액	Max(시가, 장부가액)
	일반기부금	일반	장부가액	
		특수관계인	Max(시가, 장부가액)	
	비지정기부금		Max(시가, 장부가액)	

구분	내용		
기부금한도			

구분		필요경비산입 한도액
특례기부금(A)		[기준금액] × 100%
우리사주조합 기부금(B)		[기준금액 − 특례기부금] × 30%
일반 기부금	일반적인 경우	[기준금액 − 필요경비산입한 A·B] × 30%
	종교단체 기부금이 있는 경우	[기준금액 − 필요경비산입한 A·B] × 10% + Min[(기준금액 − 필요경비산입한 A·B) × 20%, 종교단체 외에 지급한 일반기부금]

* 기준금액:

기준소득금액(해당 과세기간의 기부금 필요경비산입 전 소득금액) − 이월결손금

* 이월결손금: 해당 과세기간 개시일 전 15년 이내 발생한 결손금

(단, 2020. 1. 1. 전에 개시한 과세기간의 결손금은 10년)

예 2025년 과세기간에는 2015년부터 발생한 이월결손금만 공제

이월공제	특례기부금과 일반기부금한도초과액은 10년간 이월하여 공제함 → 2015년 이후 발생한 한도초과분부터 적용

법인과 비교 (한도액 적용률)	

구분	법인	개인
정치자금기부금	손금불산입	100% (10만원 초과분)
특례기부금	50%	100%
우리사주조합기부금	30%	30%
일반기부금	10% (사회적 기업 20%)	30% (종교단체기부금 10%)

(3) 지급이자

구분	내용
적용순서	사업자가 지출한 지급이자 중 필요경비에 산입되지 않는 지급이자는 다음 순서로 적용함 ① 채권자불분명 사채이자 ② 건설자금이자 ③ 초과인출금이자 ④ 업무무관자산이자
채권자불분명 사채이자	「법인세법」과 동일함. 다만, 원천징수상당액에 대한 상여처분은 하지 않음. 개인사업자는 법인과 달리 사외유출의 개념이 없기 때문임
건설자금이자	특정차입금이자에 한하여 필요경비불산입(유보)함
초과인출금이자	사업용 자산의 합계액이 부채의 합계액에 미달하는 경우 그 차액은 일종의 가사 관련 경비에 사용한 인출금으로 볼 수 있음. 이러한 인출금에 관련된 이자는 필요경비에 산입하지 아니함 $$\text{필요경비불산입액} = \text{지급이자} \times \text{해당 과세기간 중} \frac{\text{초과인출금의 적수}}{\text{차입금의 적수}}$$ ① 초과인출금 = 부채(충당금 및 준비금 제외) − 사업용 자산 ② 필요경비불산입하는 경우 높은 이자율부터 부인 비교 「법인세법」은 평균이자율
초과인출금이자 관련 사례	거주자 甲은 7월을 제외하고는 사업용 자산이 사업용 부채보다 많았으며, 7월의 사업용 자산은 50,000,000, 사업용 부채는 80,000,000(충당금 10,000,000 포함)인 경우 지급이자 내역이 아래와 같을 때 초과인출금 관련 필요경비불산입액은 다음과 같음 {표} ① 초과인출금 적수: $[(80,000,000 - 10,000,000) - 50,000,000] \times 31일 = 620,000,000$ ② 5% 이자율 적용 지급이자 필요경비불산입: $200,000 \times \dfrac{255,000,000}{1,460,000,000} = 34,932$
업무무관자산 관련 이자	사업용 자산으로 계상된 것 중에 업무무관자산이 있고 이에 관련된 차입금이자가 있는 경우에는 필요경비에 산입하지 않음. 업무무관자산 관련 이자를 필요경비불산입하는 경우 높은 이자율부터 부인함

이자율	지급이자(연간)	차입금 적수	배분	필요경비불산입
10%	100,000	365,000,000	365,000,000	100,000
5%	200,000	1,460,000,000	255,000,000	34,932
합계			620,000,000	134,932

구분	내용
지급이자 필요경비불산입 관련 사례	거주자 甲의 ×1년 사업소득금액 계산 시 필요경비에 산입되지 않는 지급이자금액 ① 당해 과세기간에 손익계산서에 계상된 지급이자 내역은 다음과 같음 <table><tr><td>구분</td><td>이자비용</td><td>이자율</td></tr><tr><td>A은행 차입금</td><td>6,000,000원</td><td>10%</td></tr><tr><td>B은행 차입금</td><td>12,000,000원</td><td>8%</td></tr></table>② 전기 말 거주자 甲은 사업과는 무관하게 비업무용 부동산을 20,000,000원에 취득하였으며, 취득자금에 차입금이 사용되었는지 여부는 불분명함 ③ 거주자 甲의 사업장에서 매월 말 결산을 통해 확인한 결과, 사업용 자산의 합계액이 부채의 합계액을 초과하였으나 9월 말에는 사업용 부채가 사업용 자산을 초과하는 것을 확인하였음. 9월 말 사업용 자산의 합계액은 1,500,000,000원, 사업용 부채의 합계액은 3,350,000,000원(충당금 25,000,000원 포함)임 ① 부인대상 적수 　㉠ 초과인출금 적수: 　　$[(3,350,000,000 - 25,000,000) - 1,500,000,000] \times 30$일 $= 54,750,000,000$ 　㉡ 업무무관자산 적수: $20,000,000 \times 365 = 7,300,000,000$ 　㉢ 부인대상 적수: ㉠ + ㉡ $= 62,050,000,000$ ② 필요경비불산입 <table><tr><td>이자율</td><td>지급이자</td><td>차입금 적수</td><td>배분</td><td>필요경비불산입</td></tr><tr><td>10%</td><td>6,000,000</td><td>21,900,000,000*</td><td>21,900,000,000</td><td>6,000,000</td></tr><tr><td>8%</td><td>12,000,000</td><td>54,750,000,000</td><td>40,150,000,000</td><td>8,800,000</td></tr><tr><td>합계</td><td></td><td></td><td>62,050,000,000</td><td>14,800,000</td></tr></table>* $6,000,000 \div 10\% \times 365 = 21,900,000,000$

(4) 유형자산 처분손익, 폐기손실

구분		내용
유형자산 처분손익	간편장부대상자	사업소득에 포함하지 않음
	복식부기의무자	[원칙] 사업소득에 포함 [예외] 토지, 건물 등 양도소득세 과세대상은 제외
양도자산의 감가상각시부인	간편장부대상자	시부인 계산(월할계산, 관련 유보 소멸) → 유형자산처분손익을 인정하지 않으므로 처분 시까지 감가상각자산 시부인계산하여야 함
	복식부기의무자	[원칙] 시부인 계산 생략, 관련 유보금액 추인 [예외] 건물 등 양도소득세 과세대상은 시부인 계산 　　　　(월할계산, 관련 유보는 양도소득세 계산 시 반영)
생산설비의 폐기손실	적용대상자	간편장부대상자, 복식부기의무자에 관계없이 적용함
	폐기의 범위	① 시설개체·기술낙후로 생산설비의 일부를 폐기한 경우 ② 사업의 폐지 또는 사업장의 이전으로 임대차계약에 따라 임차한 사업장의 원상회복을 위하여 시설물을 철거하는 경우
	손금산입금액	장부가액 − 처분가액 → 처분 전에는 필요경비불산입

5. 법인의 각사업연도소득금액과 사업소득금액의 비교

구분	「법인세법」상 각사업연도소득금액	「소득세법」상 사업소득금액
이자·배당소득	과세소득	총수입금액불산입
대표자 인건비	손금산입(과다 보수 등 제외)	필요경비불산입
대표자가족 급여	① 실제 사업에 종사: 손금산입 ② 이외의 경우: 손금불산입	① 실제 사업에 종사: 필요경비산입 ② 이외의 경우: 필요경비불산입
대표자 퇴직금	손금산입(과다 보수 등 제외)	손금불산입(퇴직급여충당금 포함)
대표자 건강보험료	손금산입	① 직장(지역)가입자분: 필요경비산입 ② 사용자부담분: 필요경비산입
대표자 국민연금보험료	손금산입	필요경비불산입(소득공제항목)
대손충당금 설정대상채권	① 기업회계기준상 대손충당금 설정대상 채권 모두 인정 ② 업무무관가지급금과 구상채권은 설정 불가	사업 관련 채권만 설정대상 (대여금은 제외, 간편장부대상자의 유형자산 처분 미수금 제외)
유가증권 처분손익	과세소득	총수입금액불산입·필요경비불산입 ① 채권: 과세 제외 ② 주식: 양도소득(상장주식 소액주주 제외)
유형자산 처분손익 (기계장치)	과세소득	① 복식부기의무자: 사업소득 ② 간편장부대상자: 총수입금액불산입·필요경비불산입
유형자산 처분손익 (부동산)	과세소득	양도소득 (관련 유보 소멸, 양도소득 계산 시 반영)
업무용 승용차	모든 법인에 적용 보험가입의무 ○	복식부기의무자, 성실신고확인대상자만 적용 보험가입의무는 성실사업자, 특수직만 ○
자산수증이익 채무면제이익	익금산입 (이월결손금보전에 충당 → 익금불산입)	① 사업 관련성 ○: 「법인세법」과 동일 ② 사업 관련성 ×: 총수입금액불산입(증여세 과세)
보험차익	익금산입	① 사업용 자산 멸실: 총수입금액산입 ② 저축성보험: 총수입금액불산입 　　　　　　(단기저축성보험은 이자소득)
양도 시 상각부인액 (기계장치)	손금추인	① 복식부기의무자: 필요경비 추인 ② 간편장부대상자: 소멸
생산설비 폐기손실	① 폐기 시: 손금산입(1,000원 제외) ② 처분 시: 1,000원 손금산입	① 폐기 시: 필요경비불산입 ② 처분 시: 필요경비산입(관련 유보 추인)
화폐성 외화 자산부채평가	종료일 환율로 평가하는 방법을 선택할 수 있음	거래일의 환율을 적용(시가법 선택 불가) → 외환차익(차손)은 수입금액 또는 필요경비 산입(「법인세법」과 동일)

구분	「법인세법」상 각사업연도소득금액	「소득세법」상 사업소득금액
지급이자	다음의 순서로 부인함 ① 채권자불분명 사채이자 ② 비실명채권·증권이자 ③ 건설자금이자(특정, 일반) ④ 업무무관자산 관련 이자(평균이자율)	다음의 순서로 부인함 ① 채권자불분명 사채이자 ② 건설자금이자(특정) ③ 초과인출금이자(높은 이자율부터 적용) ④ 업무무관자산 관련 이자(높은 이자율부터 적용)
기부금	① 법인이 지출한 기부금 ② 특례기부금: 50% ③ 우리사주조합기부금: 30% ④ 일반기부금: 10%	① 거주자 및 그의 기본공제대상자(나이의 제한을 받지 않음) ② 특례기부금(정치자금 포함): 100% ③ 우리사주조합기부금: 30% ④ 일반기부금: 30%(종교단체기부금: 10%)
현물기부액 평가	① 특례기부금: 장부가액 ② 일반기부금: 장부가액 　[특수관계인: Max(시가, 장부가액)] ③ 비지정기부금: Max(시가, 장부가액)	기부금의 종류에 관계없이 Max(시가, 장부가액)
업무무관 가지급금	인정이자 계산대상	인정이자 계산하지 않음 (인출금에 불과함)
자산의 평가차손	① 원칙: 손금불산입 ② 예외: 손금 인정(결산조정) 　㉠ 재고자산(파손, 부패 등) 　㉡ 유형자산(천재지변 등) 　㉢ 일정한 요건을 갖춘 주식	① 원칙: 필요경비불산입 ② 예외: 필요경비 인정(결산조정) 　㉠ 재고자산(파손, 부패 등) 　㉡ 유형자산(천재지변 등) 　㉢ 주식은 제외 → 사업무관
자산의 평가차익	① 원칙: 익금불산입 ② 예외: 법률에 의한 평가증은 익금	총수입금액불산입
재고자산의 가사용소비	부당행위계산부인	① 총수입금액산입(시가 상당액) ② 필요경비산입(원가 상당액)
퇴직급여 추계액	$\text{Max}\left[\begin{array}{l}\text{일시퇴직기준}\\\text{보험수리기준 추계액}\end{array}\right]$	일시퇴직기준
일시상각 충당금	① 국고보조금 ② 공사부담금 ③ 보험차익 ④ 물적 분할 시 자산양도차익	① 국고보조금 ② 보험차익
기업업무추진비	전체 사업장 기준	감면사업장과 비감면사업장이 있는 경우 각 사업장별로 한도 계산

05 부동산임대업의 소득금액

1. 부동산임대업 소득금액

구분	내용
부동산임대업	부동산임대업은 다음 중 어느 하나에 해당하는 사업을 말함 ① 부동산 또는 부동산상의 권리를 대여하는 사업(지역권, 지상권 대여 포함) ② 공장재단 또는 광업재단을 대여하는 사업 ③ 채굴에 관한 권리를 대여하는 사업(광업권자 등이 채굴 시설과 함께 광산을 대여하는 사업은 포함하고, 광업권자가 각종 경비를 지출하는 광업에 해당하는 경우는 제외)

구분		내용
주택임대소득 비과세 및 분리과세	고가주택 임대	1개의 주택을 소유하는 자의 국내주택임대소득은 비과세함. 단, 과세기간 종료일 또는 해당 주택 양도일 현재 기준시가가 12억원을 초과하는 고가주택과 국외주택은 제외함
	주택의 간주임대료	부동산 중 주택(40㎡ 이하인 주택으로서 해당 과세기간의 기준시가가 2억원 이하인 주택은 주택 수에 포함하지 아니함)을 대여하고 임대보증금 등을 받은 경우에는 다음 중 어느 하나에 해당하는 경우에만 간주임대료 계산대상에 해당함 ① 3주택 이상을 소유하고 해당 주택의 보증금 등의 합계액이 3억원을 초과하는 경우 ② 부부 각각 1채, 공동명의 1채 소유하고 있는 경우 간주임대료는 계산하지 않음 → 공동명의 주택은 공동사업장으로 1채, 남편 1채, 아내 1채에 해당함(∵ 공동사업장은 개인 주택 수에 합산하지 않음) ③ 2주택(해당 과세기간의 기준시가가 12억원 이하인 주택은 주택 수에 포함하지 아니함)을 소유하고 해당 주택의 보증금 등의 합계액이 3억원 이상의 금액으로서 대통령령으로 정하는 금액을 초과하는 경우 → 2026년 1월 1일 이후 개시하는 과세기간분부터 적용함
	분리과세	소규모임대소득자의 주택임대소득은 분리과세할 수 있음. 소규모임대소득자란 해당 과세기간에 주거용 건물의 임대업에서 발생한 총수입금액이 2천만원 이하인 자를 말함

구분 (2025년까지)		1주택		2주택	3주택
		일반	고가주택		
총수입금액 2천만원 이하	임대료	비과세	분리과세 선택 가능	분리과세 선택 가능	분리과세 선택 가능
	간주임대료	비과세	비과세	비과세	분리과세 선택 가능
총수입금액 2천만원 초과	임대료	비과세	종합과세	종합과세	종합과세
	간주임대료	비과세	비과세	비과세	종합과세

구분	내용		
총수입금액	총수입금액 = 임대료 + 간주임대료 + 관리비수입 + 보험차익 등		
임대료	월세 등	┌ 받기로 한 때의 약정금액 └ 약정일이 없는 경우에는 그 지급을 받은 날	
	선세금 (先貰金)	선세금 $\times \dfrac{\text{당기 임대기간의 월수}}{\text{계약기간 월수}}$ → 초월산입, 말월불산입 부동산을 임대하거나 지역권·지상권을 설정 또는 대여하고 받은 선세금에 대한 총수입금액은 그 선세금을 계약기간의 월수로 나눈 금액의 각 과세기간의 합계액으로 함	

구분			내용
간주임대료	일반부동산 (상가)	기장	[보증금 적수 − 건설비 적수] $\times \dfrac{\text{정기예금이자율}}{365(6)}$ − 금융수익

	건설비	금융수익
	① 건축물의 취득가액 + 자본적 지출 ② 토지 취득가액 제외	① 발생주의에 따라 계산(미수이자 포함, 선수이자 제외) ② 수입이자 + 할인료 + 수입배당금

		추계	[보증금 적수 − 건설비 적수] $\times \dfrac{\text{정기예금이자율}}{365(6)}$ − 금융수익
	주택	기장	[보증금 − 3억원]의 적수 $\times 60\% \times \dfrac{\text{정기예금이자율}}{365(6)}$ − 금융수익
		추계	[보증금 − 3억원]의 적수 $\times 60\% \times \dfrac{\text{정기예금이자율}}{365(6)}$ − 금융수익

─── 주택의 간주임대료(계산 사례) ───

주택	보증금	임대일수	적수	공제순서	간주임대료
A	0.5억	60일	30억	2순위	(0.5억 − 0.5억) × 60일 × 60% ÷ 365 × 이자율
B	1억	200일	200억	1순위	(1억 − 1억) × 200일 × 60% ÷ 365 × 이자율
C	0.7억	30일	21억	3순위	(0.7억 − 0.7억) × 30일 × 60% ÷ 365 × 이자율
D	5억	2일	10억	4순위	(5억 − 0.8억) × 2일 × 60% ÷ 365 × 이자율

※ A, B, C, D주택은 소형주택이 아니고, 기준시가 2억원을 초과함
보증금을 받은 주택이 2주택 이상인 경우, 보증금에서 차감하는 3억원은 보증금의 적수가 가장 큰 주택의 보증금부터 순차적으로 공제함

관리비수입	① 순수 관리비(청소, 난방비 등): 수입금액 포함(단, 청소·난방 등이 부동산임대업과 구분되는 경우에는 별도의 사업소득을 구성함) ② 임차인이 부담하는 보험료, 수도료 등을 구분징수하여 납입대행하는 경우에는 수입금액 아님(단, 초과 징수액은 수입금액에 포함)
보험차익 등	사업용 자산의 손실로 인한 보장성보험의 보험차익

주택임대사업자 분리과세특례	요건	주거용 건물 임대업에서 발생한 총수입금액이 2천만원 이하인 경우에는 분리과세 선택 가능하며, 이 경우 분리과세 소득금액은 특례 규정에 따라 계산함 → 종합소득과세표준 확정신고는 하여야 함
	분리과세 소득금액	
	사례	

분리과세 소득금액

구분	필요경비율	추가 필요경비공제	
		다른 종합소득 2,000만원 이하	다른 종합소득 2,000만원 초과
등록임대사업자	60%	400만원	없음
미등록임대사업자	50%	200만원	없음

사례

[상황 1] 주택임대소득 이외의 다른 종합소득금액이 2천만원 이하이고, A주택은 등록임대, B주택은 미등록임대. A주택 임대료 수입은 14,000,000원, B주택 임대료 수입은 6,000,000원임

구분	등록임대	미등록임대
임대료 수입금액	14,000,000	6,000,000
필요경비(1)	14,000,000 × 60%	6,000,000 × 50%
필요경비(2)	4,000,000 × 70%*	2,000,000 × 30%*
임대소득금액	2,800,000	2,400,000

* 수입금액 비율

[상황 2] 주택임대소득 이외의 다른 종합소득금액이 2천만원 이하이고, A주택은 등록임대, B주택은 8개월은 등록임대, 4개월은 미등록임대. A주택 임대료 수입은 14,000,000원, B주택 임대료 수입은 6,000,000원임

구분	등록임대	미등록임대
임대료 수입금액	18,000,000*	2,000,000
필요경비(1)	18,000,000 × 60%	2,000,000 × 50%
필요경비(2)	4,000,000 × 90%	2,000,000 × 10%
임대소득금액	3,600,000	800,000

* 14,000,000 + 6,000,0000 × (8개월 ÷ 12개월) = 18,000,000

2. 세법 간 간주임대료 비교

구분		법인(「조세특례제한법」)	「소득세법」	「부가가치세법」
적용대상자	기장	부동산임대업이 주업인 차입금 과다법인	부동산임대사업자	부동산임대사업자
	추계	부동산임대사업자		
간주임대료	기장	$(\text{보증금 적수} - \text{건설비 적수}) \times \dfrac{\text{이자율}}{365(6)} - \text{금융수익}$		$\text{보증금 적수} \times \dfrac{\text{이자율}}{365(6)}$
	추계	$(\text{보증금 적수} - \text{건설비 적수}) \times \dfrac{\text{이자율}}{365(6)} - \text{금융수익}$		
주택보증금	기장	제외	3주택 이상 & 보증금합계액 3억원 이상	면세
	추계	포함		
금융수익	기장	① 수입이자 및 할인료 ② 배당금수익 ③ 신주인수권처분이익* ④ 유가증권처분이익* * 이익과 손실을 상계하며 손실이 큰 경우 '0'	① 수입이자 및 할인료 ② 배당금수익	차감하지 않음
	추계	차감하지 않음	차감하지 않음	

사례 1	상가 임대(임대기간 1. 1. ~ 12. 31.), 보증금 500,000,000원, 취득가액 800,000,000원(토지분 500,000,000원 포함), 보증금 운영수익(이자수익 2,000,000원, 유가증권처분이익 1,000,000원), 정기예금이자율 3% [법인의 간주임대료] → 부동산임대업 주업인 차입금 과다법인 $(500,000,000 - 300,000,000) \times 3\% - 3,000,000 = 3,000,000$ [개인의 간주임대료] $(500,000,000 - 300,000,000) \times 3\% - 2,000,000 = 4,000,000$ [부가가치세 간주임대료] 1기: $500,000,000 \times 3\% \times (181 \div 365) = 7,438,356$ 2기: $500,000,000 \times 3\% \times (184 \div 365) = 7,561,643$
사례 2	주택 임대(임대기간 1. 1. ~ 12. 31.), 보증금 500,000,000원, 취득가액 800,000,000원(토지분 500,000,000원 포함), 보증금 운영수익(이자수익 2,000,000원, 유가증권처분이익 1,000,000원), 정기예금이자율 3% [법인의 간주임대료] 부동산임대업 주업인 차입금 과다법인이라도 법인은 간주임대료 계산하지 않음 → 0 [개인의 간주임대료] → 다른 주택이 2채 이상 있음, 보증금 적수가 가장 큰 주택이 해당 주택이라고 가정 $(500,000,000 - 300,000,000) \times 60\% \times 3\% - 2,000,000 = 1,600,000$ [부가가치세 간주임대료] 주택임대는 면세이므로 간주임대료 계산할 필요 없음 → 0

06 소득금액 추계

구분	내용
추계사유	납세지 관할 세무서장 또는 지방국세청장은 해당 과세기간의 과세표준과 세액을 결정 또는 경정하는 경우에는 장부나 그 밖의 증명서류를 근거로 하여야 함. 다만, 다음 사유로 장부나 그 밖의 증명서류에 의하여 소득금액을 계산할 수 없는 경우에는 소득금액을 추계조사결정할 수 있음 ① 과세표준을 계산할 때 필요한 장부와 증빙서류가 없거나 한국표준산업분류에 따른 동종업종 사업자의 신고내용 등에 비추어 수입금액 및 주요 경비 등 중요한 부분이 미비 또는 허위인 경우 ② 기장의 내용이 시설규모·종업원 수·원자재·상품 또는 제품의 시가·각종 요금 등에 비추어 허위임이 명백한 경우 ③ 기장의 내용이 원자재사용량·전력사용량 기타 조업상황에 비추어 허위임이 명백한 경우
특징	① 사업자가 장부기장하지 않아 필요경비를 알 수 없는 경우 기준경비율 또는 단순경비율을 적용하여 그 소득금액을 추계함 ② 일반적으로 단순경비율 적용대상 사업자의 세부담이 적음. 다만, 기준경비율 적용대상 사업자라고 하더라도 한시적으로 단순경비율을 적용한 소득금액에 배수를 적용한 소득금액과 비교하여 소득금액을 결정할 수 있음 ③ 소규모사업자를 제외하고는 추계로 소득금액을 계산하는 경우에는 무기장가산세를 부과함 ④ 추계로 소득금액을 계산할 때 업종별로 경비율이 상이함에 따라 사업자가 어떤 업종을 영위하는지에 따라 세부담이 달라질 수 있음
수입금액 추계방법	① 동업자권형의 방법 ② 국세청장이 정한 영업효율을 적용하는 방법(인적·물적시설의 수량 또는 가액과 매출액의 관계) ③ 국세청장이 정한 업종별 생산수율을 적용하는 방법 ④ 국세청장이 정한 원단위투입량 등에 의한 방법(인건비·임차료·재료비 중에서 일부 또는 전체의 비용과 매출액의 관계, 상품회전율과 매출액의 관계, 매출총이익률, 부가가치율) ⑤ 입회조사기준에 의한 방법
소득금액 추계조사방법	다음 중 어느 하나의 방법에 따름. 다만, 단순경비율방법은 단순경비율 적용대상자만 적용할 수 있음 ① 기준경비율방법 ② 단순경비율방법 ③ 소득률에 의한 방법(연말정산대상 사업자에 한함) ④ 동업자권형방법 또는 직전 과세기간의 소득률에 의한 방법 ⑤ 기타 국세청장이 합리적이라고 인정하는 방법

구분	내용
단순경비율 적용대상자	① 해당 과세기간에 신규로 사업을 개시한 사업자로서 해당 과세기간의 수입금액이 복식부기의 무자 해당 수입금액에 미달하는 자 ② 직전 과세기간의 수입금액 합계액이 일정금액에 미달하는 사업자로서 해당 과세기간의 수입금액이 복식부기의무자 해당 수입금액에 미달하는 자 업종별 기준수입금액 표: ※ 전문직사업자(변호사, 공인회계사, 세무사, 의사, 약사 등)는 단순경비율 적용대상자가 될 수 없음

단순경비율 적용대상자 표:

업종	기준수입금액	
	해당 과세기간 기준 (복식부기기준금액)	직전 과세기간 기준
도소매업·부동산매매업	3억원	6,000만원
제조업	1억 5천만원	3,600만원
부동산임대업·서비스업	7,500만원	2,400만원

구분		내용
기준경비율	추계소득금액	Min(①, ②) + 충당금·준비금 환입액 ① 총수입금액 − 주요경비 − 총수입금액 × 기준경비율 × (1/2*) ② 단순경비율 적용 소득금액 × 2.8배(복식부기의무자 3.4배) * 복식부기의무자에 한하여 1/2을 적용함
	총수입금액 가산항목	① 사업과 관련하여 국가 등으로부터 받는 보조금과 장려금 ② 「부가가치세법」에 따라 공제받은 신용카드매출전표 발행세액공제액 ③ 복식부기의무자의 사업용 유형자산 양도가액
	주요경비 - 매입비용	• 기초재고에 포함된 주요경비 + 당기매입 − 기말재고에 포함된 주요경비 • 외주가공비, 운송업자(추계소득 과세대상자가 운송업자인 경우만을 의미함)의 운반비는 포함하며, 유형·무형자산 매입액은 제외함
	주요경비 - 임차료	유형·무형자산에 대한 임차료
	주요경비 - 인건비	종업원에 대한 급여·퇴직급여(대표자분 제외)
단순경비율	총수입금액 × (1 − 단순경비율)	
	① 단순경비율 사업자의 경우 일자리안정자금은 보조금에 해당하더라도 총수입금액에서 제외함 ② 단순경비율 적용대상자의 경우 단순경비율 또는 기준경비율에 의한 신고를 할 수 있으나, 기준경비율 대상자의 경우 단순경비율에 의한 신고를 할 수 없음 ③ 단순경비율을 적용하는 경우 배수(2.8배 또는 3.4배)는 적용하지 않음	
소득률에 의한 방법	수입금액 × 연말정산소득률	
	연말정산사업소득에 한하여 적용함	
동업자권형	기준경비율 또는 단순경비율이 결정되지 아니하였거나 천재지변 기타 불가항력으로 장부 기타 증빙서류가 멸실된 때에는 기장이 가장 정확하다고 인정되는 동일업종의 다른 사업자의 소득금액을 참작하여 그 소득금액을 결정 또는 경정하는 방법. 다만, 동일업종의 다른 사업자가 없는 경우로서 과세표준확정신고 후에 장부 등이 멸실된 때에는 종합소득과세표준신고서 및 그 첨부서류에 의하고 과세표준확정신고 전에 장부 등이 멸실된 때에는 직전 과세기간의 소득률에 의하여 소득금액을 결정 또는 경정함	

과세표준	추계소득금액 − 소득공제액(인적공제·특별소득공제)
이월결손금	해당 과세기간의 소득금액에 대해서 추계신고를 하거나 추계조사결정을 하는 경우에는 이월결손금 공제를 적용하지 아니함. 다만, 천재지변이나 그 밖의 불가항력으로 장부나 그 밖의 증명서류가 멸실되어 추계신고를 하거나 추계조사결정을 하는 경우에는 그러하지 아니함

회계사·세무사·경영지도사 단번에 합격!
해커스 경영아카데미 cpa.Hackers.com

제 **4** 장

근로·연금·기타소득

4 근로·연금·기타소득

01 근로소득

1. 근로소득의 범위

구분	내용
근로소득의 범위	근로소득은 해당 과세기간에 발생한 다음의 소득으로 함 ① 근로를 제공함으로써 받는 봉급·급료·보수·세비·임금·상여·수당과 이와 유사한 성질의 급여 ② 법인의 주주총회·사원총회 또는 이에 준하는 의결기관의 결의에 따라 상여로 받는 소득 ③ 「법인세법」에 따라 상여로 처분된 금액 ④ 퇴직함으로써 받는 소득으로서 퇴직소득에 속하지 아니하는 소득 　예 「법인세법」상 임원퇴직급여 한도초과 ⑤ 종업원 등 또는 대학의 교직원이 지급받는 직무발명보상금(단, 종업원 또는 대학의 교직원이 퇴직한 후에 지급받는 직무발명보상금은 기타소득으로 과세함) 　비교 「법인세법」상 임원퇴직급여 한도(정관 등 규정이 없는 경우), 「소득세법」상 임원퇴직급여 한도 계산 시 총급여에는 위의 ①, ②만 포함함 ⑥ 사업자나 법인이 생산·공급하는 재화 또는 용역을 그 사업자나 법인(「독점규제 및 공정거래에 관한 법률」에 따른 계열회사를 포함)의 사업장에 종사하는 임원 등에게 시가보다 낮은 가격으로 제공하거나 구입할 수 있도록 지원함으로써 해당 임원 등이 얻는 이익 신설
근로소득에 포함	근로소득에는 다음의 소득이 포함되는 것으로 함 → 보충적·예시적

	기밀비 등	기밀비(판공비를 포함)·교제비, 기타 이와 유사한 명목으로 받는 것으로서 업무를 위하여 사용된 것이 분명하지 아니한 급여 예 영수증 없이 매월 정기적으로 지급되는 판공비
	공로금 등	종업원이 받는 공로금·위로금·개업축하금·학자금·장학금(종업원의 수학 중인 자녀가 사용자로부터 받는 학자금·장학금을 포함), 기타 이와 유사한 성질의 급여 비교 본인의 업무와 관련하여 수령한 학자금은 요건을 갖춘 경우 비과세 → p.2-76 참고 비교 위로금·축하금과 유사한 성격으로 지급되는 경조금 중 사회통념상 인정되는 범위 안의 금액은 근로소득으로 보지 않음
	각종수당	① 근로수당·가족수당·전시수당·물가수당·출납수당·직무수당, 기타 이와 유사한 성질의 급여 ② 보험회사, 투자매매업자 또는 투자중개업자 등의 종업원이 받는 집금수당과 보험가입자의 모집, 증권매매의 권유 또는 저축을 권장하여 받는 대가, 그 밖에 이와 유사한 성질의 급여 ③ 급식수당·주택수당·피복수당, 기타 이와 유사한 성질의 급여 ④ 기술수당·보건수당 및 연구수당, 그 밖에 이와 유사한 성질의 급여 비교 특정 요건을 갖춘 연구보조비 및 연구활동비는 월 20만원까지 비과세 → p.2-77 참고

근로소득에 포함	각종수당	⑤ 벽지수당·해외근무수당, 기타 이와 유사한 성질의 급여 [비교] 월 20만원 이내 벽지수당은 실비변상적 급여로 비과세 ⑥ 시간외근무수당·통근수당·개근수당·특별공로금, 기타 이와 유사한 성질의 급여 [비교] 생산직 근로자 등이 받는 요건을 갖춘 시간외근무수당은 연 240만원까지 비과세
	주택제공	주택을 제공받음으로써 얻는 이익 [비교] 법률이 정한 근로자 등이 사택의 제공받음에 따라 얻은 이익은 비과세 → p.2-80 참고
	주택자금제공	종업원이 주택(주택에 부수된 토지를 포함)의 구입·임차에 소요되는 자금을 저리 또는 무상으로 대여받음으로써 얻는 이익 [비교] 중소기업의 종업원이 주택의 구입·임차에 소요되는 자금을 저리 또는 무상으로 대여받음으로써 얻은 이익은 비과세
	여비	여비의 명목으로 받는 연액 또는 월액의 급여 [비교] 일직료·숙직료 또는 여비로서 실비변상 정도의 금액은 비과세
	사용자대납 보험료	종업원이 계약자이거나 종업원 또는 그 배우자 및 그 밖의 가족을 수익자로 하는 보험·신탁 또는 공제와 관련하여 사용자가 부담하는 보험료·신탁부금 또는 공제부금 [비교] 단체순수보장성보험과 단체환급부보장성보험 중 연 70만원 이내 보험료는 비과세
	주식매수선택권 행사이익	법인의 임원 또는 종업원이 당해 법인 또는 당해 법인과 특수관계에 있는 법인([예] 모회사)으로부터 부여받은 주식매수선택권을 당해 법인 등에서 근무하는 기간 중 행사함으로써 얻은 이익(주식매수선택권 행사 당시의 시가와 실제 매수가액과의 차액을 말하며, 주식에는 신주인수권을 포함) → 퇴사 후 행사: 기타소득 [비교] 벤처기업(자회사 포함)의 임직원이 해당 벤처기업으로부터 부여받은 주식매수선택권을 행사(퇴사 후 행사분 포함)함으로써 얻은 이익 중 연간 2억원 이내의 금액은 비과세(단, 해당 벤처기업으로부터 받은 행사이익의 누계액 5억원까지만 비과세함)
	기타	① 「법인세법」에 따라 손금에 산입되지 아니하고 지급받는 퇴직급여 ② 휴가비, 기타 이와 유사한 성질의 급여 ③ 계약기간 만료 전 또는 만기에 종업원에게 귀속되는 단체환급부보장성보험의 환급금 → 근로소득의 계산은 『단체환급부보장성보험의 환급금 × 납입보험료 중 연 70만원 이하 금액의 합계액 ÷ 납입보험료의 합계액』으로 하는 것임(서면인터넷방문상담1팀-921, 2004. 07. 07.) ④ 「공무원수당 등에 관한 규정」, 「지방공무원수당 등에 관한 규정」, 「검사의 보수에 관한 법률 시행령」, 대법원규칙, 헌법재판소규칙 등에 따라 공무원에게 지급되는 직급보조비 ⑤ 공무원이 국가 또는 지방자치단체로부터 공무수행과 관련하여 받는 상금과 부상 [비교] 연 240만원까지는 비과세

구분	내용
근로소득에서 제외	다음은 근로소득에 포함하지 아니함 ① 사회통념상 타당하다고 인정되는 범위 안의 경조금 ② 퇴직급여로 지급되기 위하여 근로자가 적립 시 적립금액을 선택할 수 없는 적립방법(회사의 별도 적립규칙이 있는 것을 말함)에 따라 적립되는 급여 → 수령 시 연금소득 또는 퇴직소득으로 과세 ③ 우리사주조합원의 자사주 저가취득이익 <table><tr><td>출자금액 ≤ 400만원</td><td>해당 차액에 대하여 과세하지 않음</td></tr><tr><td>출자금액 > 400만원</td><td>그 초과금액으로 취득한 자사주의 취득가액이 기준가액보다 낮은 경우에는 해당 취득가액과 그 기준가액의 차액에 대하여 근로소득으로 보아 과세함</td></tr></table>

2. 비과세 근로소득

구분		내용
군 관련 근로소득		① 복무 중인 병(兵)이 받는 급여 ② 법률에 따라 동원된 사람이 그 동원 직장에서 받는 급여 ③ 작전임무를 수행하기 위하여 외국에 주둔 중인 군인·군무원이 받는 급여 ④ 종군한 군인·군무원이 전사(전상으로 인한 사망을 포함)한 경우 그 전사한 날이 속하는 과세기간의 급여 ⑤ 「국군포로의 송환 및 대우 등에 관한 법률」에 따른 국군포로가 받는 보수 및 퇴직일시금
공상에 따른 위자료·보상금		① 「산업재해보상보험법」에 따라 수급권자가 받는 요양급여, 휴업급여, 장해급여, 간병급여, 유족급여, 유족특별급여, 장해특별급여, 장의비 또는 근로의 제공으로 인한 부상·질병·사망과 관련하여 근로자나 그 유족이 받는 배상·보상 또는 위자료의 성질이 있는 급여 ② 「근로기준법」 또는 「선원법」에 따라 근로자·선원 및 그 유족이 받는 요양보상금, 휴업보상금, 상병보상금, 일시보상금, 장해보상금, 유족보상금, 행방불명보상금, 소지품 유실보상금, 장의비 및 장제비
사회보장 관련급여		① 「고용보험법」에 따라 받는 실업급여, 육아휴직 급여(사립학교 사무직원이 학교 정관에 따라 지급받는 육아휴직수당 150만원 이하 포함), 육아기 근로시간 단축 급여, 출산 전후 휴가 급여 등, 관련 법령에 따라 받는 육아휴직수당 ② 「국민연금법」에 따라 받는 반환일시금(사망으로 받는 것만 해당) 및 사망일시금 ③ 공무상 요양비(「공무원연금법」·「공무원 재해보상법」·「군인연금법」·「군인 재해보상법」 등 법률에 따른 각종 보상금, 부조금, 장해일시금 등)
학자금	본인 학자금	「초·중등교육법」 및 「고등교육법」에 따른 학교(외국에 있는 이와 유사한 교육기관을 포함)와 「근로자직업능력 개발법」에 따른 직업능력개발훈련시설의 입학금·수업료·수강료, 그 밖의 공납금 중 다음의 요건을 갖춘 학자금은 비과세함 → 아래 요건을 갖추지 못하면 전액 과세 ① 업무와 관련 있는 교육 ② 사업체의 규칙 등의 지급기준에 따라 받을 것 ③ 교육기간 6개월 이상인 경우 교육 후 교육기간을 초과하여 근무하지 않으면 반납할 것을 조건으로 하는 경우
	자녀 학자금	무조건 근로소득으로 과세함
	사내근로 복지기금	사내근로복지기금으로부터 지원받는 학자금은 소득세 및 증여세 과세대상 아님

학자금	세액공제	┌ 교육비지원금 비과세 → 교육비세액공제 × └ 교육비지원금 과세 → 교육비세액공제 ○
실비변상적 급여 → 월정액급여에서 제외	식료	「선원법」에 의하여 받는 식료
	일·숙직료 또는 여비	일직료·숙직료 또는 여비로서 실비변상 정도의 금액 ┌─────────── 자가운전보조금 ─────────── 종업원의 소유차량(종업원 본인 명의로 임차한 차량을 포함, 배우자 공동명의 차량 포함, 자녀공동명의 제외)을 종업원이 직접 운전하여 사용자의 업무수행에 이용하고 시내출장 등에 소요된 실제여비를 받는 대신에 그 소요경비를 당해 사업체의 규칙 등에 의하여 정하여진 지급기준에 따라 받는 금액 중 월 20만원 이내의 금액은 비과세 참고 시외출장비: 자가운전보조금을 지급받는 종업원이 본인 소유차량을 이용하여 시외출장에 사용하고 별도로 받은 실비변상 정도의 급여는 과세하지 않음
	제복·제모	법령·조례에 의하여 제복을 착용하여야 하는 자가 받는 제복·제모 및 제화
	작업복	병원·시험실·금융회사 등·공장·광산에서 근무하는 사람 또는 특수한 작업이나 역무에 종사하는 사람이 받는 작업복이나 그 직장에서만 착용하는 피복
	위험수당 등	특수분야에 종사하는 군인이 받는 낙하산강하위험수당·수중파괴작업위험수당, 특수분야에 종사하는 경찰공무원이 받는 경찰특수전술업무수당과 경호공무원이 받는 경호수당 등
	승선수당 등	「선원법」의 규정에 의한 선원이 받는 월 20만원 이내의 승선수당, 경찰공무원이 받는 함정근무수당·항공수당 및 소방공무원이 받는 함정근무수당·항공수당·화재진화수당. 다만, 다음의 승선수당 등은 비과세소득에서 제외 → 이중비과세 제거 ① 외항선·원양어선 선원 및 해외건설근로자가 근로를 제공하고 받는 보수 중 월 500만원 이내의 금액에 대하여 비과세 근로소득을 적용받는 자 ② 어업을 영위하는 자에게 고용되어 근로를 제공하는 자(선장은 제외)가 「선원법」에 의하여 받는 생산수당 중 연 240만원 이내의 금액에 대하여 비과세 근로소득을 적용받는 자
	입갱수당	광산근로자가 받는 입갱수당 및 발파수당
	연구보조비· 연구활동비	다음 중 어느 하나에 해당하는 자가 받는 연구보조비 또는 연구활동비 중 월 20만원 이내의 금액 ① 「유아교육법」, 「초·중등교육법」 및 「고등교육법」에 따른 학교 및 이에 준하는 학교(특별법에 따른 교육기관을 포함)의 교원 ② 「특정연구기관육성법」의 적용을 받는 연구기관, 특별법에 따라 설립된 정부출연연구기관, 「지방자치단체출연연구원의 설립 및 운영에 관한 법률」에 따라 설립된 지방자치단체출연연구원에서 연구활동에 직접 종사하는 자 및 직접적으로 연구활동을 지원하는 자 ③ 중소기업 또는 벤처기업의 기업부설연구소와 연구개발전담부서에서 연구활동에 직접 종사하는 자
	근무환경개선	국가 또는 지방자치단체가 지급하는 다음 중 어느 하나에 해당하는 것 ① 보육교사의 처우개선을 위하여 지급하는 근무환경개선비 ② 「유아교육법 시행령」에 따른 사립유치원 수석교사·교사의 인건비 ③ 전문과목별 전문의의 수급 균형을 유도하기 위하여 전공의에게 지급하는 수련보조수당

구분		내용
실비변상적 급여 → 월정액급여에서 제외	취재수당	신문을 경영하는 언론기업 및 「방송법」에 따른 방송채널사용사업에 종사하는 기자(취재활동을 하는 논설위원 및 만화가를 포함)가 취재활동과 관련하여 받는 취재수당 중 월 20만원 이내의 금액. 취재수당을 급여에 포함하여 받는 경우에는 월 20만원에 상당하는 금액을 취재수당으로 봄
	벽지수당	근로자가 기획재정부령이 정하는 벽지에 근무함으로 인하여 받는 월 20만원 이내의 벽지수당
	천재지변 등으로 인한 급여	근로자가 천재지변, 기타 재해로 인하여 받는 급여
	이전지원금	수도권 외의 지역으로 이전하는 「국가균형발전 특별법」에 따른 공공기관의 소속 공무원이나 직원에게 한시적으로 지급하는 월 20만원 이내의 이전지원금 → 공무원 또는 공공기관 직원 이외의 자는 제외
	종교활동비	종교 관련 종사자가 소속 종교단체의 규약 또는 소속 종교단체의 의결기구의 의결·승인 등을 통하여 결정된 지급기준에 따라 종교활동을 위하여 통상적으로 사용할 목적으로 지급받은 금액 및 물품
외국공무원		대한민국 국민이 아닌 사람이 외국정부(외국의 지방자치단체 및 연방국가인 외국의 지방정부 포함)와 특정한 국제기관에 근무하고 지급받는 급여 → 상호주의 적용됨
보훈급여 등		① 「국가유공자 등 예우 및 지원에 관한 법률」 또는 「보훈보상대상자 지원에 관한 법률」에 따라 받는 보훈급여금·학습보조비 ② 「전직대통령 예우에 관한 법률」에 따라 받는 연금

국외근로소득

일반	공무원
① 원칙: 월 100만원 이내 ② 원양어선·국외 항행선박 선원·국외 건설근로자(감리업무·설계업무수행자 포함): 월 500만원 이내	국내에서 근무할 경우 지급받을 금액상당액을 초과하여 받는 실비변상적 성격의 급여로서 외교부장관이 기획재정부장관과 협의하여 고시하는 금액

※ 국외지역에는 북한지역을 포함함
→ 월급여액이 비과세금액에 미달하는 경우에는 월급여액을 한도로 비과세되므로, 비과세한도미달액을 그 이후의 급여액에서 공제하지 않음

사회보험료

「국민건강보험법」, 「고용보험법」 또는 「노인장기요양보험법」에 따라 국가, 지방자치단체 또는 사용자가 부담하는 보험료

사용자부담분		비과세
본인부담분	근로자 본인이 부담	특별소득공제(총급여액에 이미 포함)
	회사가 대납	총급여액에 별도로 가산, 특별소득공제

	대상직종	공장·광산 근로자, 어업 종사 근로자, 운전원 및 관련 종사자, 배달 및 수하물 운반종사자, 돌봄서비스, 미용 관련서비스, 숙박시설서비스에 근무하는 자 → 통상 생산직 근로자라고 함
생산직 근로자의 야간근로수당 등	소득요건	① 월정액 급여 210만원 이하 ② 직전 과세기간 총급여액 3,000만원 이하
	월정액급여	월급여 총액 − 상여 등 부정기적 급여 − 비과세되는 실비변상적 급여 − 복리후생적 성질의 급여 − 사용자부담 건강보험 등 − 연장근로·휴일·야간근로수당

<table>
<tr><th colspan="3">월정액급여(중소기업, 생산직 근로자)</th></tr>
<tr><th>구분</th><th>급여명세서</th><th>월정액 급여</th></tr>
<tr><td>기본급</td><td>1,000,000</td><td>1,000,000</td></tr>
<tr><td>상여금(연 4회)</td><td>500,000</td><td></td></tr>
<tr><td>식대</td><td>260,000</td><td>260,000</td></tr>
<tr><td>자가운전보조금</td><td>300,000</td><td>100,000</td></tr>
<tr><td>건강보험료(대납액)</td><td>200,000</td><td>200,000</td></tr>
<tr><td>건강보험료(회사부담분)</td><td>200,000</td><td></td></tr>
<tr><td>주택자금 대여</td><td>300,000</td><td></td></tr>
<tr><td>연장근로수당</td><td>200,000</td><td></td></tr>
<tr><td>합계</td><td>2,960,000</td><td>1,560,000</td></tr>
</table>

	비과세금액	① 「근로기준법」에 따른 연장근로·야간근로 또는 휴일근로를 하여 통상임금에 더하여 받는 급여의 합계액 중 연 240만원 ② 근로자가 「선원법」에 의하여 받는 생산수당 중 연 240만원

식사 또는 식사대	둘 중 하나 제공	동시 제공
	① 식사: 전액 비과세 ② 식사대: 월 20만원 한도 비과세	식사는 전액 비과세, 식사대는 전액 과세

식사 또는 식사대

㉠ 사용자가 기업 외부의 음식업자와 식사·기타 음식물 공급계약을 체결하고 그 사용자가 교부하는 식권에 의하여 제공받는 식사·기타 음식물로서 당해 식권을 현금으로 환금할 수 없는 때에는 비과세되는 식사·기타 음식물로 봄
㉡ 다른 근로자와 함께 일률적으로 급식수당을 지급받고 있는 근로자가 야간근무 등 시간외근무를 하는 경우에 별도로 제공받는 식사·기타 음식물은 비과세되는 급여에 포함함. 중식대를 별도로 지급받는 경우도 마찬가지임

출산수당·보육수당	출산지원금 [개정]	근로자(사용자와 특수관계에 있는 자는 제외) 또는 그 배우자의 출산과 관련하여 자녀의 출생일 이후 2년 이내에 공통 지급규정에 따라 사용자로부터 지급(총 2회 이내)받는 급여 → 비과세 한도 없음
	양육수당	근로자 또는 그 배우자의 6세 이하 자녀(해당 과세기간 개시일 기준으로 판단)의 보육과 관련하여 사용자로부터 받는 급여로서 월 20만원 이내 금액 → 자녀가 여러 명인 경우에도 월 20만원만 적용
근로장학금		「교육기본법」에 따라 받는 장학금 중 대학생이 근로를 대가로 지급받는 장학금(대학에 재학하는 대학생에 한정)

구분		내용
직무발명 보상금	대상 및 비과세금액	① 「발명진흥법」에 따른 직무발명으로 받는 직무발명보상금으로서 종업원 등(임원 포함)이 지급받는 연간 700만원 이하의 금액 ② 대학의 교직원이 소속대학에 설치된 산학협력단으로부터 받는 연간 700만원 이하의 보상금
	제외대상	직무발명보상금을 지급한 지배주주 등과 특수관계있는 자가 받는 보상금은 비과세 제외함
	비과세 적용순서	근로소득과 기타소득을 합하여 연간 총 700만원 내에서 비과세(근로소득에서 비과세 먼저 적용)함
복리후생적 성질의 급여 → 월정액급여에서 제외	사택의 제공	주택을 제공받음으로써 얻는 이익은 근로소득으로서 과세되나, 다음 중 어느 하나에 해당하는 자가 사택(임차하여 무상제공하는 것을 포함)을 제공받는 경우에는 소득세를 과세하지 아니함 ① 주주 또는 출자자가 아닌 임원 ② 소액주주(지분율 1% 미만)인 임원 ③ 임원이 아닌 종업원 ④ 국가·지방자치단체로부터 근로소득을 지급받는 사람
	주택자금 대여이익	중소기업의 종업원이 주택의 구입·임차에 소요되는 자금을 저리 또는 무상으로 대여받음으로써 얻는 이익. 다만, 지배주주 및 그의 친족 등은 제외함
	직장어린이집 운영비 등	직장어린이집을 설치·운영하거나 위탁보육을 하는 사업주가 직장어린이집을 설치하고 지원하는 운영비 내지 지역어린이집과 위탁계약을 맺고 지원하는 위탁보육비를 부담함으로써 해당 사업장의 종업원이 얻는 이익
	사용자부담 보험료	종업원이 계약자이거나 종업원 또는 그 배우자 및 그 밖의 가족을 수익자로 하는 보험·신탁 또는 공제와 관련하여 사용자가 부담하는 다음의 보험료 ① 종업원의 사망·상해 또는 질병을 보험금의 지급사유로 하고 종업원을 피보험자와 수익자로 하는 보험으로서 만기에 납입보험료를 환급하지 않는 단체순수보장성보험과 만기에 납입보험료를 초과하지 않는 범위에서 환급하는 단체환급부보장성보험의 보험료 중 연 70만원 이하의 금액 ② 임직원의 고의(중과실을 포함함) 외의 업무상 행위로 인한 손해의 배상청구를 보험금의 지급사유로 하고 임직원을 피보험자로 하는 보험의 보험료
	공무원	공무원이 국가 또는 지방자치단체로부터 공무수행과 관련하여 받는 상금과 부상 중 연 240만원 이내의 금액
	종업원 할인금액 [신설]	다음 요건을 모두 충족하는 할인받은 금액 중 시가의 20%와 연 240만원 중 큰 금액 → 시가는 할인적용 전 판매가격 또는 쇼핑몰 등 고시가격을 기준으로 하되, 동일기간 일반소비자와 거래한 가격이 있는 경우 시가로 인정함 ① 임원 또는 종업원 본인이 소비하는 것을 목적으로 제공받거나 지원을 받아 구입한 재화 또는 용역으로서 일정기간 재판매가 허용되지 아니할 것 ② 해당 재화 또는 용역의 제공과 관련하여 모든 임원 등에게 공통으로 적용되는 기준이 있을 것 [예] H자동차회사는 종업원에게 4,000만원의 차량을 3,000만원에 할인판매 　㉠ 근로소득 1,000만원, ㉡ 비과세 근로소득 Max(4,000만원 × 20%, 240만원) = 800만원, ㉢ 총급여 200만원

3. 근로소득금액 계산

구분	내용	
근로소득금액	총급여액(비과세·분리과세소득 제외) − 근로소득공제	
근로소득공제	**총급여액**	**근로소득공제**
	총급여액 ≤ 500만원	총급여액 × 70%
	500만원 < 총급여액 ≤ 1,500만원	350만원 + (총급여액 − 500만원) × 40%
	1,500만원 < 총급여액 ≤ 4,500만원	750만원 + (총급여액 − 1,500만원) × 15%
	4,500만원 < 총급여액 ≤ 1억원	1,200만원 + (총급여액 − 4,500만원) × 5%
	1억원 < 총급여액	1,475만원 + (총급여액 − 1억원) × 2%
	① 근로기간이 1년 미만인 경우에도 월할계산하지 아니함 ② 근로소득공제액이 2천만원을 초과하는 경우에는 2천만원을 공제함 　→ 총급여 362,500,000원 이상부터 한도 적용 ③ 2인 이상으로부터 근로소득을 받는 사람(일용근로자는 제외)에 대하여는 그 근로소득의 합계액을 총급여액으로 하여 근로소득공제액을 계산함	
일용직 근로자	일용근로자는 1일 15만원을 근로소득공제금액으로 함. 일용직 근로자는 근로를 제공한 날 또는 시간에 따라 근로대가를 계산하거나 근로를 제공한 날 또는 시간의 근로성과에 따라 급여를 계산하여 받은 사람으로서 동일한 고용주에게 3개월(건설공사 종사자는 1년) 이상 계속하여 고용되어 있지 아니한 자를 말함. 단, 하역작업 종사자는 기간 제한 없음	

4. 근로소득의 수입시기

구분	수입시기
급여	근로를 제공한 날
잉여금처분에 의한 상여	해당 법인의 잉여금처분결의일
인정상여	해당 법인의 사업연도 중 근로를 제공한 날 [비교] 인정배당, 인정기타소득: 결산확정일
임원의 퇴직소득 중 「소득세법」에 따라 한도초과로 근로소득으로 보는 금액	지급받거나 지급받기로 한 날
주식매수선택권	주식매수선택권을 행사한 날

5. 근로소득 과세방법

구분		내용
과세방법	일용근로자	① 과세방법: 완납적 원천징수(분리과세) ② 일용근로자의 분리과세 원천징수세액 $$(일\ 급여액 - 근로소득공제) \times 6\% - 근로소득세액공제$$ ㉠ 근로소득공제: 1일 15만원 ㉡ 근로소득세액공제: 산출세액 × 55% → 한도 없음 사례 일용근로자에 해당하는 거주자가 3개월 이상(건설근로자는 1년 이상) 계속하여 동일한 고용주에게 고용되는 경우에는 3개월 이상이 되는 월부터 일반급여로 보아 원천징수하고, 해당 연도 1. 1.부터 12. 31.까지 지급받은 급여를 합산하여 연말정산함
	상용근로자	① 매월분 근로소득 지급 시 간이세액표로 원천징수한 후 다음 해 2월 연말정산 → 퇴직자가 퇴직하는 달의 근로소득을 지급할 때 포함 ② 다른 종합소득이 있는 경우에는 종합소득 확정신고하여야 함
	원천징수제외 근로소득	원칙 원천징수하지 않고 종합소득신고함 예외 납세조합 조직한 경우 납세조합이 원천징수·연말정산을 행함
원천징수제외 근로소득	대상	① 국외에 있는 비거주자 또는 외국법인(국내지점 또는 국내영업소 제외)으로부터 받는 급여. 단, 다음의 급여는 제외함 ㉠ 국내에서 손금으로 계상된 것 ㉡ 국외에 있는 외국법인(국내지점 또는 국내영업소는 제외)으로부터 받는 근로소득 중 외국법인 소속 파견근로자의 소득에 대한 원천징수특례 규정에 따라 소득세가 원천징수되는 파견근로자의 소득 ② 외국기관, 우리나라에 주둔하는 국제연합군(미국군 제외)으로부터 받는 급여
	과세방법	① 원칙: 종합과세 ② 예외: 납세조합을 조직한 경우 매월 원천징수 및 연말정산 → 다른 종합소득이 없는 경우 확정신고의무 면제 ③ 세액공제: 소득세액의 3%(한도 연 100만원) 개정
외국법인소속 파견근로자		① 국내 파견된 근로자로서 국외 외국법인으로부터 소득을 지급받는 자는 파견근로자가 스스로 종합소득신고·납부하는 것이 원칙임 ② 그러나 파견근로자를 사용하는 특정 내국법인(항공운수업 등을 영위하는 법인으로서 일정요건을 충족하는 법인)이 외국법인에게 용역 사용대가를 지급할 때 원천징수(지급대가의 19%)를 함 ③ 연말정산: 파견외국법인은 파견근로자에게 해당 과세기간의 다음 연도 2월분 근로소득을 지급할 때에 근로소득세액의 연말정산 규정에 따라 해당 과세기간의 근로소득에 대한 소득세를 원천징수하여야 함. 다만, 사용내국법인이 파견외국법인을 대리하여 원천징수할 수 있음
외국인근로자 과세특례	적용대상	외국인근로자
	특례내용	종합소득세율 적용 대신 단일세율 적용 $$근로소득(비과세·소득공제·세액공제\ 적용하지\ 않음) \times 19\%$$ → 사택제공이익은 근로소득에서 제외

02 연금소득

1. 연금의 종류 및 과세대상

구분		내용
연금소득 과세방식	Case 1	불입단계 운용단계 수령단계 1,000 납입 → 1,000 수령 ┌ 공제 O: 600 ·······→ ┌ 600(과세 O) └ 공제 X: 400 ·······→ └ 400(과세 X)
	Case 2	불입단계 운용단계 수령단계(일시수령) 1,000 납입 ·······→ ┌ 400(과세 X) (600 공제) └ 600(과세 O) 400 수익 ·······→ 400(과세 O)
	Case 3	불입단계 운용단계 수령단계(분할수령) 1,000 납입 ·······→ 400(과세 X) (600 공제) ·······→ 600(과세 O) 400 수익 ·······→ 400(과세 O) ※ 공제되지 않는 금액(과세 제외 기여금)을 먼저 수령하는 것으로 가정
연금의 종류	공적연금	국민연금
		특수직연금 | 공무원연금, 군인연금, 사학연금
	사적연금	퇴직연금 | 확정급여형(DB), 확정기여형(DC), 개인형 퇴직연금(IRP)
		개인연금 (연금저축) | 연금저축신탁, 연금저축펀드, 연금저축보험
과세대상 연금소득	공적연금	① 공적연금 관련 법에 따라 받는 공적연금수령액 ② 공적연금소득을 지연 지급하여 받는 이자
	사적연금	연금저축계좌 또는 퇴직연금계좌에서 연금형태로 인출하는 다음의 것 ① 이연퇴직소득 ② 세액공제(소득공제)받은 연금계좌 납입액 ③ 연금계좌 운용실적에 따라 증가된 금액
수입시기	공적연금	연금을 지급받기로 한 날
	사적연금	연금수령한 날
비과세 연금소득		① 공적연금 관련 법에 따라 받는 유족연금·퇴직유족연금·장해유족연금·순직유족연금·직무상 유족연금·위험직무순직유족연금, 장애연금, 장해연금·비공무상 장해연금·비직무상 장해연금, 상이연금, 연계노령유족연금 또는 연계퇴직유족연금 ② 「산업재해보상보험법」에 따라 받는 각종 연금 ③ 「국군포로의 송환 및 대우 등에 관한 법률」에 따른 국군포로가 받는 연금
연금소득금액		총연금액(비과세·분리과세소득 제외) − 연금소득공제 └ 공적연금 + 사적연금

구분	내용	

연금소득공제	총연금액	연금소득공제(한도: 900만원)
	350만원 이하	총연금액
	350만원 초과 700만원 이하	350만원 + (총연금액 − 350만원) × 40%
	700만원 초과 1,400만원 이하	490만원 + (총연금액 − 700만원) × 20%
	1,400만원 초과 4,100만원 이하	630만원 + (총연금액 − 1,400만원) × 10%
	4,100만원 초과	900만원

납세절차	구분	공적연금	사적연금
	납입 단계	사용자 부담금은 사용자의 손금(필요경비)으로 처리하고, 본인 기여금 또는 개인부담금은 소득공제(연금보험료공제)로서 종합소득에서 차감함	사용자 부담금(퇴직연금)은 손금(필요경비)으로 처리되고, 본인 기여금(연금보험료)은 납입액의 일정 비율(12%, 15%)로 세액공제받음
	수령 단계	① 연금소득을 지급받을 때 연금간이세액표에 의하여 원천징수하고, 다음 해 1월분 연금소득을 지급받을 때 연말정산함. 종합과세되는 다른 소득이 없는 경우에는 종합소득 확정신고의무를 면제함 ② 공적연금소득을 받는 사람이 해당 과세기간 중 사망한 경우에는 사망일이 속하는 달의 다음다음 달 말일까지 연말정산함	연간 연금수령액 / 과세방법 1,500만원 이하: 종합과세 또는 분리과세(3 ~ 5%) 선택 1,500만원 초과: 종합소득으로 과세하되 세액계산 특례 규정 적용

2. 공적연금

구분	내용
과세방식	일시금수령: 퇴직소득 연금수령: 연금소득
과세기준일 이후 소득	B. 과세기준일 이후 납입기간 동안의 환산소득누계액 과세기준일 — 지급개시 → 연금수령액 A. 총납입기간 동안의 환산소득누계액 * 과세기준일: 2002. 1. 1. [국민연금 및 연계노령연금] $$연금수령액 \times \dfrac{B}{A} - 과세\ 제외\ 기여금(C)$$ [공무원연금 등] $$연금수령액 \times \dfrac{과세기준일\ 이후\ 기여금\ 납입월수}{총기여금\ 납입월수} - C$$ ① 과세 제외 기여금은 과세기준일 이후에 연금보험료공제 적용 없이 납입한 본인 기여금 또는 개인부담금을 말함 ② 과세 제외 기여금이 해당 과세기간의 과세기준금액을 초과하는 경우에는 그 초과하는 금액은 그 다음 과세기간부터 수령하는 과세기준금액에서 차감함

사례

① 총환산소득누계액: 500
② 2002. 1. 1. 이후 환산소득누계액: 300
③ 과세 제외 기여금: 8

(단위: 백만원)

구분	20×1년	20×2년
연금수령액	10	15
연금소득	$10 \times \dfrac{300}{500} - 6 = 0$	$15 \times \dfrac{300}{500} - 2 = 7$
과세 제외 기여금 이월액	$8 - 6 = 2$	$2 - 2 = 0$

3. 사적연금

구분	내용
과세체계	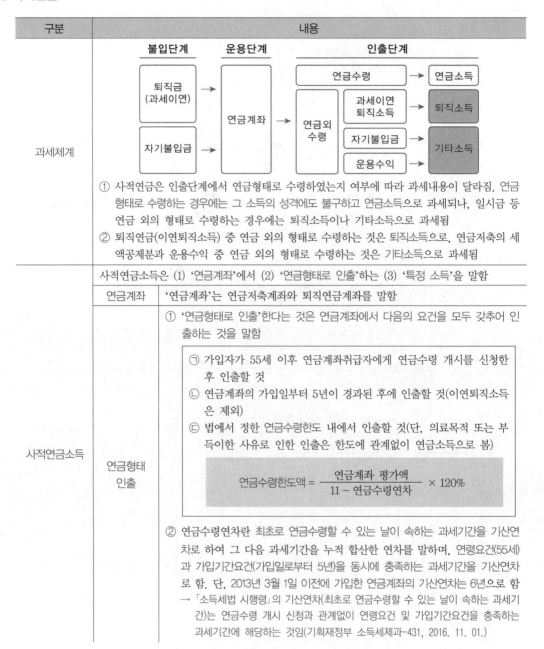 ① 사적연금은 인출단계에서 연금형태로 수령하였는지 여부에 따라 과세내용이 달라짐. 연금형태로 수령하는 경우에는 그 소득의 성격에도 불구하고 연금소득으로 과세되나, 일시금 등 연금 외의 형태로 수령하는 경우에는 퇴직소득이나 기타소득으로 과세됨 ② 퇴직연금(이연퇴직소득) 중 연금 외의 형태로 수령하는 것은 퇴직소득으로, 연금저축의 세액공제분과 운용수익 중 연금 외의 형태로 수령하는 것은 기타소득으로 과세됨

		사적연금소득은 (1) '연금계좌'에서 (2) '연금형태로 인출'하는 (3) '특정 소득'을 말함
사적연금소득	연금계좌	'연금계좌'는 연금저축계좌와 퇴직연금계좌를 말함
	연금형태 인출	① '연금형태로 인출'한다는 것은 연금계좌에서 다음의 요건을 모두 갖추어 인출하는 것을 말함 ⊙ 가입자가 55세 이후 연금계좌취급자에게 연금수령 개시를 신청한 후 인출할 것 ⓒ 연금계좌의 가입일부터 5년이 경과된 후에 인출할 것(이연퇴직소득은 제외) ⓒ 법에서 정한 연금수령한도 내에서 인출할 것(단, 의료목적 또는 부득이한 사유로 인한 인출은 한도에 관계없이 연금소득으로 봄) $$연금수령한도액 = \frac{연금계좌\ 평가액}{11 - 연금수령연차} \times 120\%$$ ② 연금수령연차란 최초로 연금수령할 수 있는 날이 속하는 과세기간을 기산연차로 하여 그 다음 과세기간을 누적 합산한 연차를 말하며, 연령요건(55세)과 가입기간요건(가입일로부터 5년)을 동시에 충족하는 과세기간을 기산연차로 함. 단, 2013년 3월 1일 이전에 가입한 연금계좌의 기산연차는 6년으로 함 →「소득세법 시행령」의 기산연차(최초로 연금수령할 수 있는 날이 속하는 과세기간)는 연금수령 개시 신청과 관계없이 연령요건 및 가입기간요건을 충족하는 과세기간에 해당하는 것임(기획재정부 소득세제과-431, 2016. 11. 01.)

사적연금소득	연금형태 인출	[사례 1] 甲(56세)은 2018. 5. 1. 연금계좌에 가입하고, 2025. 5. 1.에 연금수령 개시신청, 2025. 1. 1. 현재 연금계좌평가액 180,000,000원
		연금수령 한도액 = 180,000,000 ÷ (11 − 2) × 120% = 24,000,000
		→ 가입기간 5년 충족 2023년, 55세 이상 충족 2024년: 동시 충족은 2024년 이후
		[사례 2] 甲(58세)은 2019. 5. 1. 연금계좌에 가입하고, 2025. 5. 1.에 연금수령 개시신청, 2025. 1. 1. 현재 연금계좌평가액 180,000,000원
		연금수령 한도액 = 180,000,000 ÷ (11 − 2) × 120% = 24,000,000
		→ 가입기간 5년 충족 2024년, 55세 이상 충족 2022년: 동시 충족은 2024년 이후
		
		③ 위의 요건을 모두 충족한 상태에서 연금형태로 인출하는 것을 '연금수령'이라 하고, 위 요건을 갖추지 못한 상태에서 인출하는 것을 '연금외수령'이라고 함
		④ 같은 연금계좌에서 인출하는 금액이라도 연금수령하면 연금소득으로 과세하고, 연금수령요건을 갖추지 못하면(연금외수령) 퇴직소득 또는 기타소득으로 과세함
		⑤ 의료목적 인출과 다음의 부득이한 사유로 인한 인출은 일반 연금수령한도와 무관하게 연금수령한 것으로 봄. 다만, 연금수령한도액과는 별도로 연금소득으로 보는 것이며 무조건 분리과세함
		  ⓐ 천재지변
		  ⓑ 가입자의 사망, 해외이주(이연퇴직소득의 경우, 연금계좌에 입금한 날로부터 3년 이후 해외이주하는 경우에 한함)
		  ⓒ 가입자 또는 그 부양가족(기본공제대상자로 한정하며, 소득의 제한은 없음)의 3개월 이상 요양이 필요한 질병·부상
		  ⓓ 연금취급자의 영업정지, 인허가 취소, 해산결의, 파산선고
		  ⓔ 가입자의 파산 또는 개인회생
		  ⓕ 사회재난지역에서 재난으로 15일 이상 입원 또는 치료

	특정 소득	'특정 소득'이란 연금계좌에서 인출하는 금액의 발생원천이 다음에 해당하는 소득을 말함 ① 이연퇴직소득 ② 연금계좌세액공제를 받은 연금계좌 납입액 ③ 연금계좌의 운용실적에 따라 증가된 금액

구분		내용
연금계좌 인출순서	일부금액만 인출	다음의 순서에 따라 인출되는 것으로 봄 ① 과세 제외 기여금* → ② 이연퇴직소득 → ③ 세액공제받은 금액과 운용수익 * 과세 제외 기여금은 해당 연금계좌에 납입한 연금보험료 중 연금계좌세액공제를 받지 아니한 것을 말함
	연금수령 한도초과인출	인출된 금액이 연금수령한도를 초과하는 경우에는 연금수령분이 먼저 인출되고 그 다음으로 연금외수령분이 인출된 것으로 봄
	의료비 인출	연금수령분 중에서 의료비 인출(부득이한 사유로 인한 인출 포함)과 연금수령한도 인출이 함께 있는 경우에는 실제 인출된 시기에 따름
	손실 발생	① 연금계좌에 있는 금액은 본래의 인출순서와 반대의 순서로 차감된 후의 금액으로 봄 ② 예를 들어, 원금이 5,000만원인 상태에서 손실이 발생하여 4,000만원을 수령하는 경우 1,000만원의 손실은 세액공제받은 금액에서 가장 먼저 발생하고, 그 다음으로 이연퇴직소득에서 발생한 것으로 봄
	연금상품 변경	연금계좌에 있는 금액이 연금수령이 개시되기 전에 다른 연금계좌로 이체되는 경우에는 이를 연금계좌의 인출로 보지 아니함. 다만, 연금저축좌와 퇴직연금계좌 상호 간에 이체되는 경우는 인출로 봄 → 단, 연금수령요건을 갖춘 자가 전액을 상호 간에 이체(연금수령이 개시된 경우를 포함)하는 경우는 인출로 보지 않음

과세방법	특정소득	연금수령	연금외수령	의료목적 인출
	이연퇴직소득	연금소득, 분리과세	퇴직소득, 분류과세	연금소득, 무조건 분리과세 (3 ~ 5%)
	세액공제받은 납입액	연금소득, 분리과세 선택 가능 (1,500만원 이하)	기타소득, 무조건 분리과세(15%)	
	운용수익			

분리과세 사적연금소득	무조건 분리과세	분리과세 선택
	① 이연퇴직소득을 연금계좌에서 연금수령하는 연금소득 ② 연금계좌에서 의료목적 또는 부득이한 인출의 요건을 갖추어 인출하는 연금소득	무조건 분리과세 연금소득 외 연금소득 합계액이 연 1,500만원 이하인 경우 그 연금소득 → 거주자가 종합소득과세표준을 계산할 때 이를 합산하려는 경우는 분리과세대상 연금소득에서 제외함

원천징수세율	구분		원천징수세율	
	① 연금수령하는 이연퇴직소득		이연퇴직소득세의 70%(60%)	
	② 연금수령일 현재 나이	70세 미만	5%	②, ③이 동시에 적용되는 경우 낮은 세율
		70세 이상 80세 미만	4%	
		80세 이상	3%	
	③ 종신계약에 따라 수령하는 연금		4%	
	㉠ 이연퇴직소득을 연금수령하는 연금소득과 연금계좌에서 부득이한 사유 등으로 인출하는 경우에는 위의 세율로 원천징수하고 과세를 종결함(무조건 분리과세) ㉡ 연금수령하는 이연퇴직소득은 연금수령시점이 10년 이하인 경우에는 퇴직소득세의 70%, 10년을 초과하는 경우에는 퇴직소득세의 60%를 원천징수세율로 함			

03 기타소득

1. 기타소득의 범위

구분	내용
의의	이자소득, 배당소득, 사업소득, 근로소득, 연금소득, 퇴직소득, 금융투자소득 및 양도소득 외의 소득으로서 다음의 소득은 기타소득으로 과세함 사례 법령에 기타소득으로 열거된 항목이라 하더라도 계속·반복적인 활동으로 얻은 소득은 사업소득으로 과세됨
상금, 현상금 등	상금, 현상금, 포상금, 보로금 또는 이에 준하는 금품 **비과세** / **의제필요경비(80%)** **비과세**: 다음의 상금은 비과세함 ① 「국가보안법」에 의하여 받는 상금과 보로금 등 ② 「상훈법」에 의하여 받는 상금과 부상 등 ③ 국가·지자체로부터 받는 상금 **의제필요경비(80%)**: 「공익법인의 설립·운영에 관한 법률」의 적용을 받는 공익법인이 주무관청의 승인을 받아 시상하는 상금 및 부상과 다수가 순위 경쟁하는 대회에서 입상자가 받는 상금 및 부상은 실제경비와 80%의 필요경비 중 큰 금액을 필요경비로 함
복권 당첨소득	복권, 경품권, 그 밖의 추첨권에 당첨되어 받는 금품 → 무조건 분리과세(20%, 단, 3억원 초과분은 30%) 참고 경품에 대한 부가가치세를 경품제공자가 부담하는 경우에는 기타소득 수입금액에 부가가치세도 포함되나, 당첨자가 부담할 경우에는 제외함
사행행위 참가이익	「사행행위 등 규제 및 처벌 특례법」에서 규정하는 행위(적법 또는 불법 여부는 고려하지 아니함)에 참가하여 얻은 재산상의 이익
승마투표권 등 환급금	「한국마사회법」에 따른 승마투표권, 「경륜·경정법」에 따른 승자투표권, 「전통 소싸움경기에 관한 법률」에 따른 소싸움경기투표권 및 「국민체육진흥법」에 따른 체육진흥투표권의 구매자가 받는 환급금(발생원인이 되는 행위의 적법 또는 불법 여부는 고려하지 않음) → 무조건 분리과세
영화필름 등의 양도·대여	다음의 자산 또는 권리의 양도·대여 또는 사용의 대가로 받는 금품 ① 영화필름 ② 라디오·텔레비전 방송용 테이프 또는 필름
저작자 외의 자가 받는 저작권 사용료	저작자 또는 실연자·음반제작자·방송사업자 외의 자가 저작권 또는 저작인접권의 양도 또는 사용의 대가로 받는 금품(「저작권법」에 의한 저작권 또는 저작인접권을 상속·증여 또는 양도받은 자가 그 저작권 또는 저작인접권을 타인에게 양도하거나 사용하게 하고 받는 대가를 의미) → 의제필요경비 없음 비교 저작자 본인이 수령한 소득: 사업소득
무형자산의 양도·대여	광업권·어업권·산업재산권·산업정보, 산업상 비밀, 상표권·영업권(대통령령으로 정하는 점포 임차권을 포함함), 토사석의 채취허가에 따른 권리, 지하수의 개발·이용권(토지 등과 함께 양도하는 지하수개발·이용권을 포함), 그 밖에 이와 유사한 자산이나 권리를 양도하거나 대여하고 그 대가로 받는 금품. 여기서 점포임차권은 거주자가 사업소득이 발생하는 점포를 임차하여 점포임차인으로서의 지위를 양도함으로써 얻는 경제적 이익을 말함 → 60% 필요경비 의제 비교 ┌ 부동산 및 부동산에 관한 권리와 함께 영업권을 양도하는 경우: 양도소득 └ 이축권을 양도하는 경우: 양도소득(단, 이축권 가액을 별도로 평가하여 구분 신고하는 경우: 기타소득)

구분	내용
물품 또는 장소의 일시적 대여	물품(유가증권을 포함) 또는 장소를 일시적으로 대여하고 사용료로서 받는 금품 比교 주식대차거래의 사용료: 기타소득, 배당상당액: 배당소득
통신판매중개업자를 통한 물품 또는 장소의 대여소득	「전자상거래 등에서의 소비자보호에 관한 법률」에 따라 통신판매중개를 하는 자를 통하여 물품 또는 장소를 대여하고 연수입금액 500만원 이하의 사용료로서 받은 금품(기타소득으로 원천징수하거나 과세표준확정신고를 한 경우에는 사업소득에서 제외) → 60% 필요경비 의제
공익사업 관련 지역권·지상권의 설정·대여	「공익사업을 위한 토지 등의 취득 및 보상에 관한 법률」에 따른 공익사업과 관련하여 지역권·지상권(지하 또는 공중에 설정된 권리를 포함)을 설정하거나 대여함으로써 발생하는 소득 → 60% 필요경비 의제 比교 ┌ 일반적인 지상권·지역권 대여: 사업소득 ├ 지상권·전세권·등기된 부동산 임차권의 양도: 양도소득 ├ 지역권의 양도는 불가함 └ 전세권·임차권의 대여: 사업소득

손해배상금	① 계약의 위약 또는 해약으로 인하여 받는 소득으로서 다음 중 어느 하나에 해당하는 것
	
	  ㉠ 위약금, ㉡ 배상금, ㉢ 부당이득 반환 시 지급받는 이자
	
	② 재산권에 관한 계약의 위약 또는 해약으로 받는 손해배상(보험금을 지급할 사유가 발생하였음에도 불구하고 보험금 지급이 지체됨에 따라 받는 손해배상 포함)으로서 그 명목여하에 불구하고 본래의 계약의 내용이 되는 지급 자체에 대한 손해를 넘는 손해에 대하여 배상하는 금전 또는 물품의 가액을 의미함. 이 경우 계약의 위약 또는 해약으로 반환받은 금전의 가액이 계약에 따라 당초 지급한 총금액을 넘지 않는 경우에는 지급자체에 대한 손해를 넘는 금전의 가액으로 보지 않음
	  比교 타인의 신체의 자유 또는 명예를 해하거나 기타 정신상의 고통에 대한 손해배상금, 상해에 대한 손해배상금 등은 소득세 과세대상이 아님
	③ 위약금 또는 배상금 등은 실제 필요경비를 인정하는 것이 원칙이나, 그 중 주택입주 지체상금은 80% 필요경비 의제를 적용함
	  比교 상가입주지체상금은 의제필요경비 없음
	④ 계약금이 위약금 또는 배상금으로 대체되는 경우에는 원천징수하지 않고, 그 수입시기는 위약 또는 해약이 확정된 날임
	⑤ 원천징수는 하지 않았으나 선택적 분리과세를 허용함. 즉, 종합소득신고는 하되 종합소득에 합산할지 분리과세 세율을 적용받은 세액만 합산할지는 납세자의 선택에 맡김
	
	┌─ 계약의 위약 ─┐
	甲 매도인 ──── 乙 매수인
	해약 / 해약
	┌ 계약금의 배액을 배상 / ┌ 계약금이 위약금으로 대체
	├ 수입시기: 지급한 때 / ├ 수입시기: 위약해약이 확정된 때
	└ 원천징수: O / └ 원천징수: X
	선택적 분리과세 허용

유실물 습득 보상금	유실물의 습득 또는 매장물의 발견으로 인하여 보상금을 받거나 새로 소유권을 취득하는 경우 그 보상금 또는 자산

무주물의 점유로 소유권 취득	소유자가 없는 물건의 점유로 소유권을 취득하는 자산
특수관계로 얻은 이익	거주자·비거주자 또는 법인의 특수관계인이 그 특수관계로 인하여 그 거주자·비거주자 또는 법인으로부터 받는 다음의 경제적 이익으로서 급여·배당 또는 증여로 보지 아니하는 금품 ① 「법인세법」에 따라 법인의 소득금액을 법인이 신고하거나 세무서장이 결정·경정할 때 처분되는 배당·상여 외에 법인 또는 개인의 사업용 자산을 무상 또는 저가로 이용함으로 인하여 개인이 받는 이익으로서 그 자산의 이용으로 인해 통상 지급하여야 할 사용료 또는 그 밖에 이용의 대가(통상 지급하여야 할 금액보다 저가로 그 대가를 지급한 금액이 있는 경우에는 이를 공제한 금액) ② 「노동조합 및 노동관계조정법」을 위반하여 지급받는 급여
슬롯머신 당첨금품	슬롯머신 및 투전기, 그 밖에 이와 유사한 기구(슬롯머신 등)를 이용하는 행위에 참가하여 받는 당첨금품·배당금품 또는 이에 준하는 금품 → 무조건 분리과세, 과세최저한: 건별로 200만원 이하
문예창작소득	문예·학술·미술·음악 또는 사진에 속하는 창작품에 대한 원작자로서 받는 소득으로 다음 중 어느 하나에 해당하는 것 → 일시적인 창작소득에 한함, 의제필요경비 60% ① 원고료 ② 저작권사용료인 인세 ③ 미술·음악 또는 사진에 속하는 창작품에 대하여 받는 대가 [참고] 사원이 업무와 관계없이 독립된 자격에 의하여 사내에서 발행하는 사보 등에 원고를 게재하고 받는 대가는 일시적 문예창작품에 의한 기타소득임
재산권 알선수수료	재산권에 관한 알선수수료
사례금	'사례금'은 법령상 그 개념이 규정되어 있지 않음. 판례는 사무처리 또는 역무의 제공 등과 관련하여 사례의 뜻으로 지급되는 금품을 사례금으로 정의함

소기업·소상공인 공제부금의 해지일시금 → 조건부종합과세, 원천징수세율 15%

구분	임의 해지 (예) 폐업 전)	사망·폐업·퇴임·노령 등 사유로 수령	
		2015년 이전 가입자	2016년 이후 가입자
운용수익	기타소득	이자소득	퇴직소득
소득공제받은 원금	기타소득	과세 제외	퇴직소득
소득공제받지 못한 원금	과세 제외	과세 제외	과세 제외

일시적 인적용역	다음 중 어느 하나에 해당하는 인적용역(문예창작소득, 재산권에 관한 알선수수료, 사례금으로 과세되는 것은 제외)을 일시적으로 제공하고 받는 대가 → 의제필요경비 60% ① 고용관계없이 다수인에게 강연을 하고 강연료 등 대가를 받는 용역 ② 라디오·텔레비전 방송 등을 통하여 해설·계몽 또는 연기의 심사 등을 하고 보수 또는 이와 유사한 성질의 대가를 받는 용역 ③ 변호사, 공인회계사, 세무사, 건축사, 측량사, 변리사, 그 밖에 전문적 지식 또는 특별한 기능을 가진 자가 그 지식 또는 기능을 활용하여 보수 또는 그 밖의 대가를 받고 제공하는 용역 ④ 그 밖에 고용관계없이 수당 또는 이와 유사한 성질의 대가를 받고 제공하는 용역 [비교] • 업무관계 있는 신규채용시험·사내교육을 위한 출제 및 강의교재 등을 작성하고 근로자가 지급받는 수당·강사료·원고료: 근로소득 • 학교 등과 근로계약에 의해 3개월 이상 계속해서 강사료를 지급: 근로소득

구분	내용
인정기타소득	「법인세법」에 따라 기타소득으로 처분된 소득 → 수입시기: 결산확정일
연금계좌에서 연금외수령	다음의 금액을 연금외수령한 경우는 그 소득의 성격에도 불구하고 기타소득 → 무조건 분리과세(15%) ① 세액공제를 받은 연금계좌 납입액 ② 연금계좌의 운용실적에 따라 증가된 금액
주식매수선택권 행사이익	퇴직 전에 부여받은 주식매수선택권을 퇴직 후에 행사하거나 고용관계없이 주식매수선택권을 부여받아 이를 행사함으로써 얻는 이익 예 상속인이 주식매수선택권을 행사하여 얻은 이익 → 기타소득
직무발명보상금	종업원 등 또는 대학의 교직원이 퇴직한 후에 사용자 또는 산학협력단으로부터 지급받는 직무발명보상금 → 근로소득으로 과세되는 직무발명보상금을 포함하여 700만원까지 비과세(단, 지배주주의 특수관계인이 받는 것은 제외)
뇌물	뇌물 → 원천징수의무 없음, 무조건 종합과세 참고 뇌물이 몰수 또는 추징된 경우에는 「국세기본법」상 후발적 경정청구사유임
알선수재 및 배임수재	알선수재 및 배임수재에 의하여 받는 금품 → 원천징수의무 없음, 무조건 종합과세
종교인소득	종교 관련 종사자가 종교의식을 집행하는 등 종교 관련 종사자로서의 활동과 관련하여 종교단체로부터 받은 소득 ① 종교 관련 종사자가 종교의식을 집행하는 등의 활동과 관련하여 종교단체로부터 받는 소득은 기타소득으로 과세함. 다만, 종교인소득을 근로소득으로 보아 원천징수하거나 과세표준신고를 한 경우에는 근로소득으로 봄 ② 종교 관련 종사자가 현실적 퇴직을 원인으로 지급받는 소득은 퇴직소득임 ③ 학자금, 식비, 숙직료, 여비 및 종교의식에서 착용하는 의복, 종교단체가 보유 또는 임차한 주택을 무상 또는 저가로 제공받는 이익 등은 근로소득과 같이 비과세함

서화·골동품의 양도		
	서화·골동품의 양도로 발생하는 소득 → 무조건 분리과세	
	과세대상	① 거주자가 사업성 없이 소장하고 있는 점당 양도가액 6,000만원 이상인 서화·골동품(제작 후 100년이 지난 것에 한정함) ② 다만, 양도일 현재 생존해 있는 국내 원작자의 작품은 제외
	사업소득	다음 중 어느 하나에 해당하는 경우에는 사업소득으로 과세함 ① 서화·골동품의 거래를 위하여 사업장 등 물적 시설(인터넷 등 정보통신망을 이용하여 서화·골동품을 거래할 수 있도록 설정된 가상의 사업장을 포함)을 갖춘 경우 ② 서화·골동품을 거래하기 위한 목적으로 사업자등록을 한 경우
	필요경비 의제	취득가액이 불분명하거나 법정 필요경비에 미달하는 경우 필요경비 90%(양도가액 1억원 초과분: 80%, 보유기간 10년 이상은 양도가액 관계없이 필요경비 90%) 공제
	원천징수	(양도가액 − 필요경비) × 20%
	과세방법	무조건 분리과세

2. 비과세 기타소득

구분	내용
정착금	① 「국가유공자 등 예우 및 지원에 관한 법률」 또는 「보훈보상대상자 지원에 관한 법률」에 따라 받는 보훈급여금·학습보조비 및 「북한이탈주민의 보호 및 정착지원에 관한 법률」에 따라 받는 정착금·보로금과 그 밖의 금품 ② 「국군포로의 송환 및 대우 등에 관한 법률」에 따라 국군포로가 받는 위로지원금과 그 밖의 금품
상금	① 「국가보안법」에 따라 받는 상금과 보로금 ② 「상훈법」에 따른 훈장과 관련하여 받는 부상, 노벨상, 범죄 신고 포상금, 「국세기본법」에 따른 포상금 및 국가 또는 지방자치단체로부터 받는 상금과 부상(공무원이 공무수행과 관련하여 받는 상금과 부상은 연 240만원까지 근로소득에서 비과세되므로 기타소득 비과세 조항에서는 제외)
직무발명보상금	종업원 등 또는 대학의 교직원이 퇴직한 후에 사용자 또는 산학협력단으로부터 지급받거나 대학의 학생이 소속 대학에 설치된 산학협력단으로부터 받는 직무발명보상금으로서 연 700만원(단, 해당 과세기간에 근로소득에서 비과세되는 금액이 있는 경우에는 연 700만원에서 해당 금액을 차감한 금액) → 단, 사용자의 지배주주 및 친족 등 특수관계인이 지급받는 것은 제외
서화·골동품의 양도	① 「문화유산의 보존 및 활용에 관한 법률」에 따라 국가지정문화유산으로 지정된 서화·골동품의 양도로 발생하는 소득 ② 서화·골동품을 박물관 또는 미술관에 양도함으로써 발생하는 소득
무보수 위원	법령·조례에 따른 위원회 등의 보수를 받지 아니하는 위원(학술원 및 예술원의 회원을 포함) 등이 받는 수당 → 근로소득 아님

구분		내용
종교인소득	학자금	소속된 종교단체의 종교 관련 종사자로서의 활동과 관련 있는 교육·훈련을 위하여 받는 학자금
	식사 또는 식사대	① 소속 종교단체가 종교 관련 종사자에게 제공하는 식사나 그 밖의 음식물 ② 식사나 그 밖의 음식물을 제공받지 아니하는 종교 관련 종사자가 소속 종교단체로부터 받는 월 20만원 이하의 식사대
	실비변상적 성질의 금액	① 일직료·숙직료 및 그 밖에 이와 유사한 성격의 급여 ② 여비로서 실비변상 정도의 금액(월 20만원 이내의 자가운전보조금 포함) ③ 종교 관련 종사자가 소속 종교단체의 규약 또는 소속 종교단체의 의결기구의 의결·승인 등을 통하여 결정된 지급기준에 따라 종교활동을 위하여 통상적으로 사용할 목적으로 지급받은 금액 및 물품(종교활동비) ④ 종교 관련 종사자가 천재지변이나 그 밖의 재해로 인하여 받는 지급액
	보육수당	종교 관련 종사자 또는 그 배우자의 출산이나 6세 이하(해당 과세기간 개시일을 기준으로 판단) 자녀의 보육과 관련하여 종교단체로부터 받는 금액으로서 월 20만원 이내의 금액
	사택제공이익	주택을 무상 또는 저가로 제공함에 따라 얻는 이익
주식매수선택권		벤처기업(자회사 포함)의 임직원이 부여받은 주식매수선택권을 퇴직 후에 행사함으로써 얻은 행사이익 중 연간 2억원(누적한도 합계액 5억원) 이내의 금액

3. 기타소득 과세최저한

구분	내용			
승마투표권· 승자투표권 등	환급금	10만원 이하	10만원 초과 ~ 200만원 이하	200만원 초과
	과세 여부	과세 ×	100배 이하: 과세 × 100배 초과: 과세 ○	과세 ○
	※ 투표권의 권면에 표시된 금액의 합계액이 10만원 이하일 것은 공통요건임			
복권·슬롯머신 당첨금품	건별로 200만원 이하			
그 밖의 기타소득	매건마다 기타소득금액이 5만원 이하(단, 연금계좌에서 연금외수령은 제외) → 분할인출에 따른 조세회피행위 방지 예 강사료 125,000원 지급 → 기타소득금액: 125,000 × (1 − 60%) = 50,000원(과세최저한)			

4. 기타소득금액 계산

구분		내용	
기타소득금액		총수입금액(비과세·분리과세소득 제외) - 필요경비	
필요경비	원칙	해당 과세기간의 총수입금액에 대응하는 비용으로서 일반적으로 용인되는 통상적인 것의 합계액으로 함 [예] 위약금 수령 시 변호사비용, 중개비용 등은 필요경비로 인정, 가상자산의 경우 실제 취득가액과 부대비용의 합	
	필요경비의제	다음의 기타소득은 실제 소요된 경비와 의제필요경비(= 총수입금액 × 일정률) 중 큰 금액을 필요경비로 함	
	종교인소득	Max[실제 소요된 경비, 법정경비율]	
	기타	① 승마투표권·승자투표권·소싸움경기투표권 및 체육진흥투표권의 구매자가 받는 환급금: 적중된 투표권의 단위투표금액 ② 슬롯머신(비디오게임 포함) 등에서 얻는 이익: 당첨 당시의 슬롯머신 투입금액	

필요경비의제 세부 내용:

의제필요경비대상 기타소득			일정률
① 일시적인 문예창작소득 ② 일시적인 인적용역 ③ 무형자산의 양도 및 대여 ④ 통신판매중개를 하는 자를 통하여 물품 또는 장소를 대여하고 연간 500만원 이하의 사용료로서 받은 금품 ⑤ 공익사업 관련 지상권·지역권의 설정·대여			60%
⑥ 공익법인 상금 ⑦ 다수가 순위 경쟁하는 대회에서 입상자가 받는 상금 ⑧ 위약금과 배상금 중 주택입주 지체상금			80%
⑨ 서화·골동품 양도(분리과세)	보유기간 10년 이상		90%
	보유기간 10년 미만	총수입금액 1억원 이하	90%
		총수입금액 1억원 초과분	80%
	[예] 8년 보유 양도가액 1억 5천만원, 의제필요경비: 1억원 × 90% + 5천만원 × 80% = 1억 3천만원		

해커스 세법연습 1

제4장

제2편 소득세법

5. 기타소득 수입시기

구분	수입시기
일반적인 기타소득	그 지급을 받은 날(현금주의)
인정 기타소득	결산확정일
무형자산 등의 양도	대금청산일, 인도일 또는 사용·수익일 중 가장 빠른 날. 다만, 대금을 청산하기 전에 자산을 인도 또는 사용·수익하였으나 대금이 확정되지 아니한 경우에는 그 대금지급일로 함 → 무형자산의 대여 대가는 현금주의임
계약금이 위약금·배상금으로 대체되는 경우의 기타소득	계약의 위약 또는 해약이 확정된 날
연금계좌에서 연금외수령한 기타소득	연금외수령한 날

6. 기타소득 과세방법

(1) 원천징수

구분	내용	
원칙	기타소득을 지급하는 자는 원천징수하여야 함 [참고] 서화·골동품을 양수하는 자가 국내사업장이 없는 비거주자·외국법인인 경우로서 원천징수를 하기 곤란하여 원천징수를 하지 못하는 경우에는 서화·골동품의 양도로 발생하는 소득을 지급받는 자(양도인)를 원천징수의무자로 봄	
예외	다음의 기타소득을 지급하는 경우에는 원천징수하지 아니함 ① 뇌물·알선수재 및 배임수재에 의하여 받는 금품 ② 계약금이 위약금 또는 배상금으로 대체된 것	
원천징수세율	① 「복권 및 복권기금법」에 따른 복권 당첨금 ② 승마투표권, 승자투표권, 소싸움경기투표권, 체육진흥투표권의 구매자가 받는 환급금 ③ 슬롯머신 등을 이용하는 행위에 참가하여 받는 당첨금품 등	20% (3억원 초과분은 30%)
	④ 연금외수령	15%
	⑤ 소기업·소상공인 공제부금 해지 일시금	15%
	⑥ 그 밖의 기타소득(원칙) [예] 서화·골동품의 양도소득	20%

(2) 종합과세 여부

구분	내용
무조건 분리과세	① 복권 당첨금 ② 승마투표권, 승자투표권, 소싸움경기투표권, 체육진흥투표권의 구매자가 받는 환급금 ③ 슬롯머신 등을 이용하는 행위에 참가하여 받는 당첨금품 등 ④ 서화·골동품의 양도소득 ⑤ 사적연금의 연금외수령(연금계좌에서 공제받은 금액과 운용수익을 연금외수령하는 경우의 소득)

무조건 종합과세	뇌물 등	뇌물·알선수재 및 배임수재에 의하여 받는 금품
	위 외 기타소득	원천징수되지 않은 기타소득(계약금이 위약금 또는 배상금으로 대체된 것은 제외)

선택적 분리과세	무조건 분리과세 기타소득과 뇌물·알선수재 및 배임수재에 의하여 받는 금품을 제외한 연간 300만원 이하의 기타소득금액(계약금이 위약금 또는 배상금으로 대체된 것 포함)

세부담 최소화	<table><tr><th>구분</th><th>종합과세 선택</th><th>분리과세 선택</th></tr><tr><td>세부담</td><td>기타소득금액 × 한계세율</td><td>기타소득금액 × 20%</td></tr></table> ─── 종합과세 선택 여부 ─── ① 기타소득을 제외한 종합소득과세표준: 49,000,000원 ② 기타소득금액(조건부 종합과세대상): 3,000,000원 ┌ 종합과세 선택 시 추가 세부담 │ 1,000,000 × 15% + 2,000,000 × 24% = 630,000 └ 분리과세 선택 시 추가 세부담 3,000,000 × 20% = 600,000 → 분리과세 선택

제**5**장

소득금액 계산 특례

5 소득금액 계산 특례

01 부당행위계산부인

구분		내용
의의		납세지 관할 세무서장 또는 지방국세청장은 배당소득(출자공동사업자의 배당소득만 해당), 사업소득 또는 기타소득이 있는 거주자의 행위 또는 계산이 그 거주자와 특수관계인과의 거래로 인하여 그 소득에 대한 조세부담을 부당하게 감소시킨 것으로 인정되는 경우에는 그 거주자의 행위 또는 계산과 관계없이 해당 과세기간의 소득금액을 계산할 수 있음
취지		조세회피를 방지하기 위한 제도로서 실질과세원칙을 구체화하여 공평과세를 실현하고자 하는 데 그 입법취지가 있음
「소득세법」상 규정		┌ 종합소득에 대한 부당행위계산부인(출자공동사업자의 배당소득, 사업소득, 기타소득) └ 양도소득에 대한 부당행위계산부인 → p.2-183 참고
적용효과		부당행위계산부인의 요건에 해당하면 당해 소득자의 행위 또는 계산에 불구하고, 과세권자가 객관적으로 타당하다고 인정되는 소득이 있었던 것으로 의제하여 과세함
적용요건	소득요건 (행위의 주체)	출자공동사업자의 배당소득·사업소득·기타소득이 있는 거주자일 것 → 필요경비가 인정되는 소득에 한함
	당사자 요건	특수관계가 있는 자와의 거래일 것
	객관적 요건	조세부담을 부당(不當)히 감소시킨 것일 것. 부당하다는 것은 사회 통념이나 관습에 비추어볼 때 합리적인 경제인이 취할 정상적인 거래가 아니라는 의미임. 다만, 일정한 거래는 시가와 거래가액의 차액이 3억원 이상이거나 시가의 100분의 5에 상당하는 금액 이상인 경우에 한하여 부당한 거래로 봄
	결과적 요건	거주자의 부당한 행위의 결과로써 조세의 부담을 결과적으로 부당히 감소시키는 사실이 발생될 것
판단시점		부당행위에 해당하는지의 여부는 행위 당시를 기준으로 하는 것으로 해당 거래가액이 매매계약일 현재의 시가에 해당하는지 여부를 기준으로 판정함
특수관계인 (「국세기본법」)	친족관계	① 4촌 이내의 혈족 ② 3촌 이내의 인척 ③ 배우자(사실상의 혼인관계에 있는 자를 포함) ④ 친생자로서 다른 사람에게 친양자 입양된 자 및 그 배우자·직계비속 ⑤ 본인이 「민법」에 따라 인지한 혼인 외 출생자의 생부나 생모(본인의 금전이나 그 밖의 재산으로 생계를 유지하는 사람 또는 생계를 함께하는 사람으로 한정)
	경제적 연관관계	① 임원과 그 밖의 사용인 ② 본인의 금전이나 그 밖의 재산으로 생계를 유지하는 자 ③ 위 ① 및 ②의 자와 생계를 함께하는 친족

특수관계인 (「국세기본법」)	경영지배관계	① 본인이 직접 또는 그와 친족관계 또는 경제적 연관관계에 있는 자를 통하여 법인의 경영에 대하여 지배적인 영향력을 행사하고 있는 경우 그 법인 ② 본인이 직접 또는 그와 친족관계, 경제적 연관관계 또는 ①의 관계에 있는 자를 통하여 법인의 경영에 대하여 지배적인 영향력을 행사하고 있는 경우 그 법인

<table>
<tr><th colspan="3" align="center">지배적 영향력</th></tr>
<tr><td>영리법인</td><td colspan="2">㉠ 법인의 발행주식총수 또는 출자총액의 30% 이상을 출자한 경우
㉡ 임원의 임면권의 행사, 사업방침의 결정 등 법인의 경영에 대하여 사실상 영향력을 행사하고 있다고 인정되는 경우</td></tr>
<tr><td>비영리법인</td><td colspan="2">㉠ 법인의 이사의 과반수를 차지하는 경우
㉡ 법인의 출연재산(설립을 위한 출연재산만 해당)의 30% 이상을 출연하고 그 중 1인이 설립자인 경우</td></tr>
</table>

	쌍방관계	본인도 그 특수관계인의 특수관계인으로 봄

조세의 부담을 부당하게 감소시킨 것으로 인정되는 경우는 다음과 같음

유형	중요성 기준*
① 특수관계인으로부터 시가보다 높은 가격으로 자산을 매입하거나 특수관계인에게 시가보다 낮은 가격으로 자산을 양도한 경우 ② 특수관계인에게 금전이나 그 밖의 자산 또는 용역을 무상 또는 낮은 이율 등으로 대부하거나 제공한 경우. 다만, 직계존비속에게 주택을 무상으로 사용하게 하고 직계존비속이 그 주택에 실제 거주하는 경우는 제외함 → 직계존비속에 무상 임대한 주택의 관련 수리비는 가사 관련 경비로 보아 필요경비불산입 [예] 금전의 무상·저리 대여: 대금업자는 사업소득으로 부당행위계산부인 적용, 대금업자 아닌 경우에는 부당행위계산부인 적용하지 않음 ③ 특수관계인으로부터 금전이나 그 밖의 자산 또는 용역을 높은 이율 등으로 차용하거나 제공받는 경우	적용
④ 특수관계인으로부터 무수익자산을 매입하여 그 자산에 대한 비용을 부담하는 경우	미적용
⑤ 그 밖에 특수관계인과의 거래에 따라 해당 과세기간의 총수입금액 또는 필요경비를 계산할 때 조세의 부담을 부당하게 감소시킨 것으로 인정되는 경우 → 손익거래만 적용	적용

부당한 감소

* 중요성 기준: 시가와 거래가액의 차액이 시가의 5%에 상당하는 금액 이상이거나 3억원 이상인 경우

구분	내용
대응조정	거래의 일방에게 부당행위 조정을 하였더라도 당해 거래의 상대방에게 대응조정을 허용하지 않음 ― 대응조정 허용 여부 사례 ― 특수관계인 甲 → 乙 (시가 1,000 / 거래가격 2,000) → 부당행위계산부인 총수입금액 2,000 → 필요경비 1,000

구분		내용
시가 (「법인세법」 준용)	원칙	해당 거래와 유사한 상황에서 해당 거주자가 특수관계인 외의 불특정다수인과 계속적으로 거래한 가격 또는 특수관계인이 아닌 제3자 간에 일반적으로 거래된 가격이 있는 경우에는 그 가격에 따름. 다만, 주권상장법인이 발행한 주식의 시가는 그 거래일의 거래소 최종시세가액으로 함
	시가가 불분명한 경우 매매	[1순위] 감정평가업자가 감정한 가액이 있는 경우는 그 가액(감정가액이 2 이상인 경우에는 감정가액 평균액) [2순위] 「상속세 및 증여세법」에 따른 보충적 평가액
	임대차	(해당 임대자산의 시가 × 50% − 보증금) × 정기예금이자율
	금전대여·차용	가중평균차입이자율(가중평균차입이자율 적용이 불가능한 경우에는 당좌대출이자율)
	용역제공	(직접비 + 간접비) × (1 + 수익률) → 수익률: 원가대비 이익률
「조세범 처벌법」과의 관계		사기 그 밖의 부정한 행위와 부당행위는 그 적용요건이 상이하므로 부당행위계산부인 규정이 적용되더라도 조세범 처벌의 대상이 되지 않음

거래유형	부당행위	비고
① 甲은 부친에게 자금을 무상대여함. 단, 甲은 대금업을 영위하지 않음	×	부친에게 금전무상사용에 따른 증여세 과세될 수 있음
② 甲은 자신의 회사 생산품을 시가의 50% 가격으로 아들에게 양도함	○	사업소득(저가양도)
③ 甲은 자녀에게 자신이 임대용으로 보유하고 있는 주택을 무상으로 사용하게 하였고, 자녀는 현재 이 주택에 거주하고 있음	×	자녀에게 부동산 무상사용에 따른 증여세 과세될 수 있음
④ 甲은 부친이 소유하고 있던 요트를 시가로 매입하였는데, 이는 회사의 사업과 무관하며, 매입 후 요트 수리비를 지출함	○	무수익자산의 매입 후 지출한 비용은 업무무관비용임
⑤ 甲은 사채업을 운영하고 있는 삼촌으로부터 회사운영자금을 시중 금리보다 40% 높은 이율로 차입함	○	고율의 금전 차용

(위 표의 구분: 사례)

구분		내용
증여세와 관계	부동산 무상제공	직계존비속에게 무상으로 주택을 대여한 경우, 무상제공자에게 부당행위계산부인 규정이 적용되지 않지만, 그 상대방(수증자)은 '부동산 무상사용에 따른 이익의 증여' 규정에 따라 증여세가 과세됨
	금전 무상·저리 대여	대금업자가 아닌 자가 금전을 무상 또는 저리 대여하면 대여자에게 부당행위계산부인 규정이 적용되지 않지만, 그 상대방(수증자)은 '금전 무상대출 등에 따른 이익의 증여' 규정에 따라 증여세가 과세됨

1. 공동사업장의 소득금액 계산 특례

구분		내용
적용순서	[1단계] 공동사업장의 소득금액 계산	① 사업소득이 발생하는 사업을 공동으로 경영하고 그 손익을 분배하는 공동사업(출자공동사업자 포함)의 경우에는 해당 사업을 경영하는 공동사업장을 1거주자로 보아 공동사업장별로 그 소득금액을 계산함 ② 소득금액 계산만 공동사업장별로 수행한다는 의미이지, 공동사업장에 소득세를 과세한다는 의미는 아님. 또한, 사업장 단위로 기업업무추진비 또는 기부금한도를 계산하므로 공동사업자별로 기업업무추진비 한도금액을 계산하지 아니함
	[2단계] 소득금액 분배	① 공동사업에서 발생한 소득금액은 해당 공동사업을 경영하는 각 거주자(출자공동사업자 포함) 간에 약정된 손익분배 비율(없으면 지분 비율)에 의하여 분배되었거나 분배될 소득금액에 따라 각 공동사업자별로 분배함 ② 다만, 공동사업자 합산과세 규정이 적용되는 경우에는 특수관계인의 소득은 주된 공동사업자(손익분배 비율이 큰 공동사업자)의 소득금액으로 봄
	[3단계] 공동사업자의 소득금액신고	① 공동사업자는 분배된 공동사업소득금액과 다른 종합소득금액을 합산하여 각자 종합소득신고함 → 대표공동사업자는 공동사업자별 분배명세서 제출 ② 공동사업장에서 발생한 결손금은 각 공동사업자별로 분배된 금액 범위 내에서 각 공동사업자의 다른 사업장의 동일소득 또는 다른 종합소득과 통산함. 따라서 공동사업장의 결손금은 각 공동사업자별로 분배되었으므로 공동사업장의 이월결손금은 존재하지 않음 → 이월결손금이 공동사업자별로 이월되는 경우는 있으나 공동사업장 단위로 이월되는 경우는 없음

소득구분	구분	업무집행공동사업자	출자공동사업자
	사업소득 분배액	사업소득	배당소득(무조건 종합과세)
	이외	소득원천별 구분	소득원천별 구분

소득구분 사례	공동사업장	상황	소득금액			
	사업소득: 100 이자소득: 50	① 손익분배 비율 　[A : B : C = 5 : 3 : 2] ② A, B: 업무집행공동사업자 ③ C: 출자공동사업자	구분	A	B	C
			사업소득	50	30	
			배당소득			20
			이자소득	25	15	10
			합계	75	45	30

경영참가보수	① 공동사업자 중 1인이 경영에 참가한 대가로 급료 명목의 보수를 지급받은 때에는 이를 당해 공동사업자의 소득 분배로 보고 그 공동사업자의 분배소득에 가산함 ② 따라서 그 공동사업자에게 지급한 보수는 공동사업장의 필요경비에 산입하지 아니하고, 그 공동사업자의 분배소득에 가산함

구분	내용
경영참가보수	공동사업장의 손익계산서 매출　　　　500,000　　• 甲과 乙은 공동으로 사업을 영위하고 있음 일반관리비　　300,000　　• 손익계산서상 甲의 급여는 경영참가보수로 지급된 것임 甲의 급여　　100,000　　• 甲과 乙의 손익분배 비율은 6 : 4임 당기순이익　　100,000 ① 손익분배 비율의 의미 　　甲과 乙의 손익분배 비율(6 : 4)은 위의 당기순이익을 6 : 4로 나누겠다는 의미임. 따라서 　　甲의 경영참가보수는 추가 분배의 대상이 아님 → 공동사업자 급여가 문제에 제시되었으나 별 　　도의 언급이 없으면 경영참가보수는 손익분배비율에 반영된 것으로 봄 ② 甲과 乙의 손익분배 　　㉠ 공동사업장의 소득금액 　　　　100,000 + 100,000(필요경비불산입) = 200,000 　　㉡ 각 사업자별 소득구분 　　　　ⓐ 甲: 100,000 + (200,000 - 100,000) × 60% = 160,000 　　　　ⓑ 乙: (200,000 - 100,000) × 40% = 40,000
공동사업장의 수입금액· 필요경비	**예금이자** 공동사업에서 발생한 이자소득은 사업소득과 구분하여 계산하고, 그 이자소득은 약정된 손익분배 비율(없는 경우 지분율)에 따라 분배하여 구성원의 다른 금융소득과 합산함
	차입금 이자비용 공동사업에 출자하기 위하여 차입한 차입금의 지급이자는 공동사업장 소득금액 계산 시 필요경비로 산입할 수 없음. 출자를 위한 차입금이 아닌 공동사업을 위하여 차입한 차입금의 이자는 필요경비에 산입할 수 있음
	기업업무추진비 공동사업장을 1거주자로 보아 기업업무추진비 한도액을 계산함 → 사업자가 단독사업장과 공동사업장을 겸영하고 있는 경우에는 단독사업장과 공동사업장에 각각 기본금액을 적용하여, 사업장별로 한도액을 계산함
	기부금 공동사업장의 구성원인 공동사업자가 기부금을 지출한 경우 공동사업장의 필요경비로 산입할 수 있음
	건강보험료 공동사업장 구성원이 지출한 사업자 본인의 지역가입 국민건강보험료는 해당 공동사업장의 필요경비에 해당함
기타사항	**원천징수세액** 공동사업장에서 발생한 소득금액에 대하여 원천징수된 세액은 각 공동사업자의 손익분배 비율에 따라 배분함
	가산세 배분 ① 공동사업장에 관련되는 가산세가 있는 경우에는 각 공동사업자의 손익분배 비율에 따라 배분함 ② 공동사업장에 관련되는 가산세의 범위에 신고불성실가산세와 납부·환급 관련 가산세 및 장부의 기록·보관 불성실가산세는 제외됨(공동사업장 자체로는 소득세의 신고 및 납부의무가 없기 때문임)
	결정·경정 공동사업장에 대한 소득금액의 결정·경정은 대표공동사업자의 주소지 관할 세무서장이 함. 다만, 국세청장이 특히 중요하다고 인정하는 경우에는 사업장 관할 세무서장 또는 주소지 관할 지방국세청장이 결정·경정함
	기장의무 공동사업장을 1거주자로 보아 장부의 비치·기록 규정을 적용함. 따라서 공동사업장을 1사업자로 보아 사업자등록함
	부당행위 계산부인 공동사업장의 소득금액을 계산할 때 부당행위계산부인 규정을 적용하는 경우에는 공동사업자를 거주자로 봄

2. 공동사업 합산과세

구분	내용
의의	거주자 1인과 특수관계인이 공동사업자(출자공동사업자 포함)에 포함되어 있는 경우로서 손익분배 비율을 거짓으로 정하는 등의 사유가 있는 경우에는 그 특수관계인의 소득금액은 주된 공동사업자(손익분배 비율이 큰 공동사업자)의 소득금액으로 봄
합산대상소득	사업소득 → 공동사업장에서 발생한 이자소득·배당소득 등 다른 소득은 합산대상 소득이 아님
적용요건	공동사업 합산과세를 적용하기 위해서는 다음 요건을 모두 갖추어야 함 ① 거주자 1인과 생계를 같이하는 특수관계인이 공동사업자에 포함되어 있어야 함 ② 조세회피를 위해 손익분배 비율을 거짓으로 정하는 등의 사유가 있어야 함
조세회피사유	① 공동사업자가 종합소득과세표준확정신고서와 첨부서류에 기재한 사업의 종류, 소득금액내역, 지분 비율, 약정된 손익분배 비율 및 공동사업자 간의 관계 등이 사실과 현저하게 다른 경우 ② 공동사업자의 경영참가, 거래관계, 손익분배 비율 및 자산·부채 등의 재무상태 등을 감안할 때 조세를 회피하기 위하여 공동으로 사업을 경영하는 것이 확인되는 경우
주된 공동사업자	주된 공동사업자는 손익분배 비율이 큰 공동사업자로 하되 손익분배 비율이 동일한 경우에는 다음의 순서에 따른 자를 말함 ① 공동사업소득 외의 종합소득금액이 많은 자 ② 공동사업소득 외의 종합소득금액이 동일한 경우에는 직전 연도의 종합소득금액이 많은 자 ③ 직전 연도의 종합소득금액이 동일한 경우에는 해당 사업에 대한 종합소득과세표준을 신고한 자. 다만, 공동사업자 모두가 해당 사업에 대한 종합소득과세표준을 신고하였거나 신고하지 아니한 경우에는 납세지 관할 세무서장이 정하는 자 [사례] 甲, 乙(甲의 아들), 丙(갑의 며느리)은 생계를 같이하고 있으며 부동산을 공유(소유지분율 6 : 3 : 1)하고 있음. 허위로 신고한 비율은 甲 : 乙 : 丙 = 2 : 5 : 3임 → 주된 공동사업자는 실제 지분이 가장 많은 甲이며, 乙과 丙의 소득은 모두 甲의 소득으로 간주함
적용효과	① 공동사업장의 소득금액을 공동사업자별로 분배하는 원칙에도 불구하고 당해 특수관계인의 소득금액은 주된 공동사업자의 소득금액으로 봄 ② 예를 들어, 甲과 乙이 거짓으로 정한 손익분배 비율이 5 : 5이고 실제 약정된 손익분배 비율이 9 : 1이라고 할 때 공동사업 합산과세가 적용되면 실제 손익분배 비율(없으면 출자 비율)에 관계없이 전부 주된 공동사업자인 甲의 소득으로 봄 → 실질과세원칙 적용되지 않음
연대납세의무	주된 공동사업자에게 합산과세될 경우 당해 합산과세되는 소득금액에 대해 주된 공동사업자 외의 특수관계인은 자신의 손익분배 비율에 해당하는 소득금액을 한도로 주된 공동사업자와 연대하여 소득세 납세의무를 부담함 [사례] 甲, 乙, 丙의 소득 신고금액은 각자 2억원, 1억원, 5천만원이고, 甲이 주된 공동사업자인 경우 乙과 丙의 연대납세의무는 각자 1억원, 5천만원을 한도로 함

─── 공동사업 합산과세 사례 ───
공동사업장 소득금액이 4억원이고, 공동사업자인 갑, 을, 병은 생계를 같이하고 있음

거주자	관계	당초(실제) 분배 비율	허위신고 분배 비율	사업소득금액
갑	본인	70%	40%	4억원 × (40% + 40%) = 3억 2천만원
을	자녀	10%	40%	
병	친구	10%	10%	4억원 × 10% = 4천만원
정	조카	10%	10%	4억원 × 10% = 4천만원

03 결손금과 이월결손금 공제

1. 결손금 및 이월결손금 공제방법

구분	내용
결손금	결손금이란 필요경비가 총수입금액을 초과할 때 그 초과하는 금액을 말함. 결손금이 발생할 수 있는 소득은 사업소득·양도소득·기타소득이 있으나 결손금 통산의 적용을 받는 결손금은 사업소득에서 발생한 결손금에 한함. 양도차손은 다른 종합소득과 통산하지 아니함
이월결손금	부동산임대업에서 발생한 결손금과 사업자가 비치·기록한 장부에 의하여 해당 과세기간의 소득금액을 계산할 때 발생한 결손금으로서 해당 과세기간의 종합소득과세표준의 계산에 있어서 공제하고 남은 결손금을 말함
부동산임대업과 일반사업결손금	부동산임대업과 일반사업의 결손금과 이월결손금 공제방법이 상이함

구분		내용
결손금 처리방법	일반사업	① 사업자가 비치·기장한 장부에 의하여 발생한 결손금은 먼저 사업장 소득별로 통산함 ② 복수의 사업장이 있는 경우로서 제1사업장은 실제 장부를 통하여 결손이 발생하고 제2사업장은 추계로 계산하여 소득금액이 있는 경우에는 제1사업장의 결손금은 제2사업장의 추계소득금액과 통산할 수 있음 ③ 사업장에서 발생한 손실을 내부적으로 통산한 이후에도 남은 결손금이 있는 경우에는 다른 종합소득과 통산함(외부적 통산). 이때 통산의 순서는 다음과 같음 근로소득 → 연금소득 → 기타소득 → 이자소득 → 배당소득 ④ 미공제 결손금은 다음과 같이 처리함 구분 / 미공제 결손금 처리방법 소급공제 / 중소기업의 경우 직전 과세기간으로 소급공제할 수 있음 이월공제 / 소급공제받지 않은 결손금은 이월하여 15년간(2020. 1. 1. 전 발생분은 10년) 종합소득에서 공제함
	부동산임대업	당해 과세연도의 다른 소득금액에서 공제할 수 없으며, 15년간(2020. 1. 1. 전 발생분은 10년) 이월하여 부동산임대업의 소득금액에서만 공제함. 다만, 주거용 건물 임대업에서 발생하는 결손금은 다른 소득금액에서 공제 가능함

(1) 일반사업소득(주거용 건물 임대업 포함)

```
       전기                    당기                        차기

                            이자 ④↓                    이자 ⑤↓
                            배당 ⑤↓                    배당 ⑥↓

      사업 ○      ←──       일반사업 △           일반사업 ①
                  중소기업    부동산임대업 ◎↓    →   부동산임대업 ①
                  소급공제
                            근로 ①↓                    근로 ②↓
                            연금 ②↓                    연금 ③↓
                            기타 ③↓                    기타 ④↓
```

| | | (2) 부동산임대업소득 |

| 결손금 처리방법 | | |

이월결손금 공제	일반사업	이월결손금은 해당 이월결손금이 발생한 과세기간의 종료일부터 15년(2020. 1. 1. 전 발생분 10년) 이내에 끝나는 과세기간의 소득금액을 계산함에 있어서 먼저 발생한 과세기간의 이월결손금부터 다음 순서로 공제함. 다만, 국세부과의 제척기간이 지난 후에 그 제척기간 이전 과세기간의 이월결손금이 확인된 경우 그 이월결손금은 공제하지 않음 사업소득 → 근로소득 → 연금소득 → 기타소득 → 이자소득 → 배당소득
	부동산 임대업	부동산임대업(주거용 건물 임대는 제외)에서 발생한 이월결손금은 부동산임대업의 소득금액에서만 공제함
	추계 시 배제	해당 과세기간의 소득금액을 추계신고·추계조사결정하는 경우에는 이월결손금 공제를 적용하지 아니함. 다만, 천재지변으로 증명서류가 멸실되어 추계신고·추계조사결정을 하는 경우에는 그러하지 아니함

| 동시 존재 | 결손금과 이월결손금이 동시 존재하는 경우의 공제순서는 다음과 같음

 [1순위] 일반사업의 결손금 공제
 [2순위] 일반사업의 이월결손금 공제(여러 연도에 이월결손금이 발생된 경우는 선입선출)
 [3순위] 부동산임대업의 이월결손금 공제(위와 같이 선입선출)

 당해 과세기간에 발생한 결손금을 공제한 후에도 소득금액이 남아 있는 경우에만 이월결손금을 공제함
 예 ×1년(음식점업 △300, 상가임대 △300), ×2년(음식점업 △100, 상가임대 500)
　×2년 소득금액 계산 시 공제순서: 상가임대소득에서 ① ×2년 음식점업 결손금 공제(100), ② ×1년 음식점업 이월결손금 공제(300), ③ 상가임대 이월결손금 공제(100)
　∴ 상가임대 이월결손금 △200 이월 |

사례	구분	×1년	×2년
	제조업 사업소득	△20,000,000	20,000,000
	부동산임대업 사업소득	10,000,000	△5,000,000
	① 결손금 통산 후 사업소득	△10,000,000	20,000,000
	② 이월결손금 통산		△10,000,000
	③ 이월결손금 통산 후 소득	△10,000,000	10,000,000

구분	내용

종합과세되는
금융소득이
있는 경우
	① 일반사업소득에서 발생한 결손금과 이월결손금을 공제하는 경우 이자소득과 배당소득 이외의 종합소득금액에서는 무조건 공제함
	② 원천징수세율(14%)이 적용되는 금융소득(종합과세기준금액 2천만원분)은 결손금 또는 이월결손금의 공제를 적용할 수 없음 → 금융소득이 분리과세되는 자는 사업소득 결손금을 금융소득에서 공제할 수 없는 것과 과세형평을 유지하기 위함
	③ 사업소득 결손금을 금융소득에서 공제할 때 이자소득, 배당소득 순서대로 공제하는 규정과 원천징수세율이 적용되는 금융소득의 구성순서(이자소득 → Gross-up 대상이 아닌 배당소득 → Gross-up 대상인 배당소득)에 관한 규정이 서로 상충됨. 따라서 이자소득금액에서 무조건 결손금을 전액 공제한 후 배당소득금액에서 공제하지 않고, 원천징수세율이 적용되는 금액에 대해서는 이자소득금액이 우선 잔존하는 것으로 봄
	[예] 이자소득금액 3천만원, 배당소득금액 1천만원, 사업소득 결손금 2천만원
	   → 결손금을 이자소득에서 2천만원 공제 (×)
	   → 결손금을 이자소득에서 1천만원, 배당소득에서 1천만원 공제 (O)
	④ 종합과세되는 금융소득이 있는 자는 사업소득에서 발생한 결손금 및 이월결손금 공제 여부 및 공제금액을 선택할 수 있음
	[취지] 이자소득금액 50,000,000, 사업소득 결손금 △10,000,000, 종합소득공제 없음(가정)
	   ㉠ 일반산출세액: $(50,000,000 - 10,000,000 - 20,000,000) \times t + 2,800,000 = 4,540,000$
	   ㉡ 비교산출세액: $0 \times t + 50,000,000 \times 14\% = 7,000,000$
	   → 기본세율이 적용되는 금융소득에서 사업소득에 대한 결손금을 공제하더라도 비교산출세액 이상은 부담하여야 함. 따라서 결손금 공제 실익은 없으면서 결손금만 소멸시키는 결과가 될 수 있음. 그 결과 결손금을 금융소득에서 공제하지 않고 비교산출세액을 산출세액으로 결정함

2. 중소기업 결손금 소급공제

구분		내용
의의		중소기업을 운영하는 사업자는 이월결손금을 과거로 소급하여, 직전 사업연도의 사업소득에 대하여 부과된 소득세를 한도로 환급받을 수 있음
소급공제요건	중소기업의 사업소득에서 발생한 이월결손금	중소기업을 경영하는 거주자가 그 중소기업의 사업소득금액을 계산할 때 이월결손금이 발생하여야 함(단, 부동산임대업에서 발생한 이월결손금은 제외함) → 비거주자는 적용하지 않음
	법정신고기한 내에 소득세 신고를 하였을 것	직전 과세기간에 사업소득에 부과된 소득세액이 있어야 하고, 결손금이 발생한 과세기간 및 직전 과세기간의 소득세 과세표준 및 세액을 법정 신고기한 내에 신고하여야 함
	환급신청	과세표준확정신고기한까지 결손금 소급공제 신청서를 제출하여야 함 → 신청서 미제출한 경우 경정청구 불가
결손금 처리순서		사업소득 결손금은 ① 해당 과세기간의 다른 종합소득에서 공제한 후, ② 미공제분이 있으면 직전 과세기간으로 소급공제할 수 있음(소급공제 신청 시 결손금 중 일부만 공제 신청할 수 있음)
환급절차		환급신청을 받은 관할 세무서장은 지체 없이 환급세액을 결정하여 「국세기본법」 규정에 따라 세액을 환급하여야 함
환급세액		Min(①, ②) ① 세액차액: 종합소득산출세액 × $\dfrac{\text{사업장별 소득금액}}{\text{종합소득금액}}$ − $\begin{array}{c}\text{소급공제 후}\\\text{사업장별 산출세액}\end{array}$ ② 한도: 직전 사업연도 사업장별 종합소득금액에 대한 결정세액
사후관리	사유	① 결손금이 발생한 과세기간에 대한 소득세의 과세표준과 세액을 경정함으로써 이월결손금이 감소된 경우 [참고] 결손금 중 일부 금액에 대하여 소급공제를 받는 경우에는 소급공제 받지 아니한 결손금이 먼저 감소된 것으로 봄 ② 결손금이 발생한 과세기간의 직전 과세기간에 대한 종합소득과세표준과 세액을 경정함으로써 환급세액이 감소된 경우 ③ 중소기업요건을 갖추지 못하게 된 경우
	추징세액	결손금이 발생한 과세기간의 소득세로 징수

제5장

제2편 소득세법

5. 소득금액 계산 특례 **2-109**

구분		내용
채권보유기간 이자상당액 원천징수특례	원칙	소득을 지급하는 자(채권의 매수인)가 원천징수의무자임
	예외	채권을 매도하는 자가 법인인 경우에는 매도법인이 원천징수의무를 대리함
	보유기간 입증	거주자가 내국법인이 발행한 채권에서 발생하는 이자를 지급받거나 해당 채권을 매도하는 경우에는 그 보유기간별로 거주자에게 귀속되는 이자상당액을 해당 거주자의 이자소득으로 보아 소득금액을 계산함. 다만, 채권을 매도하는 거주자가 채권보유기간을 입증하지 못하는 경우에는 원천징수기간의 이자상당액이 당해 거주자에게 귀속되는 것으로 봄

매도자	매수자	원천징수의무자
개인	개인	–
개인	법인	매수법인
법인	개인	매도법인(대리)
법인	법인	매도법인(대리)

구분		내용
연금계좌의 배우자 상속 시 과세특례	원칙	연금계좌의 가입자가 사망한 경우 상속인은 연금계좌에서 사망으로 연금외수령한 피상속인의 소득금액(기타소득·퇴직소득)에 대하여 소득세를 납부할 의무를 짐
	과세특례	상속인 배우자가 연금계좌를 즉시 연금외수령하지 아니하고 승계받는 경우에는 위의 규정에도 불구하고, 연금계좌에 있는 피상속인의 소득금액은 상속인의 소득금액으로 보며, 추후 상속인 배우자가 연금수령 시 연금소득으로 과세되며, 연금외수령 시에는 퇴직소득·기타소득으로 과세됨 → 상속인의 소득과 피상속인의 소득을 구분 계산 ×

구분	내용
중도해지로 인한 이자소득 계산 특례	① 종합소득과세표준확정신고 후 예금 또는 신탁계약의 중도해지로 이미 지난 과세기간에 속하는 이자소득금액이 감액된 경우 그 이자소득금액의 계산에 있어서는 중도해지일이 속하는 과세기간의 종합소득금액에 포함된 이자소득금액에서 그 감액된 이자소득금액을 뺄 수 있음 ② 다만, 「국세기본법」에 따라 과세표준 및 세액의 경정을 청구한 경우에는 그러하지 아니함

05 동업기업과세특례(「조세특례제한법」)

1. 과세체계 및 적용대상

구분	내용
의의	① 동업기업과세특례 제도는 동업기업의 소득에 대해서는 별도로 과세하지 않고, 동업기업을 하나의 인격체로 의제하여 과세소득의 기초만을 산정하고 그 소득을 손익분배 비율에 따라 각 동업자(개인, 법인)에게 배분하여 소득세 또는 법인세를 과세하는 제도를 말함 ② 동업기업의 소득을 처음부터 동업자가 얻은 것으로 취급하여 동업자에 대해서만 과세하는 제도임 → 법인세 O → 과세 X 【일반법인】 【동업기업】 배당(결의일) 소득배분(과세기간종료일) 【법인주주】【개인주주】 【법인동업자】【개인동업자】 법인세 O(수입배당금 익금불산입) / 소득세 O(배당세액공제) / 법인세 O(「법인세법」 적용) / 소득세 O(「소득세법」 적용) 이중과세 조정 이중과세 조정 X
적용대상	동업기업과세특례는 다음 중 어느 하나에 해당하는 동업기업이 동업기업과세특례의 적용신청을 한 경우 해당 동업기업 및 그 동업자에 대하여 적용함 ① 「민법」에 따른 조합 ② 「상법」에 따른 합자조합 및 익명조합 ③ 「상법」에 따른 합명회사 및 합자회사(투자합자회사 중 경영참여형 사모집합투자기구가 아닌 것은 제외함) ④ ①부터 ③까지의 단체와 유사하거나 인적용역을 주로 제공하는 단체 ⑤ 외국법인 또는 비거주자로 보는 법인 아닌 단체 중 ①부터 ④까지의 단체와 유사한 단체

중복적용 제한	① 원칙: 동업기업과세특례를 적용받는 기업의 주주는 동업기업과세특례 적용배제함
	   → 다단계 동업기업 적용배제
	② 예외: 기관전용 사모집합투자기구 동업기업과세특례 허용함
	   → 동업자인 동업기업은 납세의무 제외

준청산소득에 대한 법인세	동업기업과세특례를 적용받는 경우 해당 내국법인(동업기업 전환법인)은 해산과 동일하게 청산소득에 대하여 법인세를 납부하여야 함 준청산소득에 대한 법인세 = (잔여재산가액 − 자기자본총액) × 법인세율

2. 동업기업 소득에 대한 소득금액 계산 및 배분

구분	내용
손익배분 절차	<table><tr><th>구분</th><th>내용</th></tr><tr><td>1단계</td><td>동업자군의 구분</td></tr><tr><td>2단계</td><td>동업자군별 동업기업 소득금액(결손금) 계산</td></tr><tr><td>3단계</td><td>동업자군별 손익배분 비율 계산</td></tr><tr><td>4단계</td><td>동업자군별 배분대상 소득금액(결손금) 계산</td></tr><tr><td>5단계</td><td>동업자군에 속하는 동업자에게 배분</td></tr></table>
1단계	동업자군을 거주자, 내국법인, 비거주자 및 외국법인의 네 개의 군으로 구분함 [예] H 동업기업의 손익배분비율 명세는 다음과 같음 <table><tr><th>동업자</th><th>손익배분 비율</th><th>동업자군</th><th>비고</th></tr><tr><td>거주자 甲</td><td>40%</td><td rowspan="2">거주자군</td><td>-</td></tr><tr><td>거주자 乙</td><td>10%</td><td>수동적 동업자</td></tr><tr><td>내국법인 A</td><td>30%</td><td rowspan="2">내국법인군</td><td>-</td></tr><tr><td>내국법인 B</td><td>20%</td><td>수동적 동업자</td></tr></table>
2단계	각 동업자군별로 동업기업을 각각 하나의 거주자, 비거주자, 내국법인 또는 외국법인으로 의제하여 「소득세법」 또는 「법인세법」에 따라 해당 과세연도의 소득금액 또는 결손금을 계산함 [예] H동업기업의 손익계산서상 당기순이익은 1,000,000원이고, 당기순이익에 토지 처분이익 500,000원과 생산설비 폐기손실(처분 전) 200,000원이 포함되어 있음 ① 거주자군 소득금액 → 1거주자 가정 　㉠ 사업소득금액: 1,000,000 - 500,000 + 200,000 = 700,000 　㉡ 양도소득금액: 500,000 ② 내국법인군 소득금액 → 1내국법인 가정 　각 사업연도소득금액: 1,000,000(세무조정사항 없음)
3단계	동업자군별로 해당 군에 속하는 동업자들의 손익배분 비율을 합산함 [예] ① 거주자군별 손익배분 비율: 40% + 10% = 50% 　② 내국법인별 손익배분 비율: 30% + 20% = 50%
4단계	동업자군별로 동업기업 소득금액에 동업자군별 손익배분 비율을 곱하여 동업자군별 배분대상 동업기업 소득금액(결손금)을 계산함 [예] ① 거주자별 분배대상 동업기업 소득금액 　㉠ 사업소득금액: 700,000 × 50% = 350,000 　㉡ 양도소득금액: 500,000 × 50% = 250,000 ② 내국법인별 분배대상 동업기업 소득금액: 1,000,000 × 50% = 500,000

5단계	원칙	동업자군별 배분대상 소득금액(결손금)은 각 과세연도의 종료일에 해당 동업자군에 속하는 동업자들에게 동업자가 손익배분 비율에 따라 배분함

동업자		동업기업 소득금액	손익배분 비율	각 동업자별 소득금액
거주자군	甲	사업소득 700,000 양도소득 500,000	80%	사업소득 560,000 양도소득 400,000
	乙		20%	배당소득* 240,000
내국법인군	A	각사 1,000,000	60%	각사 600,000
	B		40%	각사* 400,000

*Gross-up 또는 수입배당금 익금불산입 규정을 적용하지 않음

동업자군	배분받은 소득금액	배분받은 결손금
거주자군	이자소득 수입금액 배당소득 수입금액 사업소득 수입금액 기타소득 수입금액 양도소득 수입금액	사업소득 필요경비 양도소득 필요경비
비거주자군	각 사업연도 익금	각 사업연도 손금
내국법인군	국내원천소득 수입금액	국내원천소득 필요경비
외국법인군	국내원천소득 익금	국내원천소득 손금

단, 수동적 동업자의 경우 배분받은 금액은 배당소득으로 봄

소득구분	(위 표 참조)
손익배분 비율	손익배분 비율은 약정손익분배 비율에 따름. 약정손익분배 비율이 없는 경우에는 출자지분의 비율에 따름. 다만, 어느 동업자의 출자지분과 그와 특수관계인인 동업자의 출자지분의 합계가 가장 큰 경우에는 그 동업자와 특수관계인인 동업자 간에는 출자지분의 비율에 따름
결손금 배분	결손금은 과세연도 종료일 현재 동업자의 지분가액을 한도로 배분하고, 배분한도를 초과하는 결손금은 15년간 이월공제함
수동적 동업자	① 수동적 동업자가 배분받은 소득금액은 배당소득으로 봄 ② 수동적 동업자에게는 결손금을 배분하지 아니하되, 향후 15년 동안 수동적 동업자에게 소득금액을 배분할 때 배분되지 않은 결손금을 공제하고 배분함

제5장

제2편 소득세법

5. 소득금액 계산 특례 **2-113**

3. 지분가액 조정

구분	내용
최초 지분가액	최초 지분가액 = 동업기업 출자총액 × 해당 동업자의 출자 비율

지분가액 증액조정	증액 사유	증액 금액
	① 출자	자산의 시가
	② 지분매입	매입가액
	③ 지분의 상속·수증	지분의 시가
	④ 소득배분	배분받은 금액

지분가액 감액조정	감액 사유	감액 금액
	① 자산분배	분배받은 금액(자산의 시가)
	② 결손금 배분	결손금의 금액
	③ 지분양도	양도일 해당 지분의 지분가액
	④ 지분의 상속·증여	상속·증여일의 해당 지분의 지분가액

분배받은 가액과 지분가액의 불일치	구분		동업자의 처리
	분배받은 자산의 시가가 지분가액을 초과하는 경우		그 초과액을 배당소득으로 보아 동업자에게 과세
	분배받은 자산의 시가가 지분가액에 미달하는 경우	동업자의 지위가 유지되는 경우	지분가액에서 감액조정하고 손실을 인식할 수 없음
		동업자의 지위가 소멸되는 경우 (청산분배)	그 미달액을 주식 양도차손으로 처리

사례	거래	금액	회계처리		개인	법인
	출자	100	(차) 지분가액 100 (대) 현금 등 100			
	이익발생	매출 30	(차) 지분가액 60 (대) 지분이익 60		사업소득 30	각사업연도 소득금액 60
		이자 30			이자소득 30	
	자산분배	30	(차) 현금 30 (대) 지분가액 30			
	지분양도 (전부양도)	150	(차) 현금 150 (대) 지분가액 130 처분이익 20		양도소득 20	각사업연도 소득금액 20

cpa.Hackers.com

회계사·세무사·경영지도사 단번에 합격!
해커스 경영아카데미 cpa.Hackers.com

제 **6** 장

종합소득과세표준

6 종합소득과세표준

01 종합소득과세표준

구분	내용
과세표준	종합소득금액 (−) 종합소득공제 ── 소득세법 ── 인적공제 ── 기본공제 종합소득과세표준 └ 추가공제 ── 연금보험료공제 ── 주택담보노후연금이자비용공제 ── 특별소득공제 ── 조세특례제한법

구분			내용
소득공제 개요	인적공제	기본공제 (1인당 150만원)	본인, 배우자, 형제자매, 직계존속(배우자의 직계존속 포함), 직계비속, 위탁아동
		추가공제 (기본공제대상자)	① 장애인공제(200만원) ② 경로우대공제(100만원) ③ 부녀자공제(50만원) ④ 한부모소득공제(100만원) ┤ 중복적용 ×
	연금보험료공제		공적연금(전액)
	주택담보 노후연금 이자비용공제 (연금소득금액에서 공제)		Min[이자상당액, 200만원]
	특별소득공제		① 보험료공제(건강보험, 고용보험 등): 전액 ② 주택자금 공제
	「조세특례제한법」상 소득공제		① 신용카드 등 사용금액에 대한 소득공제 ② 소기업·소상공인 공제부금 공제 ③ 중소기업창업투자조합 출자 등에 대한 소득공제 ④ 우리사주조합 출연금 소득공제 ⑤ 장기집합투자증권저축에 대한 소득공제 ⑥ 고용유지 중소기업 소득공제
소득공제 적용			① 분리과세소득만 있는 자는 종합소득공제 적용하지 아니함 ② 수시부과결정 시 본인에 대한 기본공제만 인정함 → 표준세액공제는 적용 × ③ 과세표준확정신고를 하여야 할 자가 소득공제를 증명하는 서류를 제출하지 아니한 경우에는 거주자 본인에 대한 기본공제와 표준세액공제만 적용함 ④ 비거주자는 본인에 대한 인적공제, 연금보험료공제, 연금계좌세액공제만 적용하고 다른 소득공제 및 세액공제는 적용하지 아니함 ⑤ 공동사업합산과세 규정이 적용되는 경우 주된 공동사업자 소득에 합산과세되는 소득금액의 한도에서 주된 공동사업자 이외의 자가 적용받을 수 있었던 ㉠ 연금보험료공제, ㉡ 「조세특례제한법」상 소득공제, ㉢ 연금계좌세액공제를 주된 공동사업자에게 적용함

02 인적공제

1. 기본공제

(1) 기본공제대상자

구분	공제대상자		요건	
			나이(장애인 제외)	소득금액
본인	해당 거주자 본인		-	-
배우자	거주자의 법률혼 배우자		-	100만원 이하 (근로소득만 있는 자는 총급여액 500만원 이하)
부양가족	해당 거주자 (배우자 포함)와 생계를 같이하는 부양가족	① 직계존속(재혼한 배우자 포함)	60세 이상	
		② 직계비속(입양자 포함)	20세 이하	
		③ 형제자매	20세 이하, 60세 이상	
		④ 기초생활수급자	-	
		⑤ 「아동복지법」에 따른 위탁아동	18세(보호기간 연장된 경우 20세)	
		⑥ 직계비속·입양자와 그 배우자가 모두 장애인인 경우 그 배우자	-	

(2) 기본공제요건

구분	내용
관계요건	① 거주자 본인과 일정한 친족관계에 있는 자만 공제대상으로 함. 거주자의 배우자, 형제자매, 직계존속, 직계비속이어야 함. 배우자의 직계존속, 직계비속(입양자 포함), 형제자매는 대상이나 본인 직계비속의 배우자 또는 본인 형제자매의 배우자는 대상이 아님 ② 직계비속(입양자 포함)과 그 배우자가 모두 장애인에 해당하는 경우에는 그 배우자를 포함함. 이러한 관계에 있지 않더라도 「국민기초생활 보장법」에 따른 수급권자 또는 위탁아동도 공제대상임 ③ 공제대상 위탁아동은 해당 과세기간에 6개월 이상 직접 양육한 위탁아동이어야 함. 다만, 직전 과세기간에 소득공제를 받지 못한 경우에는 해당 위탁아동에 대한 직전 과세기간의 위탁기간을 포함하여 계산함 예 ×1. 5. 1. ~ ×2. 3. 30. 위탁아동 양육한 경우: ×1년 공제(O), ×2년 공제(×)
나이요건	① 본인과 배우자 및 장애인 이외의 자는 만 20세 이하 또는 만 60세 이상이 되어야 함 ② 장애인은 나이요건은 충족하지 않아도 되나 소득요건은 충족하여야 함 ③ 장애인은 다음 중 어느 하나에 해당하는 자로 함 ㉠ 「장애인복지법」에 따른 장애인 및 「장애아동 복지지원법」에 따른 장애아동 ㉡ 「국가유공자 등 예우 및 지원에 관한 법률」에 의한 상이자 및 이와 유사한 사람으로서 근로능력이 없는 사람 ㉢ 항시 치료를 요하는 중증환자

구분	내용
소득요건	① 본인을 제외한 부양가족은 해당 과세기간의 소득금액 합계액이 100만원 이하인 자 또는 총급여액 500만원 이하의 근로소득만 있는 자에 해당하여야 함 ② '연간소득금액'에는 종합소득 외에 퇴직·양도소득은 포함되나(법인 46013-371), 종합소득과세표준 계산 시 합산되지 아니하는 비과세소득 및 분리과세소득금액은 포함하지 아니함. 예를 들면, 분리과세대상 주택임대소득, 분리과세대상 기타소득, 분리과세대상 금융소득 등이 있음 ③ 총급여 500만원 이하인 자가 퇴직소득금액이 있는 경우 연간소득금액 합계액은 퇴직소득금액과 근로소득금액의 합계액으로 함 [예] 부양가족 甲의 소득자료: 총급여액 2,000,000원, 퇴직소득금액 500,000원 종합소득금액: 2,000,000 × (1 – 70%) + 퇴직소득금액 500,000 = 1,100,000 → 인적공제대상자에 해당하지 않음
생계요건	① 거주자(배우자 포함)와 생계를 같이하는 부양가족으로서 해당 거주자의 주소 또는 거소에서 현실적으로 생계를 같이하는 사람을 말함 ② 단, 배우자 및 직계비속·입양자의 경우에는 생계를 같이할 것을 요구하지 아니함. 또한 거주자(배우자 포함)의 직계존속이 주거의 형편에 따라 별거하고 있는 경우에는 생계를 같이하는 사람으로 봄
중복신청	기본공제대상자는 다른 거주자와 중복하여 적용할 수 없음. 예를 들어, 형과 동생이 모두 부모에 대해 직계존속공제를 받을 수는 없음. 이 경우 신청한 자를 우선으로 하되, 중복하여 신청이 있는 경우에는 배우자, 전기에 부양가족공제를 받은 자를 우선으로 함
상속·출국	해당 과세기간의 중도에 사망하였거나 외국에서 영주하기 위하여 출국한 거주자의 공제대상가족으로서 상속인 등 다른 거주자의 공제대상가족에 해당하는 사람에 대해서는 피상속인 또는 출국한 거주자의 공제대상가족으로 함. 이 경우 피상속인 또는 출국한 거주자에 대한 인적공제액이 소득금액을 초과하는 경우에는 그 초과하는 부분은 상속인 또는 다른 거주자의 해당 과세기간의 소득금액에서 공제할 수 있음

(3) 인적공제대상자 판정기준

구분	내용
생계를 같이하는 자의 판정	해당 과세기간 말 현재 거주자와 생계를 같이하여야 함. 다만, 다음에 해당하는 자는 생계를 같이하는 것으로 봄 ① 배우자·직계비속·입양자 ② 직계비속·입양자를 제외한 동거가족의 경우: 취학·질병의 요양, 근무상·사업상 형편 등으로 본래의 주소·거소를 일시 퇴거한 경우 ③ 거주자(그 배우자 포함)의 직계존속: 주거의 형편상 별거하는 경우
판정시기	해당 과세기간 종료일 현재의 상황에 따름. 다만, 과세기간 종료일 전에 사망한 사람 또는 장애가 치유된 사람에 대하여는 사망일 전날 또는 치유일 전날의 상황에 따름 → 과세기간 중에 이혼한 배우자: 공제대상 ×
나이계산	① 부양가족공제 및 경로우대자공제는 해당 과세기간의 과세기간 중에 해당 나이에 해당되는 날이 있는 경우에 공제대상자로 봄 ② 2005. 12. 23.생인 자녀는 2025년 말 현재 20세를 초과하지만, 2025년 중에 해당 나이에 해당되는 날이 있으므로 2025년 말까지는 기본공제대상자임

2. 추가공제

기본공제대상자 중에 다음의 추가공제대상자가 있는 경우에는 추가공제가 가능하다. 다만, 기본공제와 추가공제는 거주자가 분리하여 공제받을 수 없다.

구분	공제금액	요건	비고
경로우대자공제	100만원	70세 이상	
장애인공제	200만원	장애인	「장애인복지법」에 의한 장애인, 항시 치료를 요하는 중증환자
부녀자공제	50만원	해당 과세기간에 종합소득금액이 3,000만원 이하인 거주자로서 ① 본인이 배우자 있는 여성 ② 본인이 배우자 없는 여성으로서 기본공제대상 부양가족이 있는 세대주	• 독신녀: 공제 불가 • 자녀가 있는 이혼남: 공제 불가
한부모소득공제	100만원	배우자 없는 자로서 기본공제대상인 직계비속 또는 입양자가 있는 자	• 부녀자공제와 중복되는 경우 한부모소득공제만 적용 • 해당 과세기간에 사망한 배우자가 있는 경우 한부모공제 적용하지 아니함(∵ 배우자를 기본공제대상자로 공제함)

03 연금보험료공제 등

구분		내용
연금보험료 공제	공제대상자	종합소득이 있는 거주자가 공적연금 관련 법에 따른 기여금 또는 개인부담금을 납입한 경우에는 해당 과세기간의 종합소득금액에서 해당 과세기간에 납입한 연금보험료를 공제함
	공제순서	종합소득공제금액이 종합소득금액을 초과하는 경우에는 연금보험료공제를 받지 아니한 것으로 봄 → 연금보험료공제를 타 공제보다 후순위로 공제 예 종합소득금액 100, 인적공제 60, 특별소득공제 30, 연금보험료공제 15, 「조세특례제한법」상 소득공제 5 → 종합소득과세표준 = 0 → 연금보험료공제 중에서 10은 공제배제함
주택담보 노후연금 이자비용공제	공제대상자	주택담보노후연금이자비용공제는 연금소득이 있는 거주자로서 다음의 요건을 모두 갖춘 연금을 지급받는 자임 ① 주택담보노후연금보증을 받아 지급받거나 금융기관의 주택담보노후연금일 것 ② 주택담보노후연금 가입 당시 담보권의 설정대상이 되는 주택(연금소득이 있는 거주자의 배우자 명의의 주택 포함)의 기준시가가 12억원 이하일 것
	공제액	연금소득이 있는 거주자가 공제대상주택담보노후연금을 지급받은 경우에는 그 지급받은 연금에 대하여 해당 연도에 발생한 이자상당액을 해당 연도 연금소득금액에서 공제함
	공제한도	Min(200만원, 연금소득금액)

04 특별소득공제

1. 보험료공제

구분		내용
공제대상자		근로소득이 있는 거주자로서 일용근로자는 제외함
보험료	대상 보험료	「국민건강보험법」, 「고용보험법」 또는 「노인장기요양보험법」에 따라 근로자가 부담하는 보험료 → 사적보험료(보장성보험)는 세액공제대상임
	범위	「국민건강보험법」 등에 의해 사용자가 부담하는 보험료는 공제대상에 해당하지 아니하나, 근로자가 부담할 보험료를 사용자가 대납하는 경우에는 동 보험료 상당액을 그 근로자의 총급여액에 가산하고 보험료공제대상에 포함함 **예** 기본급 5,000,000원, 건강보험료 300,000원(회사부담분 150,000원, 근로자부담분 150,000원), 근로자부담분 150,000원을 회사가 대납함 ① 총급여: 5,000,000원 + 150,000원 = 5,150,000원 ② 종합소득공제 시 보험료공제: 150,000원
사업자		사업소득이 있는 거주자는 필요경비에 산입하고 종합소득공제를 받지 못함

2. 주택자금공제

구분		내용
공제대상자		근로소득이 있는 거주자(일용근로자는 제외)로서 무주택 세대주(장기주택저당차입금 이자상환액 공제는 1주택 세대주 포함)에 대하여 연말에 해당 과세기간의 근로소득금액에서 주택임차차입금의 원리금상환액의 40% 및 장기주택저당차입금의 이자상환액을 공제함 **참고** 주택청약저축납입액은 「조세특례제한법」상 소득공제항목에 해당하고 「소득세법」상 주택자금공제에 포함되지 않음. 따라서 주택청약종합저축 납입액 소득공제는 표준세액공제와 중복적용 가능함
주택청약 저축납입액	공제대상자	근로소득이 있는 거주자(총급여액 7천만원 이하)로서 해당 과세기간 중 무주택 세대주 및 배우자 **개정**
	공제대상액	청약저축 또는 주택청약종합저축에 납입한 금액(연 300만원 이내)
주택임차차입금 원리금상환액	공제대상자	과세기간 종료일 현재 무주택 세대주(세대주가 주택청약저축에 대한 소득공제, 주택임차자금 원리금상환액 및 장기주택저당차입금 이자상환액공제를 받지 않는 경우에는 세대의 구성원을 말하며, 일정한 외국인을 포함)로서 근로소득이 있는 거주자
	공제대상액	국민주택규모의 주택(주거용 오피스텔 포함)을 임차하기 위하여 지급한 주택임차자금 차입금의 원리금상환액

		취득 당시 무주택 세대주 또는 1주택을 보유한 세대의 세대주(세대주가 주택청약저축에 대한 소득공제, 주택임차자금 원리금상환액 및 장기주택저당차입금 이자상환액공제를 받지 않는 경우에는 세대의 구성원을 말하며, 일정한 외국인을 포함)로서, 과세기간 종료일 현재 1주택을 보유한 근로소득이 있는 거주자 → 과세기간 중에 2주택이더라도 과세기간 종료일에 1주택이면 가능함			
장기주택저당차입금 이자상환액	공제대상자				
	공제대상액	취득 당시 기준시가 6억원 이하인 주택을 취득하기 위하여 그 주택에 저당권을 설정하고 차입한 장기주택저당차입금 이자상환액			
	상환기간 및 방법	**상환기간**	**고정금리**	**비거치식 분할상환**	**개별한도**
		15년 이상	○	○	2,000만원
		15년 이상	○	×	1,800만원
			×	○	
			×	×	800만원
		10년 이상 15년 미만	○	×	600만원
			×	○	
			○	○	
			×	×	공제 불가

소득공제액	다음 금액을 해당 과세연도의 근로소득금액에서 공제함			
	구분		**공제금액(한도액)**	
	① 주택청약저축납입액	저축불입액 × 40%	연 400만원	연 600·800·1,800·2,000만원
	② 주택임차차입금 원리금상환액	원리금상환액 × 40%		
	③ 장기주택저당차입금 이자상환액	이자상환액 × 100%		

사례	**구분**	**지출액**	**공제율**	**공제대상액**
	청약저축납입액	1,000,000	40%	400,000
	장기주택저당차입금 이자상환액*	18,000,000	100%	18,000,000
	합계	19,000,000		18,400,000
	소득공제액	Min[18,400,000, 한도 20,000,000] = 18,400,000		
	*15년 만기, 고정금리, 비거치식			

05 「조세특례제한법」상 소득공제

1. 신용카드소득공제

구분	내용
공제대상자	근로소득이 있는 거주자(일용직 근로자는 제외)

구분		소득요건	나이요건
신용카드 사용자	본인	–	없음
	배우자	연간 소득금액이 100만원(총급여 500만원) 이하인 자	
	직계존비속	생계를 같이하는 직계존비속(배우자의 직계존비속 포함)으로서 연간 소득금액이 100만원(총급여 500만원) 이하인 자	
	이외의 자	공제대상 사용자 아님 → 형제자매의 사용분은 공제 ×	

신용카드 사용금액	① 신용카드 ② 현금영수증 ③ 직불카드 또는 기명식선불카드, 선불전자지급수단 또는 기명식전자화폐

구분		내용
적용제외 사용금액	국외사용	국외 신용카드 사용금액
	사업경비	사업소득과 관련된 비용 또는 법인의 비용에 해당하는 경우
	비정상적 사용행위	가공 또는 위장가맹점 명의 등 비정상적인 사용액
	정치자금	세액공제 적용받은 정치자금, 세액공제받은 고향사랑기부금
	월세액	세액공제를 받은 월세액

구분	신용카드소득공제	교육비세액공제
영유아보육시설, 초·중·고, 대학, 대학원의 수업료, 입학금	×	○
취학 전 아동 학원수강료	○	○
일반 사설학원 수강료	○	×
중고등학생 교복구입비	○	○

적용제외 사용금액	교육비	(위 표 참조)
	보험료 등	국민건강보험, 노인장기요양보험, 고용보험, 국민연금, 보험회사에 지급하는 보험료
	상품권	상품권 등 유가증권 구입비용
	국가에 지급하는 수수료	국가·지방자치단체 또는 지방자치단체조합에 지급하는 사용료·수수료 등의 대가
	자동차 구입비	신규차량 구입비, 리스료 [비교] 중고차 구입비의 10%는 소득공제 가능
	조세·공과금	정부 또는 지방자치단체에 납부하는 국세·지방세·전기료·수도료·가스료·전화료(정보사용료·인터넷이용료 등을 포함)·아파트관리비·텔레비전시청료(종합유선방송의 이용료를 포함) 및 도로통행료

적용제외 사용금액	취득세 부과대상자산	취득세, 등록면허세가 부과되는 재산의 구입비용(단, 중고자동차는 제외) 예 골프회원권
	지급이자	차입금 이자상환액, 증권거래수수료 등 금융·보험회사
	면세점 사용액	보세판매장, 지정면세점 등에서 면세물품의 구입비용

중복공제 적용 여부 사례	신용카드 사용	특별세액공제대상 지출액	신용카드 공제대상액
	자녀 유치원 등록금 400만원	교육비세액공제 300만원(한도)	–
	취학 전 아동 학원비 400만원	교육비세액공제 300만원(한도)	400만원
	병원치료비 1,000만원 (총급여 1억)	의료비세액공제 1,000만원 – 300만원 = 700만원	1,000만원
	자동차 보험료 120만원	보험료세액공제 100만원	–

공제율 공제한도

구분	공제율	한도		
		총급여액	7천만원 이하	7천만원 초과
전통시장 사용분(제로페이 포함)	40%			
대중교통 이용분	40%	기본한도	300만원	250만원
도서·신문·공연 등 문화체육사용분(수영장·체력단련장)	30%	추가 한도	전통시장	300만원	200만원
현금영수증·직불카드·기명식선불카드	30%		대중교통		
일반신용카드	15%		도서·공연 등		–

① 최저사용액(총급여액 × 25%)을 초과하여 사용한 금액을 소득공제함
② 도서·신문·공연·박물관·미술관, 영화상영, 문화체육사용분(수영장·체력단련장)은 총급여
   액 7천만원 이하인 자만 적용함 → 총급여액 7천만원 초과하는 자가 사용한 도서 등 사용액은
   현금영수증 또는 일반신용카드 사용액으로 분류함
③ 전통시장에서 현금영수증 발급받은 경우에는 전통시장 사용분으로 구분함
   → 사용처(전통시장, 대중교통, 도서·문화)와 결제수단 중 사용처를 우선 적용함
④ 문화체육사용분(수영장·체력단련장)에 대해 30% 적용하는 것은 2025. 7. 1. 이후 지출
   분부터 시행 개정

사례 1

① 총급여액: 4,000만원 ② 최저사용액: 4,000만원 × 25% = 1,000만원

구분	사용액	공제대상	공제율	공제액	추가한도
전통시장	1,000,000	1,000,000	× 40%	400,000	1,200,000
대중교통	2,000,000	2,000,000	× 40%	800,000	
현금영수증	10,000,000	10,000,000	× 30%	3,000,000	
신용카드	15,000,000	5,000,000	× 15%	750,000	
합계	28,000,000	18,000,000		4,950,000	
최저사용액	10,000,000			기본한도	3,000,000
공제대상	18,000,000			총공제액	4,200,000

구분	내용
사례 2	① 총급여액: 4,000만원 ② 최저사용액: 4,000만원 × 25% = 1,000만원

구분	사용액	공제대상	공제율	공제액	추가한도
전통시장	5,000,000	5,000,000	× 40%	2,000,000	3,000,000
대중교통	2,500,000	2,500,000	× 40%	1,000,000	
현금영수증	10,000,000	8,000,000	× 30%	2,400,000	
신용카드	8,000,000				
합계	25,500,000	15,500,000		5,400,000	
최저사용액	10,000,000			기본한도	3,000,000
공제대상	15,500,000			총공제액	5,400,000

2. 기타 「조세특례제한법」상 소득공제

구분	내용	공제금액
소기업· 소상공인 공제부금 [개정]	① 소기업·소상공인 공제부금에 납입하는 공제부금 ② 부동산임대업 소득금액이 있는 경우 공제한도 내의 부금납부액 × $(1 - \frac{부동산임대업\ 소득금액}{사업(종합)소득금액})$ ③ 법인의 대표자로서 해당 과세기간의 총급여액이 8천만원 이하인 거주자는 근로소득금액에서 공제	사업(근로)소득금액 / 공제한도 : 4천만원 이하 / 600만원 4천만원 초과 1억원 이하 / 400만원 1억원 초과 / 200만원
중소기업 창업투자조합 출자(투자일 로부터 2년이 속하는 과세연도까지 선택하여 공제 가능)	① 중소기업창업투자조합·한국벤처투자조합·신기술사업투자조합 또는 기업구조조정조합·부품소재전문투자조합에 출자하는 경우 ② 벤처기업증권투자신탁의 수익증권에 투자하는 경우 ③ 창업·벤처 전인 경영참여형 사모집합투자기구에 투자하는 경우	Min[투자액 × 10%, 종합소득금액 × 50%]
	④ 거주자가 개인투자조합에 출자한 금액을 법 소정 기한 내에 벤처기업(창업 후 3년 이내의 중소기업 포함)에 투자한 경우 ⑤ 「벤처기업육성에 관한 특별조치법」에 따라 벤처기업에 투자하는 경우 ⑥ 크라우드펀딩을 통해 창업 후 7년 이내 중소벤처기업에 투자하는 경우(3년 이상 보유)	Min[투자액 × 30 ~ 100%, 종합소득금액 × 50%] 투자금액 / 적용률: 3,000만원 이하 / 100% 3,000만원 초과 5,000만원 이하 / 70% 5천만원 초과분 / 30%
우리사주조합 출연금	우리사주조합원이 자사주를 취득하기 위하여 우리사주조합에 출연하는 경우	Min[출연금, 연 400만원 (벤처기업의 출연금 1,500만원)]
고용유지 중소기업 근로자	고용유지중소기업에 근로를 제공하는 상시근로자	(전기 임금총액 - 당기 임금총액) × 50% (한도: 1천만원)
청년형 장기집합	만 19세 ~ 34세(총급여 5천만원, 종합소득금액 3,800만원 이하)인 자가 청년형장기집합투자증권에 가입한 경우	납입금액(600만원 한도) × 40%

06 종합소득공제 종합한도

항목	구분		공제액 한도	종합한도 적용 여부
인적공제	기본공제(본인, 배우자, 부양가족)		1명당 150만원	×
	추가공제		경로우대자 1명당 100만원, 장애인 1명당 200만원, 부녀자 50만원, 한부모 100만원	×
연금보험료	공적연금보험료		전액	×
특별소득공제	주택담보노후연금 이자비용		연 200만원(연금소득금액 한도) 한도	×
	건강보험료, 고용보험료 장기요양보험료		전액	×
	주택자금	주택임차차입금 원리금상환액(㉠)	(㉠ + ㉢) 연 400만원 한도	○
		장기주택저당차입금 이자상환액(㉡)	(㉠ + ㉡ + ㉢) 연 800만원 ~ 2,000만원 한도	○
그 밖의 소득공제	중소기업 창업투자조합 출자 등		종합소득금액의 50% 한도	○ (개인투자조합 출자 및 벤처기업 등 및 크라우드펀딩을 통한 투자분은 제외)
	소기업·소상공인 공제부금		사업소득(근로소득)금액별 연 500만원, 300만원, 200만원 한도	○
	주택마련저축(㉢) (청약저축, 주택청약종합저축)		(㉠ + ㉢) 연 400만원 한도	○
	우리사주조합 출연금		연 400만원 한도(벤처기업 1,500만원)	○
	장기집합투자증권저축		연 240만원 한도	○
	신용카드 등 사용금액			○

제**7**장

종합소득세액

7 종합소득세액

01 종합소득산출세액

1. 산출세액 및 결정세액

구분	내용	
계산구조	종합소득과세표준 (×) 기본세율 ─────────── 종합소득산출세액 (−) 세액공제·감면 (+) 가산세 ─────────── 종합소득총결정세액 (−) 기납부세액 ─────────── 종합소득자진납부세액	⇒ 세액 계산 특례 원천징수세액, 수시납부세액, 중간예납세액
기본세율	<table><tr><td>과세표준</td><td>세율</td></tr><tr><td>1,400만원 이하</td><td>과세표준 × 6%</td></tr><tr><td>1,400만원 초과 5,000만원 이하</td><td>840,000 + 1,400만원 초과금액 × 15%</td></tr><tr><td>5,000만원 초과 8,800만원 이하</td><td>6,240,000 + 5,000만원 초과금액 × 24%</td></tr><tr><td>8,800만원 초과 1억 5천만원 이하</td><td>15,360,000 + 8,800만원 초과금액 × 35%</td></tr><tr><td>1억 5천만원 초과 3억원 이하</td><td>37,060,000 + 1억 5천만원 초과금액 × 38%</td></tr><tr><td>3억원 초과 5억원 이하</td><td>94,060,000 + 3억원 초과금액 × 40%</td></tr><tr><td>5억원 초과 10억원 이하</td><td>174,060,000 + 5억원 초과금액 × 42%</td></tr><tr><td>10억원 초과</td><td>384,060,000 + 10억원 초과금액 × 45%</td></tr></table>	
세액 계산 특례	금융소득자의 비교산출세액	금융소득이 종합과세되는 자는 산출세액 계산 시 종합과세기준금액(2,000만원) 초과분에 대해서만 기본세율을 적용하고, 비교산출세액과 비교하여 산출세액을 계산함 → p.2-36 참고
	부동산매매업 비교산출세액	양도소득세 중과를 회피하는 것을 방지하기 위해 양도소득세율을 적용한 세액과 비교하여 큰 세으로 과세함
	분리과세특례	소규모주택임대사업자(수입금액 2,000만원 이하)와 계약금이 위약금으로 대체된 경우의 기타소득이 있는 자는 종합소득신고는 하되, 분리과세특례 규정을 적용할 수 있음

2. 부동산매매업자의 비교과세

구분	내용
취지	부동산매매업자가 조정지역 내 다주택자인 경우 또는 비사업용 토지 및 미등기양도자산을 양도한 경우에는, 최소한 양도소득세율을 적용한 세액을 납부하게 함으로써, 부동산매매업자로 등록하여 양도소득세의 중과를 회피하는 것을 방지함
부동산매매업	부동산매매업이란 한국표준산업분류에 따른 비주거용 건물건설업(건물을 자영건설하여 판매하는 경우만 해당)과 부동산 개발 및 공급업을 말함. 다만, 한국표준산업분류에 따른 주거용 건물 개발 및 공급업(구입한 주거용 건물을 재판매하는 경우는 제외)은 제외함 → 주택신축판매는 건설업
비교과세 대상	부동산매매업자의 종합소득금액에 다음 자산이 포함된 경우 비교과세함 ① 분양권 ② 비사업용 토지 ③ 미등기자산 ④ 조정대상지역 내 양도소득세 중과대상 토지 → 일부 주택 제외
비교과세 산출세액	Max[①, ②] ① 주택 등 매매차익이 포함된 종합소득과세표준 × 기본세율 ② [(종합소득과세표준 − 주택 등 매매차익*)×기본세율] + [(주택 등 매매차익* − 장기보유특별공제 − 양도소득기본공제) × 양도소득세율] * 주택 등 매매차익 = 매매가액 − (취득가액 + 자본적 지출 + 양도비용) → 미등기자산, 분양권은 장기보유특별공제 적용하지 아니함 → 미등기자산은 양도소득기본공제 적용하지 아니함
사례	부동산매매업자 甲의 근로소득금액 55,000,000원, 종합소득공제 5,000,000원, 분양권 매각(양도금액 100,000,000원, 취득가액 80,000,000원, 보유기간 1년 이상)일 때, 종합소득산출세액 ① 주택 등 매매차익이 포함된 종합소득과세표준 × 기본세율 = (50,000,000 + 20,000,000) × t = 6,240,000 + 20,000,000 × 24% = 11,040,000 ② [주택 등 매매차익 × 양도소득세율] + [(종합소득과세표준 − 주택 등 매매차익)×기본세율] = (20,000,000 − 2,500,000) × 60% + 50,000,000 × t = 10,500,000 + 6,240,000 = 16,740,000
예정신고 ·확정신고	① 부동산매매업자는 토지 또는 건물의 매매차익과 그 세액을 매매일이 속하는 달의 말일부터 2개월이 되는 날까지 납세지 관할 세무서장에게 예정신고하여야 함. 토지 등의 매매차익이 없거나 매매차손이 발생하였을 때에도 신고하여야 함 ② 토지 등 매매차익은 확정신고 시에는 「소득세법」상 사업소득 계산방식으로 계산하지만 예정신고 시에는 양도소득세 양도차익 계산방식을 준용하여 계산하여야 함 → 예정신고한 경우에도 확정신고의무 면제되지 않음

3. 주택임대소득에 대한 세액 계산 특례

구분	내용
분리과세 선택요건	주거용 건물 임대업에서 발생한 총수입금액의 합계액이 2천만원 이하일 것
비교과세	분리과세 주택임대소득이 있는 거주자의 종합소득 결정세액은 종합과세하는 경우의 결정세액과 분리과세 중 하나를 선택하여 적용할 수 있음. 분리과세를 선택하는 경우의 결정세액은 다음과 같음 분리과세 선택 시 결정세액 = ① + ② ① 분리과세 주택임대소득에 대한 사업소득금액 × 14% = {수입금액 × (1 − 필요경비율) − 공제금액} × 14% ② 분리과세 주택임대소득 외의 종합소득 결정세액 → 분리과세 선택하는 경우 주택임대업에서 발생한 사업소득금액을 계산할 때 실제 필요경비를 적용할 수 없음

분리과세 소득금액

① 공제액

구분	필요경비율	다른 종합소득 2,000만원 이하	다른 종합소득 2,000만원 초과
등록임대사업자	60%	400만원	추가공제 없음
미등록임대사업자	50%	200만원	

② 분리과세 주택임대소득에 대한 사업소득금액

구분	내용
등록임대사업자	총수입금액 − 필요경비(총수입금액 × 60%) − 400만원
미등록임대사업자	총수입금액 − 필요경비(총수입금액 × 50%) − 200만원

200만원(등록임대주택의 경우에는 400만원)은 분리과세 주택임대소득을 제외한 해당 과세기간의 종합소득금액이 2천만원 이하인 경우에만 차감

구분	내용
특수한 경우	해당 과세기간 동안 등록임대주택과 미등록임대주택에서 수입금액이 발생한 경우 400만원 또는 200만원 차감되는 금액은 다음과 같이 계산함 차감액 = 400만원 × $\dfrac{\text{등록임대주택수입금액}}{\text{총 주택임대 수입금액}}$ + 200만원 × $\dfrac{\text{미등록임대주택수입금액}}{\text{총 주택임대 수입금액}}$

사례

1. 甲이 임대하고 있는 주택은 등록임대주택이 아님
2. 甲의 주택임대 관련 자료(이외 거주주택 1채 소유)

구분	A주택	B주택
임대료 수입	10,000,000원	–
간주임대료	4,000,000원	4,000,000원
합계	14,000,000원	4,000,000원

3. 甲의 상기의 주택임대소득을 제외한 소득은 기타소득금액 18,000,000원
4. 종합소득공제 6,000,000원

사례	1. 주택임대소득
	  (1) 총임대료: 10,000,000 + 8,000,000 = 18,000,000
	  (2) 분리과세 주택임대소득: 18,000,000 × (1 − 50%) − 2,000,000 = 7,000,000
	2. 분리과세 선택 시 결정세액 = ① + ② = 1,700,000
	  ① 7,000,000 × 14% = 980,000
	  ② (18,000,000 − 6,000,000) × 6% = 720,000
	3. 종합과세 선택 시 결정세액
	  종합과세를 선택하는 경우에는 주택임대소득금액부터 다시 계산하여야 함. 즉, 필요경비 50%(60%)와 추가공제(200만원, 400만원)를 적용하지 않고 실제 필요경비를 기준으로 다시 계산하여야 함

확정신고	분리과세 주택임대소득이 있는 경우에도 확정신고의무 있음
사업자 등록	분리과세 주택임대소득만 있는 사업자도 「소득세법」상 사업자등록의무 있음 → 미등록 시 주택임대 수입금액의 0.2%를 가산세로 부과

신고서식	분리과세방식		종합과세방식	
	종합소득 과세표준	이자, 배당, 사업, 근로, 연금, 기타	종합소득 과세표준	이자, 배당, 사업, 근로, 연금, 기타 + 주택임대소득
	① 산출세액	과세표준 × t	① 산출세액	과세표준 × t
	② 세액공제·감면		② 세액공제·감면	
	③ 주택임대소득금액 × 14%		③ 결정세액	① − ②
	결정세액	① − ② + ③		

4. 분리과세 기타소득에 대한 세액 계산 특례

구분	내용
원천징수되지 않은 위약금·배상금	종합소득과세표준을 계산할 때 계약의 위약 또는 해약으로 인하여 받는 위약금·배상금(계약금이 위약금·배상금으로 대체되는 경우만 해당)의 소득을 합산하지 않는 경우 그 합산하지 아니하는 기타소득에 대한 결정세액은 해당 기타소득금액에 20%의 세율을 적용하여 계산한 금액으로 함 → p.2-90 참고 분리과세 선택 시 결정세액 = ① + ② ① 계약금이 위약금·배상금으로 대체된 기타소득금액 × 20% ② 위 ① 이외의 종합소득과세표준에 대한 결정세액
사례 1	매수인이 부동산 매매계약을 해약함에 따라 계약금 3,000,000원을 위약금으로 대체하였음. 매도인의 위약금을 제외한 종합소득과세표준은 50,000,000원임. 분리과세 선택 시 종합소득결정세액은 다음과 같음 50,000,000 × 기본세율 + 3,000,000 × 20% = 6,840,000
사례 2	위약금으로 대체된 계약은 2,000,000원, 사례금 1,000,000원(원천징수됨), 기타소득을 제외한 종합소득과세표준 50,000,000원. 분리과세 선택 시 종합소득산출세액은 다음과 같음 $50,000,000 \times t + 2,000,000 \times 20\% = 6,640,000$ → 분리과세 선택하였으므로 사례금은 원천징수로 과세종결됨

5. 사적연금소득에 대한 세액 계산의 특례

구분	내용
의의	분리과세연금소득 외의 연금소득이 있는 거주자는 분리과세연금소득 외의 연금소득에 15%를 곱한 산출세액에 연금소득 외의 종합소득에 대한 결정세액을 더한 금액과 이러한 조정을 하지 않은 본래의 종합소득 결정세액 중 하나를 선택하여 적용받을 수 있음
분리과세 연금소득	① 퇴직소득을 연금수령하는 연금소득 ② 의료목적 인출 등 부득이한 사유로 인출하는 연금소득 ③ 위 ①, ② 이외의 연금소득으로서 총금액이 연간 1,500만원 이하이고, 종합소득과세표준에 합산하지 않는 경우 → 선택사항
비교세액 (결정세액)	$\text{Min}\begin{bmatrix}\text{종합소득 결정세액} \rightarrow \text{연금소득금액에 누진세율 적용}\\ \underline{\text{연금소득}} \times 15\% + \text{연금소득 외 종합소득 결정세액}\end{bmatrix}$ 　　　　　　↳ 연금수령액에 15% 세율 적용
사례 1	① 사적연금수령액: 10,000,000원 ② 근로소득금액: 60,000,000원 ③ 종합소득공제: 10,000,000원 [상황 1] 사적연금수령액에 대해 분리과세 선택 　　　① 분리과세 부담세액: 10,000,000 × 5%(70세 미만) = 500,000 　　　② 종합소득 결정세액: 50,000,000 × t = 6,240,000 [상황 2] 사적연금수령액에 대해 종합과세 선택 시 종합소득 결정세액 　　　(60,000,000 + <u>4,500,000</u> − 10,000,000) × t = 7,320,000 　　　　　　↳ 10,000,000 − 5,500,000(연금소득공제)
사례 2	① 사적연금수령액: 18,000,000원 ② 근로소득금액: 60,000,000원 ③ 종합소득공제: 10,000,000원 종합소득 결정세액: Min[상황 1, 상황 2] = 8,940,000 [상황 1] 18,000,000 × 15% + 50,000,000 × t = 8,940,000 [상황 2] (60,000,000 + 11,300,000 − 10,000,000) × t = 8,952,000 　　　　　↳ 18,000,000 − 6,700,000

02 세액공제

구분	종류	비고
「소득세법」	① 배당세액공제	Gross-up 대상 배당소득
	② 기장세액공제	사업소득자 중 간편장부대상자
	③ 외국납부세액공제	한도초과 시 이월공제
	④ 재해손실세액공제	사업소득자
	⑤ 근로소득세액공제	근로소득자
	⑥ 자녀세액공제	8세 이상 또는 출생·입양
	⑦ 연금계좌세액공제	
	⑧ 특별세액공제(표준세액공제)	보험료, 의료비, 교육비, 기부금
「조세특례제한법」	① 월세액에 대한 세액공제	이월공제 불가
	② 성실사업자 의료비세액공제	
	③ 정치자금기부금세액공제	
	④ 성실신고확인비용 세액공제	
	⑤ 기타	이월공제 가능

1. 「소득세법」상 세액공제 – 특별세액공제 제외

(1) 배당세액공제

구분	내용
공제대상자	Gross-up 대상 배당소득이 있는 거주자
공제방법	배당소득에 대한 Gross-up 금액 종합소득과세표준을 계산 시 가산 후, Gross-up 금액을 종합소득산출세액에서 공제함
배당세액공제액	$\text{Min}\begin{bmatrix} ① \text{ Gross-up 금액} \\ ② \text{ 종합소득산출세액 – 비교산출세액} \end{bmatrix}$
이월공제	한도초과 시 이월공제 없음

(2) 기장세액공제

구분	내용
공제대상자	복식부기로 기장하고 재무상태표, 손익계산서, 합계잔액시산표, 조정명세서를 제출한 간편장부대상 사업자
기장세액공제액	$\text{Min}\left[\begin{array}{l} ① \ \text{종합소득산출세액} \times \dfrac{\text{복식부기로 기장한 사업소득금액}}{\text{종합소득금액}} \times 20\% \\ ② \ 100\text{만원(한도)} \end{array}\right]$
적용배제	① 신고하여야 할 소득금액의 20% 이상 누락하여 신고한 경우 ② 관련 서류를 5년간 미보관 시(천재지변 등 부득이한 경우에는 예외)

구분	내용
사례	• 사업소득금액 20,000,000원 • 종합소득공제 12,000,000원 • 근로소득금액 80,000,000원 • 종합소득과세표준 88,000,000원 • 종합소득금액 100,000,000원 • 종합소득산출세액 15,360,000원 ① 간편장부대상자가 복식부기에 의하여 기장 기장세액공제: $\text{Min}(\bigcirc, \bigcirc) = 614{,}400$ $\bigcirc \ 15{,}360{,}000 \times \dfrac{20{,}000{,}000}{100{,}000{,}000} \times 20\% = 614{,}400$ $\bigcirc \ 1{,}000{,}000$ ② 기장하지 않은 경우(소규모사업자는 제외) → 무기장 가산세 $15{,}360{,}000 \times \dfrac{20{,}000{,}000}{100{,}000{,}000} \times 20\% = 614{,}400$ [소규모사업자] ㉠ 신규사업개시자 ㉡ 직전 과세기간 총수입금액 4,800만원 미달하는 자 ㉢ 연말정산 사업소득만 있는 자

비교		
실제 \ 의무	복식부기의무자	간편장부의무자
장부작성 ×	장부의 기록·보관 불성실 가산세	장부의 기록·보관 불성실 가산세(소규모사업자 제외)
간편장부 작성	장부의 기록·보관 불성실 가산세	–
복식부기장부 작성	–	기장세액공제

$$\text{장부의 기록·보관 불성실 가산세} = \text{종합소득산출세액} \times \dfrac{\text{무기장 소득금액}}{\text{종합소득금액}} \times 20\%$$

해커스 세법엠디 1

제7장

제2편 소득세법

(3) 외국납부세액공제

구분	내용
공제대상자	거주자의 종합소득금액에 국외원천소득이 합산되어 있는 경우로서 그 국외원천소득에 대해 외국에서 외국소득세액을 납부하였거나 납부할 것이 있는 자 → 사업소득이 있는 자는 필요경비산입 가능함, 사업소득 외의 종합소득에 대한 외국납부세액은 세액공제만 가능
외국납부 세액공제액	$$\text{Min}\begin{bmatrix} ① \ \text{외국납부세액} \\ ② \ \text{종합소득산출세액} \times \dfrac{\text{국외원천소득금액}}{\text{종합소득금액}} \end{bmatrix}$$ 국외사업장이 둘 이상의 국가에 있는 경우 외국납부세액공제액은 국가별로 구분하여 계산함
한도초과액 이월공제	해당 과세기간의 공제한도금액을 초과하는 경우 그 초과하는 금액은 해당 과세기간의 다음 과세기간 개시일부터 10년 이내에 끝나는 과세기간(이월공제기간)으로 이월하여 그 이월된 과세기간의 공제한도금액 내에서 공제받을 수 있음. 다만, 외국정부에 납부하였거나 납부할 외국소득세액을 이월공제기간 내에 공제받지 못한 경우 그 공제받지 못한 외국소득세액은 이월공제기간의 종료일 다음 날이 속하는 과세기간의 소득금액을 계산할 때 필요경비에 산입할 수 있음 → 소멸하지 않음 [비교] 퇴직소득과 양도소득에 대한 외국납부세액은 이월공제 불가함
적용배제	소득금액은 추계로 계산하는 경우(단, 천재지변이나 그 밖의 불가항력 시 제외) → 이월결손금 규정과 동일

(4) 재해손실세액공제

구분	내용		
공제대상자	해당 과세기간에 천재지변이나 그 밖의 재해로 인하여 사업용 자산총액의 20% 이상을 상실하여 납세가 곤란하다고 인정되는 사업자		
세액공제액	재해발생일 현재 미납부 소득세	재해발생일 현재 사업소득에 대하여 부과되지 아니한 소득세와 부과된 소득세로서 미납된 소득세액	
	재해발생일이 속하는 과세기간의 소득세	$\left[\text{산출세액} - \dfrac{\text{배당세액공제}}{\text{기장세액공제}}\atop{\text{외국납부세액공제}}\right] \times \dfrac{\text{사업소득금액}}{\text{종합소득금액}} \times \text{자산상실 비율}$	
	한도액	상실된 자산가액 → Min[(① + ②), 상실된 자산가액]	
자산상실 비율	$\dfrac{\text{상실된 자산가액}}{\text{상실 전 자산총액}}$ ① 전체 사업장의 자산총액(토지 제외) 기준으로 재해상실 비율을 계산하여야 함 　→ 사업장 단위로 계산 (×) ② 재해발생의 비율은 재해발생일 현재의 장부가액에 의하여 계산하되, 장부가 소실 또는 분실되어 장부가액을 알 수 없는 경우에는 납세지 관할 세무서장이 조사확인한 재해발생일 현재의 가액에 의하여 이를 계산함		
자산총액	자산에는 다음 중 어느 하나에 해당하는 것을 말함 ① 사업용 자산(토지 제외) ② 상실한 타인소유의 자산으로서 그 상실에 대한 변상책임이 당해 사업자에게 있는 것 ③ 재해손실세액공제를 하는 소득세의 과세표준금액에 이자소득금액 또는 배당소득금액이 포함되어 있는 경우에는 그 소득금액과 관련되는 예금·주식 기타의 자산		
세액공제 신청기한	① 재해발생일 현재 과세표준확정신고기한이 경과되지 않은 소득세: 신고기한(다만, 재해발생일부터 신고기한까지의 기간이 3개월 미만인 경우는 재해발생일부터 3개월) [예] ×1년 11월 5일 재해 발생 → ×2년 5월 31일까지 신청 　　　×2년 3월 5일 재해 발생 → ×2년 6월 5일까지 신청 ② 재해발생일 현재 미납부된 소득세와 납부해야 할 소득세: 재해발생일부터 3개월		

(5) 전자계산서 발급 전송에 대한 세액공제

구분	내용
적용대상	직전연도 공급가액 또는 사업장별 총수입금액 3억원 미만 개인사업자(신규사업자 포함)가 전자계산서를 발급하는 경우(단, 전자계산서 발급일의 다음 날까지 국세청장에게 전송하는 경우에 한함)
세액공제액	발급 건당 200원, 연간 100만원 한도

(6) 근로소득세액공제

구분		내용	
공제대상자		모든 근로소득자(일용근로자 및 국외근로소득자도 대상에 포함)	

상용근로자	세액공제액		

근로소득산출세액	공제세액
130만원 이하	근로소득산출세액 × 55%
130만원 초과	71만 5천원 + (근로소득산출세액 − 130만원) × 30%

$$근로소득산출세액 = 종합소득산출세액 \times \dfrac{근로소득금액}{종합소득금액}$$

한도액

총급여액	공제한도
3,300만원 이하	74만원
3,300만원 초과 7,000만원 이하	$\text{Max}\begin{bmatrix} 74만원 - [(총급여 - 3,300만원) \times \dfrac{8}{1,000}] \\ 66만원 \end{bmatrix}$
7,000만원 초과 1억 2,000만원 이하	$\text{Max}\begin{bmatrix} 66만원 - [(총급여 - 7,000만원) \times \dfrac{1}{2}] \\ 50만원 \end{bmatrix}$
1억 2,000만원 초과	$\text{Max}\begin{bmatrix} 50만원 - [(총급여 - 1억 2,000만원) \times \dfrac{1}{2}] \\ 20만원 \end{bmatrix}$

근로소득세액공제
한도(단위: 만원)

일용근로자	세액공제액	근로소득산출세액 × 55%
	한도액	일용근로자의 근로소득세액공제는 한도액 없음
	원천징수세액	(일급여 − 15만원) × 6% × (1 − 55%)

(7) 자녀세액공제 → 자녀장려금과 중복공제(×)

구분		내용
자녀 수에 따른 자녀세액공제	대상자	종합소득이 있는 거주자의 기본공제대상자에 해당하는 공제대상 자녀(입양자 및 위탁아동을 포함) 및 손자녀로서 8세 이상의 사람
	세액공제 [개정]	(아래 표)
출산·입양세액공제	대상자	해당 과세기간에 출산하거나 입양신고한 공제대상 자녀(세액공제대상 자녀의 범위는 가족관계등록부상의 자녀를 기준으로 함)
	세액공제	(아래 표)

세액공제 (자녀 수에 따른 자녀세액공제)

자녀 수	공제세액
1명	25만원
2명	55만원(25만원 + 30만원)
3명 이상	55만원 + (자녀 수 − 2명) × 40만원 → 3명: 95만원

세액공제 (출산·입양세액공제)

자녀	공제세액
첫째	30만원
둘째	50만원
셋째 이상	70만원

(8) 연금계좌세액공제

구분	내용
개요	연금계좌[연금저축 + 퇴직연금계좌(IRP 등)] 납입액에 대해 일정 금액을 한도로 12%, 15%(총급여액 5,500만원 이하) 세액공제
대상자	종합소득이 있는 거주자
연금계좌 납입액	① 퇴직연금계좌 납입액이 없는 경우 연금계좌세액공제 [Min(연금계좌납입액, 600만원) + Min(연금계좌전환금액 × 10%, 300만원)] ② 퇴직연금계좌 납입액이 있는 경우 연금계좌세액공제 [Min(600만원 이내 연금계좌납입액 + 퇴직연금계좌납입액, 900만원) + Min(연금계좌전환금액 × 10%, 300만원)] 단, 아래 금액은 연금계좌 납입액에 포함하지 않음 ① 소득세가 원천징수되지 아니한 퇴직소득 등 과세가 이연된 소득 ② 연금계좌에서 다른 연금계좌로 계약을 이전함으로써 납입되는 금액
세액공제액	(아래 표)
ISA계좌 전환특례	개인종합자산관리계좌의 연금계좌 전환 시 연금전환금액을 연금계좌납입액에 추가하고, 다음 금액을 연금계좌 납입액 한도에 추가함 Min(전환금액 × 10%, 300만원)

세액공제액

총급여액 (종합소득금액)	세액공제율	공제대상 납입한도 (연금저축 납입한도)
5,500만원 이하 (4,500만원 이하)	15%	900만원 (600만원)
5,500만원 초과 (4,500만원 초과)	12%	

구분	내용

<table>
<tr><td rowspan="5">사례</td><td colspan="5" align="right">(단위: 만원)</td></tr>
<tr><td>총급여</td><td>연금저축</td><td>퇴직연금</td><td>공제대상</td><td>세액공제액</td></tr>
<tr><td>7,000</td><td>200</td><td>800</td><td>900</td><td>108</td></tr>
<tr><td>5,000</td><td>700</td><td>100</td><td>700</td><td>105</td></tr>
<tr><td>7,000</td><td>900</td><td>0</td><td>600</td><td>72</td></tr>
</table>

실제 마지막 행:

총급여	연금저축	퇴직연금	공제대상	세액공제액
5,500	0	900	900	135

2. 「소득세법」상 세액공제 – 특별세액공제

(1) 특별세액공제 개요

구분		내용
근로소득자	특별세액공제 신청 ○	① 보험료세액공제, ② 의료비세액공제, ③ 교육비세액공제, ④ 기부금세액공제
	특별세액공제 신청 ×	다음의 항목을 모두 신청하지 않은 경우에는 표준세액공제 13만원 적용함 ① 특별소득공제 ② 월세세액공제 ③ 특별세액공제(보험료 · 의료비 · 교육비 · 기부금) [比較] 정치자금기부금세액공제, 우리사주조합기부금세액공제 및 청약저축소득공제는 표준세액공제와 중복적용 가능함
근로소득이 없는 거주자	일반적인 경우	표준세액공제 7만원 + (if) 사업소득 외 다른 소득 ○: 기부금세액공제
	「소득세법」상 성실사업자	표준세액공제 12만원 + (if) 사업소득 외 다른 소득 ○: 기부금세액공제
	「조세특례제한법」상 성실사업자	표준세액공제 12만원 + ┌ (if) 사업소득 외 다른 소득 ○: 기부금세액공제 └ 의료비 · 교육비 · 월세세액공제 　　　↳ 표준세액공제와 중복적용 ×
	성실신고확인대상 사업자 (단, 확인서 제출)	표준세액공제 7만원 + ┌ (if) 사업소득 외 다른 소득 ○: 기부금세액공제 └ 의료비 · 교육비 · 월세세액공제 　　　↳ 표준세액공제와 중복적용 ×
기본공제 대상자 변동 시 공제방법		보험료세액공제, 의료비세액공제 및 교육비세액공제를 적용할 때 과세기간 종료일 이전에 혼인 · 이혼 · 별거 · 취업 등의 사유로 기본공제대상자에 해당되지 아니하게 되는 종전의 배우자 · 부양가족 · 장애인 또는 과세기간 종료일 현재 65세 이상인 사람을 위하여 이미 지급한 금액이 있는 경우에는 그 사유가 발생한 날까지 지급한 금액에 보험료세액공제율(12%), 의료비세액공제율(15%) 및 교육비세액공제율(15%)을 적용한 금액을 해당 과세기간의 종합소득 산출세액에서 공제함

구분		요건
성실사업자의 범위	「소득세법」상 성실사업자	① 카드가맹점에 가입할 것
		② 장부를 기장하며 그에 따라 소득금액을 계산하여 신고할 것
		③ 사업용 계좌를 사용하며 사용하여야 할 금액 중 미사용 금액이 3분의 1을 초과하지 않을 것
	「조세특례제한법」상 성실사업자	④ 해당 과세기간의 수입금액으로 신고한 금액이 직전 3개 과세기간의 연평균수입금액의 50%를 초과할 것
		⑤ 해당 과세기간 개시일 현재 2년 이상 계속하여 사업을 경영할 것
		⑥ 해당 과세기간의 법정신고 납부기한 종료일 현재 최근 3년간 조세범으로 처벌받은 일이 없을 것
		⑦ 해당 과세기간의 법정신고 납부기한 종료일 현재 체납세액이 없을 것
		⑧ 해당 과세기간의 법정신고 납부기한 종료일 현재 최근 3년간 세금계산서를 교부하지 아니하거나 허위로 교부하여 제출하지 않았을 것
		⑨ 해당 과세기간의 개시일 현재 직전 3개 과세기간에 대한 세무조사 결과 과소신고한 소득금액이 경정된 해당 과세기간 소득금액의 10% 미만일 것

(2) 보험료세액공제

구분	내용
공제대상자	해당 과세기간에 보장성보험계약에 따라 지급한 보험료가 있는 근로소득이 있는 거주자(일용근로자 제외)

구분		내용
공제대상 보험료	장애인전용 보장성 보험	① 기본공제대상자 중 장애인을 피보험자 또는 수익자로 하는 보험 → 장애인은 소득요건은 충족하여야 함 ② 보장성보험에 의한 보험료공제와 장애인전용보장성보험에 의한 보험료세액공제가 동시에 해당되는 경우에는 그 중 하나만을 선택하여 적용하여야 함
	일반 보험	① 만기환급금이 납입보험료를 초과하지 않는 보험(보장성보험) ② 기본공제대상자를 피보험자로 하는 보험을 말함. 따라서 피보험자는 연령요건과 소득요건을 모두 충족하여야 함 ③ 주택 임차보증금 반환 보증보험(보증대상 임차보증금이 3억원 이하인 경우)을 포함

구분			
세액공제액	구분	한도	공제율
	장애인전용보장성보험료	100만원	15%
	보장성보험료	100만원	12%

(3) 의료비세액공제

구분	내용
공제대상자	① 근로소득이 있는 거주자(일용근로자 제외) ② 「조세특례제한법」상 성실사업자, 성실신고확인대상 사업자(확인서 제출한 자)
지출대상자	기본공제대상자(나이 및 소득의 제한을 받지 않음)를 위하여 지출한 의료비

구분		내용
의료비	공제대상	해당 근로자가 직접 부담하는 다음 중 어느 하나에 해당하는 의료비(보험회사 등으로부터 지급받는 실손의료보험금은 제외) ① 진찰·진료·질병예방·정밀건강진단을 위한 의료기관지급비용 → 건강증진 아님 ② 노인장기요양급여 비용 중 실제 지출한 본인부담금 ③ 장애인활동지원급여 비용 중 실제 지출한 본인부담금 ④ 치료·요양을 위한 의약품 구입비용 ⑤ 장애인 보장구, 의료기기 구입·임차비 ⑥ 시력보정용 안경·콘택트렌즈 구입비(1인당 연 50만원 한도) ⑦ 보청기 구입비용 ⑧ 「노인장기요양보험법」에 따라 실제 지출한 본인 일부 부담금 ⑨ 산후조리원에 산후조리 및 요양의 대가로 지급하는 비용으로서 출산 1회당 200만원 이내의 금액 → 총급여액요건 폐지
	공제배제	① 미용·성형수술을 위한 비용 및 건강증진을 위한 의약품 구입비용 ② 국민건강보험공단으로부터 수령하는 '출산 전 진료비' ③ 사내복지기금으로부터 지급받은 의료비 ④ 「의료법」에 따른 의료기관에 해당하지 않는 곳에 지출한 비용 및 외국에 소재한 의료기관에 지출한 의료비 ⑤ 보험회사 등으로부터 지급받은 실손의료보험금

구분		의료비	세액공제대상	공제율
세액공제액	난임시술비	「모자보건법」에 따른 보조생식술에 소요되는 비용	난임시술비 – 일반의료비, 특정의료비, 미숙아의료비의 합계액이 총급여액의 3%에 미달하는 경우 그 미달액	30%
	미숙아 및 선천성 이상아 의료비	미숙아 및 선천성 이상아를 위하여 지출한 의료비	미숙아동 지출의료비 – 일반의료비와 특정의료비의 합계액이 총급여액의 3%에 미달하는 경우 그 미달액	20%
	특정의료비	본인, 과세기간 개시일 현재 6세 이하인 사람, 과세기간 종료일 현재 65세 이상인 사람, 장애인, 중증질환자, 희귀난치성질환자 또는 결핵환자	특정의료비 – 일반의료비가 총급여액의 3%에 미달하는 경우 그 미달액	15%
	일반의료비	기본공제대상자를 위하여 지출한 의료비(단, 특정의료비 및 미숙아의료비, 난임시술비 제외)	일반의료비 – 총급여액의 3% (공제대상 금액이 연 700만원을 초과하는 경우 연 700만원 한도)	

※ 성실사업자의 경우 총급여액 대신 사업소득금액으로 함

사례 1

근로소득자인 甲의 총급여액은 100,000,000이고 의료비 지출액은 다음과 같음

유형	지출액	대상액	공제율	세액공제액
난임시술비	5,000,000	5,000,000	30%	1,500,000
특정의료비	5,000,000	4,000,000	15%	600,000
일반의료비	2,000,000		15%	
합계	12,000,000	9,000,000*		2,100,000

* 적용대상액: 12,000,000 − 100,000,000 × 3% = 9,000,000

사례 2

근로소득자인 甲의 총급여액은 100,000,000이고 의료비 지출액은 다음과 같음

유형	지출액	대상액	공제율	세액공제액
난임시술비	5,000,000	5,000,000	30%	1,500,000
특정의료비	5,000,000	5,000,000	15%	750,000
일반의료비	12,000,000	7,000,000 (한도)	15%	1,050,000
합계	22,000,000	17,000,000		3,300,000

적용대상액: 22,000,000 − 100,000,000 × 3% = 19,000,000
(단, 일반한도액 700만원 적용됨)

해커스 세법엽답 1
제7장
제2편 소득세법

(4) 교육비세액공제

구분	내용	
공제대상자	① 근로소득이 있는 거주자(일용근로자 제외) ② 「조세특례제한법」상 성실사업자, 성실신고확인대상 사업자(확인서 제출한 자)	
공제대상 교육비	본인 교육비	다음 항목의 교육비는 본인을 위해 지출하는 것에 한하여 공제 가능함 ① 대학원의 1학기 이상에 해당하는 교육과정과 시간제 과정에 지급하는 교육비 ② 근로자직업능력개발훈련시설 수강료(사업자는 불가) ③ 학자금 대출 원리금상환액(연체이자, 감면·면제액 또는 생활비대출액은 제외)
	부양가족 교육비 (연령 제한 ×)	기본공제대상자(나이의 제한을 받지 아니함)인 배우자·직계비속·입양자·위탁아동·형제자매를 위하여 지출한 교육비 → 직계존속의 교육비는 제외 대학교, 학점인정기관, 평생교육시설, 유치원·초등학교·중학교·고등학교, 고등학교 졸업 이하의 학력이 인정되는 평생교육시설, 어린이집, 학원과 체육시설[초등학교 취학 전 아동이 학원이나 체육시설에서 월 단위로 실시하는 교수과정의 교습을 받는 경우에 한정]
	장애인 특수교육비 (연령, 소득 제한 ×)	기본공제대상자인 장애인(소득금액의 제한이 없음)을 위하여 지출한 장애인특수교육비(국가 또는 지방자치단체로부터 지원받는 금액은 제외) ① 사회복지시설, 보건복지부장관이 장애인 재활교육을 실시하는 기관으로 인정한 비영리법인 ② 장애인의 기능향상과 행동발달을 위한 발달재활서비스를 제공하는 기관으로서 지방자치단체가 지정한 기관 → 18세 미만인 사람만 해당 ③ 위 ①의 시설 또는 법인과 유사한 것으로서 외국에 있는 시설 또는 법인

교육비 범위	(아래 표 참조)

교육비 범위

구분	공제대상	비고
수업료	수업료·입학금·보육비용·수강료 및 그 밖의 공납금	어린이집 보육료 포함
대학입학 전형료	「고등교육법」에 따른 시험응시수수료 및 입학전형료	
급식비	학교, 유치원, 어린이집, 학원 및 체육시설(초등학교 취학 전 아동만 해당)에 지급한 급식비	
교과서 대금	학교에서 구입한 교과서 대금	초·중·고등학생만 해당
교복구입비	교복구입비용(학생 1명당 연 50만원 한도)	중·고등학생만 해당
방과후학교 수업료 및 도서구입비	「초·중등교육법」, 「유아교육법」, 「영유아보육법」에 따른 학교, 유치원, 어린이집, 학원 및 체육시설(초등학교 취학 전 아동만 해당)에서 실시하는 방과후학교의 수업료 및 특별활동비(도서구입비 포함)	학원수강료는 공제 ×
현장체험학습비	학교가 교육과정으로 실시하는 현장체험학습에 지출한 비용(학생 1명당 연 30만원 한도)	초·중·고등학생만 해당
학자금대출 원리금 상환액	거주자 본인의 학자금 대출(등록금 대출에 한함)의 원리금 상환에 지출한 교육비(연체이자 제외)	대출받은 본인이 상환 시 공제
국외교육비	외국유학비는 국외 소재 교육기관이 우리나라의 「초·중등교육법」 또는 「고등교육법」에 의한 학교에 해당하는 경우 공제함. 단, 취학 전 아동과 초·중학생의 경우에는 자비유학자격이 있거나 부양의무자와 국외 동거기간이 1년 이상이어야 함	고등학생 이상인 경우에는 교육기관만 요건충족하면 됨

세액공제액

구분	공제대상 교육비		공제율
본인	전액(한도 없음)	학자금 대출 원리금상환액 포함	15%
부양가족 1인당 (직계존속은 제외)	① 대학생: 900만원 ② 그 외: 300만원	학자금 대출을 받아 지급하는 교육비 제외	15%
장애인특수교육비	전액(한도 없음)		15%

공제대상 교육비 = 교육비 지출액 − 소득세·증여세가 비과세되는 학자금·장학금 수령액*

* 사내근로복지기금으로부터 수령한 교육비 및 재학 중인 학교로부터 받는 장학금 등

(5) 기부금세액공제

구분			내용
세액공제대상	사업소득만 있는 자	일반적인 경우	필요경비산입 → 세액공제 불가
		연말정산대상 사업자	기부금세액공제(추계방식으로 소득계산하기 때문임)
	사업소득 + 그 밖의 종합소득		필요경비산입 또는 세액공제(단, 필요경비산입한 기부금은 제외함)
	사업소득이 없는 자		기부금세액공제
지출대상자	사업자 본인, 기본공제대상자인 배우자 및 부양가족(나이의 제한을 받지 않음)의 기부금은 합산함. 단, 정치자금과 우리사주조합기부금은 본인 명의로 지출한 것만 인정됨		
기부금의 구분	정치자금 기부금		정당(후원회 및 선거관리위원회 포함)에 기부한 정치자금 중 10만원까지는 그 기부금액의 100/110을 세액공제하고, 10만원 초과액은 특례기부금으로 취급함
	특례기부금		① 「법인세법」에 따른 기부금 ② 특별재난지역에 제공한 자원봉사용역 → p.2-59 참고
	우리사주 조합기부금		우리사주조합원이 아닌 자의 우리사주조합에 대한 기부금
	일반기부금		① 「법인세법」상 일반기부금 ② 노동조합비, 공무원직장협의회 ③ 사회환원기부신탁(신탁재산이 공익법인 등에 기부될 것을 조건으로 하는 신탁)
세액공제액	(기부금한도 내 지출액 − 필요경비산입한 기부금) × 15%(1천만원 초과분 30%)		
기부금한도액	특례기부금		기준소득금액* × 100% * 기준소득금액 = 종합소득금액 + 필요경비산입 기부금 − 원천징수세율 금융소득금액
	우리사주 조합기부금		(기준소득금액 − 정치자금기부금 공제액 − 특례기부금 공제액) × 30%
기부금한도액	일반기부금		① 종교단체기부금이 없는 경우 (기준소득금액 − 정치자금기부금 − 특례기부금 − 우리사주조합기부금) × 30% ② 종교단체기부금이 있는 경우 (기준소득금액 − 정치자금기부금 − 특례기부금 − 우리사주조합기부금) × 10% + Min[(기준소득금액 − 정치자금 − 특례 − 우리사주) × 20%, 종교단체 외 일반기부금]
세액공제 한도액	종합소득산출세액 × $(1 - \dfrac{사업소득금액}{종합소득금액})$ → (if) 필요경비에 산입한 기부금 有		

사례

① 기부금 지출내역
  ㉠ 사립대학 시설비: 30,000,000
  ㉡ 종교단체에 지출한 기부금: 8,000,000
  ㉢ 실비 이용가능한 장애인 복지시설에 지출한 기부금: 10,000,000
② 종합소득신고내역
  ㉠ 근로소득금액   40,000,000
  ㉡ 사업소득금액   30,000,000
  ㉢ 필요경비산입 기부금   15,000,000
  ㉣ 종합소득공제   5,000,000
  ㉤ 종합소득산출세액   9,840,000

① 기준소득금액
  = 70,000,000 + 15,000,000(필요경비산입 기부금) = 85,000,000
② 기부금 공제액

기부금 내역	지출액(A)	한도(B)	공제대상금액 Min[A, B]
사립대학 시설비	30,000,000	85,000,000 × 100%	30,000,000
종교단체	8,000,000	(85,000,000 − 30,000,000) × 10% + Min[55,000,000 × 20%, 10,000,000]	15,500,000
장애인 복지시설	10,000,000		
필요경비산입 기부금			(−)15,000,000
합계	48,000,000		30,500,000

③ 기부금세액공제액: Min[(1), (2)] = 5,622,857
  (1) $10,000,000 \times 15\% + 20,000,000 \times 30\% + 500,000 \times 40\% = 7,700,000$

  (2) 한도액: $9,840,000 \times (1 - \dfrac{30,000,000}{70,000,000}) = 5,622,857$

3. 「조세특례제한법」상 세액공제

(1) 월세액 세액공제

구분	내용
대상자	① 근로소득이 있는 거주자로서 주택을 소유하지 않은 세대의 세대주일 것(세대주가 주택자금공제를 받지 않는 경우에는 세대원이 세액공제 적용 가능) → 성실사업자 및 일정 요건을 갖춘 외국인 포함 ② 총급여액이 8,000만원 이하일 것. 단, 총급여액이 8,000만원 이하인 경우라도 종합소득금액이 7,000만원을 초과하는 경우는 제외함
임차주택	① 국민주택규모 이하의 주택 ② 오피스텔 및 고시원 포함 ③ 거주자의 배우자 또는 부양가족이 계약한 것도 포함
월세액	$$\text{임차기간 중 지급하는 월세액의 합계액} \times \frac{\text{해당 과세기간의 임차일수}}{\text{임대차계약일수}}$$

세액공제액

$$\text{세액공제액} = Min[\text{월세액, 1천만원}] \times 15\%(17\%)$$

근로소득자		성실사업자	
총급여액 5,500만원 (& 종합소득금액 4,500만원)	┌ 이하: 17% └ 초과: 15%	종합소득금액	┌ 7,000만원 이하: 15% └ 4,500만원 이하: 17%

예 총급여액 40,000,000원, 종합소득금액 50,000,000원인 거주자의 월세세액공제율 → 15%

비교

(단위: 만원)

총급여	종합소득	부녀자 공제	청약 저축	신용카드 (도서 등)	연금계좌 세액공제	월세 세액공제
초과	초과	×	×	×	15%	×
8,000 ↓	7,000 ↓					15%
7,000 ↓	−					
5,500 ↓	4,500 ↓		O	O	17%	17%
−	3,000 ↓	O				
미만	미만					

↓: 이하임

(2) 기타 「조세특례제한법」상 세액공제

구분	내용			이월공제
정치자금 세액공제	사업소득이 없는 자	10만원 이하	100/110	×
		10만원 초과	15%(3,000만원 초과 시 25%)	
	사업소득이 있는 자	10만원 이하	100/110	
		10만원 초과	이월결손금을 뺀 후의 소득금액의 범위에서 필요경비에 산입함	
고향사랑기부금 세액공제	사업소득이 없는 자	10만원 이하	100/110	×
		10만원 초과	10만원 × 100/110 + (2,000만원까 지의 기부금 − 10만원) × 15% 개정 → 한도초과분은 세액공제하지 아니함	
	사업소득이 있는 자	10만원 이하	100/110	
		10만원 초과	이월결손금을 뺀 후의 소득금액의 범위에서 필요경비에 산입함 → 한 도초과분은 필요경비 산입하지 아니함	
현금영수증 발급 세액공제	거래건별 5천원 미만의 거래에 한하여 현금영수증을 발급하는 경우 현 금영수증 발급건수에 20원을 곱한 금액을 세액공제(산출세액 한도)			×
성실신고확인비용 세액공제	Min ┌ ① 성실신고확인에 직접 사용한 비용 × 60% └ ② 120만원			5년
혼인에 대한 세액공제 신설	혼인신고를 한 날이 속하는 과세기간의 종합소득산출세액에서 50만원 공제 → 생애 1회만 적용(전에 공제받지 않은 경우 재혼도 가능)			×

03 세액감면

구분	내용
세액감면 계산구조	$$\text{세액감면} = \text{산출세액} \times \frac{\text{감면대상 소득금액}}{\text{종합소득금액}} \times \text{감면율}$$

<table>
<tr><td rowspan="3">「소득세법」상
세액감면</td><td colspan="3">

구분	감면율	내용
근로소득에 대한 세액감면	100%	정부 간의 협약에 의하여 우리나라에 파견된 외국인이 그 쌍방 또는 일방 당사국의 정부로부터 받는 근로소득이 있는 경우에는 세액감면을 적용함
사업소득에 대한 세액감면	100%	비거주자와 거주자 중 대한민국의 국적을 가지지 아니한 자가 선박·항공기의 외국항행사업으로부터 얻은 소득이 있는 경우에는 세액감면을 적용함

</td></tr>
</table>

구분	내용
적용순서	세액감면과 세액공제가 적용되는 경우의 적용순서는 다음과 같음 ① 세액감면 → ② 이월공제가 인정되지 않는 세액공제 → ③ 이월공제가 인정되는 세액공제 → 세액감면은 이월공제되지 않으므로 세액감면부터 적용함 → 당해 과세기간에 발생한 세액공제액과 이월된 세액공제가 함께 있는 경우에는 이월된 세액공제를 먼저 적용함. 이월된 세액공제도 먼저 발생한 세액공제액을 먼저 적용함

구분		내용
세액공제 한도	근로소득에 대한 산출세액 한도	보험료세액공제, 의료비세액공제, 교육비세액공제 및 월세세액공제의 합계액이 해당 과세기간의 근로소득에 대한 종합소득산출세액을 초과하는 경우 그 초과하는 금액은 없는 것으로 함 **사례** 종합소득산출세액 600만원, 근로소득금액 3천만원, 종합소득금액 6천만원, 교육비세액공제 200만원, 의료비세액공제 200만원인 경우 → 근로소득산출세액 300만원(= 600만원 × 50%)을 초과하는 금액은 세액공제할 수 없으므로 세액공제 한도액은 300만원임
	원천징수세율 적용분에 대한 산출세액 한도	자녀세액공제액, 연금계좌세액공제액, 특별세액공제액, 정치자금세액공제액, 우리사주조합기부금세액공제액 및 고향사랑기부금세액공제액의 합계액이 해당 과세기간의 다음의 공제기준 산출세액을 초과하는 경우 그 초과하는 금액은 없는 것으로 함 $$\frac{\text{공제기준}}{\text{산출세액}} = \frac{\text{종합소득}}{\text{산출세액}} - \frac{\text{종합소득}}{\text{산출세액}} \times \frac{\text{원천징수세율 적용 금융소득}}{\text{종합소득금액}}$$ **사례** 종합소득산출세액 300만원, 원천징수세율 적용 금융소득에 대한 종합소득산출세액 30만원, 자녀세액공제 25만원, 연금계좌세액공제 30만원, 특별세액공제(의료비세액공제 100만원, 교육비세액공제 55만원, 기부금세액공제 100만원) 세액공제 270만원 → 자녀세액공제 25만원, 연금계좌세액공제 30만원, 의료비세액공제 100만원, 교육비세액공제 55만원, 기부금세액공제 60만원(∴ 40만원 이월공제 가능) └ 300만원 − 30만원

04 최저한세

구분	내용
의의	사업소득에 대한 소득세를 계산할 때 최저한세 적용대상 조세감면 등을 적용받은 후의 세액(감면 후 세액)이 최저한세에 미달하는 경우 그 미달액에 대하여는 조세특례를 배제함
최저한세	Max[①, ②] ① 감면 후 사업소득에 대한 세액 ② 감면 전 사업소득에 대한 산출세액 × 35%(산출세액 3,000만원 초과분은 45%)
감면 전 사업소득 산출세액	① 감면 전 과세표준 = 감면 후 종합소득과세표준 + 최저한세대상 필요경비산입 및 소득공제 ② 감면 전 과세표준에 대한 산출세액 $\quad$ = 감면 전 과세표준에 대한 산출세액 × $\dfrac{\text{사업소득금액(감면 전)}}{\text{종합소득금액(감면 전)}}$
적용대상 소득공제	① 소기업·소상공인 공제부금에 대한 소득공제 ② 벤처투자조합 출자 등에 대한 소득공제
적용대상 세액공제	① 성실사업자 등에 대한 의료비, 교육비, 월세세액공제 ② 투자세액공제 등(「조세특례제한법」상 세액공제)
사례	① 사업소득금액(종합소득금액) $\qquad$ 60,000,000원 ② 소기업·소상공인 공제부금 소득공제 $\qquad$ 2,000,000원 ③ 사업소득(종합소득)과세표준 $\qquad$ 50,000,000원 ④ 사업소득(종합소득)에 대한 산출세액 $\qquad$ 6,240,000원 ⑤ 통합투자세액공제 $\qquad$ 4,000,000원 [1] 감면 후 사업소득에 대한 세액 $\quad$ 6,240,000 − 4,000,000 = 2,240,000 [2] 최저한세 $\quad$ [(50,000,000 + <u>2,000,000</u>) × 기본세율] × 35% = 2,352,000 $\qquad\qquad$ └, 감면배제

회계사 · 세무사 · 경영지도사 단번에 합격!
해커스 경영아카데미 cpa.Hackers.com

제 8 장

퇴직소득

8 퇴직소득

01 퇴직소득의 범위

구분	내용
퇴직소득	퇴직소득은 해당 과세기간에 발생한 다음의 소득으로 함 ① 공적연금 관련 법에 따라 받는 일시금 ② 사용자 부담금을 기초로 하여 현실적인 퇴직을 원인으로 지급받는 소득 ③ 그 밖에 위 ① 및 ②와 유사한 다음의 소득 　㉠ 공적연금 일시금을 지급하는 자가 퇴직소득의 일부 또는 전부를 지연하여 지급하면서 지연지급에 대한 이자를 함께 지급하는 경우 해당 이자 　㉡ 「과학기술인공제회법」에 따라 지급받는 과학기술발전장려금 　㉢ 「건설근로자의 고용개선 등에 관한 법률」에 따라 지급받는 퇴직공제금 　㉣ 종교 관련 종사자가 현실적인 퇴직을 원인으로 종교단체로부터 지급받는 소득
공적연금	2002. 1. 1. 이후에 납입된 연금기여금 및 사용자부담금을 기초로 하거나 그 이후 제공된 근로에 기초하여 지급된 것에 한함. 과세대상 일시금은 다음과 같음 ① 국민연금 일시금 Min[㉠, ㉡] − 과세 제외 기여금 ㉠ 과세기준일 이후 납입한 연금보험료의 누계액과 이에 대한 (가산)이자의 합계 ㉡ (실제 지급받은 일시금 − 과세기준일 이전 납입한 연금보험료) → 손해가 발생한 경우 ② 국민연금 외 일시금 과세기간 일시금 수령액 × $\dfrac{\text{과세기준일 이후 기여금 납입월수}}{\text{총 기여금 납입월수}}$

사용자 부담금으로 퇴직금 지급	퇴직소득은 근로자가 현실적인 퇴직을 원인으로 지급받은 소득을 말함. 다만, 퇴직의 판정과 관련하여 다음의 특례가 있음	
	현실적 퇴직이지만 퇴직으로 보지 않는 경우 → 퇴직급여를 실제로 받지 않은 경우는 퇴직으로 보지 않을 수 있음	현실적 퇴직은 아니지만 퇴직으로 보는 경우 → 계속근로기간 중에 퇴직급여를 미리 지급받은 경우에는 그 지급받은 날에 퇴직한 것으로 봄(임원 포함)
	① 종업원이 임원이 된 경우 ② 합병·분할 등 조직변경, 사업양도, 직·간접으로 출자관계에 있는 법인으로의 전출 또는 동일한 사업자가 경영하는 다른 사업장으로의 전출이 이루어진 경우 ③ 법인의 상근임원이 비상근임원이 된 경우 ④ 비정규직 근로자(기간제근로자 또는 단시간근로자를 말함)가 정규직 근로자로 전환된 경우	① 「근로자퇴직급여 보장법」상 중간정산사유가 있는 경우 ② 「근로자퇴직급여 보장법」에 따라 퇴직연금제도가 폐지되는 경우

퇴직위로금 퇴직공로금 (명예퇴직수당)	사용인	현실적인 퇴직을 원인으로 지급하는 것은 퇴직소득에 해당함(한도초과금액도 퇴직소득에 포함)
	임원	① 정관 등에 퇴직금지급규정이 있는 경우: 현실적인 퇴직을 원인으로 지급하는 퇴직금에 해당함(단, 임원퇴직금 한도금액 범위 내에서만 퇴직소득으로 인정됨) ② 정관 등에 퇴직금지급규정이 없는 경우: 근로소득에 해당함

02 임원퇴직금

구분	내용
연혁	① 근로소득에 비해 조세부담이 적은 퇴직소득을 과도하게 적립하여 지급하는 방법으로 조세회피하는 사례를 방지하기 위하여 아래 한도액을 초과하는 경우에는 그 초과액을 근로소득으로 보도록 2012년 개정하였음 ② 다만, 2011. 12. 31.까지 발생한 퇴직금에 대해서는 종전의 규정을 따르고, 그 이후로 발생한 퇴직소득분부터 적용함 ③ 2020. 1. 1. 이후 근무기간분에 대해서는 퇴직소득범위를 축소하여 2012. 1. 1.부터 2019. 12. 31.까지 근속기간의 퇴직소득범위와 차등을 둠
과세구조	 * 법인의 퇴직금지급규정이 있는 경우에는 퇴직금지급규정을 초과한 금액을 말하고, 퇴직금지급규정이 없는 경우에는 「법인세법」상 법정한도액(총급여액 × 근속연수 × 10%)을 초과한 금액을 말함

구분	내용

임원퇴직
소득금액
	① 2011. 12. 31.까지의 퇴직급여 + ② 임원퇴직소득금액 한도액
	
	① 2011. 12. 31.까지의 퇴직급여 = Max[㉠, ㉡]
	
	  ㉠ 2011년 12월 31일에 정관 등에 임원퇴직금지급규정이 있는 법인의 경우 그 규정에 따른 금액
	
	  ㉡ 퇴직소득금액 × $\dfrac{\text{2011년 12월 31일 이전 근무기간 월수}}{\text{전체 근무기간 월수}}$
	
	② 임원퇴직소득금액 한도액
	
	$$\begin{array}{l}\text{2019년 12월 31일부터} \\ \text{소급하여 3년 동안 지급받은} \times \dfrac{\text{2012. 1. 1.} \sim \text{2019. 12. 31. 근무월수}}{12} \times 30\% \\ \text{총급여의 연평균환산액} \\[2mm] +\ \text{퇴직한 날부터 소급하여 3년 동안} \times \dfrac{\text{2020. 1. 1.} \sim \text{퇴직일 근무월수}}{12} \times 20\% \\ \text{지급받은 총급여의 연평균환산액} \end{array}$$
	
	㉠ 근무기간은 월수로 계산하며, 1개월 미만의 기간이 있는 경우에는 1개월로 봄 → 절상
	  [비교] 「법인세법」상 임원퇴직금한도 계산 시에는 1개월 미만 절사
	㉡ 총급여액(비과세급여 제외)에 다음의 급여는 포함하지 않음
	
	  ⓐ 인정상여
	  ⓑ 퇴직함으로써 받는 소득으로서 퇴직소득에 속하지 않는 소득
	  ⓒ 직무발명보상금
	
	㉢ 총급여에는 근무기간 중 해외현지법인에 파견되어 국외에서 지급받는 급여를 포함. 다만, 정관 또는 정관의 위임에 따른 임원의 급여지급 규정이 있는 법인의 주거보조비, 교육비수당, 해외체재비 등과 유사한 급여로서 해당 임원이 국내에서 근무할 경우 국내에서 지급받는 금액을 초과해 받는 금액은 제외함

03 퇴직소득 수입시기

구분	수입시기
일반적인 경우	퇴직한 날
공적연금 관련 법 중 「국민연금법」에 따른 일시금과 「건설근로자의 고용개선 등에 관한 법률」에 따른 퇴직공제금	소득을 지급받는 날 (분할하여 지급받는 경우에는 최초로 지급받는 날)

04 퇴직소득세 계산

구분	내용
계산구조	환산급여 … (퇴직소득금액 − 근속연수공제) × $\dfrac{12}{근속연수}$ (−) 환산급여공제 … 차등공제 　　<u>과세표준</u> (×) 세율 　　<u>산출세액</u> … 퇴직소득과세표준 × 세율 × $\dfrac{근속연수}{12}$ (−) 외국납부세액공제 … 국외원천퇴직소득이 있는 경우(이월공제 ×) 　　<u>퇴직소득 결정세액</u>
근속연수공제	<table><tr><th>근속연수</th><th>공제액</th></tr><tr><td>5년 이하</td><td>100만원 × 근속연수</td></tr><tr><td>5년 초과 10년 이하</td><td>500만원 + 200만원 × (근속연수 − 5년)</td></tr><tr><td>10년 초과 20년 이하</td><td>1,500만원 + 250만원 × (근속연수 − 10년)</td></tr><tr><td>20년 초과</td><td>4,000만원 + 300만원 × (근속연수 − 20년)</td></tr></table> → 근속연수 계산 시 1년 미만의 기간이 있는 경우에는 이를 1년으로 봄
환산급여공제	<table><tr><th>환산급여</th><th>차등공제액</th></tr><tr><td>800만원 이하</td><td>환산급여의 100%</td></tr><tr><td>800만원 초과 7,000만원 이하</td><td>800만원 + (800만원 초과분 × 60%)</td></tr><tr><td>7,000만원 초과 1억원 이하</td><td>4,520만원 + (7,000만원 초과분 × 55%)</td></tr><tr><td>1억원 초과 3억원 이하</td><td>6,170만원 + (1억원 초과분 × 45%)</td></tr><tr><td>3억원 초과</td><td>1억 5,170만원 + (3억원 초과분 × 35%)</td></tr></table>
사례	×1년 7월 1일부터 ×5년 9월 30일까지 근무하고 퇴사하면서 퇴직금 35,000,000원 수령한 경우 퇴직소득산출세액 <table><tr><th>구분</th><th>금액</th><th>계산근거</th></tr><tr><td>환산급여</td><td>72,000,000</td><td>(35,000,000 − 5,000,000) × 12/5</td></tr><tr><td>환산급여공제</td><td>46,300,000</td><td>45,200,000 + (72,000,000 − 70,000,000) × 55%</td></tr><tr><td>퇴직소득과세표준</td><td>25,700,000</td><td>72,000,000 − 46,300,000</td></tr><tr><td>산출세액</td><td>1,081,250</td><td>25,700,000 × 기본세율 × 5/12</td></tr></table> 근속연수: 5년 → 근속연수를 계산할 때 1년 미만의 기간이 있는 경우 이를 1년으로 봄

05 퇴직소득 과세이연 및 원천징수

구분	내용
과세이연	거주자가 퇴직하는 시점에서 퇴직소득의 납세의무가 성립하고 그 세액까지 산출되지만 다음의 경우에는 추후 연금외수령하기 전까지는 원천징수하지 않음. 이 경우 이미 소득세가 원천징수된 경우 환급신청이 가능함 ① 퇴직일 현재 연금계좌에 있거나 연금계좌로 지급되는 경우 ② 지급받은 날로부터 60일 이내 연금계좌에 입금되는 경우
과세이연 후 원천징수	과세이연된 퇴직소득을 추후 수령하는 경우 연금수령하면 연금소득으로 과세하고 이연퇴직소득세의 70%(60%)를 원천징수하는 것으로 과세종결함(분리과세). 만약, 연금외수령하는 경우에는 퇴직소득으로 과세하고 이연퇴직소득세를 전부 원천징수함
사례	① 이연퇴직소득세 　퇴직소득　　　　　　　　　100,000,000원(산출세액 8,000,000) 　• 즉시 수령　　　　　　　　20,000,000원 　• 연금계좌이체　　　　　　　80,000,000원 　이연퇴직소득세 $= 8,000,000 \times \dfrac{80,000,000}{100,000,000} = 6,400,000$ ② 추후 수령 시 원천징수 　㉠ 10,000,000원을 연금수령 $$6,400,000 \times \dfrac{10,000,000}{80,000,000} \times 70\% = 560,000$$ 　㉡ 10,000,000원을 연금외수령 $$6,400,000 \times \dfrac{10,000,000}{80,000,000} = 800,000$$

퇴직소득세 정산	정산사유	퇴직자가 퇴직소득을 지급받을 때 이미 지급받은 다음의 퇴직소득에 대한 원천징수 영수증을 원천징수의무자에게 제출하는 경우 원천징수의무자는 퇴직자에게 이미 지급 된 퇴직소득과 자기가 지급할 퇴직소득을 합계한 금액에 대하여 정산한 소득세를 원 천징수하여야 함 ① 해당 과세기간에 이미 지급받은 퇴직소득 ② 하나의 근로계약에서 이미 지급받은 퇴직소득
	정산 퇴직소득세	정산 퇴직소득세 = ① - ② ① [이미 지급된 퇴직소득 + 자기가 지급할 퇴직소득]에 대한 퇴직소득세액 ② 이미 지급된 퇴직소득에 대한 퇴직소득세액 [근속연수 계산] A사 근무 ─── 1/1 ─── 12/31 B사 근무 총 근속연수

확정신고		① 해당 과세기간의 퇴직소득금액이 있는 거주자는 퇴직소득과세표준을 그 과세기간의 다음연도
		   5. 1.부터 5. 31.까지 납세지 관할 세무서장에게 신고하여야 함
		② 퇴직소득은 종합소득에 합산하지 않고 별도로 분류과세함
		③ 퇴직소득에 대한 원천징수 규정에 따라 소득세를 납부한 자에 대해서는 과세표준확정신고의무
		   를 면제함

회계사·세무사·경영지도사 단번에 합격!
해커스 경영아카데미 cpa.Hackers.com

제**9**장

양도소득세

9 양도소득세

01 양도의 개념

(1) 용어의 정의

구분	내용
양도	양도란 자산에 대한 등기 또는 등록과 관계없이 매도, 교환, 법인에 대한 현물출자 등을 통하여 그 자산을 유상으로 사실상 이전하는 것을 말함. 이 경우 부담부증여 시 수증자가 부담하는 채무액에 해당하는 부분은 양도로 봄
주식 등	주식 또는 출자지분을 말하며, 신주인수권과 대통령령으로 정하는 증권예탁증권을 포함함
실지거래가액	자산의 양도 또는 취득 당시에 양도자와 양수자가 실제로 거래한 가액으로서 해당 자산의 양도 또는 취득과 대가관계에 있는 금전과 그 밖의 재산가액을 말함
1세대	1세대란 거주자 및 그 배우자(법률상 이혼을 하였으나 생계를 같이하는 등 사실상 이혼한 것으로 보기 어려운 관계에 있는 사람을 포함)가 그들과 같은 주소 또는 거소에서 생계를 같이 하는 자와 함께 구성하는 가족단위를 말함. 다만, 일정한 요건을 충족하는 경우에는 배우자가 없어도 1세대로 봄
주택	주택이란 허가 여부나 공부상의 용도 구분과 관계없이 세대의 구성원이 독립된 주거생활을 할 수 있는 구조를 갖추어 사실상 주거용으로 사용하는 건물을 말함. 이 경우 그 용도가 분명하지 아니하면 공부상의 용도에 따름 → 출입구, 취사시설, 욕실이 각 세대별 별도 설치
조합원입주권	조합원입주권이란 「도시 및 주거환경정비법」에 따른 관리처분계획의 인가 및 「빈집 및 소규모주택 정비에 관한 특례법」에 따른 사업시행계획인가로 인하여 취득한 입주자로 선정된 지위를 말함. 이 경우 「도시 및 주거환경정비법」에 따른 재건축사업 또는 재개발사업, 「빈집 및 소규모주택 정비에 관한 특례법」에 따른 소규모재건축사업을 시행하는 정비사업조합의 조합원으로서 취득한 것(그 조합원으로부터 취득한 것을 포함)으로 한정하며, 이에 딸린 토지를 포함함
분양권	분양권이란 「주택법」 등 법률에 따른 주택에 대한 공급계약을 통하여 주택을 공급받는 자로 선정된 지위(해당 지위를 매매 또는 증여 등의 방법으로 취득한 것을 포함)를 말함

(2) 양도로 보는 경우

구분	내용
대물변제	① 채무변제로 양도소득세 과세대상 물건을 이전하는 것은 양도에 해당함 ② 이혼 시 위자료를 양도소득세 과세대상자산으로 지급하는 것은 대물변제에 해당하여 양도에 해당함
현물출자	양도소득세 과세대상자산을 현물출자하고 그 반대급부로 주식을 이전받는 것은 양도에 해당함
공동사업 현물출자	공동사업에 양도소득세 과세대상자산을 현물출자하고 그 반대급부로 조합원의 지위를 얻은 것은 양도에 해당함
기타	경매·공매, 물납, 수용

(3) 양도로 보지 않는 경우

구분	내용
양도담보	① 채무자가 양도담보계약에 따라 소유권이전등기하는 경우는 양도로 보지 아니함(∵ 실질 과세의 원칙상 경제적인 측면에서 양수인에게 소유권이 귀속되지 않음) → 양도담보계약서의 사본을 과세표준확정신고서에 첨부하여 신고 ② 다만, 양도담보계약을 체결한 후 그 계약을 위배하거나 채무불이행으로 인하여 해당 자산을 변제에 충당한 때에는 이를 양도한 것으로 봄
공유물 분할	공동소유의 토지를 소유지분별로 단순히 분할하거나 공유자지분 변경 없이 2개 이상의 공유토지로 분할하였다가 그 공유토지를 소유지분별로 단순히 재분할하는 경우에는 양도로 보지 아니함
환지처분 보류지 충당	「도시개발법」 또는 기타 법률에 의한 환지처분으로 지목 또는 지번이 변경되거나 보류지로 충당되는 경우 유상양도에 해당함에도 환지사업의 원활한 시행 등을 위하여 양도로 보지 않음
토지경계 변경을 위한 토지 교환	토지 이용상 불합리한 지상 경계를 합리적으로 바꾸기 위하여 「공간정보의 구축 및 관리 등에 관한 법률」이나 그 밖의 법률에 따라 토지를 분할하여 교환할 것은 양도로 보지 않음. 단, 분할된 토지의 전체 면적이 분할 전 토지의 전체 면적의 20%를 초과하지 아니하여야 함 → p.2-169 비교
신탁설정	위탁자와 수탁자 간 신임관계에 기하여 위탁자의 자산에 신탁이 설정되고 그 신탁재산의 소유권이 수탁자에게 이전된 경우로서 위탁자가 신탁 설정을 해지하거나 신탁의 수익자를 변경할 수 있는 등 신탁재산을 실질적으로 지배하고 소유하는 것으로 볼 수 있는 경우는 양도로 보지 않음
명의신탁해지	법원의 확정판결에 의하여 신탁해지를 원인으로 소유권이전등기를 하는 경우는 양도로 보지 아니함
매매원인무효로 자산 이전	매매원인무효의 소에 의하여 그 매매사실이 원인무효로 판시되어 소유권이 환원되는 경우는 양도로 보지 아니함
어음부도로 계약 해지	소유권이전등기가 완료되지 않은 상태에서 매매대금의 일부로 받은 어음이 부도 처리되어 당초 계약이 해지된 경우는 양도로 보지 아니함
본인 소유재산을 재취득	본인 소유자산을 경매 등으로 자기가 재취득하는 경우는 양도로 보지 아니함 → 소유권 이전이 없는 것으로 봄
재산분할 청구권 행사	혼인 중에 형성된 실질적인 부부공동재산을 재산분할 청구권의 행사에 따라 소유권이 이전되는 경우는 양도로 보지 아니함
토지거래허가 구역에서의 무효인 거래	① 토지거래허가를 받지 아니하여 무효인 경우에는 양도로 보지 아니함 ② 그러나, 토지거래허가구역 내의 토지를 허가 없이 매도한 경우 그 매매계약 및 전매계약이 무효라고 하더라도 소유권이전등기가 말소되지 아니한 채 남아 있고 매매대금도 매수인 또는 제3자에게 반환되지 아니한 채 그대로 보유하고 있는 때에는 예외적으로 매도인 등에게 양도소득세를 과세할 수 있음

02 양도소득 과세대상자산과 세율 → 이 경우 하나의 자산이 다음의 세율 중 둘 이상에 해당할 때에는 해당 세율을 적용하여 계산한 양도소득산출세액 중 큰 것을 그 세액으로 함

1. 토지, 건물, 부동산에 관한 권리, 기타자산 [1그룹]

구분		내용
토지와 건물		토지는 「공간정보의 구축 및 관리 등에 관한 법률」에 따라 지적공부에 등록하여야 할 지목에 해당하는 것이고, 건물에는 건물에 부속된 시설물과 구축물을 포함함

부동산에 관한 권리		① 부동산을 취득할 수 있는 권리
		
		  ⊙ 건물이 완성되는 때에 그 건물과 이에 부수되는 토지를 취득할 수 있는 권리(아파트당첨권 등)
		  ⓒ 지방자치단체·한국토지주택공사가 발행하는 토지상환채권 및 주택상환사채
		  ⓒ 부동산매매계약을 체결한 자가 계약금만 지급한 상태에서 양도하는 권리
		
		② 지상권(미등기 포함)
		③ 전세권(미등기 포함)
		④ 등기된 부동산 임차권
		[참고] 지역권은 양도 불가한 자산임 → 토지와 분리하여 양도 불가

기타자산	영업권	사업에 사용하는 자산(토지, 건물, 부동산에 관한 권리)과 영업권을 함께 양도하는 경우 [비교] 사업에 사용하는 자산과 함께 양도하지 않는 영업권은 기타소득으로 과세
	특정시설물 이용권	이용권·회원권, 그 밖에 그 명칭과 관계없이 시설물을 배타적으로 이용하거나 일반이용자보다 유리한 조건으로 이용할 수 있도록 약정한 단체의 구성원이 된 자에게 부여되는 시설물 이용권(법인의 주식 등을 소유하는 것만으로 시설물을 배타적으로 이용하거나 일반이용자보다 유리한 조건으로 시설물 이용권을 부여받게 되는 경우 그 주식 등을 포함) [예] 골프회원권, 헬스클럽회원권, 콘도미니엄회원권
	특정주식	(아래 표)
	이축권	토지 및 건물과 함께 양도하는 이축권. 다만, 감정평가업자가 해당 이축권 가액을 감정평가한 가액을 별도로 신고한 경우 그 가액은 기타소득으로 과세함

특정주식 세부 내용:

구분	특정주식 A	특정주식 B
업종	모든 업종	골프장, 스키장 등 특정업종
부동산 비율	50% 이상	80% 이상
주식 비율	50% 초과(과점주주)	제한 없음
양도 비율	3년간 소급하여 50% 이상을 과점주주 외의 자에게 양도	제한 없음 (1주만 양도해도 과세)

과점주주를 중간에 끼워 넣는 방법으로 누진세율을 회피하는 것을 방지하기 위해 과점주주가 다른 과점주주에게 양도한 후 다시 과점주주 외의 자에게 양도한 경우에도 과점주주 간 양도에 대해 누진세율을 적용함
[예] 甲이 乙에게 1차 양도하면서 양도차익 10억원, 乙이 다시 丙에게 양도하면서 양도차익 0인 경우 甲이 乙에게 양도한 것에 대해서도 누진세율 적용함. 단, 甲과 乙만 과점주주에 해당함

적용세율	원칙	기본세율(6% ~ 45%)		
	미등기자산	70%		
	분양권	60%(보유기간 1년 미만은 70%)		
	단기보유자산	보유 기간	원칙	주택·조합원입주권(분양권)
		1년 미만	50%	70%
		1년 이상 2년 미만	40%	60%
	비사업용 토지	비사업용 토지 및 비사업용 토지 과다보유법인주식 기본세율 + 10%(지정지역 20%)		
	비교과세	양도소득세 세율 중 둘 이상에 해당할 때에는 해당 세율을 적용하여 계산한 양도소득산출세액 중 큰 것을 그 세액으로 함 **예** 한 과세기간에 세율이 다른 둘 이상의 자산을 양도할 경우 Max ┌ ① 각 자산별 세율로 계산한 산출세액의 합계 └ ② 각 자산의 양도소득 과세표준 합계액 × 기본세율		

2. 주식 및 출자지분(신주인수권, 증권예탁증권 포함) [2그룹]

구분		내용		
상장주식	장내거래	대주주가 양도하는 경우(주식의 포괄적 교환·이전은 제외)		
		구분	지분율	보유금액
		코스피	1% 이상	종목별로 50억원 이상
		코스닥	2% 이상	
		코넥스	4% 이상	
		① 최대주주에 한하여 특수관계인의 지분을 합산함 ② 직전 사업연도 종료일 현재 지분율이 대주주 기준에 미달하더라도 그 후 주식을 취득함으로써 대주주에 해당하면 대주주로 봄 ③ 대차주식은 대여자의 주식으로 봄		
	장외거래	유가증권·코스닥·코넥스 시장 외에서 장외거래하는 경우		
비상장주식		대주주가 아닌 자가 한국금융투자협회 장외시장(K-OTC)에서 양도하는 중소기업·중견기업 주식은 과세 제외		
국외주식		외국법인이 발행하였거나 외국에 있는 시장에 상장된 주식 등의 양도 → 국외주식 양도로 인하여 발생한 양도차손은 다른 과세대상 주식의 양도차익에서 공제 가능		

구분	내용				
적용세율	중소기업		대주주 (과세표준 3억원 이하)		25% (20%)
			대주주 외		10%
	비중소기업	대주주	1년 미만 보유		30%
			1년 이상 보유	과세표준 3억원 이하	20%
				과세표준 3억원 초과	25%
			대주주 외		20%
	국외주식		모든 주식 (중소기업)		20% (10%)

3. 파생상품 [3그룹]

구분	내용
과세대상	① 국내 또는 해외 주가지수 장내파생상품 [예] 코스피200선물·옵션, 미니코스피200선물 등 ② 주가지수 장외파생상품 ③ 해외 파생상품시장에서 거래되는 파생상품 ④ 주식워런트증권(ELW) ⑤ 차액결제거래(CFD)
세율	10%

4. 신탁수익권 [4그룹]

구분		내용
과세대상	원칙	신탁의 이익을 받을 권리 → 4그룹
	예외	신탁수익권의 양도를 통하여 신탁재산에 대한 지배·통제권이 사실상 이전되는 경우는 신탁재산 자체의 양도로 봄(신탁을 도관으로 봄) → 1그룹 내지 3그룹
과세 제외		「자본시장과 금융투자업에 관한 법률」에 따른 수익권 또는 수익증권 등 배당소득으로 과세되는 신탁수익권들은 양도소득세 과세대상에서 제외함
세율		25%(과세표준 3억원 이하는 20%)

5. 국내자산양도와 국외자산양도 과세대상 비교

구분	국내자산양도	국외자산양도
1그룹(부동산)	토지 또는 건물, 부동산에 관한 권리, 부동산 주식	토지 또는 건물, 부동산에 관한 권리(미등기임차권 포함), 부동산 주식
2그룹(주식)	상장법인 대주주, 비상장법인, 국외주식 → 국내주식과 국외주식 간의 양도소득금액 통산 가능	국외주식 양도소득은 국내주식 양도소득 그룹에 포함
3그룹(파생상품)	국내자산과 국외자산을 구분하지 않고 모두 국내자산양도소득에 포함	없음
4그룹(신탁의 수익권)	신탁의 이익을 받을 권리	없음

03 양도소득세 비과세 및 감면

1. 비과세

구분	내용
파산선고	파산선고에 의한 처분으로 발생하는 소득
농지의 교환 또는 분합	경작상 필요에 의하여 교환하는 농지 등 일정한 요건을 갖춘 농지의 교환 또는 분합으로 발생하는 소득(단, 교환 또는 분합하는 쌍방 토지가액의 차액이 가액이 큰 편의 4분의 1 이하인 경우에 한함)
1세대 1주택	양도일 현재 1세대 1주택(고가주택 제외)으로서 2년 이상 보유한 주택을 양도하는 경우 주택과 그 부수토지의 양도소득은 비과세함. 다만, 취득 당시 조정대상지역 내의 주택의 경우 '2년 이상 거주'하여야 함
비과세·감면 적용 제한	① 미등기양도자산에 대한 비과세·감면배제 　미등기양도자산에 대해서는 양도소득세 비과세 또는 감면 규정을 적용하지 않음 ② 허위계약서 작성 시 비과세·감면배제 　거래 당사자가 매매계약서의 거래가액을 실지거래가액과 다르게 적은 경우에는 해당 자산에 대하여 양도소득세의 비과세 또는 감면에 관한 규정을 적용할 때 비과세 또는 감면받았거나 받을 세액에서 다음에 따른 금액을 차감함 　　㉠ 양도소득세 비과세 규정을 적용받을 경우: 비과세 규정을 적용하지 아니하였을 경우의 양도소득 산출세액과 매매계약서의 거래가액과 실지거래가액과의 차액 중 적은 금액 　　㉡ 양도소득세 감면을 적용받았거나 받을 경우: 감면에 관한 규정을 적용받았거나 받을 경우의 해당 감면세액과 매매계약서의 거래가액과 실지거래가액과의 차액 중 적은 금액 　예 비과세 적용하지 않을 경우 양도소득세 산출세액 1억원, 허위계약서상 거래가액 차액 8천만원 　→ ① 비과세 세액: 1억원 – Min(1억원, 8천만원) = 2천만원, ② 최종 납부할 세액 8천만원

2. 1세대 1주택의 양도

(1) 1세대

구분	내용
정의	거주자 및 그 배우자가 그들과 같은 주소 또는 거소에서 생계를 같이하는 자와 함께 구성하는 가족단위를 말함
배우자	배우자는 법률상 배우자를 말하나, 법률상 이혼을 하였으나 생계를 같이하는 등 사실상 이혼한 것으로 보기 어려운 관계에 있는 사람을 포함
배우자특례	다음의 어느 하나에 해당하는 경우에는 배우자가 없어도 1세대로 봄 ① 30세 이상인 경우 ② 배우자가 사망하거나 이혼한 경우 ③ 종합·퇴직·양도소득이 「국민기초생활 보장법」에 따른 기준 중위소득 40% 이상으로서 소유주택을 관리하면서 독립된 생계를 유지할 수 있는 경우. 다만, 미성년자는 소득이 있어도 1세대로 보지 아니하나, 미성년자의 결혼 또는 가족의 사망으로 1세대의 구성이 불가피한 경우에는 그러하지 아니함
생계를 같이하는 자	거주자 및 그 배우자의 직계존비속(그 배우자를 포함) 및 형제자매를 말하며, 취학, 질병의 요양, 근무상 또는 사업상의 형편으로 본래의 주소 또는 거소에서 일시 퇴거한 사람을 포함

(2) 1주택

구분		내용
요건		양도 당시 국내에 1주택을 보유(단, 양도 당시 실지거래가액 12억원을 초과하는 고가주택은 제외)
주택		① 주택이란 허가 여부나 공부상의 용도구분과 관계없이 세대의 구성원이 독립된 주거생활을 할 수 있는 구조(세대별로 구분된 각각의 공간마다 별도의 출입문, 화장실, 취사시설이 설치되어 있는 구조를 말함)를 갖추어 사실상 주거용으로 사용하는 건물을 말함. 이 경우 그 용도가 분명하지 아니하면 공부상의 용도에 따름 ② 2개 이상의 주택을 같은 날에 양도하는 경우에는 당해 거주자가 선택하는 순서에 따라 주택을 양도한 것으로 봄 ③ 1주택을 여러 사람이 공동으로 소유한 경우 주택 수를 계산할 때 특별한 규정이 있는 경우를 제외하고는 공동소유자 각자가 그 주택을 소유한 것으로 봄 [비교] 부동산임대업 관련하여 주택 수를 계산할 때에는 지분이 가장 큰 자의 소유로 간주하는 것이 원칙임
조합원입주권 (분양권)	주택 수	조합원입주권과 분양권은 부동산에 관한 권리로서 주택이 아니지만, 1세대 1주택 비과세 여부를 판단할 때에는 주택으로 봄
	주택 또는 조합원입주권 양도 시	
	분양권 양도 시	일반분양권(조합원입주권 제외)을 양도하는 경우에는 주택으로 보지 않음. 따라서 1세대 1주택 비과세가 적용되지 아니함

구분			부수토지
도시지역 내	수도권	주거지역, 상업지역 및 공업지역	3배
		녹지지역	5배
	수도권 밖		5배
도시지역 외			10배

다가구주택	다가구주택은 한 가구가 독립하여 거주할 수 있도록 구획된 부분을 각각 하나의 주택으로 봄. 다만, 해당 다가구주택을 구획된 부분별로 양도하지 아니하고 하나의 매매단위로 하여 양도하는 경우에는 그 전체를 하나의 주택으로 봄 비교 부동산임대업 관련하여 주택 수를 계산할 때는 다가구주택은 1개의 주택으로 보되, 구분등기된 경우에는 각각을 1개의 주택으로 봄

겸용주택	구분	전체 양도가액 12억원 이하	전체 양도가액 12억원 초과
	주택 > 주택 외	전부 비과세	주택 부분만 주택으로 보아 비과세
	주택 ≤ 주택 외	주택 부분만 주택으로 보아 비과세	

(3) 보유기간 및 거주기간요건

구분	내용
일반주택	2년 이상 보유
조정지역 내 주택	취득 당시 조정지역 내 주택을 양도하는 경우 2년 이상 보유 & 2년 이상 거주하여야 함
상생임대주택	상생임대주택을 양도하는 경우는 1세대 1주택 비과세 및 장기보유특별공제 적용 시 거주기간 요건(2년)을 면제함
비거주자	3년 이상 보유 — 비거주자에서 거주자로 전환된 자가 주택을 양도하는 경우 3년 이상 보유 & 2년 이상 거주 — 비거주자에서 거주자로 전환된 자가 취득 당시 조정지역 내 주택을 양도하는 경우
기간계산	① 자산의 보유기간은 그 자산의 취득일부터 양도일까지로 함 ② 주택이 아닌 건물을 사실상 주거용으로 사용하거나 공부상의 용도를 주택으로 변경하는 경우 그 보유기간은 해당 자산을 사실상 주거용으로 사용한 날(사실상 주거용으로 사용한 날이 분명하지 않은 경우에는 그 자산의 공부상 용도를 주택으로 변경한 날)부터 양도한 날까지로 함 → 용도변경하거나 거주용으로 사용하더라도 2년 경과 후에 비과세 혜택을 받을 수 있음 ③ 거주기간은 주민등록표상의 전입일부터 전출일까지로 함

구분	내용		
2년 이상 보유 특례의 예외	보유기간	거주기간	내용
	제한 없음	5년 이상	임차일부터 양도일까지의 거주기간이 5년 이상인 건설임대주택을 취득하여 양도하는 경우
		1년 이상	세대 전원이 다음 중 어느 하나에 해당하는 사유로 다른 시(특별시와 광역시 포함)·군으로 주거를 이전하는 경우 ① 「초·중등교육법」에 의한 학교(유치원·초등학교 및 중학교 제외) 및 「고등교육법」에 의한 학교에의 취학 ② 직장의 변경이나 전근 등 근무상의 형편 → 사업상 형편(×) ③ 1년 이상의 치료나 요양을 필요로 하는 질병의 치료 또는 요양
		제한 없음	① 법에 따른 협의 매수·수용 등 ② 국외이주, 1년 이상 국외거주를 필요로 하는 취학·근무로 세대 전원이 출국하는 경우(다만, 출국일 현재 1주택을 보유한 경우로서 출국일로부터 2년 이내에 양도하는 경우에 한함) → 출국일 이전 양도분은 과세됨

3. 1세대 2주택 비과세특례

구분	내용
의의	거주자의 의사와 관계없이 다른 주택을 취득하게 되거나, 부동산 거래의 특성상 양도 당시 일시적으로 2주택을 보유한 경우에도 1주택을 보유한 것으로 봄
일시적 2주택	국내에 1주택을 소유한 1세대가 그 주택을 양도하기 전에 다른 주택을 취득함으로써 일시적으로 2주택이 된 경우 종전의 주택을 취득한 날부터 1년 이상이 지난 후 다른 주택을 취득하고, 다른 주택을 취득한 날부터 3년 이내에 종전의 주택을 양도하는 경우에는 1세대 1주택 비과세 규정을 적용함
상속주택	상속받은 주택과 일반주택을 국내에 각각 1개씩 소유하고 있는 1세대가 일반주택을 양도하는 경우에는 국내에 1개의 주택을 소유하고 있는 것으로 봄
혼인	1주택을 보유하는 자가 1주택을 보유하는 자와 혼인함으로써 1세대가 2주택을 보유하게 되는 경우 또는 1주택을 보유하고 있는 60세 이상의 직계존속을 동거봉양하는 무주택자가 1주택을 보유하는 자와 혼인함으로써 1세대가 2주택을 보유하게 되는 경우 각각 혼인한 날부터 10년 이내에 먼저 양도하는 주택은 1세대 1주택 비과세를 적용함 [개정]
동거봉양	1주택을 보유하고 1세대를 구성하는 자가 1주택을 보유하고 있는 60세 이상의 직계존속을 동거봉양하기 위하여 세대를 합침으로써 1세대 2주택을 보유하게 된 경우 세대를 합친 날부터 10년 이내 먼저 양도하는 주택은 1세대 1주택 비과세 규정을 적용함. 다만, 암, 희귀성질환 등 중대한 질병이 발생한 직계존속의 간병을 위해 자녀세대가 합가하는 경우에는 직계존속의 연령이 60세 미만이라 하더라도 양도소득세 비과세특례를 적용함

정리 (기타사항 포함)	유형	비과세특례 적용 주택 등
	일시적 2주택	신규주택을 취득한 날부터 1년 이상 지난 후 다른 주택을 취득하고 다른 주택 취득일부터 3년 이내 종전주택을 양도하는 경우
	일반주택 + 상속주택	일반주택을 양도하는 경우
	일반주택 + 일반주택 (동거봉양, 혼인합가)	동거봉양·혼인합가일부터 10년 이내 먼저 양도하는 주택 개정
	문화재주택 + 일반주택	일반주택을 양도하는 경우
	농어촌주택 + 일반주택	일반주택을 양도하는 경우
	수도권 밖에 소재하는 주택 + 일반주택	일반주택을 양도하는 경우
	장기임대주택 + 거주주택	거주주택을 양도하는 경우

04 양도시기 및 취득시기

구분	내용
원칙	해당 자산의 대금을 청산한 날로 함. 이 경우 자산의 대금에는 해당 자산의 양도에 대한 양도소득세 등을 양수자가 부담하기로 약정한 경우에는 해당 양도소득세 등은 제외함
대금청산일이 분명하지 아니한 경우	등기부·등록부 또는 명부 등에 기재된 등기·등록접수일 또는 명의개서일
대금청산 전 등기한 경우	대금을 청산하기 전에 소유권이전등기(등록 및 명의의 개서를 포함)를 한 경우에는 등기부·등록부 또는 명부 등에 기재된 등기접수일
장기할부조건	소유권이전등기(등록 및 명의개서를 포함) 접수일·인도일 또는 사용수익일 중 빠른 날 → 대가의 각 부분을 받기로 한 때(×) ─── 장기할부조건 ─── 해당 자산의 대금을 월부·연부 기타의 부불방법에 따라 수입하는 것 중 다음 요건을 갖춘 것을 말함 ① 계약금을 제외한 해당 자산의 양도대금을 2회 이상으로 분할하여 수입할 것 ② 양도하는 자산의 소유권이전등기(등록 및 명의개서를 포함) 접수일·인도일 또는 사용수익일 중 빠른 날의 다음 날부터 최종 할부금의 지급기일까지의 기간이 1년 이상인 것
상속·증여	상속·증여에 의하여 취득하는 자산은 그 상속이 개시된 날 또는 증여를 받은 날

05 양도소득세 계산

1. 양도소득세 계산구조

	양도가액	
(−)	취득가액	
(−)	기타필요경비	… 실지거래거액(자본적 지출액과 양도비용) 또는 개산공제
	양도차익	
(−)	장기보유특별공제	… 보유기간 3년 이상인 등기된 토지·건물, 조합원입주권
	양도소득금액	
(−)	양도차손	… 그룹별로 구분하여 적용
(−)	양도소득 기본공제	… 그룹별로 연간 250만원(미등기 자산은 제외)
	과세표준	
(×)	세율	… 같은 세율의 과세표준을 합하여 세율 적용
	산출세액	

2. 양도가액

구분	내용
실지거래가액 (원칙)	① 양도가액은 실지거래가액으로 계산하는 것을 원칙으로 함. 단, 실지거래가액을 알 수 없는 경우에는 추계방식(매매사례가액, 감정가액, 기준시가)에 의함 ② 매수자가 양도소득세를 부담한 경우 그 양도소득세는 양도가액에 포함함 → 양수자는 그 양도소득세를 취득원가에 가산함
저가양도 (부당행위계산)	특수관계인에게 시가보다 낮은 가액으로 양도한 경우에는 시가를 양도가액으로 함. 다만, 시가와 거래가액의 차액이 3억원 이상 또는 시가의 5% 이상인 경우에 한함

구분		내용
고가양도	특수관계법인에게 양도	특수관계법인에게 양도소득세 과세대상자산을 고가로 양도한 경우 거래가액과 시가의 차이만큼은 양도가액에 포함하지 않음. 소득처분에 의하여 양도인에게 소득세가 과세되기 때문임. 따라서 양도가액은 시가가 됨
	특수관계법인 외의 자에게 양도	특수관계법인 외의 자에게 양도소득세 과세대상자산을 고가양도한 경우 거래가액에서 증여재산가액만큼은 양도가액에 포함하지 않음. 따라서 양도가액에서 증여재산가액을 뺀 금액이 양도가액이 됨

증여재산가액 ──

① 특수관계인

$$\text{대가와 시가의 차액} - \text{Min(시가의 30\%, 3억원)}$$

② 특수관계인 외의 자(정당한 사유가 있는 경우는 제외)

$$\text{대가와 시가의 차액} - \text{3억원}$$

	상황	양도자	양수자
사례	임원이 특수관계법인에게 시가 10억원의 토지를 4억원에 양도	저가양도(부당행위계산부인) → 양도가액 10억원(시가)	과세문제 없음
	임원이 특수관계법인에게 시가 4억원의 토지를 10억원에 양도	고가양도(상여처분) → 양도가액 4억원(시가)	고가양수(부당행위계산부인) → 취득가액 4억원 → 상여처분
	父가 子에게 시가 10억원의 토지를 4억원에 양도	저가양도(부당행위계산부인) → 양도가액 10억원(시가)	저가양수 증여재산가액(3억원)[1] 가산 → 취득가액 7억원
	父가 子에게 시가 4억원의 토지를 10억원에 양도	고가양도 증여재산가액(4.8억원)[2] 차감 → 양도가액 5.2억원	고가양수(부당행위계산부인) → 취득가액 4억원(시가)
	[1] 증여재산가액 = (10억원 − 4억원) − Min[10억원 × 30%, 3억원] = 3억원 [2] 증여재산가액 = (10억원 − 4억원) − Min[4억원 × 30%, 3억원] = 4.8억원		

3. 양도소득의 필요경비

(1) 취득가액

구분	내용
실지거래가액 (원칙)	① 자산의 일반적인 취득원가 산정기준에 따름. 다만, 부당행위계산에 의한 시가초과액을 제외함 ② 취득세는 관련 영수증이 없어도 취득가액에 포함됨 　[比較] 취득세가 감면된 경우는 감면 후 취득세로 함 ③ 상속 또는 증여받은 재산은 상속개시일 또는 증여일 현재 「상속세 및 증여세법」에 따라 평가한 가액으로 함 ④ 장기할부조건 매입 자산은 명목가액을 취득가액으로 함 　[比較] 당초 약정에 의한 거래가액의 지급지연으로 인하여 추가로 지급하는 이자상당액은 포함하지 않음 → 손해배상금에 해당 ⑤ 취득에 관한 쟁송이 있는 자산에 대하여 그 소유권 등을 확보하기 위하여 직접 소요된 소송비용·화해비용 등의 금액으로서 그 지출한 연도의 각 소득금액의 계산에 있어서 필요경비에 산입된 것을 제외한 금액은 취득가액으로 함 ⑥ 사업소득금액 계산 시 필요경비에 산입한 감가상각비와 현재가치할인차금 상각액은 취득가액에 포함하지 않음<table><tr><th>구분</th><th>실거래가액</th><th>추계방식</th></tr><tr><td>필요경비산입한 감가상각비</td><td>취득가액 차감</td><td>취득가액 차감</td></tr><tr><td>필요경비산입한 현재가치할인차금</td><td>취득가액 차감</td><td>취득가액 차감하지 않음</td></tr></table>⑦ 면세전용 또는 폐업 시 잔존재화에 대해 납부한 부가가치세는 취득가액에 포함함
저가취득	**특수관계법인으로부터 취득**: 특수관계법인으로부터 자산을 시가보다 낮은 가액으로 취득한 경우로서 취득한 자에게 상여·배당 등으로 처분된 금액이 있는 경우에는 그 처분된 금액을 취득가액에 가산함 → 시가 **특수관계법인 외의 자로부터 취득**: 특수관계법인 외의 자로부터 자산을 시가보다 낮은 가액으로 취득한 경우로서 취득한 자에게 증여세가 과세된 경우에는 증여재산가액을 취득가액에 가산함
고가취득 (부당행위계산)	특수관계인으로부터 자산을 시가보다 높은 가액으로 취득한 경우에는 시가를 취득원가로 함. 다만, 시가와 거래가액의 차액이 3억원 이상 또는 시가의 5% 이상인 경우에 한함

(2) 기타 필요경비(자본적 지출과 양도비용) → 실지거래가액

구분	내용
자본적 지출	① 자본적 지출액을 필요경비로 인정하기 위해서는 「소득세법」에 규정한 증빙서류를 수취·보관하거나 실제 지출사실이 금융거래증명서류에 의하여 확인되어야 함 ② 자본적 지출에 해당하기 위해서는 자산의 가치를 증가시키거나 내용연수를 연장시키는 지출 또는 양도자산의 용도변경·개량·이용편의를 위하여 지출한 비용이어야 함. 구체적 사례는 다음과 같음 **자본적 지출** ㉠ 건물 구입 후 건물 전체의 용도를 변경하거나, 대수선 공사를 한 경우에는 자산의 개량을 위한 지출임 ㉡ 주택의 이용편의를 위한 베란다 샤시, 거실 및 방 확장공사비, 난방시설 교체비 등의 내부시설의 개량을 위한 공사비 **수익적 지출** ㉠ 오피스텔 비품(TV·에어컨·냉장고·가스레인지·식탁 등) 구입비는 임대조건을 유리하게 하기 위한 임대비용에 불과함 ㉡ 정상적인 수선 또는 부동산 본래의 기능을 유지하기 위한 경미한 개량인 벽지·장판의 교체, 싱크대 및 주방기구 교체비용, 옥상 방수공사비, 타일 및 변기공사비 등은 수익적 지출임 ③ 개발부담금 및 재건축부담금 ④ 양도자산을 취득한 후 쟁송이 있는 경우에 그 소유권을 확보하기 위하여 직접 소요된 소송비용·화해비용 등의 금액으로서 그 지출한 연도의 각 소득금액의 계산에 있어서 필요경비에 산입된 것을 제외한 금액 [비교] 부동산 매매계약의 해약으로 인하여 지급하는 위약금 등은 양도차익 계산 시 필요경비로 공제하지 아니함 ⑤ 협의 매수 및 수용재결 불복으로 소송을 제기하여 보상액이 증액된 경우 소송비용(증액 보상금을 한도로 함)
양도비용	① 양도비용을 필요경비로 인정하기 위해서는 「소득세법」에 규정한 증빙서류를 수취·보관하거나 실제 지출사실이 금융거래증명서류에 의하여 확인되어야 함 ② 「증권거래세법」에 따라 납부한 증권거래세 ③ 양도소득세 과세표준신고서 작성비용 및 계약서 작성비용 ④ 공증비용, 인지대 및 소개비 ⑤ 매매계약에 따른 인도의무를 이행하기 위해 양도자가 지출하는 명도비용 ⑥ 토지와 건물을 취득함에 있어서 법령 등의 규정에 따라 매입한 국민주택채권 및 토지개발채권을 만기 전에 양도함으로써 발생하는 매각차손. 다만, 금융회사 등 외의 자에게 양도한 경우에는 동일한 날에 금융회사 등에 양도함으로써 발생하는 매각차손을 한도로 함

4. 양도가액 또는 취득가액의 실지거래가액을 알 수 없는 경우

구분	내용
추계	자산의 양도가액이나 취득가액의 실지거래가액을 인정 또는 확인할 수 없는 경우에는 추계방식에 따라 양도차익을 산정함. 양도소득세 과세대상이 되는 거래가 단순한 교환인 경우는 실지거래가액을 확인할 수 없는 경우에 해당함
매매사례가액	양도일 또는 취득일 전후 3개월 이내에 당해 자산과 동일성 또는 유사성이 있는 자산의 매매사례가 있는 경우 그 가액
감정가액	양도일 또는 취득일 전후 각 3개월 이내에 당해 자산에 대하여 2 이상의 감정평가업자가 평가한 것(단, 기준시가 10억원 이하인 경우에는 한 곳)으로서 신빙성이 있는 것으로 인정되는 감정가액
개산공제	취득가액을 추계방법(매매사례가액, 감정가액, 환산가액, 기준시가)으로 산정하는 경우 필요경비는 개산공제를 적용함 <table><tr><th colspan="2">대상자산</th><th>개산공제액</th></tr><tr><td colspan="2">토지와 건물(주택 포함)</td><td>취득 당시의 기준시가 × 3%(미등기 0.3%)</td></tr><tr><td rowspan="2">부동산에 관한 권리</td><td>지상권, 전세권, 등기된 부동산임차권</td><td>취득 당시의 기준시가 × 7%</td></tr><tr><td>부동산을 취득할 수 있는 권리</td><td rowspan="2">취득 당시의 기준시가 × 1%</td></tr><tr><td colspan="2">기타자산, 주식 등</td></tr></table>
개산공제 특례	취득가액을 보충적 평가방법에 의하는 경우 필요경비의 개산공제액을 양도가액에서 공제하되, 취득가액을 환산가액에 의하는 경우에는 다음의 금액 중 큰 금액을 공제함(Max[①, ②]) ① 환산가액 + 개산공제액 ② 실제 자본적 지출액 + 양도비 다만, 건물 신축 후 5년 이내 양도하면서 환산가액을 적용하는 경우에는 환산가액(건물분)의 5%의 가산세를 부과함

구분	토지	건물	상장주식	비상장주식
(1) 양도가액				
① 실지거래가액	300		300	300
② 기준시가	200	200	200	200
(2) 취득가액				
① 실지거래가액		200		
② 매매사례가액		150	200	200
③ 감정가액			250	250
④ 기준시가	100	100	80	80
(3) 양도비용	5	5	5	5
양도가액	300	200	300	300
취득가액	150	100	120	200
양도비용(개산공제)	3 (300 × 50%)	3	0.8 (300 × 40%)	0.8
양도차익	147	97	179.2	99.2

① 상장주식의 경우에는 기준시가(1개월 간의 종가평균)가 시가를 적절하게 반영하고 있기 때문에 매매사례가액과 감정가액의 적용을 배제함
② 비상장주식의 경우에는 감정가액의 적용을 배제함
③ 신주인수권의 경우에는 환산가액의 적용을 배제함

5. 양도차익의 산정

구분		내용
동일기준 적용원칙		① 양도가액을 실지거래가액(부당행위계산부인에 따른 시가, 상속·증여재산가액 및 매매사례가액·감정가액이 적용되는 경우를 포함)인 경우에는 취득가액도 실지거래가액(부당행위계산부인에 따른 시가, 상속·증여재산가액 및 매매사례가액·감정가액·환산취득가액이 적용되는 경우를 포함)으로 함 ② 자산의 양도가액에 대한 매매사례가액 또는 감정가액이 없는 때에는 양도가액과 취득가액 모두 기준시가에 의하여 양도차익을 산정함
토지·건물의 일괄양도	원칙	토지와 건물 등을 함께 취득하거나 양도한 경우에는 이를 각각 구분하여 기장하여야 함 → 계약서상 실지거래가액
	예외	다음의 경우에는 「부가가치세법」에 따라 안분(⊙ 감정가액 → ⓒ 기준시가 → ⓒ 장부가액 → ⓔ 취득원가)하여 토지와 건물의 가액을 각각 계산함 ① 양도·취득가액을 실지거래가액에 따라 산정 시 토지·건물의 가액 구분이 불분명한 경우 ② 납세자가 구분한 토지·건물의 가액이 기준시가 등에 따라 안분계산한 가액과 30% 이상 차이 나는 경우

구분	계약서	법정산식	차이
토지	80	70	(80 − 70)/70 = 14%
건물	20	30	(30 − 20)/30 = 33%

다만, 납세자가 구분한 토지·건물의 가액을 인정할 만한 다음의 사유가 있으면 안분계산 제외
⊙ 다른 법령에서 토지·건물의 양도가액을 정한 경우
ⓒ 건물이 있는 토지 취득 후 양수인이 건물을 철거하고 토지만 사용하는 경우

6. 장기보유특별공제

구분	내용
적용대상	① 토지 및 건물로서 보유기간이 3년 이상인 것(비사업용 토지 포함, 미등기자산 제외) ② 조합원입주권(조합원으로부터 취득한 것은 제외)에 대하여 그 자산의 양도차익(조합원입주권을 양도하는 경우에는 관리처분계획인가 전 토지분 또는 건물분의 양도차익으로 한정함)
적용배제	미등기 자산을 양도하는 경우에는 장기보유특별공제를 배제함

<table>
<tr><td rowspan="2" colspan="3">공제율</td></tr>
</table>

			1세대 1주택	
보유기간	일반		보유기간 공제율	거주기간 공제율
3년 이상 4년 미만	6%		12%	12%(8%*)
4년 이상 5년 미만	8%		16%	16%
5년 이상 6년 미만	10%		20%	20%
6년 이상 7년 미만	12%		24%	24%
7년 이상 8년 미만	14%		28%	28%
8년 이상 9년 미만	16%		32%	32%
9년 이상 10년 미만	18%		36%	36%
10년 이상 11년 미만	20%			
11년 이상 12년 미만	22%			
12년 이상 13년 미만	24%		40%	40%
13년 이상 14년 미만	26%			
14년 이상 15년 미만	28%			
15년 이상	30%			

* 2년 이상 3년 이하 거주한 경우에는 8%를 적용함. 단, 보유기간 3년 이상인 경우에만 적용함

[예] 1세대 1주택(보유기간 6년 3개월, 거주기간 4년 2개월)

　장기보유특별공제율: 24% + 16% = 40%

보유기간 특칙

① 1세대 1주택 장기보유특별공제율 적용 시 보유기간은 공부상 주택으로 용도변경한 날 또는 사실상 주거용으로 사용한 날부터 양도한 날까지로 함 → 주택을 주택 외의 용도로 사용하다가 이를 다시 주택으로 용도 변경하여 사용한 후 양도한 경우 해당 주택의 보유기간 계산은 해당 건물의 취득일부터 양도일까지의 기간 중 주택으로 사용한 기간을 통산함

주택 취득　　상가로 용도 변경　　주택으로 다시 용도 변경　　주택 양도
├── 주택 ──┤├──── 상가 ────┤├──── 주택 ──→

② 배우자 또는 직계존비속으로부터 증여받은 자산을 양도하여 이월과세가 적용되는 경우에는 배우자 또는 직계존비속이 해당 자산을 취득한 날부터 기산함

③ 가업상속공제가 적용된 비율에 해당하는 자산의 경우 피상속인이 해당 자산을 취득한 날부터 기산함

7. 양도차손공제

구분	내용
양도자산별 구분계산	양도소득금액은 다음의 〈그룹별〉로 구분하여 계산함. 이 경우 소득금액을 계산할 때 발생하는 양도차손은 다른 그룹의 소득금액과 통산하지 아니함 **구분 / 대상자산** 1그룹: 토지, 건물, 부동산에 관한 권리, 기타자산 2그룹: 주식 → 과세대상 국내주식과 해외주식 통산 가능 3그룹: 파생상품 4그룹: 신탁수익권
양도차손의 통산 (감면소득 ×)	다음 자산의 양도소득금액(장기보유특별공제 반영한 후의 소득금액임)에서 순차적으로 공제함 ① 양도차손이 발생한 자산과 같은 세율을 적용받는 자산의 양도소득금액 ② 양도차손이 발생한 자산과 다른 세율을 적용받는 자산의 양도소득금액. 이 경우 다른 세율을 적용받는 자산의 양도소득금액이 2 이상인 경우에는 각 세율별 양도소득금액의 합계액에서 당해 양도소득금액이 차지하는 비율로 안분하여 공제함
양도차손의 통산 (감면소득 ○)	순양도소득금액(감면소득금액을 제외한 부분을 말함)과 감면소득금액이 차지하는 비율로 안분하여 당해 양도차손을 공제한 것으로 봄
다른 소득과 통산 및 이월	종합소득이나 퇴직소득에서 공제할 수 없으며, 다음 과세기간으로 이월되지 않음
사례	(아래 도표 참조)

사례

그룹별 공제	1그룹		2그룹	3그룹	4그룹
같은 세율 우선통산	기본 50	기본 △70	50% 20	70% 30	10% △40	5% 20	20% 10
	←50				
양도소득금액 비율 안분	(공란)	△20	20	30	△40	20	10
		←8→ ←12→			
미공제 양도차손 소멸	(공란)	12	18	△40	20	10
		(X) (X) 소멸 (X) (X)			

8. 양도소득기본공제

구분	내용
공제대상	미등기자산을 제외한 모든 양도자산
공제금액	자산 그룹별로 각각 연 250만원 공제
공제순서	① 양도소득금액에 감면소득이 있는 경우에는 감면소득 외 양도소득금액에서 먼저 공제하고, 감면소득 외 양도소득금액에서는 먼저 양도한 자산의 양도소득금액에서 우선 공제함 ② 세율이 다른 둘 이상의 자산을 동시에 양도하는 경우에는 납세자가 선택함 → 세부담 최소화 조건이라면 높은 세율이 적용되는 자산에서 공제함

1. 배우자·직계존비속 간 증여재산에 대한 이월과세

구분	내용
의의	배우자나 직계존비속에게 증여받은 자산 양도 시 양도차익을 계산할 때, 증여 당시의 증여가액이 아닌 증여자의 취득 당시의 취득가액을 적용하여 양도차익을 계산하여 양도세를 과세함. 이때 배우자는 혼인관계가 소멸된 자를 포함하되, 사망으로 혼인관계가 소멸된 경우는 제외함
납세의무자	배우자·직계존비속 간 이월과세 규정은 취득원가를 당초 증여자의 취득가액으로 보는 특례 규정임. 따라서 이월과세가 적용되는 경우에도 납세의무자는 변경되지 않으므로 양도한 자(수증자)가 납세의무자임
적용대상자산	증여받은 배우자 등이 증여받은 날부터 10년(주식은 1년) 이내 타인에게 양도하는 토지, 건물 및 특정시설물이용권(골프회원권 등), 부동산을 취득할 수 있는 권리(분양권, 조합원입주권 등), 주식 **개정**

적용효과	취득가액	거주자의 배우자 또는 직계존비속이 해당 자산을 취득할 당시의 취득가액
	취득일	증여자의 취득시기를 기준으로 취득가액·장기보유특별공제·세율을 판단함
	자본적 지출액	당초 증여자가 증여한 자산에 대하여 증여 전에 지출한 자본적 지출을 포함함
	증여세 상당액	거주자가 해당 자산에 대하여 납부한 증여세 상당액이 있을 경우 필요경비에 산입→신고세액공제 적용 전 증여세

증여거래 인정 O

연대납세의무 X

100   150   300

A → ① 증여 → B (A의 특수관계인) → ② 10년 내 양도 → 타인에게 양도

① 증여세 납세의무자: B
② 양도소득세 납세의무자: B
  ㉠ 양도가액: 300
  ㉡ 취득가액: A의 취득가액 100
  ㉢ 장기보유특별공제: A의 취득시기부터 기산
  ㉣ B가 납부한 증여세: 필요경비로 공제(∵ 증여거래 인정)

적용배제 사유	① 증여한 배우자의 사망 → 이혼한 경우는 적용됨 ② 사업인정고시일부터 소급하여 2년 이전에 증여받은 경우로서 공익사업용 수용, 협의 매수된 경우 ③ 이월과세 적용 시 1세대 1주택(과세되는 고가주택 포함)의 양도에 해당하는 경우 **취지** 이월과세되는 경우 취득시기가 증여자의 취득시기로 의제되는 점을 악용하여 1세대 1주택 비과세 규정을 적용받는 것을 방지하기 위함 ④ 이월과세 미적용 양도세액이 적용한 양도세액보다 더 큰 경우

2. 가업상속재산에 대한 이월과세

구분		내용
적용요건		상속 시 가업상속공제가 적용된 자산을 양도하는 경우
적용효과	취득가액	다음 금액을 합한 금액으로 함 ① 피상속인의 취득가액 × 해당 자산가액 중 가업상속공제가 적용된 비율 ② 상속개시일 현재 해당 자산취득가액 × (1 - 가업상속공제율) 피상속인 상속개시일 양도 ▼ ▼ ▼ 5억 10억(2억 과세) → 가업상속공제율(80%) 5억 × 80% 10억 × (1 - 80%) = 4억 = 2억 → 취득원가: 6억원
	취득일 적용	아래 표 참조

구분	장기보유특별공제기간	세율 적용
가업상속공제받은 자산	피상속인의 취득일 ~ 양도일	피상속인의 취득일 ~ 양도일
가업상속공제받지 않은 자산	상속인의 취득일 ~ 양도일	

3. 부당행위계산부인

(1) 기본정의

구분	내용
의의	납세지 관할 세무서장 또는 지방국세청장은 양도소득이 있는 거주자의 행위 또는 계산이 그 거주자의 특수관계인과의 거래로 인하여 그 소득에 대한 조세부담을 부당하게 감소시킨 것으로 인정되는 경우에는 그 거주자의 행위 또는 계산과 관계없이 해당 과세기간의 소득금액을 계산할 수 있음 → 종합소득에 대한 부당행위계산부인 p.2-100 참고
조세의 부담을 부당하게 감소	조세의 부담을 부당하게 감소시킨 것으로 인정되는 경우란 다음 중 어느 하나에 해당하는 때를 말함. 다만, 시가와 거래가액의 차액이 3억원 이상이거나 시가의 5%에 상당하는 금액 이상인 경우로 한정함 ① 특수관계인으로부터 시가보다 높은 가격으로 자산을 매입하거나 특수관계인에게 시가보다 낮은 가격으로 자산을 양도한 때 ② 그 밖에 특수관계인과의 거래로 해당 연도의 양도가액 또는 필요경비의 계산 시 조세의 부담을 부당하게 감소시킨 것으로 인정되는 때 비교 주권상장법인의 주식의 시가는 「법인세법」상 시가로 하고, 시가와 거래가액의 차액이 3억원 이상이거나 시가의 5% 이상인 경우로 한정한다는 규정은 적용하지 않음
적용배제	개인과 법인 간에 재산을 양수 또는 양도하는 경우로서 그 대가가 「법인세법」상 시가에 해당되어 당해 법인의 거래에 대하여 「법인세법」상 부당행위계산부인 규정이 적용되지 아니하는 경우에는 「소득세법」상 부당행위계산부인 규정을 적용하지 아니함. 다만, 거짓, 그 밖의 부정한 방법으로 양도소득세를 감소시킨 것으로 인정되는 경우에는 그러하지 아니함

(2) 우회양도에 대한 부당행위계산부인

구분	내용
의의	양도소득세를 부당하게 감소시키기 위하여 거주자가 특수관계인(이월과세를 적용받는 배우자 및 특수관계인은 제외)에게 자산을 증여한 후 그 자산을 증여받은 자가 그 증여일로부터 10년 이내에 다시 이를 타인에게 양도한 경우로서, 증여받은 자의 증여세액과 양도소득세를 합한 금액이 증여자가 직접 양도한 경우로 보아 계산한 양도소득세액보다 적은 경우 그 증여자가 직접 양도한 것으로 봄. 다만, 양도소득이 수증자에게 실질적으로 귀속된 경우에는 그러하지 아니함 → 대상자산의 종류는 관계 없음 A의 ③(양도소득세) > B의 ①(증여세) + ②(양도소득세), A: 양도소득세 납세의무자

구분		내용
적용요건	양도대상	이월과세 조항을 적용받은 배우자 및 직계존비속을 제외한 특수관계인에게 증여받은 자산
	적용기간	증여일부터 10년 이내 양도
	부당한 감소	ⓐ > ⓑ ⓐ 부당행위계산부인 적용 양도세액 ⓑ 부당행위계산부인 미적용 양도세액 + 증여세액
	적용제외	양도소득이 수증자에게 실질적으로 귀속된 경우가 아닐 것
적용효과	납세의무자	우회양도에 대한 부당행위계산부인 규정이 적용되는 경우 양도소득세 납세의무자는 당초 증여자임
	취득일	증여자(A)의 취득시기를 기준으로 취득가액·장기보유특별공제·세율을 판단함
	증여세	우회양도로 인한 부당행위계산부인 규정에 따라 양도소득세가 과세되는 경우에는 당초 증여받은 자산에 대해서는 증여세를 부과하지 않음 → 기납부한 증여세는 환급

비교	구분		이월과세	부당행위계산부인
	납세의무자		수증자	증여자
	요건	조세부담의 부당감소	조세의 부당한 감소 없어도 적용	조세의 부당한 감소가 있는 경우에 한하여 적용
		관계	배우자, 직계존비속	이외 특수관계인
		대상	토지, 건물, 특정시설물이용권, 부동산을 취득할 수 있는 권리, 주식	양도소득세 과세대상자산
		적용기간	수증일로부터 10년(주식은 1년) 이내	수증일로부터 10년 이내
	취득가액, 취득시기		증여자 지출분, 취득시기 기준	증여자 지출분, 취득시기 기준
	자본적 지출		증여자, 수증자 지출액	증여자 지출액
	양도비용		수증자 지출액	증여자 지출액
	증여세의 처리		필요경비로 공제	부과하지 않음(환급)
	연대납세의무		없음	있음

4. 1세대 1주택에 해당하는 고가주택의 양도

구분	내용
의의	주택 및 이에 부수되는 토지의 양도 당시의 실지거래가액의 합계액이 12억원을 초과하는 것을 말함. 1세대 1주택을 양도하더라도 고가주택의 경우 비과세하지 않음. 단, 양도차익 중 양도가액 12억원 초과분만 과세하며, 이를 고가주택 양도차익이라고 함. 장기보유특별공제 등도 고가주택 양도차익에 공제율을 적용함
겸용주택	고가 겸용주택의 양도차익 계산 시 주택의 연면적이 주택 외의 부분의 연면적보다 크더라도 주택 외의 부분은 주택으로 보지 않음 → p.2-171 참고
다가구 주택	그 전체를 하나의 주택으로 보아 고가주택 여부를 판단함

과세되는 양도차익

$$\text{고가주택 양도차익} = \text{전체 양도차익} \times \frac{(\text{양도가액} - 12\text{억원})}{\text{양도가액}}$$

→ 전체 양도차익 중 과세되는 양도차익을 제외한 부분을 비과세 양도차익이라고 함

사례 1

구분	1세대 2주택 (10년 보유, 10년 거주)	1세대 1주택 (10년 보유 및 거주)
양도가액	15억	15억
취득가액	4억	4억
필요경비	1억	1억
양도차익	10억	$10\text{억} \times \dfrac{(15\text{억} - 12\text{억원})}{15\text{억}} = 2\text{억}$
장기보유특별공제	2억	2억 × 80% = 1.6억
양도소득금액	8억	0.4억

사례 2 (겸용주택)

전체 양도가액 30억원, 취득가액 10억원, 주택 부분의 면적이 주택 외 부분의 면적보다 큼. 양도 당시 기준시가 비율(주택 8 : 상가 2), 취득 당시 기준시가 비율(주택 7 : 상가 3), 거주기간 10년, 보유기간 10년

구분	주택	상가	합계
양도가액	2,400,000,000	600,000,000	3,000,000,000
취득가액	700,000,000	300,000,000	1,000,000,000
양도차익(전체)	1,700,000,000	300,000,000	2,000,000,000
양도차익(과세)	850,000,000	300,000,000	1,150,000,000
장기보유특별공제	680,000,000	60,000,000	740,000,000
양도소득금액	170,000,000	240,000,000	410,000,000

17억원 × (24억원 − 12억원)/24억원

5. 부담부증여에 의한 양도가액과 취득가액의 계산

구분	내용
의의	부담부증여란 타인에게 일정한 재산을 증여하면서 그와 동시에 일정한 부채도 인수시키는 것을 말함. 증여자는 채무인수액에 해당하는 부분에 대해 양도소득세를 부담하고, 수증자는 증여재산가액에서 그 증여재산에 담보된 채무(임차보증금 포함)로서 수증자가 인수한 금액을 뺀 금액을 증여재산가액으로 하여 증여세를 부담함

구분	내용
양도가액과 취득가액	<table><tr><td colspan="2">양도가액</td><td colspan="2">취득가액</td></tr><tr><td colspan="2">양도 당시 재산가액 × 채무인수액 / 증여재산가액</td><td colspan="2">취득 당시 재산가액 × 채무인수액 / 증여재산가액</td></tr><tr><td colspan="2">양도 당시 재산가액이나 증여재산가액은 ① 증여일 현재의 시가로 하되, 시가를 산정하기 어려운 경우에는 ② 보충적 평가방법(기준시가 등)에 따름</td><td colspan="2">양도차익 일반규정에 따르되, 양도가액을 「상속세 및 증여세법」에 따른 보충적 평가방법(기준시가 등)으로 산정한 경우에는 취득가액도 이에 따라야 함 → 동일기준 원칙 적용</td></tr></table>

구분		내용
배우자 간 직계존비속 간 부담부증여	원칙	수증자가 증여자의 채무를 인수한 경우에도 그 채무액은 수증자에게 인수되지 않은 것으로 추정함 → 재산가액 전체가 증여된 것으로 추정
	예외	채무액이 국가 및 지방자치단체에 대한 채무 등 객관적인 채무로 인정되는 경우에는 인수된 것으로 봄

구분	내용
사례 1	甲은 토지에 근저당권이 설정된 채무 600을 인수하는 조건으로 乙에게 A토지를 증여하였다. 「상속세 및 증여세법」상 A토지의 ① 시가가 1,000으로 확인되는 경우와 ② 시가가 확인되지 않는 경우로 나누어서 甲의 양도차익을 계산하시오. 단, 증여 당시와 취득 당시 A토지의 개별공시지가, 실지거래가액, 실제필요경비는 다음과 같다.

구분	개별공시지가	실지거래가액	실제필요경비
증여 당시	800		100
취득 당시	300	400	

구분	증여 당시 시가 1,000	증여 당시 시가 확인불가
양도가액	600	600
취득가액	400 × 60% = 240	300 × 75% = 225
필요경비	100 × 60% = 60	300 × 75% × 3% = 6.75
양도차익	300	368.25
부담부증여 비율	$\dfrac{600(채무)}{1,000(양도)} = 60\%$	$\dfrac{600(채무)}{800(양도)} = 75\%$

구분	내용
사례 2	甲이 4억원에 토지를 취득함. 甲은 배우자인 乙에게 토지를 부담부증여함(금융채무 인수분 3억원, 무상증여분 2억원). 乙은 해당 토지를 양도함. 증여일로부터 10년 이내 양도하는 경우 토지의 취득가액?

$$4억원 × (2억원 ÷ 5억원) + 3억원 = 4.6억원$$

부담부증여 시 양도로 보는 부분(채무인수분)은 이월과세 적용하지 않고, 증여로 보는 부분은 이월과세 적용함

07 양도소득세 신고와 납부

구분	내용
예정신고·납부	양도소득세 과세대상자산(파생상품 및 국외주식은 제외)을 양도한 거주자는 양도소득세 과세표준 예정신고를 하여야 함 → 예정신고·납부하지 않은 경우 관할 세무서장이 그 과세표준과 세액을 결정하고, 이때 「국세기본법」상 신고 관련 가산세, 납부지연가산세를 적용함 {표: 아래 참조}

구분	예정신고·납부기한
토지·건물·부동에 관한 권리·기타자산 [1그룹]	양도일이 속하는 달의 말일부터 2개월
신탁수익권 [4그룹]	
주식(국외주식은 제외) [2그룹]	양도일이 속하는 반기의 말일부터 2개월
파생상품 [3그룹]	예정신고의무 없음
토지거래허가구역 내의 토지로서 허가 전에 대금청산한 경우	허가일(해제일)이 속하는 달의 말일부터 2개월 이내
부담부증여의 채무액에 해당하는 부분을 양도로 보는 경우	양도일이 속하는 달의 말일부터 3개월

구분	내용
예정신고 산출세액	① 예정신고·납부를 할 때 납부할 세액은 그 양도차익에서 장기보유특별공제·양도소득기본공제를 한 금액에 세율을 적용함 ② 거주자는 해당 과세기간에 누진세율 적용대상 자산에 대한 예정신고를 2회 이상 하는 경우로서 거주자가 이미 신고한 양도소득금액과 합산하여 신고할 수 있음 → 합산신고는 선택사항임(합산한 후 추가납부세액이 없는 경우에는 확정신고의무 면제됨)
확정신고·납부	해당 과세기간의 양도소득금액이 있는 거주자는 그 양도소득과세표준을 그 과세기간의 다음 연도 5월 1일부터 5월 31일(토지거래계약에 관한 허가일이 속하는 과세기간의 다음 연도 5월 1일부터 5월 31일)까지 납세지 관할 세무서장에게 신고하여야 함. 다만, 예정신고를 한 자는 누진세율이 적용되는 경우 등 특별한 경우를 제외하고는 해당 소득에 대한 확정신고를 하지 아니할 수 있음

08 국외자산양도에 대한 양도소득세

구분	내용
납세의무	5년 이상 국내에 주소 또는 거소를 둔 거주자가 국외 소재한 양도소득세 과세대상자산을 양도하는 경우에도 양도소득세를 납부할 의무가 있음 [비교] 국내자산의 양도소득은 거주자와 비거주자 모두 양도소득세 납세의무 있음
과세대상	① 토지·건물 → 1세대 1주택이라도 과세함 ② 부동산에 관한 권리(미등기 양도자산 포함) → 미등기자산 중과세율(×) 　㉠ 지상권·전세권, 부동산임차권 　㉡ 부동산을 취득할 수 있는 권리 ③ 국외에 있는 자산으로서 기타자산(영업권, 회원권, 부동산주식)에 해당하는 자산 [참고] 해외주식 및 해외장내파생상품은 제외(∵ 국내자산과 함께 과세함)
양도가액 취득가액	① 실지거래가액 우선 적용 ② 만약, 실지거래가액이 확인 불가능하면 양도 당시 시가로 함 　→「상속세 및 증여세법」상 보충적 평가방법에 의함
외화환산	양도가액을 수령한 날 또는 필요경비를 지출한 날의 기준환율 또는 재정환율. 양도소득이 국외에서 외화를 차입하여 취득한 자산을 양도하여 발생하는 소득으로서 환율변동으로 인하여 외화차입금으로부터 발생하는 환차익을 포함하고 있는 경우에는 해당 환차익을 양도소득 범위에서 제외함
양도소득 기본공제	국외자산의 양도에 대한 양도소득이 있는 거주자에 대해서는 해당 과세기간의 양도소득금액에서 연 250만원을 공제함

양도소득 과세표준	양도가액	양도가액 × 양도일 환율
	취득가액	취득가액 × 취득일 환율
	기타필요경비	지출액 × 지출일 환율
	양도차익	
	장기보유특별공제	국외자산양도는 장기보유특별공제를 적용하지 않음
	양도소득금액	
	기본공제	연 250만원 공제(미등기자산도 적용함)
	양도소득과세표준	
	양도소득산출세액	양도소득과세표준 × 기본세율

외국납부세액	① 필요경비산입 또는 외국납부세액 공제 중 선택 → 이월공제 불가 ② 외국납부세액 = Min(㉠, ㉡) 　㉠ 국외자산 양도소득세 　㉡ 공제한도액 = 국외자산 양도소득 산출세액 × $\dfrac{\text{국외자산 양도소득금액}}{\text{해당 과세기간 국외자산 양도소득금액}}$

사례

국내 5년 이상 거주한 바 있는 甲이 ×1. 5. 1. 국외 소재 A주택을 양도한 것에 관한 자료가 다음과 같을 때 양도소득금액을 계산하시오. 한편, 甲은 A주택 이외 다른 주택을 소유한 바 없으며, 그 세대원도 동일하다.
• 양도가액: $1,000,000(양도시점의 기준환율 $1 : 1,200원)
• 취득가액: $900,000(취득시점의 기준환율 $1 : 1,100원)
• 필요경비: 없음
• A토지를 담보로 차입한 금액: $600,000
• 甲은 ×1년 과세기간 중에 국내 소재 B토지를 양도하여 양도차익 1억원을 얻었음

구분	금액	계산근거
양도가액	1,200,000,000	1,000,000 × 1,200
취득가액(환산가액)	990,000,000	900,000 × 1,100
기타필요경비		
비과세 양도차익(환차익)	60,000,000	600,000 × (1,200 − 1,100)
양도차익	150,000,000	
장기보유특별공제		
양도소득기본공제	2,500,000	
양도소득과세표준	147,500,000	

09 거주자의 국외출국 시 국내주식 등에 대한 과세특례

구분	내용
입법취지	우리나라가 체결한 대부분의 조세조약에서 주식에 대한 양도소득은 거주지국에서만 과세함(거주지국 과세원칙). 이때, 주식 양도소득에 대해 과세를 하지 않는 소위 '조세피난처'인 케이만제도, 버뮤다 등의 국가로 거주지를 이전하는 역외 조세회피가 문제될 수 있음. 이러한 과세공백을 막고 우리나라의 과세권을 확보하기 위해 대주주가 국외로 출국하는 때는 출국 당시 소유한 국내주식 등을 유상으로 이전한 것으로 간주하여 양도소득세 납부의무를 지움
납세의무자	다음의 요건을 모두 갖춘 거주자로서 출국 당시 소유한 일반주식(국외주식은 제외) 및 기타자산에 해당하는 주식을 출국일 현재 양도한 것으로 보아 양도소득에 대해 납세의무가 있음 ① 출국일 10년 전부터 출국일까지의 기간 중 국내에 주소나 거소를 둔 기간의 합계가 5년 이상일 것 ② 출국일이 속하는 연도의 직전 연도 종료일 현재 대주주에 해당할 것

세액 계산

양도가액	… 출국일 당시의 시가
(−) 취득가액	
(−) 기타필요경비	
양도차익	
(−) 장기보유특별공제	… 해당사항 없음
양도소득금액	
(−) 양도소득 기본공제	… 연간 250만원
과세표준	
(×) 세율	… 20%(3억원 초과분은 25%)
산출세액	
(−) 조정공제액	
(−) 외국납부세액	… 산출세액에서 조정공제액을 차감한 금액을 한도로 함
(−) 국내원천소득세액공제	… 산출세액에서 조정공제액을 차감한 금액을 한도로 함
(+) 가산세	
차감납부세액	

이중과세조정

이중과세조정	조정공제액	국외전출자가 출국한 후 국외전출자 국내주식 등을 실제 양도한 경우로서 실제 양도가액이 이미 과세된 양도가액보다 낮은 때에는 산출세액에서 조정공제액을 차감함 (국외전출세의 양도가액 − 실제 양도가액) × 20%(25%)
	외국납부세액	실제 양도소득에 대하여 국외에서 세금을 납부한 경우에는 산출세액에서 조정공제액을 공제한 금액을 한도로 외국납부세액공제 적용 가능
	비거주자의 국내원천소득 세액공제	국외전출자가 국내주식을 실제 양도할 때 국내에서 과세되는 경우에는 국내에서 과세된 세액(산출세액에서 조정세액을 뺀 금액을 한도)을 공제함

구분	내용
경정청구특례	외국납부세액공제, 조정공제액, 비거주자의 국내원천소득 세액공제를 적용받으려는 자는 국내주식을 양도한 날부터 2년 이내 관할 세무서장에게 경정을 청구할 수 있음
신고	국외전출자는 납세관리인과 신고일 전날 현재 국내주식 등의 보유현황을 출국일 전날까지 납세지 관할 세무서장에게 신고하여야 함

납부유예	① 국외전출자는 납세담보를 제공하고 납세관리인을 신고할 것을 조건으로 출국일부터 국외전출자 국내주식 등을 실제로 양도할 때까지 납세지 관할 세무서장에게 양도소득세 납부의 유예를 신청하여 납부를 유예받을 수 있음 ② 납부유예기간은 원칙적으로 5년임. 그러나 국외유학의 경우 10년의 납부유예기간을 적용함 ③ 납부유예를 받은 국외전출자가 실제 주식을 양도하는 경우 납부유예받은 기간에 대한 이자상당액을 가산하여 납부하여야 함
환급	출국일로부터 5년 이내에 국외전출자가 국내주식 등을 양도하지 아니하고 다시 입국하여 거주자가 되거나, 출국일로부터 5년 이내에 국외전출자 국내주식 등을 거주자에게 증여한 경우 등의 사유가 있는 때에는 사유가 발생한 날부터 1년 이내에 납세지 관할 세무서장에게 납부한 세액의 환급을 신청을 하거나 납부유예 중인 세액의 취소를 신청함

회계사 · 세무사 · 경영지도사 단번에 합격!
해커스 경영아카데미 cpa.Hackers.com

제**10**장

소득세 납세절차

01 종합소득세 신고·납부절차

1. 과세표준확정신고

구분	내용
신고·납부절차	
확정신고	해당 과세기간의 종합소득금액·퇴직소득금액·양도소득금액이 있는 거주자(결손금이 있는 거주자를 포함)는 그 종합소득과세표준을 그 과세기간의 다음 연도 5월 1일부터 5월 31일까지 납세지 관할 세무서장에게 신고하여야 함

확정신고의무 면제	비고
① 근로소득만 있는 자 ② 공적연금소득만 있는 자 ③ 연말정산대상 사업소득만 있는 자 ④ 퇴직소득만 있는 자 ⑤ 원천징수되는 기타소득으로서 연말정산이 되는 종교인 소득만 있는 자	① 원천징수의무자가 원천징수하지 아니한 때에는 확정신고의무 있음 ② 국외근로소득 또는 국외퇴직소득이 있는 자는 과세표준확정신고를 하여야 함. 다만, 납세조합에 가입하여 연말정산에 의하여 소득세를 납부한 경우에는 그러하지 아니함 ③ 퇴직소득을 제외한 두 가지 이상의 소득이 있는 경우에는 기본세율 적용을 위해서 확정신고의무 있음
⑥ 근로소득과 퇴직소득만 있는 자 ⑦ 공적연금소득과 퇴직소득만 있는 자 ⑧ 연말정산대상 사업소득과 퇴직소득만 있는 자 ⑨ 연말정산이 되는 종교인 소득과 퇴직소득만 있는 자	분류과세대상인 퇴직소득은 상기 나머지 소득과 같이 있어도 확정신고의무가 면제됨
⑩ 분리과세이자소득·분리과세배당소득·분리과세연금소득 및 분리과세기타소득(원천징수되지 아니하는 소득은 제외)만 있는 자	분리과세소득임에도 불구하고 다음의 소득은 확정신고의무 있음 → 세액계산 특례(결정세액에 가산) ① 분리과세 주택임대소득 ② 계약금이 위약금·배상금으로 대체되어 기타소득으로 분리과세 신청한 것 ③ 분리과세연금소득 외의 연금소득이 있는 자

확정신고면제

확정신고면제	⑪ ①～⑨의 규정에 해당하는 자로서 ⑩의 소득이 있는 자	
	⑫ 수시부과 후 추가로 소득이 없는 자	[비교] 법인의 경우 수시부과 후 추가로 소득이 없더라도 법인세 확정신고는 하여야 함

확정신고기한	① 다음 연도 5/1 ~ 5/31
	② 성실신고확인대상자가 성실신고확인서를 제출하는 경우: 다음 연도 5/1 ~ 6/30

확정신고기한 특례	사망 시	① 사망일이 속하는 달의 말일부터 6개월 이내(이 기간 중 상속인이 출국하는 경우에는 출국일 전날) ② 1월 1일과 5월 31일 사이에 사망한 거주자가 사망일이 속하는 과세기간의 직전 과세기간에 대한 과세표준확정신고를 하지 아니한 경우에도 동일함
	국외 출국 시	① 출국일 전날까지 ② 거주자가 1월 1일과 5월 31일 사이에 출국하는 경우 출국일이 속하는 과세기간의 직전 과세기간에 대한 과세표준확정신고도 출국일 전날까지 하여야 함

연말정산시기	① 근로소득: 해당 과세기간의 다음 연도 2월분 또는 퇴직한 달의 근로소득을 지급하는 때 ② 공적연금소득: 해당 과세기간의 다음 연도 1월분 공적연금소득 지급할 때(공적연금소득을 받는 사람이 해당 과세기간 중에 사망한 경우 그 사망일이 속하는 달의 다음다음 달 말일까지) ③ 사업소득(보험모집인 등): 해당 과세기간의 다음 연도 2월분 사업소득을 지급할 때 또는 사업자와 거래계약을 해지하는 달의 사업소득을 지급할 때 ④ 종교인 소득: 해당 과세기간의 다음 연도 2월분의 종교인소득을 지급할 때

소득금액 변경과 추가신고	법인세 과세표준을 결정 또는 경정하여 익금에 산입한 금액이 배당·상여 또는 기타소득으로 처분됨으로써 추가로 신고할 소득세가 있는 경우에는 소득금액변동통지서 수령일이 속하는 달의 다음 다음 달 말일까지 신고한 경우에는 확정신고한 것으로 봄. 추가신고기한까지 세액을 납부한 경우에는 종합소득과세표준신고기한까지 납부한 것으로 봄

법인세 결정일 또는 경정일로부터 15일 이내 소득처분의 내용을 법인에게 통지하여야 함. 다만, 법인의 소재지가 분명하지 않은 경우에는 처분을 받은 거주자에게 통지하여야 함. 법인에게 소득금액변동통지서를 통지한 경우 통지하였다는 사실(소득금액 변동내용은 포함하지 아니함)을 소득처분받은 거주자에게 알려야 함

분할납부(분납)	분납요건	중간예납세액, 토지 등 매매차익 예정신고 자진납부세액, 확정신고 자진납부세액이 각각 1천만원을 초과하는 경우에는 다음과 같이 분할납부(분납)할 수 있음. 단, 수정신고납부세액, 가산세는 분납할 수 없음. 이 경우 분납기한은 2개월임 → 중소기업 여부 관계없음
	분납세액	

납부할 세액	최대 분납가능세액
1천만원 초과 2천만원 이하	납부할 세액 – 1천만원
2천만원 초과	납부할 세액의 50%

구분	내용
연말정산과 확정신고 사례	① 근로소득금액 60,000,000원, ② 연말정산 시 과세표준 50,000,000원, ③ 연말정산 시 산출세액 6,240,000원, ④ 연말정산 시 결정세액 1,200,000원, ⑤ 다음 해 2월분 소득 지급 시(연말정산 시) 추가납부세액 100,000원(∵ 간이세액표에 따른 근로소득 원천징수세액 1,100,000원)
	[기타소득금액 10,000,000원(원천징수세액 2,000,000원)이 있는 경우] ① 종합소득과세표준　　　60,000,000 ② 종합소득산출세액　　　 8,640,000 ③ 종합소득세액공제　　　 5,040,000 (연말정산 시 세액공제액과 동일한 것으로 가정) ④ 종합소득결정세액　　　 3,600,000 ⑤ 기납부세액　　　　　　 3,200,000 → 1,200,000 + 2,000,000 ⑥ 차가감납부세액　　　　　 400,000 → 10,000,000 × (24% − 20%)

2. 사업장 현황신고와 확인

구분	내용
의의	① 사업자(해당 과세기간 중 폐업 또는 휴업한 사업자 포함)는 해당 사업자의 수입금액 및 매입금액 명세 등 사업장 현황을 해당 과세기간의 다음 연도 2월 10일까지 사업장 소재지 관할 세무서장에게 신고하여야 함 ② 이 경우 2 이상의 사업장이 있는 사업자는 각 사업장별로 사업장 현황신고를 하여야 함
면제	다음 중 어느 하나에 해당하는 경우에는 면제됨 ① 사업자가 사망하여 상속인이 상속개시일부터 6개월 이내에 과세표준확정신고를 한 경우 ② 사업자가 출국하는 경우 출국일 전날까지 과세표준신고한 경우 ③ 「부가가치세법」에 따른 사업자(일반과세자, 간이과세자 및 겸영사업자)가 예정신고 또는 확정신고한 경우 → 실질적으로 부가가치세 면세사업자만 현황신고의무 있음 예 「부가가치세법」상 간이과세자는 현황신고의무 없음
가산세	미신고·과소신고한 수입금액 × 0.5%

3. 성실신고확인

구분	내용
의의	① 성실신고확인대상 사업자는 종합소득과세표준확정신고를 할 때에 첨부서류에 더하여 성실신고확인서를 납세지 관할 세무서장에게 제출하여야 함 ② 수입금액이 일정규모 이상인 사업자에 대해서 세무사 등에게 장부기장의 정확성 여부를 확인받아 종합소득과세표준확정신고를 하는 제도로서, 이를 통해 여러 특례 규정을 적용해 혜택을 제공하고 있음
확인대상 사업자	해당 과세기간의 수입금액이 다음 규모 이상인 사업자 {표: 구분 / 기준수입금액} ① 농업 및 임업, 어업, 광업, 도매업 및 소매업, 부동산매매업, 기타 다음 ② 및 ③에 해당하지 아니하는 사업 — 15억원 이상 ② 제조업, 숙박 및 음식점업, 전기·가스 및 수도사업, 건설업, 운수업, 정보통신업, 금융 및 보험업 — 7.5억원 이상 ③ 부동산임대업, 부동산업(부동산매매업 제외), 전문·과학 및 기술서비스업, 사업시설관리 및 사업지원 및 임대서비스업, 교육서비스업, 보건 및 사회복지사업, 예술·스포츠 및 여가 관련 서비스업, 협회 및 단체·수리 및 기타 개인서비스업, 가구 내 고용활동 — 5억원 이상
확인서 작성자	세무사(세무사 등록 공인회계사 포함), 세무법인, 회계법인 → 세무사는 본인에 대한 확인서를 작성할 수 없음
선임신고기한	성실신고를 확인하는 세무사 등을 선임하여 해당 과세기간의 다음 연도 4월 30일까지 관할 세무서장에게 신고하여야 함 比교 「법인세법」은 선임신고서 제출의무를 폐지함
확인서 제출기한	종합소득 확정신고 시 제출서류에 더하여 성실신고확인서를 제출

구분	기준수입금액
① 농업 및 임업, 어업, 광업, 도매업 및 소매업, 부동산매매업, 기타 다음 ② 및 ③에 해당하지 아니하는 사업	15억원 이상
② 제조업, 숙박 및 음식점업, 전기·가스 및 수도사업, 건설업, 운수업, 정보통신업, 금융 및 보험업	7.5억원 이상
③ 부동산임대업, 부동산업(부동산매매업 제외), 전문·과학 및 기술서비스업, 사업시설관리 및 사업지원 및 임대서비스업, 교육서비스업, 보건 및 사회복지사업, 예술·스포츠 및 여가 관련 서비스업, 협회 및 단체·수리 및 기타 개인서비스업, 가구 내 고용활동	5억원 이상

구분		내용
혜택 및 불이익	신고기한 연장	다음 연도 5/1 ~ 6/30
	세액공제	① 의료비세액공제와 교육비세액공제 및 월세세액공제 ② 성실신고 확인비용의 60%를 세액공제(단, 120만원 한도)
	가산세	성실신고확인대상자가 다음 연도 6월 30일까지 성실신고확인서를 제출하지 않으면 사업소득 관련 산출세액의 5%와 수입금액에 0.02%를 곱한 금액 중 큰 금액의 가산세를 부과함. 단, 경정으로 종합소득산출세액이 0보다 크게 된 경우에는 경정된 종합소득산출세액을 기준으로 가산세를 계산함
	세무조사 선정	성실신고확인대상자가 다음 연도 6월 30일까지 성실신고확인서를 제출하지 않으면 수시선정 세무조사를 실시할 수 있음
	보정요구	납세지 관할 세무서장은 제출된 성실신고확인서에 미비한 사항 또는 오류가 있을 때에는 그 보정을 요구할 수 있음

02 기납부세액

1. 중간예납

구분		내용
의의		사업소득이 있는 거주자(신규사업자 제외)는 중간예납을 하여야 함. 중간예납은 고지하는 것을 원칙으로 하되, 예외적으로 해당 과세기간의 중간예납기간 실적기준으로 계산된 중간예납세액을 신고·납부할 수 있음
제외대상자		① 신규사업자 ② 사업소득 외의 종합소득만 있는 거주자 ③ 퇴직소득, 양도소득만 있는 거주자 ④ 사업소득 중 속기·타자 등 사무지원 서비스업에서 발생하는 소득만 있는 거주자 ⑤ 사업소득 중 수시부과하는 소득만 있는 거주자 ⑥ 자영 예술가(저술가, 화가, 배우, 가수 등)와 자영 경기업자(직업선수, 코치, 심판 등)의 소득 ⑦ 보험모집인, 방문판매원 ⑧ 분리과세 주택임대소득만 있는 거주자
납부고지 (원칙)	고지세액	$$중간예납\ 기준액 \times \frac{1}{2} - 토지\ 등\ 매매차익\ 예정신고납부세액$$ ① 중간예납 기준액: 직전 과세기간의 (중간예납세액 + 확정신고자진납부세액) − 환급세액 ② 확정신고자진납부세액에는 결정·경정에 따른 추가납부세액과 기한후신고·수정신고 추가자진납부세액을 포함함
	소액부징수	중간예납세액이 50만원 미만인 경우에는 징수하지 않음 → 「국세기본법」상 일반우편으로 송달 가능(조문 간 상충)
납세조합 특례		납세조합이 중간예납기간 중 그 조합원의 해당 소득에 대한 소득세를 매월 징수하여 납부한 경우에는 그 소득에 대한 중간예납을 하지 아니함

신고·납부 (예외)	대상자	① 종합소득이 있는 거주자가 중간예납추계액이 중간예납기준액의 30%에 미달하는 경우에는 중간예납추계액을 중간예납세액으로 하여 납세지 관할 세무서장에게 신고할 수 있음. 이와 같이 신고한 경우 중간예납세액의 결정은 없었던 것으로 봄 ② 중간예납기준액이 없는 거주자 중 복식부기의무자가 해당 과세기간의 중간예납기간 중 사업소득이 있는 경우에는 중간예납추계액을 중간예납세액으로 하여 납세지 관할 세무서장에게 신고하여야 함
	추계액	다음 순서에 따라 계산함 ① 종합소득과세표준 (중간예납기간 소득금액 × 2) − 이월결손금 − 종합소득공제 ② 종합소득산출세액 종합소득과세표준 × 세율 ③ 중간예납추계액 종합소득산출세액 × 1/2 − 감면세액·세액공제·기납부세액

납부기한	11월 30일
분납	중간예납세액도 분납 가능함(관련 규정은 확정신고납부와 동일함)

비교	구분	「법인세법」	「소득세법」
	중간예납기간	사업연도 개시일부터 6개월간	1/1 ~ 6/30
	중간예납세액	직전 과세기간 실적기준과 중간예납기간 실적기준 중 선택 신고	원칙 직전 과세기간 실적기준 고지 예외 중간예납기간 실적기준 신고
	납부기한	중간예납기간 종료일로부터 2개월 이내	11월 30일까지
	소액부징수 등	직전 사업연도 중소기업으로서 중간예납세액이 50만원 미만은 납부면제(소액부징수규정은 없으나, 납부의무 면제규정은 있음)	50만원 미만

2. 부동산매매업자의 토지 등 매매차익 예정신고와 납부

구분	내용
예정신고의무	① 부동산매매업자가 토지 또는 건물을 매매한 경우에는 매매차익과 그 세액을 매매일이 속하는 달의 말일부터 2개월이 되는 날까지 예정신고를 해야 함. 이때 토지 등의 매매차익이 없는 경우나 매매차손이 발생한 경우에도 신고해야 함 ② 토지 등 매매차익을 예정신고납부한 경우에도 종합소득과세표준확정신고의무가 있으므로 확정신고하지 않은 경우에는 예정신고한 토지 등 매매차익도 무신고한 소득금액으로 보고 신고불성실가산세를 적용함

매매차익	매매가액
	(−) 필요경비 ··· 취득가액, 자본적 지출, 양도비용
	(−) 건설자금충당이자
	(−) 매도와 관련된 공과금
	(−) 장기보유특별공제
	    토지 등 매매차익
	(×) 세율 ··· 일반세율(단기매매자산 포함), 중과세율
	    산출세액

공제	① 토지 등 매매차익 예정신고할 때에는 양도소득기본공제는 매매차익 계산 시 적용하지 않음 ② 토지 등 매매차익 예정신고 시 토지 등 매매가액에서 공제받은 장기보유특별공제액은 부동산매매업자가 종합소득과세표준확정신고 시에 필요경비에 산입하지 않음

3. 원천징수

구분		내용
원천징수의무자		원천징수대상 소득을 지급하는 자는 법인이든 개인이든 모두 원천징수의무를 짐. 다만, 원천징수대상 사업소득이나 금융투자소득을 지급하는 경우는 그 소득의 지급자가 사업자 등에 해당하는 경우에 한하여 원천징수의무를 짐 → p.2-6 참고
원천징수의 배제		원천징수대상 소득으로서 발생 후 지급되지 아니함으로써 원천징수되지 아니한 소득이 종합소득에 합산되어 종합소득에 대한 소득세가 과세된 경우에는 그 소득을 지급할 때 소득세를 원천징수하지 않음
원천징수세액납부	원칙	징수일이 속하는 달의 다음 달 10일까지 납부
	반기납부특례	직전 과세기간(신규사업장의 경우 신청일이 속하는 반기)의 상시 고용인원이 20명 이하인 원천징수의무자(금융·보험업자는 제외)로서 원천징수 관할 세무서장의 승인을 받거나 국세청장이 정하는 바에 따라 지정을 받은 자는 징수일이 속하는 반기의 마지막 달의 다음 달 10일까지 납부할 수 있음 → 소득처분된 상여·배당 및 기타소득에 대한 원천징수세액은 반기납부특례를 적용할 수 없음(소득금액변동통지서를 수령한 날의 다음 달 10일까지 납부해야 함) ※ 종교단체는 인원수에 관계없이 반기납부 특례 가능

	구분		원천징수세율
원천징수세율	이자소득	비영업대금의 이익(온라인투자연계금융)	25%(14%)
		직장공제회 초과반환금	기본세율
		비실명이자소득(금융기관)	45%(90%)
		분리과세 신청한 장기채권 이자	30%
		그 밖의 이자소득	14%
	배당소득	출자공동사업자의 배당소득	25%
		비실명배당소득(금융기관)	45%(90%)
		그 밖의 배당소득	14%
	사업소득	원천징수대상 사업소득(외국인직업운동가)	3%(20%)
		봉사료	5%
	근로소득	상용근로자(간이세액표)	기본세율
		일용근로자	6%
	사적연금소득	연금수령일 현재 나이 / 70세 미만	5%
		70세 이상 80세 미만	4%
		80세 이상	3%
		종신연금계약(단, 위의 연령요건과 동시 충족 시에는 낮은 세율 적용)	4%
		과세이연 퇴직소득 / 수령연차 10년 이하	이연퇴직소득세 × 70%
		수령연차 10년 초과	이연퇴직소득세 × 60%
	공적연금소득	공적연금소득(간이세액표)	기본세율
	기타소득	복권 당첨금, 승자투표권, 슬롯머신 등을 통해 얻은 소득금액 중 3억원 초과분	30%
		소기업·소상공인 공제부금	15%
		연금외수령	15%
		그 밖의 기타소득	20%
	퇴직소득	퇴직소득	기본세율

제10장

제2편 소득세법

구분	내용
지급시기 의제	소득을 지급하는 때 원천징수하여야 함. 다만, 실제 소득을 지급하지 않았음에도 불구하고 특정시점에 소득을 지급한 것으로 간주하여 원천징수세액을 납부하도록 하고 있는데 이를 원천징수의 지급시기 의제라고 함

구분	지급시기 의제
이자소득	① 금융회사 등이 정기예금이자를 지급하지 않고 납입할 부금에 대체하는 정기예금연결 정기적금에 가입한 경우: 정기예금 또는 정기적금이 해약되거나 저축기간이 종료되는 시점 ② 금융기관의 중개어음, 표지어음의 이자와 할인액: 할인매출 하는 날 ③ 기타: 총수입금액의 수입시기
잉여금처분에 의한 배당·상여	① 법인의 잉여금처분에 의한 배당·상여·퇴직소득의 미지급: 처분결의일로부터 3월이 되는 날 ② 11. 1. ~ 12. 31. 사이에 결정된 처분에 따라 다음연도 2월 말일까지 지급하지 않은 경우: 그 처분결정일이 속하는 과세기간의 다음 연도 2월 말일 → 11월 이후는 3개월이 되는 날이 다음 연도 2월 이후가 됨. 당해 배당소득에 대한 지급명세서 제출기한이 다음 연도 2월 말일이므로 늦어도 2월 말일까지는 지급시기가 되어야 함 ③ 출자공동사업자의 배당소득으로서 과세기간 종료 후 3개월이 되는 날까지 지급하지 아니한 소득: 과세기간 종료 후 3개월이 되는 날 ④ 동업기업으로부터 배분받는 소득으로서 해당 동업기업의 과세기간 종료 후 3개월이 되는 날까지 지급하지 아니한 소득: 해당 동업기업의 과세기간 종료 후 3개월이 되는 날
근로·퇴직·연말정산사업소득	① 1월부터 11월까지 근로소득 미지급: 12월 31일 → 다음 연도 1월 10일까지 원천징수하고 해당 연도 지급명세서에 포함 ② 12월분 근로소득 미지급: 2월 말일 → 근로소득 등은 다음 달에 급여가 지급되는 일부 기업의 관행을 반영하여 11월 근로소득까지는 12월까지 지급된 것으로 의제하고, 12월분 급여는 2월까지(지급명세서 제출기간 반영)는 지급된 것으로 의제함
인정배당 인정상여 인정기타소득	① 법인세 과세표준을 결정 또는 경정하는 경우: 소득금액변동통지서를 받은 날 ② 법인세 과세표준을 신고하는 경우: 그 신고일 또는 수정신고일

구분	지급자	귀속자
잉여금처분에 의한 배당·상여 (잉여금처분결의일 ×4. 2. 28.)	×4. 5. 31. 지급의제 ×4. 6. 10. 원천징수	×4년 배당·근로소득
법인이 ×3년 인정배당·인정상여 처리하여 신고 (법인세신고일 ×4. 3. 31.)	×4. 3. 31. 지급의제 ×4. 4. 10. 원천징수	×4년 배당소득 ×3년 근로소득
세무서가 ×1 사업연도 세무조사 후 경정으로 인정배당·인정상여 (소득금액 변동통지서 ×4. 4. 30. 수령)	×4. 4. 30. 지급의제 ×4. 5. 10. 원천징수	×2년 배당소득 ×1년 근로소득 → ×4. 6. 30. 확정신고 → 가산세 적용하지 않음

사례	(위 표 참조)
소액부징수	① 원칙: 원천징수세액이 1천원 미만인 경우에는 징수하지 아니함 ② 예외: 이자소득 및 계속적·반복적으로 행하는 활동을 통하여 얻는 인적용역 사업소득은 1천원 미만인 경우에도 원천징수함

4. 수시부과

구분	내용
의의	소득세 포탈의 우려가 있어 조세채권을 조기에 확보하여야 될 것으로 인정되는 경우에는 납세자의 기한의 이익을 박탈하고 과세기간 중에라도 당해 과세기간 소득세액의 일부로서 수시로 부과할 수 있음
수시부과 사유	① 사업부진이나 그 밖의 사유로 장기간 휴업 또는 폐업 상태에 있는 때로서 소득세를 포탈할 우려가 있다고 인정되는 경우 ② 그 밖에 조세를 포탈할 우려가 있다고 인정되는 상당한 이유가 있는 경우
수시부과 기간	해당 과세기간의 사업개시일로부터 수시부과 사유가 발생한 날까지
납세의무 성립시기	수시부과할 사유가 발생하는 때에 성립
수시부과 세액	(종합소득금액 − 본인에 대한 기본공제) × 기본세율

구분	내용
성실신고확인서 미제출	성실신고확인대상사업자가 성실신고확인서를 미제출한 경우 Max[①, ②] ① 산출세액 × (사업소득금액/종합소득금액) × 5% ② 사업소득 총수입금액 × 0.02%
사업장 현황신고 불성실	사업장현황신고를 하지 아니하거나 미달신고하는 경우(의료업, 수의업, 약사업을 경영하는 사업자만 적용) 미신고·미달신고 수입금액 × 0.5%

증명서류
수취불성실
	적격증명서류를 수취하지 아니한 금액 또는 사실과 다른 증빙서류를 받은 경우(소규모사업자[*]
	및 소득금액이 추계되는 자는 제외)
	
	수취금액 × 2%
	
	* 소규모사업자
	  ㉠ 해당 과세기간에 신규로 사업을 개시한 자
	  ㉡ 직전 과세기간의 사업소득의 수입금액이 4,800만원 미달하는 사업자
	  ㉢ 연말정산대상(사업소득) 사업자

장부의 기록·보관불성실	사업자(소규모사업자 제외)가 장부를 비치·기록하지 아니하였거나 비치·기록한 장부에 따른 소득금액이 기장하여야 할 금액에 미달한 경우 → 신고불성실가산세(무신고, 과소신고)와 중복 적용되는 경우 둘 중 큰 것만 적용함 $$\text{산출세액} \times \frac{\text{무기장·미달기장신고금액}}{\text{종합소득금액}} \times 20\%$$

사업용계좌 미사용	미사용	복식부기의무자가 사용의무 있는 거래금액에 대하여 미사용하는 경우 사업용계좌 미사용금액 × 0.2%
	미신고	복식부기의무자가 사업용계좌를 신고하지 아니한 경우 $$\text{수입금액} \times \frac{\text{미신고기간}}{365} \times 0.2\%$$

신용카드거부	Max[①, ②] ① 건별 발급거부·사실과 다른 발급금액(차액)의 5% ② 5,000원(건별 계산금액)

	미가맹	수입금액 × 1%
현금영수증 미발급	발급거부·사실과 다른 발급	Max[①, ②] ① 건별 발급거부·사실과 다른 발급금액(차액)의 5% ② 5,000원(건별 계산금액)
	가맹의무사업자의 미발행	미발급금액 × 20%
지급명세서 제출 불성실	지급명세서 미제출	불분명 또는 사실과 다른 경우 또는 3개월 이내 지연제출 해당 지급금액 × 1%(지연제출은 0.5%, 일용직 근로소득은 0.125%)
	간이지급명세서 미제출	불분명 또는 사실과 다른 경우 또는 1개월 이내 지연제출 해당 지급금액 × 0.25%(지연제출은 0.125%)
주택임대소득 사업자의 미등록	주택임대소득이 있는 사업자가 사업개시일로부터 20일 이내 사업자등록을 신청하지 아니한 경우 사업 개시일부터 등록 신청일 직전일까지 주택임대소득 수입금액 × 0.2%	

회계사·세무사·경영지도사 단번에 합격!
해커스 경영아카데미 cpa.Hackers.com

제**11**장

비거주자와 외국법인의 납세의무

11 비거주자와 외국법인의 납세의무

01 비거주자와 외국법인의 과세구조

구분	내용
과세구조	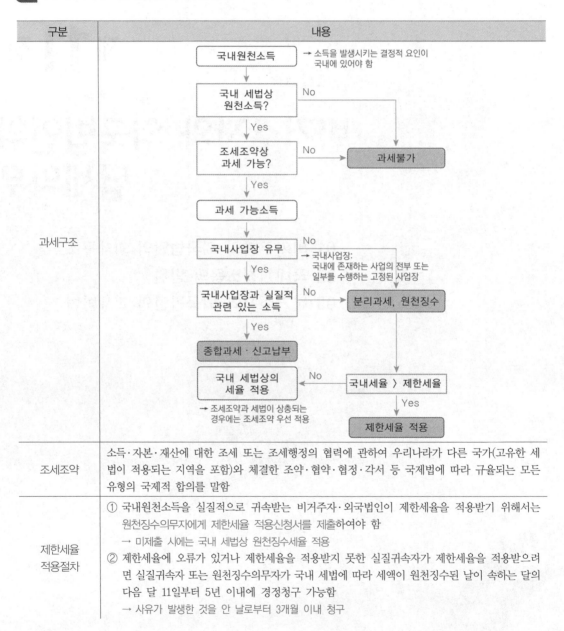
조세조약	소득·자본·재산에 대한 조세 또는 조세행정의 협력에 관하여 우리나라가 다른 국가(고유한 세법이 적용되는 지역을 포함)와 체결한 조약·협약·협정·각서 등 국제법에 따라 규율되는 모든 유형의 국제적 합의를 말함
제한세율 적용절차	① 국내원천소득을 실질적으로 귀속받는 비거주자·외국법인이 제한세율을 적용받기 위해서는 원천징수의무자에게 제한세율 적용신청서를 제출하여야 함 → 미제출 시에는 국내 세법상 원천징수세율 적용 ② 제한세율에 오류가 있거나 제한세율을 적용받지 못한 실질귀속자가 제한세율을 적용받으려면 실질귀속자 또는 원천징수의무자가 국내 세법에 따라 세액이 원천징수된 날이 속하는 달의 다음 달 11일부터 5년 이내에 경정청구 가능함 → 사유가 발생한 것을 안 날로부터 3개월 이내 청구

제11장 제2편 소득세법

제한세율 적용절차	이자지급(20%) 국내 원천징수의무자 → 비거주자 외국법인 제한세율 적용신청서(10%) ← • 사전 제한세율 적용신청서를 제출한 경우: 10% • 사전 제한세율 적용신청서를 제출하지 못한 경우: 20% • 사전 제한세율 적용신청서를 제출하지 못하였으나 추후 경정청구한 경우: 20% ⇒ 10% 환급
제한세율 적용 사전승인	① 기획재정부 장관이 고시하는 국가(조세회피처)에 소재하는 비거주자 또는 외국법인의 국내원천소득 중 이자·배당·사용료소득 또는 유가증권 양도소득에 대하여 소득세 또는 법인세로서 원천징수하는 자는 원칙적으로 조세조약상 비과세·면제 또는 제한세율 규정에 불구하고 국내 세법에 따라 우선 원천징수하여야 함 ② 다만, 조세조약에 따른 비과세 면제 또는 제한세율에 관한 규정을 적용받을 수 있음을 국세청장이 사전에 승인한 경우에는 그러하지 아니함 ③ 만약 조세조약에 따른 비과세·면제 또는 제한세율 규정을 적용받으려는 경우에는 그 세액이 원천징수된 날이 속하는 달의 다음 달 11일부터 5년 이내에 경정청구 가능함
국외투자기구 실질귀속자 특례	원칙: 비거주자를 실질귀속자로 봄 예외: 국외투자기구의 단체성이 인정되는 경우는 국외투자기구를 실질귀속자로 보아 국외투자기구가 직접 납세의무자가 됨 → p.2-5 참고
비거주자 연예인 특례	조세조약에 따라 국내사업장이 없다는 이유로 과세되지 않는 외국법인이 비거주자인 연예인에게 국내에서 제공받은 인적용역과 관련하여 보수 또는 대가를 지급하는 경우 조세조약에도 불구하고 지급하는 금액의 100분의 20의 금액을 원천징수하여야 함 ① 공연대가: $10,000 ② 외국거주 연예인의 공연료: $6,000 국내 기획사 —① 원천징수 $2,000→ 과세관청 ① ↓ 외국 연예인법인 —② 원천신고 $1,200→ ② ↓ ←③ 환급 $800 외국거주 연예인 ① 조세조약에도 불구하고 그 지급하는 금액의 20%를 원천징수함 ② 외국거주 연예인에게 지급하는 소득에 대하여 20% 원천징수하고 신고함 (납부하지 않음) ③ ①의 금액이 ②의 금액보다 큰 경우 환급신청함
외국인 통합계좌 과세특례	① 외국인 통합계좌를 통한 투자 시 소득지급자는 통합계좌 명의인에 대해 원천징수 → 조세조약에 따른 비과세·면제·제한세율 미적용 ② 원천징수 이후 조세조약에 따른 비과세·면제·제한세율을 적용받고자 하는 실질귀속자 및 소득지급자는 경정청구 가능

구분		내용
지점세	취지	① 외국법인의 자회사가 모회사에게 이익을 송금하는 것은 배당의 형태를 띠게 되므로 국내에서 원천징수됨. 이에 반해 지점의 이익을 송금하는 것은 동일한 법인 내부에서의 자금이동에 불과하므로 과세되지 않는 것이 원칙임 ② 외국법인 사업장의 법적 형태에 따라 국내에서 부담하는 세금이 달라진다는 것은 조세의 중립성 차원에서 바람직하지 않음 ③ 지점세(Branch tax)제도는 외국법인의 국내사업장 소득 중 법인세 납부 후 소득을 배당으로 의제하여 과세하는 제도로서, 현지법인(Subsidiary) 형태의 국내진출기업에 대한 배당소득 과세제도와 과세형평을 유지하기 위한 것임
	과세요건	국내법에 조항을 두는 것만으로는 부족하고 국가 간 지점세 부과에 대한 합의가 있어야 함 → 조세조약으로 지점세를 부과할 수 있는 경우에 한함
	과세대상 소득	국내사업장(지점)의 각사업연도소득금액 (−) 법인세 및 지방소득세 (−) 해당 국내사업장이 사업을 위하여 재투자할 것으로 인정되는 금액(내부유보) (−) 「국제조세조정에 관한 법률」상 국외지배주주에게 지급하는 이자의 손금불산입액 　　 (Thin-cap) (=) 지점세 과세대상 소득금액

02 국내원천소득의 범위

구분		내용
과세소득의 범위	외국법인	외국법인에게 법인세가 과세되는 소득은 다음과 같음 ① 각 사업연도의 국내원천소득 ② 토지 등 양도소득
	비거주자	비거주자에게는 국내원천소득만 과세함
국내원천소득		<table><tr><th>외국법인(「법인세법」)</th><th>비거주자(「소득세법」)</th></tr><tr><td>① 이자소득 ② 배당소득 ③ 부동산소득 ④ 선박 등 임대소득 ⑤ 사업소득 ⑥ 인적용역소득 ⑦ 부동산 등 양도소득 ⑧ 사용료소득 ⑨ 유가증권양도소득 ⑩ 기타소득</td><td>① 이자소득 ② 배당소득 ③ 부동산소득 ④ 선박 등 임대소득 ⑤ 사업소득 ⑥ 인적용역소득 ⑦ 부동산 등 양도소득 ⑧ 사용료소득 ⑨ 유가증권양도소득 ⑩ 기타소득 ⑪ 근로소득 ⑫ 퇴직소득 ⑬ 연금소득</td></tr></table>
사업소득 과세범위		국내사업장이 있는 외국법인(비거주자)은 각 사업연도 단위로 국내사업장에 귀속되거나 실질적으로 관련된 국내원천소득을 종합하여 신고·납부하여야 함. 반면 국내사업장이 없는 외국법인의 사업소득은 국내에서 과세하지 않는 것이 원칙임. 결국 조세조약에 따라 우리나라는 체약국 거주자(외국인)의 사업소득에 대하여 그 체약국 거주자(외국인)가 국내에 국내사업장(고정사업장)을 설치한 경우에 그 고정사업장에 귀속되는 사업소득에 대해서만 과세할 수 있음

03 비거주자와 외국법인의 과세방법

1. 국내사업장

구분	내용
개념	국내에서 고정된 사업장소를 통하여 사업의 일부 또는 전부를 수행하여야 함. 고정된 사업장소가 있다는 것은 물적 시설(장소적 요건)과 인적 시설(인적 요건)이 모두 있어야 하는 것을 말함
장소적 요건	국내사업장에는 다음의 장소를 포함함 ① 지점·사무소 또는 영업소 ② 상점, 기타 고정된 판매장소 ③ 작업장·공장 또는 창고 ④ 6개월을 초과하여 존속하는 건설장소, 건설·조립·설치공사의 현장 또는 이와 관련되는 감독활동을 수행하는 장소 ⑤ 고용인을 통하여 용역을 제공하는 경우로서 다음에 해당하는 장소 ⑦ 용역의 제공이 계속되는 12월 기간 중 합계 6월을 초과하는 기간 동안 용역이 수행되는 장소 ⓛ 용역의 제공이 계속되는 12월 기간 중 합계 6월을 초과하지 아니하는 경우로서 유사한 종류의 용역이 2년 이상 계속적·반복적으로 수행되는 장소 ⑥ 광산·채석장 또는 해저천연자원이나 기타 천연자원의 탐사 및 채취장소
특정 활동장소	**원칙** 다음 특정 활동장소가 외국법인의 사업 수행상 예비적 또는 보조적인 성격을 가진 활동을 하기 위하여 사용되는 경우에는 국내사업장에 포함되지 아니함 ① 자산의 단순한 구입만을 위하여 사용하는 일정한 장소 ② 판매를 목적으로 하지 아니하는 자산의 저장 또는 보관을 위해서만 사용하는 일정한 장소 ③ 자기의 자산을 타인으로 하여금 가공하게 하기 위해서만 사용되는 일정한 장소 ④ 광고·선전·정보의 수집과 제공·시장조사를 하거나 이와 유사한 활동만을 위하여 사용되는 일정한 장소 **예외** 고정사업장 규정에 대한 예외를 남용하는 것을 방지하기 위하여 다음의 특정 활동장소는 국내사업장에 포함함 ① 국내에 비거주자(외국법인) 또는 그 특수관계인의 국내사업장이 존재하고, 특정 활동장소와 다른 국내사업장의 사업활동이 상호보완적인 경우 ② 각각의 특정 활동장소의 활동을 결합한 전체적인 활동이 상호보완적이며, 예비적·보조적 성격을 가지지 않는 경우
종속대리인	외국법인이 국내사업장을 가지고 있지 아니한 경우라도, ① 국내에 자기를 위하여 계약을 체결할 권한을 가지고 그 권한을 반복적으로 행사하는 자를 두고 있는 경우, ② 자기 명의의 계약을 체결하는 과정에서 중요한 역할을 반복하는 자를 두고 있는 경우, 또는 ③ 이에 준하는 자가 있는 경우에는 국내사업장을 둔 것으로 봄

2. 종합과세, 분리과세, 분류과세

국내원천소득	국내사업장 O	국내사업장 X	원천징수세율
이자소득	종합과세 신고·납부	분리과세, 완납적 원천징수	20% (채권이자 14%)
배당소득			20%
부동산소득			–
선박 등 임대소득			2%
사업소득			2%
사용료소득			20%
유가증권 양도소득			Min (양도가액 × 10%, 양도차익 × 20%)
기타소득			20%
근로소득			거주자와 동일
연금소득			
인적용역소득		분리과세(종합소득) 확정신고 가능	20%
퇴직소득	거주자와 동일(분류과세)		거주자와 동일
부동산 등 양도소득	거주자와 동일 (분류과세)	거주자와 동일 (양수인이 법인이면 예납적 원천징수)	Min (양도가액 × 10%, 양도차익 × 20%)

회계사·세무사·경영지도사 단번에 합격!
해커스 경영아카데미 cpa.Hackers.com

제**3**편

상속세 및 증여세법

회계사·세무사·경영지도사 단번에 합격!
해커스 경영아카데미 cpa.Hackers.com

제 **1** 장

총칙

1 총칙

01 「민법」상 상속

구분	내용
상속의 순서	① 유언에 따른 상속인 지정 → ② 협의분할 → ③ 법정상속
법정상속 순위	① 직계비속 → ② 직계존속 → ③ 형제자매 → ④ 4촌 이내 방계혈족 상속인 부재 시에는 가정법원의 결정으로 특별연고자에게 재산을 분여할 수 있으며, 잔여재산은 국고로 귀속됨
배우자	① 피상속인의 배우자는 1순위와 2순위 법정상속인이 있으면 그 상속인과 동 순위가 되고, 모두 없으면 단독 상속인이 됨 ② 배우자에게는 직계비속이나 직계존속 상속지분의 5할을 가산함 ③ 법률상의 배우자를 말하며, 사실혼 배우자는 상속권이 없음
사례	피상속인이 사망할 당시 가족관계는 모친, 배우자, 차남 1명임. 한편, 장남은 2년 전 사망하였고, 사망한 장남의 배우자와 자녀 1명 생존하고 있음 ① 직계비속에게 우선 상속권이 있으므로 직계존속인 모친은 상속인이 되지 못함 ② 동 순위의 직계비속이지만 차남의 자녀(b)는 촌수가 최근친이 아니므로 상속인이 되지 못함. 다만, 장남의 자녀(a)는 대습상속으로 상속인이 됨 ③ 상속인별 상속지분은 피상속인의 배우자(1.5/3.5), 차남(1/3.5), 장남의 배우자와 자녀(a)(合 1/3.5)임 ④ 장남의 배우자는 (1/3.5 × 1.5/2.5), 장남의 자녀(a)는 (1/3.5 × 1/2.5)의 상속지분이 있음

02 상속세 및 증여세 과세방식

구분	유산세	유산취득세
적용세목	상속세	증여세
이론적 근거	위장분할로 인한 조세회피방지	부의 분산을 유도
납세의무의 출발	무상이전자(피상속인)	무상수증자
과세대상	상속재산	무상취득자산
성격	재산세적 성격	수익세적 성격
장점	과세행정 편의	응능부담에 맞음
단점	응능부담에 반함	과세행정 불편
가장분할의 유인	낮음	높음
상속세 중 관련 조문	① 상속세 과세대상 ② 상속세 과세범위 ③ 채무 및 공과금	① 각자가 받은 재산 비율에 따른 상속세 납부 의무(단, 연대납세의무 있음) ② 과세가액불산입 ③ 상속공제

03 용어의 정의

구분	내용
상속	「상속세 및 증여세법」에서 상속이란 「민법」에 따른 상속을 말하며, 다음의 것을 포함함 ① 유증 ② 사인증여(상속개시일 전 10년 이내에 피상속인이 상속인에게 진 증여채무 및 상속개시일 전 5년 이내에 피상속인이 상속인이 아닌 자에게 진 증여채무의 이행 중에 증여자가 사망한 경우의 그 증여를 포함) ③ 특별연고자에 대한 상속재산의 분여 ④ 「신탁법」에 따른 유언대용신탁 ⑤ 「신탁법」에 따른 수익자연속신탁
상속개시일	피상속인이 사망한 날을 말함. 다만, 피상속인의 실종선고로 인하여 상속이 개시되는 경우에는 실종선고일을 말함
상속재산	상속재산이란 피상속인에게 귀속되는 모든 재산을 말하며, 다음 각 목의 물건과 권리를 포함함 ① 금전으로 환산할 수 있는 경제적 가치가 있는 모든 물건 ② 재산적 가치가 있는 법률상 또는 사실상의 모든 권리
상속인	「민법」에 따른 상속인을 말하며, 상속을 포기한 사람 및 특별연고자를 포함함
수유자	다음에 해당하는 자를 말함 ① 유증을 받은 자 ② 사인증여에 의하여 재산을 취득한 자 ③ 유언대용신탁 및 수익자연속신탁에 의하여 신탁의 수익권을 취득한 자
증여	증여란 그 행위 또는 거래의 명칭·형식·목적 등과 관계없이 직접 또는 간접적인 방법으로 타인에게 무상으로 유형·무형의 재산 또는 이익을 이전(현저히 낮은 대가를 받고 이전하는 경우를 포함)하거나 타인의 재산가치를 증가시키는 것을 말함. 다만, 유증, 사인증여, 유언대용신탁 및 수익자연속신탁은 제외함 → 완전포괄주의 과세조항
증여재산	증여로 인하여 수증자에게 귀속되는 모든 재산 또는 이익을 말하며, 다음의 물건, 권리 및 이익을 포함함 ① 금전으로 환산할 수 있는 경제적 가치가 있는 모든 물건 ② 재산적 가치가 있는 법률상 또는 사실상의 모든 권리
거주자와 비거주자	거주자란 국내에 주소를 두거나 183일 이상 거소를 둔 사람을 말하며, 비거주자란 거주자가 아닌 사람을 말함
수증자	증여재산을 받은 거주자(본점이나 주된 사무소의 소재지가 국내에 있는 비영리법인을 포함) 또는 비거주자(본점이나 주된 사무소의 소재지가 외국에 있는 비영리법인을 포함)를 말함

04 과세대상

1. 상속세 과세대상

구분		거주자(피상속인)	비거주자(피상속인)
과세대상		모든 상속재산	국내에 있는 모든 상속재산
신고기한		상속개시일이 속하는 달의 말일부터 6개월 이내	상속개시일이 속하는 달의 말일부터 9개월 이내
과세대상자산		국내·외 모든 상속재산	국내 소재 상속재산
사전증여재산 합산		국내·외 모든 증여재산	국내 소재 증여재산
공제 금액	공과금	상속개시일 현재 피상속인이 납부해야 할 공과금	국내 소재 상속재산 관련 공과금, 국내사업장의 사업상 공과금
	장례비	공제	공제 안 됨
	채무	전액 공제 가능	① 국내 소재 상속재산을 목적으로 유치권, 질권, 저당권으로 담보된 채무 ② 국내사업장의 사업상 채무
상속공제		전액 공제 가능	기초공제(2억원), 감정평가수수료공제만 가능

2. 상속세 납세의무자

구분		내용
원칙		상속인(특별연고자 중 영리법인은 제외) 또는 수유자(영리법인은 제외)는 상속재산(사전증여재산을 포함) 중 각자가 받았거나 받을 재산을 기준으로 대통령령으로 정하는 비율에 따라 계산한 금액을 상속세로 납부할 의무가 있음
예외		특별연고자 또는 수유자가 영리법인인 경우로서 그 영리법인의 주주 중 상속인과 그 직계비속이 있는 경우에는 대통령령으로 정하는 바에 따라 계산한 지분상당액을 그 상속인 및 직계비속이 납부할 의무가 있음 $$\left[\frac{\text{영리법인에 귀속된 상속재산에}}{\text{대한 상속세 상당액}} - \text{영리법인에 귀속된 상속재산} \times 10\%\right] \times \text{상속인과 그 직계비속의 지분 비율}$$
연대납세의무	의의	상속세는 상속인 또는 수유자 각자가 받았거나 받을 재산을 한도로 연대하여 납부할 의무를 짐
	한도	**자산총액 − 부채총액 − 상속세액** ① 자산총액: 상속으로 얻은 자산총액 + 사전증여재산 ② 상속세액: 상속세 + 사전증여재산에 대한 증여세

3. 증여세 과세대상

구분		내용
증여이익		① 무상이전 ② 저가양수·고가양도 ③ 재산취득 후 해당 재산가치가 증가한 경우 ④ 증여예시규정 및 증여추정규정인 경우 ⑤ 증여예시규정과 경제적 실질이 유사한 경우
증여의제		① 명의신탁증여의제 ② 특수관계법인과의 거래를 통한 이익의 증여의제 → 일감몰아주기 ③ 특수관계법인으로부터 제공받은 사업기회로 발생한 이익의 증여의제 → 일감 떼아주기 ④ 특정법인과의 거래를 통한 이익의 증여의제
상속재산 재분할	원칙	상속재산에 대한 등기·등록·명의개서를 통해 상속분이 확정된 후 다시 재분할하는 경우 특정 상속인의 지분이 증가함에 따라 취득하는 재산은 지분이 감소한 상속인으로부터 증여받은 재산으로 봄
	예외	① 상속세 과세표준신고기한까지 재분할 ② 당초 상속재산의 분할에 대하여 무효 또는 취소 등의 다음과 같은 정당한 사유가 있는 경우 ⊙ 상속회복청구의 소에 의한 법원의 확정판결에 따라 상속인 및 상속재산에 변동이 있는 경우 ⓛ 「민법」에 따른 채권자대위권의 행사에 의하여 공동상속인들의 법정상속분대로 등기 등이 된 상속재산을 상속인 사이의 협의분할에 의하여 재분할하는 경우 ⓒ 상속세 과세표준신고기한 내에 상속세를 물납하기 위하여 「민법」에 따른 법정상속분으로 등기·등록 및 명의개서 등을 하여 물납을 신청하였다가 물납허가를 받지 못하거나 물납재산의 변경명령을 받아 당초의 물납재산을 상속인 사이의 협의분할에 의하여 재분할하는 경우

증여재산의 반환	수증자가 증여재산(금전은 제외)을 당사자 간의 합의에 따라 증여세 과세표준신고기한까지 증여자에게 반환하는 경우(반환하기 전에 과세표준과 세액을 결정받은 경우는 제외)에는 처음부터 증여가 없었던 것으로 보며, 증여세 과세표준신고기한이 지난 후 3개월 이내에 증여자에게 반환하거나 증여자에게 다시 증여하는 경우에는 그 반환하거나 다시 증여하는 것에 대해서는 증여세를 부과하지 아니함

반환 및 재증여 시기	당초 증여	반환
신고기한까지 반환	증여 ×	증여 ×
신고기한 지난 후 3개월 이내 반환	증여 ○	증여 ×
신고기한 지난 후 3개월 후 반환	증여 ○	증여 ○

① 금전은 반환 및 재증여 시기에 관계없이 증여로 봄
② 단, 증여재산 반환 전에 증여세가 결정된 경우에는 당초 증여는 모두 증여로 봄

4. 증여세 납부의무

구분	내용
일반적인 경우	수증자는 다음 구분에 따른 증여재산에 대하여 증여세를 납부할 의무가 있음 	수증자	증여재산의 범위	 |---|---| | 거주자 | 증여세 과세대상이 되는 국내·외 모든 증여재산 | | 비거주자 | 증여세 과세대상이 되는 국내에 있는 모든 증여재산 |
명의신탁 증여의제	**납세의무자**: 실제 소유자가 증여세를 납부할 의무가 있음 **물적 납세의무**: 실제 소유자가 명의신탁증여의제에 따른 증여세·가산금 또는 강제징수비를 체납한 경우에 그 실제 소유자의 다른 재산에 대하여 강제징수를 하여도 징수할 금액에 미치지 못하는 경우에는 「국세징수법」에서 정하는 바에 따라 명의신탁증여의제규정에 따라 명의자에게 증여한 것으로 보는 재산으로서 납세의무자인 실제 소유자의 증여세·가산금 또는 강제징수비를 징수할 수 있음
연대납세의무	다음 경우에는 증여자에게 증여세 연대납세의무가 있음 ① 수증자의 주소나 거소가 분명하지 아니한 경우로서 증여세에 대한 조세채권을 확보하기 곤란한 경우 ② 수증자가 증여세를 납부할 능력이 없다고 인정되는 경우로서 강제징수를 하여도 증여세에 대한 조세채권을 확보하기 곤란한 경우 ③ 수증자가 비거주자인 경우
비교		구분	상속세 연대납세의무	증여세 연대납세의무 | |---|---|---| | 보충성·부종성 | × | ○ | | 납세의무 | 본래의 납세의무자 (「민법」상 연대책임과 유사) | 제2차 납세의무 성격 | | 한도 | ○ | × | | 납세의무성립·확정 | 본래 납세의무성립·확정 시 | 지정통지, 납부고지 필요 |
납부면제	수증자가 증여세를 납부할 능력이 없다고 인정되는 경우로서 강제징수를 하여도 증여세에 대한 조세채권을 확보하기 곤란한 경우, 다음의 증여에 대해서는 증여세 납부의무를 면제함 ① 저가양수 또는 고가양도에 따른 이익의 증여 ② 채무면제 등에 따른 증여 ③ 부동산 무상사용에 따른 이익의 증여 ④ 금전 무상대출 등에 따른 이익의 증여

5. 무상이전 과세방식 비교

수증자	형태	타 소득과 관계	상속·증여세
영리법인	무상이전	법인세로 과세	×
비영리법인·개인	상속(유증)	–	상속세
	증여	사업소득세로 과세	×
		사업 무관	증여세

05 상속세 및 증여세 납부절차

1. 상속세 및 증여세 신고 및 결정

구분		내용
상속세 신고기한	원칙	상속개시일이 속하는 달의 말일부터 6개월이 되는 날
	예외	① 피상속인 또는 상속인 전원이 외국에 주소를 둔 경우에는 상속개시일이 속하는 달의 말일부터 9개월이 되는 날 ② 유언집행자나 상속재산관리인이 있는 경우에는 지정 또는 선임되어 직무를 시작한 날이 속하는 달의 말일부터 6개월(9개월) 이내
증여세 신고기한	원칙	증여일이 속하는 달의 말일부터 3개월이 되는 날
	예외	① 비상장주식의 상장 또는 법인의 합병 등에 따른 증여세 과세표준 정산 신고기한은 정산기준일이 속하는 달의 말일부터 3개월이 되는 날 ② 특수관계법인과의 거래를 통한 이익의 증여의제 및 특정법인과의 거래를 통한 이익의 증여의제에 따른 증여세 과세표준신고기한은 수혜법인 또는 특정법인의 법인세 과세표준신고기한이 속하는 달의 말일부터 3개월이 되는 날
부과결정기한	상속세	상속세 과세표준신고기한부터 9개월
	증여세	증여세 과세표준신고기한부터 6개월

2. 납부

구분	내용
자진납부	상속세 또는 증여세를 신고하는 자는 각 과세표준신고기한까지 자진하여 납부세액을 납부하여야 함
분할납부	납부하여야 할 세액이 1천만원을 초과하는 경우 납세의무자의 신청에 의하여 그 세액의 일부를 다음과 같은 방법으로 납부기한이 지난 후 2개월 이내 분납할 수 있음 보조표 아래 참조

납부할 세액	최대 분납가능금액
1천만원 초과 2천만원 이하	납부할 세액 − 1천만원
2천만원 초과	납부할 세액 × 50%

3. 연부연납

구분	내용
의의	상속세 및 증여세는 일시납부가 원칙이나, 일정 요건 충족 시 분할납부를 할 수 있도록 연부연납제도를 운용함
요건	다음 요건을 모두 만족한 경우에는 연부연납이 가능함 ① 상속세 또는 증여세 납부세액이 2천만원을 초과하여야 함 ② 상속세(증여세)과세표준신고기한이나 고지서상의 납부기한까지 연부연납신청하고 허가를 얻어야 함. 부동산을 제외한 담보를 제공하면서 연부연납을 신청한 경우에는 허가를 얻은 것으로 봄 ③ 납세담보를 제공하여야 함

연부연납 기간	일반적인 경우	연부연납 허가일부터 10년(증여세는 5년)
	가업승계 시	① 가업상속: 연부연납 허가일부터 20년(10년 거치 10년 납부 가능) ② 가업승계(증여): 연부연납 허가일부터 15년
분할납부 세액		각 회분의 분할납부세액이 1천만원을 초과하도록 연부연납기간을 정하여야 함. 연부연납을 적용받는 경우라도 ① 연부연납을 신청하는 때와 ② 연부연납기간에 따라 납부하여야 함. 따라서 각 회분 최소 연부연납세액은 연부연납대상금액을 연부연납연수에 1을 더한 수로 나눈 금액임
분납과의 관계		연부연납을 허가받은 경우에는 분납을 적용하지 않음
가산금		연부연납하는 경우 연납잔액에 대해서 1년 만기 정기예금 평균 수신금리를 고려하여 정한 이자율(연 1.2%)로 계산한 가산금이 붙음

4. 물납

구분	내용
요건	다음 요건을 모두 만족한 경우에는 물납이 가능함. 다만, 물납을 신청한 재산의 관리·처분이 적당하지 아니하다고 인정되는 경우에는 물납을 허가하지 아니할 수 있음 ① 상속재산(상속인 및 수증자가 받은 사전증여재산을 포함, 추정상속재산은 미포함) 중 부동산과 유가증권(국내에 소재하는 부동산 등 물납에 충당할 수 있는 재산으로 한정)의 가액이 해당 상속재산가액의 50%를 초과할 것 ② 상속세 납부세액이 2천만원을 초과하여야 함 ③ 상속세 납부세액이 상속재산가액 중 금융재산가액(상속재산에 가산하는 증여재산 중 상속인 및 수유자가 받은 금융재산 불포함)을 초과할 것 비교 물납은 상속세에 한하여 적용 가능하고, 증여세는 불가함
한도	물납 한도 = Min(①, ②) ① 상속세 납부세액 × $\dfrac{\text{물납에 충당할 수 있는 부동산 및 유가증권의 가액}}{\text{상속재산가액}}$ ② 상속세 납부세액 − 금융재산의 가액(금융채무 차감) − 상장주식의 가액
충당순서	물납에 충당하는 재산은 세무서장이 인정하는 정당한 사유가 없는 한 다음 순서에 따라 신청 및 허가하여야 함 ① 국채 및 공채 ② 물납대상에 포함되는 유가증권으로서 상장된 것 예 처분 제한된 상장주식 등 ③ 국내에 소재하는 부동산(상속인 거주주택 제외) ④ 수익증권으로서 ①, ②, ⑤에 해당하지 않는 유가증권 ⑤ 비상장주식 ⑥ 상속개시일 현재 상속인이 거주하는 주택 및 그 부수토지

회계사 · 세무사 · 경영지도사 단번에 합격!
해커스 경영아카데미 cpa.Hackers.com

제 2 장

상속세

2 상속세

01 상속세 계산구조

	상속재산가액	• 유증재산 · 사인증여재산 · 특별연고자 분여재산 포함
(+)	의제상속재산가액	• 보험금, 신탁재산, 퇴직금
(+)	추정상속재산	• 1년 이내 2억원, 2년 이내 5억원
	총상속재산가액	
(+)	사전증여재산가액	• 상속개시일로부터 10년(상속인 이외의 자 5년) 이내 증여재산
(−)	비과세상속재산가액	• 국가, 지자체, 공공단체에 유증 · 사인증여 등
(−)	과세가액불산입	• 공익법인 출연재산, 공익신탁재산
(−)	과세가액공제액	• 채무 + 공과금 + 장례비용
	상속세 과세가액	
(−)	상속공제액	• 인적공제 + 물적공제
(−)	감정평가수수료	
	상속세 과세표준	
(×)	세율	• 10% ~ 50%의 5단계 초과누진세율
	상속세 산출세액	
(+)	세대생략가산액	• 피상속인의 자녀가 아닌 직계비속에게 상속(30% ~ 40%)
(−)	문화재 등 징수유예액	• 문화재자료, 박물관자료, 미술관자료
(−)	세액공제	• 증여세액공제, 외국납부세액공제, 신고세액공제 등
(+)	가산세	
	차가감납부세액	

02 총상속재산가액

1. 의제상속재산

구분		내용
보험금	요건	① 피상속인의 사망으로 인하여 받는 생명보험 또는 손해보험의 보험금으로서 피상속인이 보험계약자인 보험계약에 의하여 받는 것은 상속재산으로 봄 ② 보험계약자가 피상속인이 아닌 경우에도 피상속인이 실질적으로 보험료를 납부하였을 때에는 피상속인을 보험계약자로 봄
	계산방법	지급받는 보험금 총합계액 $\times$ $\dfrac{\text{피상속인이 부담한 보험료의 금액}}{\text{피상속인의 사망 시까지 납입된 보험료의 총합계액}}$

사망보험의 보험계약자별 상속세 및 증여세 체계

보험계약자	수익자	「민법」	「상증세법」	세목
피상속인	상속인	상속인 고유재산	상속재산	상속세
피상속인	제3자	제3자 고유재산	상속재산(수유자)	상속세
상속인	상속인	상속인 고유재산	상속인 고유재산	과세 ×
상속인	제3자	제3자 고유재산	제3자 고유재산	증여세

구분	내용
퇴직금	피상속인에게 지급될 퇴직금, 퇴직수당, 공로금, 연금 또는 이와 유사한 것이 피상속인의 사망으로 인하여 지급되는 경우 그 금액은 상속재산으로 봄. 다만, 「국민연금법」에 따라 지급되는 유족연금 또는 사망으로 인하여 지급되는 반환일시금, 「공무원연금법」, 「공무원 재해보상법」 또는 「사립학교 교직원 연금법」에 따라 지급되는 퇴직유족연금, 장해유족연금 등은 상속재산으로 보지 않음
신탁재산	① 피상속인이 신탁한 재산은 상속재산으로 봄. 다만, 신탁이익의 증여에 따라 수익자의 증여재산가액으로 하는 해당 신탁의 이익을 받을 권리의 가액은 상속재산으로 보지 아니함 ② 피상속인이 신탁으로 인하여 타인으로부터 신탁의 이익을 받을 권리를 소유하고 있는 경우에는 그 이익에 상당하는 가액을 상속재산에 포함함 ③ 수익자연속신탁의 수익자가 사망함으로써 타인이 새로 신탁의 수익권을 취득하는 경우 그 타인이 취득한 신탁의 이익을 받을 권리의 가액은 사망한 수익자의 상속재산에 포함함

위탁자	수익자		상속재산 범위
	신탁원본	신탁이익	
피상속인	피상속인	피상속인	신탁원본 + 신탁이익
피상속인	피상속인	제3자	신탁원본
제3자	제3자	피상속인	신탁이익

2. 추정상속재산

구분		내용
의의		피상속인이 상속개시일 전 2년 이내 일정한 금액의 재산을 처분(인출)하거나 채무를 부담한 금액에 대해 일정금액 이상을 입증하지 못한 경우에는 일정한 금액을 상속재산으로 추정함
재산처분	적용요건	재산 종류별로 다음 중 어느 하나에 해당하는 경우 추정상속재산대상이 됨 ① 상속개시일 전 1년 이내 2억원 이상을 처분(인출) ② 상속개시일 전 2년 이내 5억원 이상을 처분(인출)
	재산 종류	① 현금·예금 및 유가증권 ② 부동산 및 부동산에 관한 권리 ③ 그 밖의 기타재산
	추정상속 재산가액	처분가액 – 용도입증액 – Min[처분가액 × 20%, 2억원]
	사례	(표 및 계산 내용 아래 참조)

사례 표:

구분	처분일	처분금액	용도확인액
주식	1년 이내	300,000,000원	180,000,000원
채권	1년 ~ 2년	300,000,000원	200,000,000원

600,000,000 – 380,000,000 – Min[600,000,000 × 20%, 200,000,000]
= 100,000,000

주식처분은 추정상속재산가액이 60,000,000원[= 300,000,000 – 180,000,000 – 60,000,000]이지만, 주식과 채권을 합하여 2년 이내 추정상속재산가액 100,000,000원이 더 크므로 위와 같이 더 큰 금액으로 계산함

구분		내용
채무부담	적용요건	피상속인이 부담한 채무를 합친 금액이 상속개시일 전 1년 이내에 2억원 이상인 경우와 상속개시일 전 2년 이내에 5억원 이상인 경우로서 용도가 객관적으로 명백하지 아니한 경우에는 상속받은 것으로 추정하여 상속세 과세가액에 산입함 비교 위의 추정상속재산은 국가 또는 금융기관 등으로부터 차입금은 인정되나 그 사용용도를 입증하지 못하는 경우에 적용되는 규정임. 이에 반해 채무를 변제할 의무가 없는 것으로 추정되는 경우에는 채무금액 전부를 상속재산에 포함함
	추정상속 재산가액	채무부담액 – 용도입증액 – Min[채무부담액 × 20%, 2억원]

03 상속세 과세가액

1. 사전증여재산가액

구분	내용
의의	피상속인이 상속개시일 전 10년 이내에 상속인에게 증여한 재산의 가액과 5년 이내에 상속인 이외의 자에게 증여한 재산의 가액을 상속재산에 가산하도록 함
평가금액	상속시점이 아닌 사전증여 당시의 현황, 즉 증여일 현재의 시가에 따름. 예를 들면, 증여 당시 시가가 10억원인 자산이 상속개시일에 시가 30억원으로 가치가 상승하더라도 합산되는 재산가액은 10억원임
증여세액공제	사전증여재산을 가산하는 경우 증여세 산출세액 상당액을 상속세 산출세액에서 공제함. 증여세와 상속세가 이중과세되는 것을 방지하기 위함임. 공제세액은 상속세 과세표준 중 증여재산의 과세표준이 차지하는 비율을 감안하여 계산한 금액을 한도로 함

구분		추정상속재산	사전증여재산
비교	증여 여부 판단	증여 여부 불분명	증여는 분명함
	기한제한	소급 1년 또는 2년	소급 10년 또는 5년
	금액제한	1년 이내 2억원, 2년 이내 5억원	금액제한 없음

2. 비과세상속재산

구분	내용
대인적 비과세	전쟁 또는 대통령령으로 정하는 공무의 수행 중 사망하거나 해당 전쟁 또는 공무의 수행 중 입은 부상 또는 그로 인한 질병으로 사망하여 상속이 개시되는 경우에는 상속세를 부과하지 아니함
대물적 비과세	① 국가, 지방자치단체 또는 대통령령으로 정하는 공공단체에 유증(사인증여를 포함)한 재산 ② 제사를 주재하는 상속인이 상속받는 분묘에 속한 소정의 금양임야 및 농지(2억원 한도), 족보와 제구(1천만원 한도) ③ 「정당법」에 따른 정당에 유증 등을 한 재산 ④ 「근로복지기본법」에 따른 사내근로복지기금이나 그 밖에 이와 유사한 것으로서 대통령령으로 정하는 단체에 유증 등을 한 재산 ⑤ 사회통념상 인정되는 이재구호금품, 치료비 및 그 밖에 이와 유사한 것으로서 대통령령으로 정하는 재산 ⑥ 상속재산 중 상속인이 상속세 신고기한까지 국가, 지방자치단체 또는 공공단체에 증여한 재산

3. 과세가액불산입

구분	내용
공익법인 출연재산	상속재산 중 피상속인이나 상속인이 종교·자선·학술 관련 사업 등 공익성을 고려하여 공익법인 등에게 출연한 재산의 가액으로서 상속세 신고기한(법령상 또는 행정상의 사유로 공익법인 등의 설립이 지연되는 등 대통령령으로 정하는 부득이한 사유가 있는 경우에는 그 사유가 없어진 날이 속하는 달의 말일부터 6개월까지)까지 출연한 재산의 가액은 상속세 과세가액에 산입하지 아니함
공익신탁	상속재산 중 피상속인이나 상속인이 「공익신탁법」에 따른 공익신탁으로서 종교·자선·학술 또는 그 밖의 공익을 목적으로 하는 공익신탁을 통하여 공익법인 등에 출연하는 재산의 가액은 상속세 과세가액에 산입하지 아니함

4. 과세가액공제액

구분	내용
공과금	과세가액에서 공제되는 공과금이란 상속개시일 현재 피상속인이 납부할 의무가 있는 것(즉, 상속개시일 전에 납세의무가 성립된 것)으로서, 상속인에게 승계된 조세·공공요금·「국세기본법」 규정에 해당하는 공과금 등을 말함
장례비	피상속인이 거주자인 경우 다음의 금액(① + ②)을 장례비용으로 공제함 ① 피상속인의 사망일부터 장례일까지 장례에 직접 소요된 비용으로서 지출한 금액이 500만 원 미만인 경우에는 500만원, 1천만원을 초과하는 경우에는 1천만원의 금액 → 문제에 아무런 자료가 제시되지 않더라도 500만원은 공제함 ② 봉안시설 또는 자연장지에 사용되는 500만원 이내의 금액 [비교] 비거주자는 장례비용을 공제하지 않음 ─── 장례비용 공제 사례 ─── ① 장례비용 8,000,000원(봉안시설 5,000,000원 포함) ┌ 일반: 5,000,000원 ┐ └ 봉안시설: 5,000,000원 ┘ 합계 10,000,000원 ② 장례비용 15,000,000원(봉안시설 4,000,000원 포함) ┌ 일반: 10,000,000원 ┐ └ 봉안시설: 4,000,000원 ┘ 합계 14,000,000원 ③ 장례비용 2,000,000원(영수증 없음) - 최소 5,000,000원 ④ 장례비용 5,000,000원(전액 봉안시설) ┌ 일반: 5,000,000원 ┐ └ 봉안시설: 5,000,000원 ┘ 합계 10,000,000원
채무	상속개시일 현재 피상속인이 부담하여야 할 확정채무는 상속재산가액에서 공제함. 다만, 상속개시일 전 10년 이내에 피상속인이 상속인에게 진 증여채무와 상속개시일 전 5년 이내에 피상속인이 상속인 이외의 자에게 진 증여채무는 포함하지 않음
한도	총상속재산가액 5억원 ┐ (−) 비과세상속재산가액 ├ △1억원 → '0' (−) 과세가액불산입 │ (−) 과세가액공제액 6억원 ┘ (+) 사전증여재산가액 2억원 상속세 과세가액 2억원

04 상속공제액

1. 인적공제

구분	내용
기초공제	거주자나 비거주자의 사망으로 상속이 개시되는 경우에는 상속세 과세가액에서 2억원을 공제(기초공제)함. 비거주자의 사망으로 인해 상속이 개시되는 경우에는 기초공제(2억원)만 허용함
그 밖의 인적공제	(아래 표 및 내용)
일괄공제	① 거주자의 사망으로 상속이 개시되는 경우에 상속인이나 수유자는 기초공제와 그 밖의 인적공제에 따른 공제액을 합친 금액과 5억원 중 큰 금액으로 공제받을 수 있음. 다만, 상속세 과세표준신고 또는 기한후신고에 따른 신고가 없는 경우에는 5억원을 공제함 ② 피상속인의 배우자가 단독으로 상속받는 경우에는 기초공제, 가업상속공제와 그 밖의 인적공제에 따른 공제액을 합친 금액으로만 공제함. 즉, 배우자가 단독으로 상속받는 경우에는 일괄공제(5억원)는 적용하지 아니함. 이때 '피상속인의 배우자가 단독상속하는 경우'라 함은 상속인이 그 배우자 단독인 경우를 말함. 따라서 공동상속인의 상속포기 또는 협의분할에 따라 배우자가 단독으로 상속받는 경우에는 일괄공제를 적용할 수 없음

구분	공제요건		1인당 상속공제액
① 자녀공제	자녀	중복적용 가능 / 장애인공제 중복적용 가능	5억원 [개정]
② 미성년자공제	배우자 제외		1천만원 × 19세까지의 연수
③ 연로자공제	상속인 및 동거가족 중 65세 이상인 자(배우자 제외)		5천만원
④ 장애인공제	상속인 및 동거가족 중 장애인		1천만원 × 기대여명연수

㉠ 장애인공제는 배우자공제와 중복하여 적용할 수 있음
㉡ 동거가족은 상속개시일 현재 피상속인이 사실상 부양하고 있는 직계존비속(배우자의 직계존속을 포함) 및 형제자매를 말함
㉢ 자녀공제 및 미성년자공제 대상에 태아도 포함됨

2. 배우자 상속공제

구분	내용
의의	배우자 상속은 세대 간 이전이 아닌 수평적 이전임을 감안하여 상속재산 중 「민법」상 법정상속분까지는 과세를 유보한 후 잔존배우자 사망 시 과세함
적용요건	① 배우자 상속재산 분할기한(상속세 과세표준신고기한의 다음 날부터 9개월이 되는 날)까지 상속재산 분할협의할 것 ② 등기가 필요한 상속재산인 경우 상속재산 분할협의에 따른 등기 ③ 상속재산 분할사실 신고(부득이한 사유가 있는 경우에는 배우자 상속재산 분할기한의 다음 날부터 6개월이 되는 날까지 분할신고) 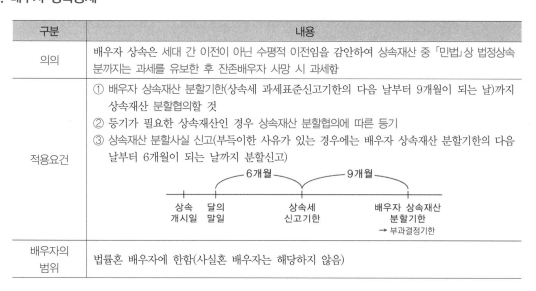
배우자의 범위	법률혼 배우자에 한함(사실혼 배우자는 해당하지 않음)

구분		내용
배우자 상속공제액	배우자가 상속 × (소액상속 포함)	배우자가 실제 상속받은 금액이 없거나 상속받은 금액이 5억원 미만이면 5억원을 공제함
	배우자가 상속 ○	거주자의 사망으로 상속이 개시되어 배우자가 실제 상속받은 금액은 배우자 상속공제액 한도로 상속세 과세가액에서 공제함. 단, 공제금액이 30억원을 초과하지는 못하고, 그 한도액이 5억원 미만인 경우에는 상속세 신고 여부에 관계없이 5억원을 공제함

구분	내용
한도액	$$\begin{pmatrix} & \text{총상속재산가액(의제, 추정 포함)} \\ (-) & \text{비과세 등 불산입재산} \\ (-) & \text{상속인이 아닌 수유자가 받은 재산} \\ (+) & \text{상속인의 사전증여재산} \end{pmatrix} \times \begin{matrix}\text{배우자의}\\\text{법정상속분}\end{matrix} - \begin{matrix}\text{배우자에게}\\\text{사전증여한}\\\text{재산의 과세표준}\end{matrix}$$ 배우자의 법정상속분이란 상속을 포기한 공동상속인이 있더라도 그 포기가 없었다고 가정하는 경우의 배우자의 법정상속분을 말함

구분			금액	귀속
사례	상속재산	토지	200,000,000원	자녀
		상장주식	800,000,000원	배우자
		예금	1,000,000,000원	배우자
		상가	300,000,000원	손자
		추정상속재산	200,000,000원	상속인
	사전증여재산	주택	800,000,000원	배우자

상속인은 배우자와 자녀(1명)이고, 손자에게는 유증한 것임. 배우자가 주택을 사전증여받을 당시 증여세 과세표준은 200,000,000원임

① 실제로 받은 재산
   800,000,000 + 1,000,000,000 = 1,800,000,000원

$\dfrac{1.5}{2.5}$

② 배우자 상속공제액 한도
   (2,500,000,000 − 300,000,000 + 800,000,000) × 60% − 200,000,000
   = 1,600,000,000원 　상속재산의 합

3. 물적공제

(1) 금융재산상속공제

구분	내용
의의	상속개시일 현재 피상속인의 순금융재산(금융재산 − 금융부채)이 있는 경우 순금융재산가액 중 일정금액을 상속세 과세가액에서 공제함
공제액	<table><tr><th>순금융재산가액</th><th>상속공제액</th></tr><tr><td>2천만원 이하</td><td>순금융재산가액 전액</td></tr><tr><td>2천만원 초과 ~ 1억원 이하</td><td>2천만원</td></tr><tr><td>1억원 초과 ~ 10억원 이하</td><td>순금융재산가액 × 20%</td></tr><tr><td>10억원 초과</td><td>2억원</td></tr></table>
금융재산	금융기관이 취급하는 예금, 적금, 부금, 계금, 출자금, 신탁재산(금전신탁재산에 한함), 보험금, 공제금, 주식, 채권, 수익증권, 출자지분, 어음 등의 금전 및 유가증권 등을 말함. 다만, 최대주주 주식과 차명금융재산은 제외함
금융채무	금융채무란 상속개시일 당시 피상속인의 채무로서 상속인이 실제로 부담하는 사실이 '해당 기관에 대한 채무임을 확인할 수 있는 서류'에 따라 증명된 금융회사 등에 대한 채무를 말함

(2) 동거주택상속공제

구분	내용
공제액	Min ┌ ① (상속주택가액 − 상속개시일 현재 주택에 담보된 피상속인의 채무) × 100% └ ② 한도: 6억원
공제요건	① 거주자의 사망으로 상속이 개시된 경우일 것 ② 피상속인과 상속인(직계비속 및 그의 배우자인 경우로 한정)이 상속개시일부터 소급하여 10년 이상(상속인이 미성년자인 기간은 제외) 계속하여 하나의 주택에서 동거할 것 ③ 피상속인과 상속인이 상속개시일부터 소급하여 10년 이상 계속하여 1세대였으며, 상속받은 주택이 1세대 1주택에 해당할 것. 이 경우 무주택인 기간이 있는 경우에는 해당 기간은 1세대 1주택에 해당하는 기간에 포함함 ④ 상속개시일 현재 무주택자이거나 피상속인과 공동으로 1세대 1주택을 보유한 자로서 피상속인과 동거한 상속인이 상속받은 주택일 것

(3) 재해손실공제

구분	내용
의의	거주자의 사망으로 상속이 개시되는 경우로서 상속세 신고기한 이내에 재난으로 인하여 상속재산이 멸실되거나 훼손된 경우에는 그 손실가액을 상속세 과세가액에서 공제함
공제액	재해손실재산가액 − (손실가액에 대한 보험금 등의 수령 또는 구상권 행사에 의하여 보전 가능한 금액)

(4) 가업상속공제

구분	내용
공제한도	가업[중소기업 또는 중견기업(매출액 5,000억원 미만 기업)으로서 피상속인이 10년 이상 계속하여 경영한 기업]을 상속하는 경우에는 가업상속 재산가액에 상당하는 금액을 공제하되 다음 금액을 한도로 함

가업영위기간	공제한도		
	일반	밸류업 및 스케일업	기회발전특구 이전·창업
10년 이상 ~ 20년 미만	300억원	600억원	한도 없음
20년 이상 ~ 30년 미만	400억원	800억원	
30년 이상	600억원	1,200억원	

구분		내용
공제요건	피상속인	① 거주자일 것 ② 일정 기간 대표이사로 재직할 것 ③ 특수관계인 지분을 합하여 40%(상장법인은 20%) 이상을 10년 이상 계속 보유한 최대출자자일 것
	상속인	① 18세 이상일 것 ② 상속개시일 전 2년 이상 가업에 종사할 것 ③ 상속세과세표준신고기한까지 임원으로 취임하고, 상속세 신고기한부터 2년 이내 대표이사로 취임할 것
	납부능력 검증요건	중견기업: 가업상속재산 외의 상속재산 ≤ 상속세* × 2배 * 가업상속공제를 적용하지 않을 경우의 상속세를 말함
	회계투명성 요건	피상속인 또는 상속인이 조세포탈 또는 회계부정으로 징역형 또는 벌금형을 받은 경우 공제배제함
가업상속 재산가액	개인가업	가업에 직접 사용하는 토지, 건축물, 기계장치 등 사업용 자산의 가액에서 해당 자산에 담보된 채무를 뺀 가액
	법인가업	$\text{가업에 해당하는 법인의 주식가액} \times \left(1 - \dfrac{\text{사업무관자산}}{\text{총자산가액}}\right)$
사업무관 자산 [개정]		사업무관자산은 상속개시일 현재 다음에 해당하는 자산을 말함 ① 「법인세법」상 토지 등 양도소득이 부과되는 자산 ② 「법인세법」상 업무무관자산 및 금전소비대차계약 등에 의하여 타인에게 대여한 금액(단, 임직원 임대주택·학자금·주택자금 제외) ③ 임대용 부동산(지상권·부동산임차권 등 부동산에 관한 권리를 포함) ④ 과다보유현금(상속개시일 직전 5개 사업연도 말 평균 현금 보유액의 200%를 초과하는 경우) ⑤ 법인의 영업활동과 직접 관련 없이 보유하고 있는 주식·채권 및 금융상품(④에 포함되는 만기 3개월 이내 금융상품은 제외)
사후관리 (5년)		① 상속인의 가업종사(상속인이 대표이사로 종사, 표준산업분류상 대분류 내 업종 변경 허용, 가업을 1년 이상 휴업하거나 폐업하지 않을 것) ② 상속자산유지(가업용 자산의 40% 이상 처분금지) ③ 주식 등을 상속받은 상속인의 지분유지(물납하여 지분 감소한 경우는 제외하되, 이 경우에도 상속인은 최대주주에 해당하여야 함) ④ 고용유지(정규직 근로자 수 90% 이상 또는 총급여액 90% 이상 유지)

	적용대상	가업상속공제요건을 충족하는 중소기업으로 가업상속공제를 받지 않은 기업
	유예기간	상속인이 상속받은 가업상속재산을 양도·상속·증여하는 때까지 상속세를 납부 유예함 → 허가사항임
	사후관리	5년(가업에 종사하지 않거나, 정규직 근로자 수 70% 또는 총급여액 70% 이상 유지, 지분유지요건을 충족하지 못한 경우 등)
납부유예	납부사유	

전액 납부	양도분만 납부
① 정당한 사유 없이 사후관리요건 위반하는 경우 ② 1년 이상 휴업하거나 폐업하는 경우 ③ 상속인이 최대주주 등에 해당하지 않게 되는 경우 ④ 상속인이 사망하여 상속이 개시되는 경우	① 상속인이 상속받은 가업상속재산 (주식 등 제외)을 양도·증여하는 경우(단, 40% 미만 양도·증여 시 제외) ② 정당한 사유 없이 주식 등을 상속받은 상속인의 지분이 감소한 경우

(5) 영농상속공제

구분	내용
의의	일정한 요건을 갖춘 상속인이 영농에 사용한 일정한 영농 등을 상속받는 경우 최대 30억원 한도 내에서 영농상속공제를 적용받을 수 있음
공제액	Min[영농상속(양축·양어·영림상속 포함)재산가액, 30억원]
중복적용 배제	동일한 상속재산에 대해서는 가업상속공제와 영농상송공제를 동시에 적용하지 아니함

4. 상속공제 종합한도

구분	내용
의의	상속재산가액에 합산되는 유증 등 재산가액과 사전증여재산가액까지 상속공제를 허용하면 초과 누진세율 적용의 회피를 방지하고자 합산하는 본래의 취지에도 어긋나므로 합산된 유증 등 재산가액과 사전증여한 재산가액을 과세가액에서 차감함. 그 결과 상속개시일 현재 상속인이 실제로 상속받은 재산을 한도로 상속공제를 인정하게 됨
한도액	상속세 과세가액 (-) ① 선순위인 상속인이 아닌 자에게 유증 등을 한 재산의 가액 (-) ② 선순위인 상속인의 상속 포기로 그 다음 순위의 상속인이 상속받은 재산의 가액 (-) ③ 상속세 과세가액에 가산한 증여재산가액(증여재산가액에서 증여재산공제를 뺀 가액) 단, ③은 상속세 과세가액이 5억원을 초과하는 경우에만 적용

1. 상속세 과세표준 및 과세최저한

구분	내용	
과세표준	상속세 과세가액 − 상속공제액 − 감정평가수수료	
감정평가수수료 공제	**구분**	**한도액**
	감정평가업자의 평가에 따른 수수료(상속세 납부용)	5,000,000원
	판매용이 아닌 서화·골동품 등 예술적 가치가 있는 유형재산의 평가에 따른 수수료	5,000,000원
	평가심의위원회의 비상장주식 평가에 따른 수수료	평가대상법인 수 및 평가를 위한 신용평가전문기관의 수별로 10,000,000원
과세최저한	과세표준이 50만원 미만이면 상속세를 부과하지 아니함	

2. 상속세율 및 할증과세

구분	내용	
상속세율	**구분**	**세율**
	1억원 이하	과세표준의 10%
	1억원 초과 5억원 이하	1천만원 + 1억원 초과액의 20%
	5억원 초과 10억원 이하	9천만원 + 5억원 초과액의 30%
	10억원 초과 30억원 이하	2억 4천만원 + 10억원 초과액의 40%
	30억원 초과	10억 4천만원 + 30억원 초과액의 50%
할증과세	상속인이나 수유자가 피상속인의 자녀를 제외한 직계비속인 경우에는 상속세 산출세액에 상속재산(상속재산에 가산한 증여재산 중 상속인이나 수유자가 받은 증여재산을 포함) 중 그 상속인 또는 수유자가 받았거나 받을 재산이 차지하는 비율을 곱하여 계산한 금액의 100분의 30(미성년자에 해당하는 상속인 또는 수유자가 받았거나 받을 상속재산의 가액이 20억원을 초과하는 경우에는 100분의 40)에 상당하는 금액을 가산함. 다만, 「민법」 제1001조에 따른 대습상속의 경우에는 그러하지 아니함	

$$\text{할증세액} = \text{상속세 산출세액} \times \frac{\text{피상속인의 자녀를 제외한 직계비속이 상속받은 재산가액}}{\text{총상속재산가액 (상속인 또는 수유자의 사전증여재산 포함)}} \times 30\%(40\%)$$

3. 세액공제

구분		내용
증여세액공제	취지	사전증여재산에 대한 증여세액을 상속세 산출세액에서 공제하도록 규정함으로써 사전증여재산을 상속세 과세가액에 가산하여 누진세율에 의한 과세의 효과를 유지하면서도 이중과세를 배제하고자 하는 것임
	세액공제액	① 상속재산에 가산한 증여재산의 수증자가 상속인·수유자인 경우에는 해당 상속인 또는 수유자가 각자 납부할 상속세액에서 증여세액을 공제함. 다만, 다음 금액을 한도로 함 $$\text{각자 납부할 상속세액} \times \frac{\text{상속재산에 가산한 상속인별 증여세 과세표준}}{\text{상속인별 상속세 과세표준 상당액}}$$ ② 상속재산에 가산한 증여재산의 수증자가 상속인·수유자 외의 지인 경우에는 상속세 산출세액에서 가산한 증여재산에 대한 증여재산에 대한 증여세액을 공제함. 다만, 다음 금액을 한도로 함 $$\text{상속세 산출세액} \times \frac{\text{가산한 증여재산에 대한 증여세 과세표준}}{\text{상속세 과세표준}}$$
외국납부세액공제	의의	거주자의 사망으로 외국에 있는 피상속인의 상속재산에 대해 외국법령에 따른 상속세를 부과받은 경우에는 그 세액을 공제함
	세액공제액	외국에서 부과된 상속세액을 다음 금액을 한도로 공제함 $$\text{상속세 산출세액} \times \frac{\text{해당 외국의 법령에 따른 상속세 과세표준}}{\text{상속세 과세표준}}$$
단기 재상속에 대한 세액공제	취지	상속개시 후 10년 이내 상속인 또는 수유자가 사망함으로써 다시 상속이 개시된 경우 상속인의 과중한 부담을 완화하기 위한 제도임
	세액공제액	$$\text{전의 상속세 산출세액} \times \frac{\text{재상속분의 재산가액} \times \dfrac{\text{전의 상속세 과세가액}}{\text{전의 상속재산가액}}}{\text{전의 상속세 과세가액}} \times \text{공제율}$$
신고세액공제	취지	상속세 납세의무자의 성실한 납세협력의무 이행을 위해 신고세액공제를 적용함
	세액공제액	[산출세액(할증과세 포함) − 징수유예세액 − 세액감면 또는 세액공제] × 3%

제 **3** 장

증여세

3 증여세

01 증여세 계산구조

	증여재산가액	• 본래의 증여재산, 증여예시재산, 증여추정·증여의제재산
(+)	증여재산가산액	• 동일인으로부터 10년 이내 수증재산, 1천만원 이상(합산배제증여재산 제외)
(−)	비과세증여재산	
(−)	과세가액불산입	• 공익법인출연재산가액, 공익신탁재산가액, 장애인신탁재산가액
=	과세대상 증여재산가액	
(−)	채무액	• 부담부증여의 채무인수액
	증여세 과세가액	
(−)	증여재산공제	• 증여자와 수증자의 관계 기준으로 판단
(−)	재해손실공제	
(−)	감정평가수수료공제	• 상속세와 동일함
	증여세 과세표준	
(×)	세율	• 상속세와 동일
	증여세 산출세액	• 세대생략가산액 포함
(−)	징수유예액	
(−)	세액공제	• 납부세액공제, 외국납부세액공제
(+)	가산세	
	차가감납부세액	

02 증여세 과세가액

1. 증여재산의 합산과세

구분	내용
요건	동일인으로부터 2회 이상의 증여를 받는 경우 최초 증여 이후의 증여를 재차증여라 하며, 재차증여가 있는 경우에는 합산과세할 수 있음. 이때 합산과세는 각각 다음의 요건을 모두 충족한 경우에 적용함 ① 동일한 증여자로부터 동일한 수증자에게 증여된 재산일 것 ② 해당 증여가 있는 날로부터 소급하여 10년 이내 이루어진 증여일 것 ③ 합산과세가액이 1천만원 이상일 것 ④ 합산배제증여재산이 아닐 것

합산배제 증여재산	① 재산취득 후 재산가치 증가에 따른 이익의 증여 ② 전환사채 등의 전환 및 특수관계인에 대한 고가양도에 따른 증여 ③ 주식 등의 상장 등에 따른 이익의 증여 ④ 합병에 따른 상장 등 이익의 증여 ⑤ 재산취득자금 등의 증여추정 ⑥ 명의신탁재산의 증여의제 ⑦ 특수관계법인과의 거래를 통한 이익의 증여의제 ⑧ 특수관계법인으로부터 제공받은 사업기회로 발생한 이익의 증여의제

		父 − 子(甲) 1차 증여	母 − 子(甲) 2차 증여
사례	증여재산가액	100,000,000	200,000,000
	증여재산가산액		100,000,000
	증여세 과세가액	100,000,000	300,000,000
	증여재산공제	50,000,000	50,000,000
	증여세 과세표준	50,000,000	250,000,000
	증여세 산출세액	5,000,000	40,000,000
	세액공제		5,000,000
	차감납부할 세액	5,000,000	35,000,000

* 신고세액공제는 없는 것으로 가정함

2. 부담부증여

구분	내용
공제요건	다음의 요건을 만족하는 증여재산에 담보된 채무는 증여재산가액에서 제외함 ① 증여일 현재 해당 증여재산에 담보된 채무일 것 ② 수증자가 해당 채무를 실제로 인수할 것
특례	배우자 또는 직계존비속 간에 부담부증여가 있는 경우 수증자가 채무를 인수하지 않은 것으로 추정함. 다만, 배우자 또는 직계존비속 간 부담부증여라도 진실한 채무임을 입증하는 경우 증여세 과세가액에서 채무를 차감할 수 있음
증여재산가액	「상속세 및 증여세법」상 시가에 따르되, 시가가 없는 경우에는 보충적 평가방법에 따름
동일기준적용 원칙	부담부증여로 인한 양도소득세를 계산할 때 재산가액을 시가로 평가하면 취득가액도 실제 취득가액으로 계산하며, 보충적 평가방법에 따라 기준시가로 산정한 경우에는 취득가액도 기준시가를 적용함

1. 증여재산공제

구분	내용
의의	증여재산공제는 수증자를 기준으로 한 Group별 공제방식임. 수증자를 기준으로 ① 배우자공제, ② 직계존속공제, ③ 직계비속공제, ④ 그 밖의 친족공제를 적용함. 증여재산공제는 거주자에게만 적용됨

증여재산공제 (증여 1건당 공제액이 아니라 합산기간 동안의 공제액)	구분		공제액
	배우자로부터 증여를 받은 경우		6억원
	직계존속[수증자의 직계존속과 혼인(사실혼은 제외) 중인 배우자를 포함]으로부터 증여를 받은 경우		5천만원(미성년자가 직계존속으로부터 증여를 받은 경우에는 2천만원)
	직계비속(수증자와 혼인 중인 배우자의 직계비속을 포함)으로부터 증여를 받은 경우		5천만원
	기타 친족(4촌 이내 혈족, 3촌 이내 인척)으로부터 증여를 받은 경우		1천만원
	증여세 과세가액에서 공제받을 금액과 수증자가 그 증여를 받기 전 10년 이내에 공제받은 금액(혼인 증여재산공제는 제외)을 합한 금액이 증여재산공제액을 초과하는 경우에는 그 초과하는 부분은 공제하지 아니함		

혼인·출산 증여재산공제	공제요건	① 거주자가 직계존속으로부터 혼인일 전후 2년 이내에 증여를 받는 경우 → 손자녀 포함(단, 부모와 조부모 합하여 1억원까지 공제) ② 거주자가 직계존속으로부터 자녀의 출생일 또는 입양일로부터 2년 이내에 증여를 받는 경우 → 손자녀 제외
	공제금액	1억원 → 혼인 또는 출산과 합하여 1억원까지 공제되므로 혼인 시 1억원을 공제받았다면 출산 시 추가로 공제받을 수 없음
	반환특례	혼인공제 적용받은 재산을 혼인할 수 없는 정당한 사유가 발생한 달의 말일부터 3개월 이내 증여자에게 반환 시 처음부터 증여가 없던 것으로 봄
	가산세 면제 → 이자상당액은 부과	① 증여일부터 2년 이내에 혼인하지 않은 경우로서 증여일부터 2년이 되는 날이 속하는 달의 말일부터 3개월이 되는 날까지 수정신고 또는 기한 후 신고한 경우 ② 혼인이 무효가 된 경우로서 혼인무효소의 확정판결일이 속하는 달의 말일부터 3개월이 되는 날까지 수정신고 또는 기한 후 신고한 경우

사례 1 (합산기간 공제)	증여자	증여가액	과세표준	계산근거
	부	300,000,000	250,000,000	300,000,000 − 50,000,000
	모	200,000,000	450,000,000	(300,000,000 + 200,000,000) − 50,000,000
	조부	100,000,000	100,000,000	100,000,000 − 0
	삼촌	50,000,000	40,000,000	50,000,000 − 10,000,000
	※ 위 증여는 순차적으로 이루어진 것임 ※ 모두 합산과세기간 이내 증여받은 것임 ※ 직계존속의 배우자는 동일인이 증여한 것으로 간주함 ※ 혼인 증여재산에 해당하지 않음			

사례 2 (동시증여)	성년인 거주자 갑이 직계존속인 할아버지와 아버지로부터 각각 현금 5천만원을 동시에 증여받은 경우 각각의 증여세 과세표준의 총합계액은 5천만원임 (갑은 생애 처음으로 증여를 받았음)

구분	부친	조부	근거
증여재산가액	50,000,000	50,000,000	
증여재산공제	(−)25,000,000	(−)25,000,000	증여세 재산기준으로 안분
증여세 과세표준	25,000,000	25,000,000	

2. 재해손실공제

구분	내용
원칙	증여세 신고기한 이내에 재난으로 인하여 증여재산이 멸실되거나 훼손된 경우에는 그 손실가액을 증여세 과세가액에서 공제함
예외	그 손실가액에 대한 보험금 등의 수령 또는 구상권 등의 행사에 의하여 그 손실가액에 상당하는 금액을 보전받을 수 있는 경우에는 그러하지 아니함

3. 산출세액 및 세액공제

구분		내용
세율		상속세 세율과 동일함
세대생략 할증과세		수증자가 증여자의 자녀가 아닌 직계비속인 경우에는 증여세 산출세액의 30%(수증자가 증여자의 자녀가 아닌 직계비속이면서 미성년자인 경우로서 증여재산가액이 20억원을 초과하는 경우에는 40%)에 상당하는 금액을 가산함. 다만, 증여자의 최근친인 직계비속이 사망하여 그 사망자의 최근친인 직계비속이 증여받은 경우에는 그러하지 아니함
세액공제	납부세액공제	동일인으로부터 10년 이내 증여받은 재산의 합산과세 시 이전 증여세 산출세액을 공제함 $\text{Min}[①, ②]$ ① 합산된 증여재산에 대한 증여 당시 증여세 산출세액 ② 증여세 산출세액 $\times \left(\dfrac{\text{합산대상 증여재산 과세표준}}{\text{증여세 총과세표준}} \right)$
	외국납부세액 공제	타인으로부터 재산을 증여받은 경우에 외국에 있는 증여재산에 대하여 외국의 법령에 따라 증여세를 부과받은 경우에는 상속세 외국납부세액규정을 준용하여 그 부과받은 증여세 상당액을 증여세 산출세액에서 공제함
	신고세액공제	[증여세산출세액(세대생략가산 포함) − 징수유예액 − 공제·감면세액] × 3%

04 증여예시

1. 신탁이익의 증여

구분	내용
의의	① 타인에게 경제적 이익을 이전하기 위해 신탁계약을 활용한 경우에는 증여세를 부과함. 신탁계약에 의하여 신탁한 재산의 원본이나 수익을 재산 위탁자가 아닌 타인(수익자)에게 귀속시키는 경우에는 위탁자가 그 수익자(타인)에게 재산을 무상으로 이전시키는 효과가 발생하기 때문임 ② 수익자를 위탁자로 지정한 것을 자익신탁, 수익자를 제3자로 지정한 것을 타익신탁이라고 하며 이는 증여세 과세대상이 됨
과세요건	신탁계약에 의하여 위탁자가 타인을 신탁의 이익의 전부 또는 일부를 받을 수익자로 지정한 경우로서 다음 중 어느 하나에 해당하는 경우에는 원본 또는 수익이 수익자에게 실제 지급되는 날 등을 증여일로 하여 해당 신탁의 이익을 받을 권리의 가액을 수익자의 증여재산가액으로 함 ① 원본을 받을 권리를 소유하게 한 경우에는 수익자가 그 원본을 받은 경우 ② 수익을 받을 권리를 소유하게 한 경우에는 수익자가 그 수익을 받은 경우

2. 보험금의 증여

구분	내용	
의의	생명보험이나 손해보험에서 보험사고(만기보험금 지급의 경우를 포함)가 발생한 경우 해당 보험사고가 발생한 날을 증여일로 하여 보험금 수령인의 증여재산가액으로 함	
증여재산가액	보험금 수령인이 납부한 보험료가 없는 경우	보험금 상당액
	보험금 수령인이 보험료의 일부를 납부한 경우	$보험금 \times \dfrac{보험금\ 수령인이\ 아닌\ 자가\ 납부한\ 보험료}{납부보험료\ 총액}$
	보험료의 일부를 증여받아 일부를 납부한 경우	$보험금 \times \dfrac{타인으로부터\ 증여받아\ 납부한\ 보험료}{납부보험료\ 총액} - 타인으로부터\ 증여받아\ 납부한\ 보험료$
사례 1	甲의 父가 사망함에 따라 甲이 수령한 생명보험금은 2억원이며, 동 보험에 대한 총 납부보험료는 2천만원임. 납부보험료 중 1,600만원은 甲의 父가 납부하고, 나머지 400만원은 甲이 납부함 ① 상속받은 금액: 2억원 × 80% = 1억 6천만원 ② 보험금의 증여재산가액: 없음	

사례 2	甲의 父가 사망함에 따라 甲이 수령한 생명보험금은 2억원이며, 동 보험에 대한 총 납부보험료는 2천만원임. 납부보험료 중 1,600만원은 甲이 父로부터 증여받은 현금으로 납부하고, 나머지 400만원은 甲이 직접 납부함 ① 증여받은 금액: 1,600만원(대납액) ② 보험금의 증여재산가액: 2억원 × 80% − 1,600만원 = 1억 4,400만원 ③ 총증여재산가액(① + ②) = 1억 6천만원

3. 저가양수 또는 고가양도에 따른 이익의 증여

(1) 특수관계인 간의 거래인 경우

구분	저가양수	고가양도
적용요건	(시가 − 대가) ≥ Min(시가의 30%, 3억원)	(대가 − 시가) ≥ Min(시가의 30%, 3억원)
증여재산가액	(시가 − 대가) − 기준금액	(대가 − 시가) − 기준금액
적용배제	① 개인과 법인 간 거래 시 「법인세법」상 시가에 해당하여 부당행위계산부인이 적용되지 않는 경우 ② 개인과 개인 간 거래 시 「소득세법」상 시가에 해당하여 양도소득세 부당행위계산부인이 적용되지 않는 경우	

사례	① 甲은 乙(甲의 부친)로부터 시가 5억원의 A토지를 3억원에 취득함(저가양수)
	
	증여재산가액 = (5억원 − 3억원) − Min(5억원 × 30%, 3억원) = 0.5억원 → 수증자(甲)
	
	비교 ┌ 甲이 추후에 A토지를 양도하는 경우의 취득가액은 3.5억원으로 계산함
	  └ 乙의 양도소득세 계산 시 양도가액은 5억원임
	② 甲은 乙(甲의 부친)에게 시가 3억원의 A토지를 5억원에 양도함(고가양도)
	
	증여재산가액 = (5억원 − 3억원) − Min(3억원 × 30%, 3억원) = 1.1억원 → 수증자(甲)
	
	비교 ┌ 甲의 양도소득세 계산 시 양도가액은 3.9억원임(5억원 − 1.1억원)
	  └ 乙이 추후에 A토지를 양도하는 경우 취득가액은 3억원으로 계산함	

해커스 세법엑셀 1

제3장

제3편 상속세 및 증여세법

(2) 특수관계인 간의 거래가 아닌 경우

구분	저가양수	고가양도
적용요건	(시가 − 대가) ≥ 시가의 30%	(대가 − 시가) ≥ 시가의 30%
증여재산가액	(시가 − 대가) − 3억원	(대가 − 시가) − 3억원
적용배제	거래 관행상 정당한 사유가 있는 경우	
사례	① 甲은 정당한 사유 없이 乙로부터 시가 5억원의 A토지를 3억원에 취득함 (저가양수) 　　증여재산가액 = (5억원 − 3억원) − 3억원 = 0 → 음수의 경우는 '0' ② 甲은 정당한 사유 없이 乙로부터 시가 10억원의 A토지를 3억원에 취득함 (저가양수) 　　증여재산가액 = (10억원 − 3억원) − 3억원 = 4억원 → 수증자(甲) 비교 ┌ 甲이 추후에 A토지를 양도하는 경우의 취득가액은 7억원으로 계산함 　　 └ 乙의 양도소득세 계산 시 양도가액은 3억원임 ③ 甲은 정당한 사유 없이 乙에게 시가 3억원의 A토지를 10억원에 양도함 (고가양도) 　　증여재산가액 = (10억원 − 3억원) − 3억원 = 4억원 → 수증자(甲) 비교 ┌ 甲의 양도소득세 계산 시 양도가액은 6억원임(10억원 − 4억원) 　　 └ 乙이 추후에 A토지를 양도하는 경우 취득가액은 10억원으로 계산함	

4. 채무면제

구분	내용
의의	채권자로부터 채무를 면제받거나 제3자로부터 채무의 인수 또는 변제를 받은 경우에는 그 면제, 인수 또는 변제를 받은 날을 증여일로 하여 그 면제 등으로 인한 이익에 상당하는 금액(보상액을 지급한 경우에는 그 보상액을 뺀 금액)을 그 이익을 얻은 자의 증여재산가액으로 함
비교	채무면제가 사업과 관련하여 이루어진 것이면 사업소득으로 과세함

5. 부동산 무상사용에 따른 이익의 증여

구분		내용
과세요건	부동산 무상사용	타인 소유의 부동산(그 부동산 소유자와 함께 거주하는 주택 및 그 부수토지는 제외)을 무상으로 사용하여 1억원 이상의 이익을 얻은 경우(5년 단위)
	부동산 무상담보제공	타인 소유의 부동산을 무상 담보로 이용하여 1천만원 이상의 이익을 얻은 경우(1년 단위)
적용제외		특수관계인 아닌 자 간의 거래인 경우에는 거래의 관행상 정당한 사유가 있는 경우에는 증여로 보지 않음

증여이익 계산방식	부동산 무상사용이익은 2단계로 계산함 [1단계] 부동산 가액에 1년간 부동산 사용료를 감안하여 기획재정부령으로 정하는 율(2%)을 곱하여 각 연도 부동산 무상사용이익을 계산함 [2단계] 각 연도 부동산 무상사용이익을 현재가치로 할인(10%)한 금액을 합하여 부동산 무상 사용이익을 산출함. 이 경우 부동산 무상사용기간은 5년으로 함	
증여재산의 평가	부동산 무상사용	$$\sum_{n=1}^{5} \frac{부동산가액 \times 2\%}{(1+0.1)^n}$$
	부동산 무상담보제공	적정 이자(4.6% 이자율) − 실제 차입이자
증여시기	부동산 무상사용	부동산의 무상사용을 개시한 날(무상사용기간이 5년을 초과하는 경우에는 그 무상사용을 개시한 날부터 5년이 되는 날이 속하는 날의 다음 날에 새로이 그 부동산의 무상사용을 개시한 것으로 봄)
	부동산 무상담보제공	부동산 무상담보의 이용을 개시한 날(부동산에 대한 무상담보 이용기간이 1년을 초과하는 경우에는 그 무상담보의 이용을 개시한 날부터 1년이 되는 날의 다음 날에 새로이 그 부동산의 무상사용을 개시한 것으로 봄)

6. 금전 무상대출 등에 따른 이익의 증여

구분	내용	
과세요건	타인으로부터 금전을 무상으로 또는 적정 이자율보다 낮은 이자율로 대출받아 얻은 이익이 1천만원 이상인 경우	
적용제외	특수관계인 아닌 자 간의 거래인 경우에는 거래의 관행상 정당한 사유가 있는 경우에는 증여 로 보지 않음	
증여이익 계산방식	금전의 무상대출에 따른 이익의 증여는 부동산 무상사용에 따른 이익의 증여와 달리 대출받 은 날을 기준으로 1년 단위로 증여이익을 계산함	
증여재산의 평가	무상으로 대출받은 경우	대출금액 × 적정 이자율
	적정 이자율보다 낮은 이자율로 대출받은 경우	대출금액 × 적정 이자율 − 실제 지급한 이자상당액
증여시기	금전 무상대출 등에 따른 이익은 금전을 대출받은 날을 기준으로 계산하고, 금전을 여러 차례 나누어 대출받은 경우에는 각각의 대출받은 날을 기준으로 계산함. 대출기간이 정해지지 않은 경우에는 그 대출기간을 1년으로 보고, 대출기간이 1년 이상인 경우에는 1년이 되는 날의 다음 날에 매년 새로 대출받은 것으로 보아 1년 단위로 증여이익을 계산하여 과세함	

7. 불공정자본거래에 따른 이익의 증여

(1) 주요 유형

구분	주요 과세내용
합병	• 특수관계 있는 법인 간의 불균등한 합병을 통해 과대평가된 법인의 대주주에게 경제적 이익을 이전하는 경우에 과세
증자	• 저가 또는 고가로 불균등 증자를 함으로써 주주 간에 이전되는 경제적 이익에 대해 과세 • 불균등 증자가 일어나더라도 신주평가액(시가)과 신주인수가액이 동일한 경우에는 과세하지 않음
감자	• 불균등 감자를 통해 특수관계 있는 대주주에게 경제적 이익을 이전하는 경우 과세
현물출자	• 증자에 따른 이익의 증여와 동일한 구조 • 본래 현물출자의 경우에는 기존주주에게 신주인수권이 없으므로 실권주가 발생하지 아니하나 이를 이용하여 조세부담을 회피할 우려가 있어 과세 • 신주발행 시 이루어지는 현물출자만 과세대상임. 설립 시 현물출자에 대해서는 적용하지 아니함

(2) 과세요건

구분		현저한 이익 (30% 또는 3억원)	특수관계인 해당 여부
합병(합병법인 간 특수관계인)		○(합병 후 주가)	×(대주주)
증자	저가발행 재배정 ○	×	×
	저가발행 재배정 ×	○(균등증자 가정 시 주가)	○
	고가발행 재배정 ○	○	○
	고가발행 재배정 ×	○(증자 후 주가)	○
감자		○(감자 전 주가)	○(대주주)

(3) 불공정합병

구분	내용
의의	과대평가된 기업의 대주주가 과소평가된 기업의 소액주주의 주식가치를 희석시킨 결과로 얻은 이익을 과세하는 것임. 다만, 「자본시장과 금융투자업에 관한 법률」에 따라 주권상장법인이 다른 법인과 합병하는 경우에는 「자본시장과 금융투자업에 관한 법률」에 따라 공정성이 담보되므로 이 규정을 적용하지 않음
과세요건	다음 요건을 모두 만족한 경우에 한하여 증여이익이 있다고 봄. 여기서 대주주란 지분율 1% 이상 또는 액면가액 3억원 이상인 주식을 보유한 자를 말함 ① 특수관계에 있는 법인 간의 합병일 것 ② 합병당사법인의 대주주가 존재할 것 ③ 합병당사법인의 대주주가 현저한 이익을 얻을 것
현저한 이익	**주가차이 기준** 합병 후 주가 – 합병 전 주가 ≥ 합병 후 주가 × 30% **이익기준** (합병 후 주가 – 합병 전 주가) × 과대평가된 법인의 대주주 주식 수 ≥ 3억원
합병에 따른 이익	(① – ②) × 과대평가된 합병당사법인의 대주주가 교부받은 주식 수 ① 합병 후 1주당 평가가액 ② 합병 비율을 고려한 주가과대평가법인의 1주당 합병 전 평가가액

(4) 불공정증자

구분	내용
의의	법인이 신주를 발행할 때 일부 주주가 신주의 실제 가치와 발행가액의 차이가 있는 신주 인수를 포기함으로써 특수관계인 사이에 무상이전되는 이익을 과세함. 다만, 신주를 저가 발행하는 경우로서 실권주를 재배정하는 경우에는 특수관계인에 해당하지 않더라도 증여세를 과세함

과세요건			
	실권주 처리	저가발행(인수)	고가발행(인수)
	재배정	• 특수관계인 여부에 관계없이 증여 이익 전액을 과세	• 특수관계인의 경우에만 적용 • 증여이익 전액 과세
	실권	• 특수관계인의 경우에만 적용 • 30% 또는 3억원 이상의 차이가 있는 경우에만 적용	

과세요건: 단, 주권상장법인이 유가증권의 모집방법으로 배정하는 경우에는 과세하지 아니함. 또한, 증자 전후의 주식 1주당 가격이 모두 '0'인 경우에는 이익이 없는 것으로 봄

현저한 이익

저가발행 (재배정 ×)	or ⌈ 1주당 평가차액 ≥ 균등증자 시 1주당 평가액 × 30% ⌊ 분여이익 ≥ 3억원
고가발행 (재배정 ×)	or ⌈ 1주당 평가차액 ≥ 증자 후 1주당 평가액 × 30% ⌊ 분여이익 ≥ 3억원

증자에 따른 이익

저가발행 (재배정 ○)	(증자 후 1주당 가액 − 신주 1주당 인수가액) × 배정받은 신주 수
저가발행 (재배정 ×)	$\left(\text{균등증자 시 1주당 가액} - \text{신주 1주당 인수가액}\right) \times \text{실권주 총수} \times \text{증자 후 신주 인수자의 지분 비율} \times \text{특수관계인 실권 비율}$
고가발행 (재배정 ○)	$\left(\text{신주 1주당 인수가액} - \text{증자 후 1주당 가액}\right) \times \text{특수관계인 주주가 포기한 신주 수} \times \text{초과배정한 신주 총수 중 특수관계인이 인수한 신주의 비율}$
고가발행 (재배정 ×)	$\left(\text{신주 1주당 인수가액} - \text{증자 후 1주당 가액}\right) \times \text{신주인수를 포기한 주주의 실권주 수} \times \text{특수관계인의 인수 비율}$

(5) 불공정감자

구분	내용
의의	법인이 자본금을 감소시킬 때 일부 주주의 주식을 소각함으로써 그의 특수관계인에 해당하는 대주주가 얻은 이익을 증여이익으로 하여 증여세를 부과함
과세요건	대주주가 특수관계인으로부터 현저한 이익을 얻은 경우에 한하여 증여세를 과세함
현저한 이익	or $\begin{cases} \text{감자 전 1주당 평가액} - \text{1주당 감자대가} \geq \text{감자 전 1주당 평가액} \\ \text{분여이익} \geq \text{3억원} \end{cases}$

구분		내용
감자에 따른 이익	시가보다 낮은 대가로 소각	(① − ②) × ③ ① 감자 전 1주당 평가가액 ② 주식소각 시 1주당 지급한 금액 ③ 총감자주식 수 × 대주주의 감자 후 지분 비율 × $\dfrac{\text{특수관계인의 감자주식 수}}{\text{총감자주식 수}}$
	시가보다 높은 대가로 소각	(① − ②) × 해당 주주 등의 감자주식 수 ① 주식소각 시 1주당 지급한 금액 ② 감자 전 1주당 평가액

8. 초과배당에 따른 이익의 증여

구분	내용
과세요건	다음 요건을 모두 충족한 경우에 한하여 초과배당에 따른 증여세를 부과함 ① 최대주주 등이 배당을 포기하거나 보유지분에 비하여 과소배당을 받을 것(증여자 요건) ② 최대주주 등의 특수관계인이 보유지분에 비하여 초과배당을 받을 것(수증자 요건)
초과배당금액	$\left(\begin{array}{c} \text{특수관계인이} \\ \text{배당받은 금액} \end{array} - \begin{array}{c} \text{균등하게 배당받을} \\ \text{경우 배당금액} \end{array} \right) \times \begin{array}{c} \text{전체 과소배당금액 중} \\ \text{최대주주의 과소배당이 차지하는 비율} \end{array}$
증여일	법인이 배당을 실제로 지급한 날
신고기한	초과배당금액이 발생한 연도의 다음 연도 종합소득과세표준신고기한

	구분	지분 비율	배당금	균등배당	초과(과소)배당	초과배당금액
사례	父	80%	−	80억원	(80)억원	
	子	10%	100억원	10억원	90억원	80억원
	제3자	10%	−	10억원	(10)억원	

① 초과배당금액: 90억원 × $\dfrac{80억원}{80억원 + 10억원}$ = 80억원

② 증여재산가액: 80억원 − 37.5억원(소득세 상당액) = 42.5억원

9. 재산취득 후 재산가치 증가에 따른 이익의 증여

구분	내용
의의	직업·연령·소득 및 재산상태로 보아 자력으로 개발사업의 시행 등의 행위를 할 수 없다고 인정되는 자가 특수관계인의 증여, 기업경영에 관한 내부정보 이용, 특수관계인의 담보 등으로 재산을 취득한 후 5년 이내에 개발사업의 시행 등 재산가치 증가사유가 발생한 경우, 이는 자신의 노력에 의하여 가치가 상승한 것이 아니라 타인의 기여에 의하여 증가한 재산가치에 해당하므로 이에 대해 증여세를 과세함
취득의 유형	① 특수관계인으로부터 재산을 증여받은 경우 ② 특수관계인으로부터 기업의 경영 등에 관하여 공표되지 아니한 내부정보를 제공받아 해당 정보와 관련된 재산을 유상으로 취득하는 경우 ③ 특수관계인으로부터 차입한 자금 또는 특수관계인의 재산을 담보로 차입한 자금으로 재산을 취득한 경우
기준금액	증여이익이 다음의 기준금액 미만인 경우에는 과세하지 않음 기준금액 = Min[①, ②] ① 취득가액과 통상적인 가치상승분 및 가치상승기여분의 합계액의 30% ② 3억원
증여이익	해당 재산가액 – 당해 재산의 취득가액 – 통상적인 가치상승분 – 가치상승기여분

10. 주식 등의 상장 등에 따른 이익의 증여

구분	내용
의의	내부정보를 이용하여 상장에 따른 막대한 시세차익을 얻을 목적으로 비상장주식을 증여·취득한 경우 이에 해당하는 상장차익에 대해 과세함으로써 고액재산가의 변칙적인 부의 세습을 방지하고자 함. 또한 이 제도는 상장 후 주식가치가 현저히 하락한 경우 상장 후 3월이 되는 날이 속하는 달의 말일부터 3월 이내에 증여세 정산신고하면 당초 납부한 증여세를 환급함
과세요건	① 최대주주 등의 특수관계인이 최대주주 등으로부터 주식 등을 증여받거나 유상으로 취득할 것 또는 최대주주 등으로부터 증여받은 재산으로 최대주주 등이 아닌 자로부터 주식 등을 취득할 것 ② 증여일 등으로부터 5년 이내에 그 주식 등이 증권시장에 상장될 것 ③ 정산기준일 현재 주식 등의 상장 등에 따른 이익이 증여·취득 당시 증여세 과세가액(취득의 경우 취득가액)에 기업가치의 실질적 증가분을 합한 가액의 30% 이상이거나 3억원 이상일 것
증여 재산가액	(정산기준일 현재 1주당 평가가액 – 주식 등을 증여받은 날 현재의 1주당 증여세 과세가액 – 1주당 기업가치의 실질적인 증가로 인한 이익) × 증여받거나 유상으로 취득한 주식 등의 수
사례	① 당초 비상장주식 증여 시: 시가 20,000원으로 증여세 부담 ② 상장일로부터 3월이 되는 날(정산기준일)의 시가가 200,000원인 경우 당초 증여시점의 평가차액에 대해 증여세 부담: (200,000원 – 20,000원)에 대하여 증여세 부과 ③ 이후 250,000원에 양도하는 경우: (250,000원 – 200,000원)에 대하여 양도세 부담(과세대상 대주주인 경우)
비교	[합병에 따른 상장 등 이익의 증여] 기업의 합병 등 '기업의 내부정보'를 가진 최대주주가 미리 특수관계인에게 주식을 증여 등의 방법으로 취득하게 한 후 가까운 장래에 상장법인과의 합병을 실행하여 '합병으로 인한 우회상장 프리미엄'을 그 특수관계인으로 하여금 얻도록 하는 경우 그 이익을 증여세의 과세대상으로 함

05 증여추정

1. 배우자 등에게 양도한 재산의 증여추정

구분		내용
의의		배우자나 직계존비속 간에는 증여를 양도로 가장(은폐)하여 조세회피행위를 할 개연성이 높음. 이에 따라 배우자 간 또는 직계존비속 간 양도는 거래형식에도 불구하고 증여로 추정함. 또한 특수관계인에게 재산을 양도하고 그 특수관계인이 다시 양도인의 배우자나 직계존비속에게 양도하는 경우에는 당초 양도자가 그의 배우자 등에게 직접 증여한 것으로 추정함. 이는 배우자나 직계존비속에게 재산권을 이전하는 과정에서 제3자적 위치에 있는 특수관계인의 명의를 거쳐서 이전하게 함으로써 증여세를 회피하는 것을 방지하기 위한 규정임
증여추정 요건	직접증여	① 배우자 또는 직계존비속 간의 양도일 것 ② 재산의 양도행위가 있을 것 ③ 증여추정 배제사유에 해당하지 않을 것
	우회증여	① 당초 양도 시 양도자의 특수관계인에게 양도할 것 ② 특수관계인이 양수일부터 3년 이내 다시 당초 양도인의 배우자 등에게 양도할 것 ③ 당초 양도자 및 양수자가 부담한 양도소득세를 합친 금액이 양수자가 그 재산을 양도한 당시의 재산가액을 당초 그 배우자 등이 증여받은 것으로 추정할 경우의 증여세액보다 적을 것 ④ 증여추정 배제사유에 해당하지 않을 것
증여추정 배제		① 경매절차에 따라 처분된 경우 ② 파산선고로 인하여 처분된 경우 ③ 「국세징수법」에 따라 공매된 경우 ④ 증권시장을 통하여 유가증권이 처분된 경우(시간외대량매매의 경우와 같이 통정매매가 가능한 경우에는 제외) ⑤ 권리의 이전이나 행사에 등기 또는 등록을 요하는 재산을 서로 교환한 경우 ⑥ 당해 재산의 취득을 위하여 이미 과세(비과세 또는 감면받은 경우를 포함)받았거나 신고한 소득금액 또는 상속 및 수증재산의 가액으로 그 대가를 지급한 사실이 입증되는 경우 ⑦ 당해 재산의 취득을 위하여 소유재산을 처분한 금액으로 그 대가를 지급한 사실이 입증되는 경우

2. 재산취득자금 등의 증여추정

구분	내용
의의	재산취득자의 직업, 연령, 소득 및 재산상태로 보아 재산을 자력으로 취득하였다고 인정하기 어려운 경우에는 해당 재산의 취득자가 다른 자로부터 취득자금을 증여받은 것으로 추정함
증여추정 요건	① 재산취득자 또는 채무자의 직업·연령·소득 및 재산상태 등으로 보아 재산을 자력으로 취득하거나 채무를 상환하였다고 인정하기 어려운 경우 ② 재산취득자금의 출처 또는 채무상환의 출처로 입증된 금액이 취득재산 또는 채무상환금액에 미달할 것. 다만, 재산취득자금의 출처 또는 채무상환의 출처로 입증되지 못한 금액의 합계액이 재산취득가액 또는 채무상환금액의 20%와 2억원 중 적은 금액에 미달하는 경우는 제외함
미소명금액	입증하지 못하는 금액이 아래 금액에 미달하는 경우에는 증여추정에서 제외함 Min[재산취득가액 × 20%, 2억원]
증여재산가액	재산취득가액·채무상환자금 − 자금출처로 입증된 금액

비교	구분	재산취득자금 등의 증여추정	상속개시 전 처분재산의 상속추정
	과세요건	미소명금액 > Min[취득재산 × 20%, 2억원]	미소명금액 > Min[처분재산 × 20%, 2억원]
	증여(상속) 추정금액	미소명금액	미소명금액 − Min[처분재산 × 20%, 2억원]

06 증여의제

1. 명의신탁재산의 증여의제

구분		내용
의의		권리의 이전이나 그 행사에 등기 등이 필요한 재산(토지와 건물은 제외)의 실제 소유자와 명의자가 다른 경우에는 「국세기본법」 제14조(실질과세원칙)에도 불구하고 그 명의자로 등기 등을 한 날(그 재산이 명의개서를 하여야 하는 재산인 경우에는 소유권취득일이 속하는 해의 다음 해 말일의 다음 날)에 그 재산의 가액(그 재산이 명의개서를 하여야 하는 재산인 경우에는 소유권취득일을 기준으로 평가한 가액)을 실제 소유자가 명의자에게 증여한 것으로 봄. 다만, 조세회피목적이 없는 경우에는 그러하지 아니함
납세의무자		실제 소유자가 납세의무자이며, 명의자에게 물적 납세의무 있음 → p.3-7 참고
과세요건		① 명의신탁한 재산은 권리의 이전이나 그 행사에 등기 등이 필요한 것이어야 함. 단, 토지와 건물은 제외함 ② 실제 소유자와 명의자가 달라야 함 ③ 당사자 사이에 명의신탁 설정에 관한 합의가 존재하여야 함 ④ 조세회피의 목적이 있어야 함
조세회피목적	원칙	타인 명의로 재산의 등기 등을 한 경우 및 실제 소유자 명의로 명의개서를 하지 아니한 경우에는 조세회피목적이 있는 것으로 추정함
	예외	다음 중 어느 하나에 해당하는 경우에는 조세회피목적이 있는 것으로 추정하지 아니함 ① 매매로 소유권을 취득한 경우로서 종전 소유자가 양도소득세 과세표준신고 또는 증권거래세 과세표준신고와 함께 소유권 변경 내용을 신고하는 경우 ② 상속으로 소유권을 취득한 경우로서 상속인이 상속세 과세표준신고 등과 함께 해당 재산을 상속세 과세가액에 포함하여 신고한 경우. 다만, 상속세 과세표준과 세액을 결정 또는 경정할 것을 미리 알고 수정신고하거나 기한후신고를 하는 경우는 제외함

제3장

제3편 상속세 및 증여세편

2. 특수관계법인과의 거래를 통한 이익의 증여의제(일감몰아주기)

구분	내용
의의	수혜법인의 사업연도를 기준으로 특수관계법인과의 거래 비율이 일정 비율(20% ~ 50%)을 초과하는 경우 해당 수혜법인의 지배주주와 그 친족이 일정금액을 각각 증여받은 것으로 의제함 특수관계법인 →(일감)→ 수혜법인 ···영업이익 ↑ (매출 〉 정상거래 비율) – 중소: 50% – 중견: 40% – 대기업: 30% 지배주주 · 친족 ···증여의제이익 특수관계 – 중소 · 중견: 10% 초과지분 – 대기업: 3% 초과지분
과세요건	일감몰아주기에 대해 수혜법인의 지배주주와 그 지배주주의 친족에게 증여세를 과세하기 위해서는 다음 요건을 모두 충족하여야 함 ① 수혜법인의 세후영업이익이 있을 것 ② 수혜법인의 특수관계법인 거래 비율이 정상거래 비율 30%(중소기업 50%, 중견기업 40%)를 초과할 것 ③ 수혜법인의 지배주주와 그 친족의 주식보유 비율이 한계보유 비율 3%(중소·중견기업 10%)를 초과할 것
수혜법인	기업회계기준에 따라 계산한 내국법인의 특정 사업연도 매출액 중에서 그 법인의 지배주주와 특수관계에 있는 법인에 대한 매출액이 차지하는 비율(특수관계법인 거래 비율)이 정상거래 비율(30%)을 초과하는 법인을 말함. 다만, 일반기업의 경우 특수관계법인과의 거래 비율이 정상거래 비율의 2/3(즉, 20%)를 초과하면서 특수관계법인과의 거래금액이 1,000억원을 초과하는 법인을 포함함

	구분	내용
특수관계법인 거래 비율	거래 비율	$$\dfrac{\text{특수관계법인에 대한 매출액 - 과세 제외 매출액}}{\text{수혜법인의 사업연도 매출액 - 과세 제외 매출액}}$$
	계산방법	① 특수관계법인이 둘 이상인 경우에는 그 매출액을 모두 합하여 특수관계법인 거래 비율을 계산함 ② 특수관계법인 거래 비율을 계산할 때 과세 제외 매출액은 차감함
	과세 제외 매출액	① 중소기업인 수혜법인이 중소기업인 특수관계법인과 거래한 매출액 ② 수혜법인이 본인의 주식보유 비율이 100분의 50 이상인 특수관계법인과 거래한 매출액 ③ 수혜법인이 본인의 주식보유 비율이 100분의 50 미만인 특수관계법인과 거래한 매출액에 그 특수관계법인에 대한 수혜법인의 주식보유 비율을 곱한 금액 ④ 해외특수관계법인에 대한 수출액과 법률에 따라 의무적으로 거래하는 경우의 매출액 등
수혜법인 지배주주		직접보유 비율이 가장 높은 개인 또는 직접보유 비율이 가장 높은 자가 법인인 경우 직접보유 비율과 간접보유 비율을 합한 비율이 가장 높은 개인을 말함

수증자		수혜법인의 사업연도 종료일 현재 지배주주와 지배주주의 친족 중 수혜법인에 대한 직접보유 비율과 간접보유 비율을 합하여 계산한 비율이 한계보유 비율(3%, 중소·중견기업은 10%)을 초과하는 개인임
증여이익	일반기업	세후영업이익 × (특수관계법인 거래 비율 − 5%) × (주식보유 비율 − 0%)
	중견기업	세후영업이익 × (특수관계법인 거래 비율 − 20%) × (주식보유 비율 − 5%)
	중소기업	세후영업이익 × (특수관계법인 거래 비율 − 50%) × (주식보유 비율 − 10%)
	특례	사업부문별 회계 구분 관리 등의 요건을 충족한 경우 사업부문별로 증여의제이익을 산출하여 합산 가능함
세후영업이익	계산 산식	(세무조정 후 영업손익 − 세무조정 후 영업손익에 대한 법인세 상당액) × 과세매출 비율
	과세매출 비율	$1 - \left(\dfrac{\text{과세 제외 매출액}}{\text{과세 제외 매출액이 포함된 사업연도 매출액}} \right)$
	사례	총매출액 1,000 특수관계법인 매출액(일반) 500 특수관계법인 매출액(과세 제외) 200 기타 매출액 300 … 세무조정 후 영업손익 100 각사업연도소득금액 120 법인세 결정세액이 30일 때 세후영업이익 (500 + 300) $$\left[100 - \left(30 \times \dfrac{100}{120} \right) \right] \times \dfrac{800}{1,000} = 60$$

제3장

제3표 상속세 및 증여세법

구분	내용
배당소득공제	지배주주 등이 수혜법인의 직전 사업연도 증여세 신고기한 다음 날부터 증여세 과세표준신고 기한까지 수혜법인 또는 간접출자법인으로부터 배당받은 소득이 있는 경우에는 다음 구분에 따른 금액을 해당 출자관계의 증여의제이익에서 공제함 ① 수혜법인으로부터 받은 배당소득 $$\text{수혜법인으로부터 받은 배당소득} \times \frac{\text{직접출자관계 증여이익}}{\text{수혜법인의 사업연도 말 배당가능이익}} \times \text{재배주주 등의 수혜법인에 대한 직접보유 비율}$$ ② 간접출자법인으로부터 받은 배당소득 $$\text{간접출자법인으로부터 받은 배당소득} \times \left[\frac{\text{간접출자관계 증여이익}}{\text{간접출자법인 사업연도 말 현재 배당가능이익} + \text{수혜법인의 사업연도 말 현재 배당가능이익} \times \text{간접출자법인의 수혜법인에 대한 주식보유 비율}}\right] \times \text{지배주주 등의 간접출자법인에 대한 직접보유 비율}$$
종합사례	 ① 지배주주의 주식보유 비율 = 직접(10%) + 간접(40% × 40% = 16%) 　　　　　　　　　　　　　= 26% ② 특수관계법인 거래 비율 = $\dfrac{\text{A·B 법인 매출액}(600) - \text{과세 제외 매출액}(200)}{\text{전체 매출액}(1,000) - \text{과세 제외 매출액}(200)}$ 　　　　　　　　　　　　= 50% ③ 증여의제이익 = 23.4 　⑦ 직접출자: 세후영업이익 200 × (50% - 5%) × 10% = 9 　ⓒ 간접출자: 세후영업이익 200 × (50% - 5%) × 16% = 14.4

3. 특수관계법인으로부터 제공받은 사업기회로 발생한 이익의 증여의제(일감떼어주기)

구분	내용
의의	지배주주와 특수관계에 있는 법인(중소기업과 수혜법인의 주식보유 비율이 50% 이상인 법인은 제외함)으로부터 사업기회를 제공받은 경우에 그 제공받은 사업기회로 인하여 발생한 수혜법인의 이익을 기준으로 계산한 일정금액 상당액을 지배주주 등이 증여받은 것으로 의제함
과세요건	일감떼어주기에 대해 증여세를 과세하기 위해서는 다음 요건을 모두 충족하여야 함 ① 수혜법인이 지배주주와 특수관계에 있는 법인으로부터 제공받은 사업기회로 인하여 부문별 영업이익이 있을 것 ② 지배주주 등의 수혜법인의 직접 또는 간접 주식보유 비율이 30% 이상일 것
수혜법인	지배주주와 그 친족이 직접 또는 간접으로 보유하는 주식보유 비율이 30% 이상인 법인
특수관계법인	지배주주와 특수관계에 있는 자를 말하며, 중소기업과 수혜법인의 주식보유 비율이 50% 이상인 법인은 제외함
사업기회	사업기회를 제공받는 경우란 특수관계법인이 직접 수행하거나 다른 사업자가 수행하고 있던 사업기회를 임대차계약, 입점계약, 대리점계약 및 프랜차이즈계약 등 명칭 여하를 불문한 약정으로 제공받는 경우를 말함
수증자	수혜법인의 지배주주와 그 친족
증여이익	 ① 사업기회를 제공받은 해당 사업부문의 영업이익으로서 기업회계기준에 따라 계산한 매출액에서 매출원가, 판관비 등을 차감한 영업이익을 수혜법인의 이익으로 보아 증여세 과세 대상으로 삼음 ② 사업기회 제공일이 속하는 개시 사업연도에 발생한 이익이 사업기회 제공일이 속하는 연도로부터 3개 연도에 걸쳐 균등하게 발생할 것으로 가정하고 그 3개 연도의 증여이익을 계산함
이중과세조정	지배주주 등이 수혜법인의 사업연도 말일부터 증여재산가액에 대한 증여세 과세표준신고기한까지 수혜법인으로부터 배당받은 소득이 있으면 증여의제이익에서 공제함. 정산소득을 계산할 때에도 3년간 배당소득액은 차감함

4. 특정법인과의 거래를 통한 이익의 증여의제

구분	내용
의의	특정법인이 특정법인의 지배주주의 특수관계인과 일정 거래를 통하여 이익을 얻는 경우 그 특정법인이 얻은 이익에 특정법인의 지배주주 등이 직접 또는 간접적으로 보유하는 주식보유 비율을 곱하여 계산한 금액을 그 특정법인의 지배주주 등이 증여받은 것으로 봄 특수관계인 ──이익 제공──▶ 특정법인 ···이익 ↑ ├ 재화·용역의 무상제공 ├ 재화·용역을 낮은 대가로 제공하는 것 └ 재화·용역을 높은 대가로 제공받는 것 지배주주·친족 ···주식가치 ↑ ──특수관계── 30% 이상 지분
특정법인	지배주주와 그 친족이 직접 또는 간접으로 보유하는 주식보유 비율이 30% 이상인 법인
수증자	특정법인의 지배주주와 그 친족
특정거래	① 재산 또는 용역을 무상으로 제공받는 것 ② 재산 또는 용역을 통상적인 거래 관행에 비추어 볼 때 현저히 낮은 대가로 양도·제공받는 것 ③ 재산 또는 용역을 통상적인 거래 관행에 비추어 볼 때 현저히 높은 대가로 양도·제공하는 것 ④ 「법인세법」에 따른 부당행위계산에 해당하는 자본거래로 이익을 분여하는 것 [신설] ⑤ 해당 법인의 채무를 면제·인수 또는 변제하는 것. 다만, 해당 법인이 해산(합병 또는 분할에 의한 해산은 제외) 중인 경우로서 주주 등에게 분배할 잔여재산이 없는 경우는 제외함 ⑥ 시가보다 낮은 가액으로 해당 법인에 현물출자하는 것
증여이익	(특정법인이 거래를 통해 얻은 이익 − 법인세 해당액) × 지배주주 및 친족이 직접 또는 간접적으로 보유하는 주식보유 비율

cpa.Hackers.com

제4장

재산의 평가

01 평가의 원칙

구분	내용
평가기준일	「상속세 및 증여세법」에 따라 상속세나 증여세가 부과되는 재산의 가액은 상속개시일 또는 증여일(평가기준일) 현재의 시가에 따름
상장주식	상장주식의 가액은 평가기준일 이전·이후 각 2개월 동안 공표된 매일의 거래소 최종 시세가액의 평균액을 시가로 봄
가상자산	① 국세청장이 고시하는 가상자산사업자의 사업장에서 거래되는 가상자산: 평가기준일 전·이후 각 1개월 동안에 해당 가상자산사업자가 공시하는 일평균가액의 평균액 ② 그 밖의 가상자산: ①에 해당하는 가상자산사업자 외의 가상자산사업자 및 이에 준하는 사업자의 사업장에서 공시하는 거래일의 일평균가액 또는 종료시각에 공시된 시세가액 등 합리적으로 인정되는 가액
시가	불특정 다수인 사이에 자유롭게 거래가 이루어지는 경우에 통상적으로 성립된다고 인정되는 가액으로 하고 수용가격·공매가격 및 감정가격 등 대통령령으로 정하는 바에 따라 시가로 인정되는 것을 포함함
평가기간 내 매매가격 등	평가기간 사이에 매매, 감정평가사의 감정, 수용, 경매 또는 공매가 있는 경우 각각의 그 매매가액, 감정가액의 평균액(기준시가 10억원 이하의 부동산은 하나의 감정가액의 평가액도 가능), 수용가액, 경매가액, 공매가액을 시가로 봄 참고 평가기간: 평가기준일 전후 6개월(증여재산의 경우에는 평가기준일 전 6개월부터 평가기준일 후 3개월)
유사사례가액	해당 재산과 면적·위치·용도 및 종목이 동일하거나 유사한 다른 재산에 대한 매매 등의 가액이 있는 경우에도 해당 가액을 시가로 봄
평가심의위원회	평가기간에 해당하지 아니한 기간으로서 평가기준일 전 2년 이내의 기간 중 매매 등이 있거나 평가기간이 경과한 후부터 법정결정기한까지 매매 등이 있는 경우로서 주식발행회사의 경영상태, 시간의 경과 및 주위환경의 변화 등을 고려하여 가격변동의 특별한 사정이 없다고 보아 납세자, 지방국세청장 또는 관할 세무서장이 신청하는 때에는 평가심의위원회를 거쳐 매매 등의 가액을 시가로 볼 수 있음
보충적 평가방법	시가를 산정하기 어려운 경우에는 그 재산의 종류·규모·거래상황 등을 감안하여 「상속세 및 증여세법」상 보충적 평가방법으로 평가한 가액에 의함
저당권 등이 설정된 재산평가 특례	재산의 가액은 상속개시일 또는 증여일 현재의 시가에 의해 평가하는 것이 원칙임. 그러나 담보 등으로 제공된 재산에 대해서는 상속개시 당시의 시가(시가를 산정하기 어려운 경우에는 보충적 평가방법)로 평가한 가액과 그 재산이 담보하는 채권액(임대보증금 포함)의 합계액을 비교하여 큰 금액으로 평가함

02 부동산의 보충적 평가방법

구분		보충적 평가방법
토지		① 일반지역: 개별공시지가 ② 지가급등 우려 지정지역: 개별공시지가 × 배율 ③ 개별공시지가가 없는 토지: 납세지 관할 세무서장이 인근 유사토지의 개별공시지가를 참작하여 평가한 금액
일반 건물		국세청장이 산정·고시하는 가격
지정지역 내의 오피스텔 및 상업용 건물		국세청장이 산정·고시하는 가격
주택	공동주택	국세청장이 결정·공시한 공동주택가격
	단독주택	시장·군수·구청장이 결정·공시한 개별주택가격

03 비상장주식의 평가

구분		내용
의의		비상장주식은 상장주식과는 달리 시장성이 없으므로 그 시가를 알 수 없는 경우가 대부분임. 그러나 비상장주식을 상속 또는 증여하는 경우, 과세관청은 그 과세표준과 세액을 결정하여야 하므로 일관된 평가방법을 법률로써 정해둘 필요가 있음. 비상장주식의 평가는 평가기준일 현재 해당 법인의 재무제표를 기초로 하되, 그 기업의 실질가치를 반영하기 위하여 여러 조정단계를 거침
1주당 주식평가	일반법인	$Max[(순손익가치 \times 3 + 순자산가치 \times 2) \div 5, 순자산가치 \times 80\%)]$
	부동산 과다보유법인	$Max[(순손익가치 \times 2 + 순자산가치 \times 3) \div 5, 순자산가치 \times 80\%)]$
	폐업법인 등	순자산가치
순손익가치		1주당 최근 3년간의 순손익액의 가중평균액 ÷ 순손익가치환원율(10%) $$\left(\begin{array}{c} 직전\ 1년\ 1주당 \\ 순손익액 \end{array} \times 3 + \begin{array}{c} 직전\ 2년\ 1주당 \\ 순손익액 \end{array} \times 2 + \begin{array}{c} 직전\ 3년\ 1주당 \\ 순손익액 \end{array} \times 1 \right) \times \dfrac{1}{6}$$ 를 10%로 나눔
순자산가치		$$\dfrac{당해\ 법인의\ 순자산가액}{발행주식총수} = \dfrac{자산총계(장부미계상\ 영업권\ 포함) - 부채총계}{발행주식총수}$$

구분	내용
폐업법인 등	다음의 경우는 순손익가치를 반영하지 않고 순자산가치만으로 비상장주식의 가치를 산정함 ① 법인의 청산절차가 진행 중이거나 사업자의 사망 등으로 인하여 사업의 계속이 곤란하다고 인정되는 법인의 주식 등 ② 사업개시 전의 법인, 사업개시 후 3년 미만의 법인 또는 휴업·폐업 중인 법인의 주식 등 ③ 법인의 자산총액 중 부동산 및 부동산에 관한 권리의 합계액이 차지하는 비율이 100분의 80 이상인 법인의 주식 등 ④ 법인의 자산총액 중 주식 등의 가액의 합계액이 차지하는 비율이 100분의 80 이상인 법인의 주식 등 ⑤ 법인의 설립 시 정관에 존속기한이 확정된 법인으로서 평가기준일 현재 잔여 존속기한이 3년 이내인 법인의 주식 등

각사업연도소득에 가산할 항목과 차감할 항목

손익가치 조정

가산항목	차감항목
① 국세 및 지방세 과오납 환급금이자 ② 수입배당금 익금불산입액 ③ 기부금 이월공제액의 손금산입액 ④ 업무용 승용차 손금불산입 이월손금산입액	① 벌금·과료·과태료·가산금·강제징수비 ② 손금으로 인정되지 않는 공과금 ③ 업무와 관련 없는 지출 ④ 업무용 승용차 관련비용 손금불산입액 ⑤ 각 세법상 징수불이행 납부세액 ⑥ 기부금한도초과액 ⑦ 기업업무추진비한도초과액 ⑧ 지급이자 손금불산입액 ⑨ 감가상각비 시인부족액 ⑩ 법인세총결정세액(농어촌특별세·지방소득세 포함) ⑪ 손금불산입한 외국법인세액

자산가액 조정

가산항목	차감항목
① 지급받을 권리가 확정된 금액으로서 재무상태표에 계상되지 아니한 것 ② 영업권의 보충적 평가방법에 의한 평가가액(장부미계상)	① 선급비용에서 평가기준일 현재 비용으로 확정된 금액 ② 무형자산 중 개발비 ③ 이연법인세자산

부채가액 조정

가산항목	차감항목
① 평가기준일까지 가결산한 경우 당해소득에 대한 법인세, 지방소득세, 농어촌특별세 등 ② 퇴직급여추계액 ③ 평가기준일 현재 이익처분으로 확정된 배당금 및 상여금 지급의무	① 모든 준비금 및 충당금(충당금 설정액 중 비용확정분은 제외) ② 이연법인세부채 ③ 평가기준일 후의 이익의 처분으로 확정된 배당금 및 상여금 지급의무

영업권	$$영업권 = \sum \frac{\text{자기자본 이익률 초과 순손익액}^*}{(1 + 0.1)^5}$$
	* 최근 3년간 순손익액 가중평균액 × 50% – 평가기준일 현재 자기자본 × 10%

할증평가 → 2025년부터 폐지	원칙	최대주주 및 그의 특수관계인에 해당하는 주주 등의 주식 등에 대해서는 시가 또는 보충적 평가방법에 따라 인정되는 가액에 그 가액의 100분의 20을 가산함
	예외	중소기업, 중견기업, 평가기준일 전 3년 이내 사업연도부터 계속 결손 발생 법인, 평가기준일 전후 6개월(증여세는 3개월) 이내의 기간 중 최대주주가 보유주식을 전부 매각하는 경우, 불공정자본거래에 따라 증여재산가액을 계산하는 경우에는 할증평가를 배제함

04 기타자산의 평가

구분	내용
예금·적금	예금·저금·적금 등의 평가는 평가기준일 현재 예입 총액과 같은 날 현재 이미 지난 미수이자 상당액을 합친 금액에서 「소득세법」에 따른 원천징수세액 상당 금액을 뺀 가액으로 함 예입금액 + 기간경과분 미수이자 – 원천징수세액
무체재산권의 가액	다음 중 큰 금액으로 함 ① 재산의 취득가액에서 취득한 날부터 평가기준일까지의 「법인세법」상의 감가상각비를 뺀 금액 ② 장래의 경제적 이익 등을 고려하여 평가한 금액 　예 특허권의 장래수입금액이 확정된 경우 이를 현재가치로 평가한 금액
조건부 권리	다음 중 어느 하나에 따라 평가한 가액 ① 조건부 권리는 본래의 권리의 가액을 기초로 하여 평가기준일 현재의 조건내용을 구성하는 사실, 조건성취의 확실성, 그 밖의 모든 사정을 고려한 적정가액 ② 존속기간이 확정되지 않은 권리의 가액은 평가기준일 현재의 권리의 성질, 목적물의 내용연수, 그 밖의 모든 사정을 고려한 적정가액 ③ 소송 중인 권리의 가액은 평가기준일 현재의 분쟁관계의 진상을 조사하고 소송진행의 상황을 고려한 적정가액
신탁의 이익을 받을 권리	① 원본을 받을 권리와 수익을 받을 권리의 수익자가 동일한 경우: 신탁재산을 평가기준일 현재 「상속세 및 증여세법」에 따라 평가한 가액 ② 원본을 받을 권리와 수익을 받을 권리의 수익자가 다른 경우 　㉠ 원본을 받을 권리를 수익하는 경우: 평가기준일 현재 「상속세 및 증여세법」에 따라 평가한 신탁재산의 가액에서 수익을 받을 권리의 평가가액을 뺀 금액 　㉡ 수익을 받을 권리를 수익하는 경우: 각 연도에 받을 수익금액을 3%의 할인율을 적용하여 현재가치로 평가한 금액
국외재산에 대한 평가	① 외국에 있는 상속 또는 증여재산으로서 「상속세 및 증여세법」상 평가방법 규정을 적용하는 것이 부적당한 경우에는 당해 재산이 소재하는 국가에서 양도소득세·상속세 또는 증여세 등의 부과목적으로 평가한 가액을 평가액으로 함 ② 위의 평가액이 없는 경우에는 세무서장 등이 둘 이상의 국내 또는 외국의 감정기관(주식 등에 대한 평가의 경우에는 신용평가전문기관, 회계법인 또는 세무법인을 포함)에 의뢰하여 감정한 가액을 참작하여 평가한 가액을 평가액으로 함

2025 대비 최신개정판

해커스
세법엔딩

1 부가가치세법·소득세법·
상속세 및 증여세법

개정 4판 1쇄 발행 2024년 11월 26일

지은이	원재훈
펴낸곳	해커스패스
펴낸이	해커스 경영아카데미 출판팀

주소	서울특별시 강남구 강남대로 428 해커스 경영아카데미
고객센터	02-537-5000
교재 관련 문의	publishing@hackers.com
학원 강의 및 동영상강의	cpa.Hackers.com

ISBN	979-11-7244-363-4 (13320)
Serial Number	04-01-01

**회계사 · 세무사 · 경영지도사
단번에 합격,**
해커스 경영아카데미 cpa.Hackers.com

해커스 경영아카데미

- 원재훈 교수님의 **본 교재 인강**(교재 내 할인쿠폰 수록)
- **공인회계사·세무사 기출문제, 시험정보/뉴스** 등 추가 학습 콘텐츠
- 선배들의 성공 비법을 확인하는 **시험 합격후기**